青木隆幸著作集2

満洲は豊かだったか

青木 隆幸
Takayuki Aoki

龍鳳書房

満洲開拓団の軌跡

（ことわりのない写真は満蒙開拓平和記念館提供）

青少年義勇軍が訓練を終え、渡満前に市中行進を行う。（飯田市内）

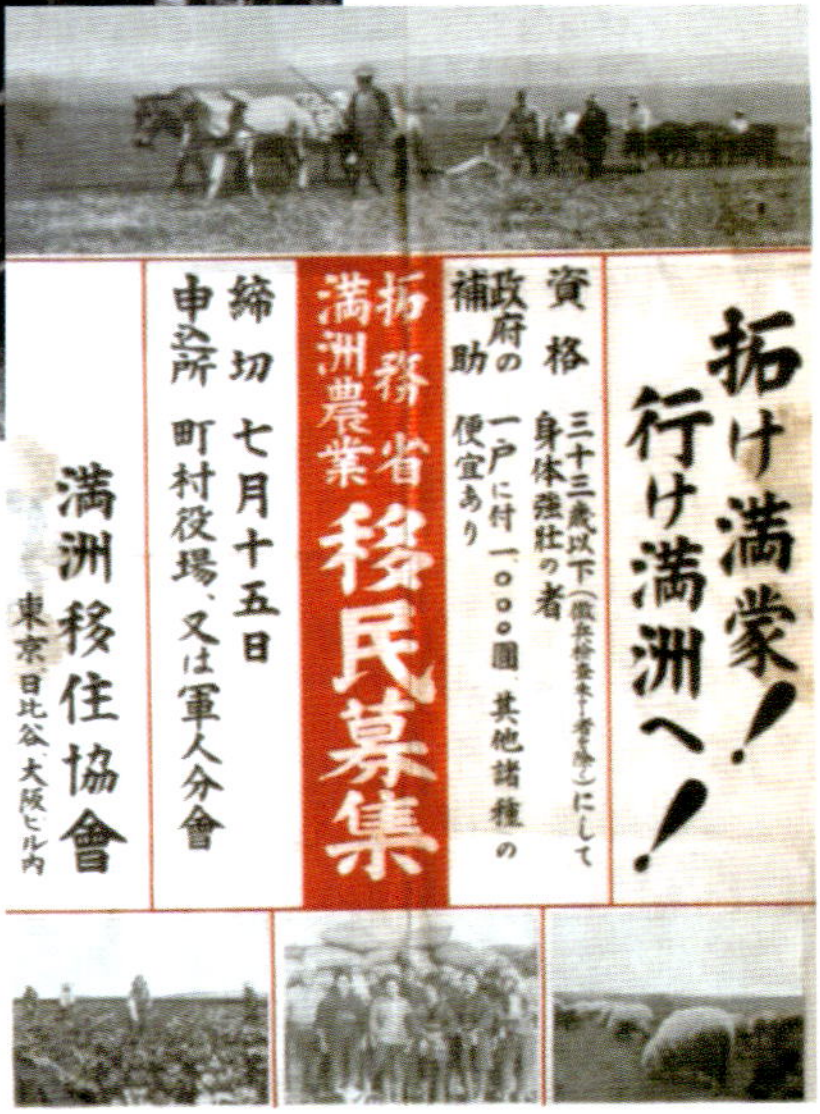

移民募集ポスター（大原千和喜氏蔵）
1戸につき1000円補助とあるが、長野県の場合は、そのほとんどが現地営農資金として開拓団に交付された。

拓務省は昭和13年「満洲移民募集要綱」を決定、青少年義勇軍の募集を開始した。満14、15歳少年たちを教師らが率先して募集に応募させた例が多い。茨城県の内原訓練所にて。

御柱祭を祝う（黒台信濃村開拓団）

農作業の合間に（水曲柳開拓団）

冬の満洲で（水曲柳開拓団）

果てしなく続く満洲の大地

「大陸の花嫁」と報道などでもてはやされて渡満した女性も多かった。「結婚式」江密峰松島開拓組合（松島自由移民江密峰開拓関係写真）（飯田市歴史研究所）

元水曲柳開拓団の住居跡

元更級郷開拓団の住居跡

はじめに

本書は、「長野県の満洲移民」を中心に構成した。

一九三〇年代、「国策」として推進された農業移民によって、中国東北部（「満洲」あるいは「満蒙」）に、二七万人の開拓民が送り込まれた。この内、長野県からは約三万三〇〇〇人、二位の山形県をはるかに凌駕する日本一の満洲移民送出県だった。

なかでも飯田・下伊那は、約八〇〇〇人の開拓民を送り出している。長野県開拓民の四人に一人は当地出身だった。「日本で一番満洲に近かった場所」である。そして、開拓民の約半数が、二度と故郷の土を踏むことができなかった。満洲移民の痕跡は、現在も当地に深く刻まれている。

満洲移民史研究の中で、本書に多少の独創性があるとすれば、三万人余の長野県開拓民のデジタルデータに基づき立論した点である。とくに、出身市町村にこだわった。例えば私の故郷喬木村は、四〇〇人弱の開拓民を送り出している。村人口の四%、五〇人に二人の割合である。彼らは、義勇軍を除けば四つの開拓団に分かれて満洲で暮らした。喬木村というまとまりは解体し、開拓団という〈場〉だけがあったといえる。

しかし、今この村に住む者たちは、個々の開拓団の歴史よりも、「私と同じ村にかつて住んでいた人たちが満洲でどんな体験したか」とか、「喬木村にとって満洲移民とは何だったのか」を知りたいのではなかろうか。名簿データを適切に活用すれば、喬木村出身開拓民の動きを追跡することができる。満洲の中に「喬木村」は存在しないが、パソコン上では「満洲の中の喬木村」を創り出すことができる。こうすれば、現在の市町村が満洲体験を語り継ぐ場として有効になると考えたのである。「果てしなく黄色い花咲く丘で」は、東筑摩・塩尻でそうした試みを行った事例である。

本書は十数年の間に書き留めたものである。この間、著者は高校現場から博物館行政の場に移った。これに伴い、語る対象も高校生から一般人、ネットの向こうの不特定多数の視聴者へと広がった。そのために文体や語りに統一性が欠けている。学術論文ではないから、最新の学説を反映してはいない。「偏向」と受け取られ兼ねない記述もある。すべて著者の力量不足だが、学びの踏み台として利用していただければ幸いである。

後半には筆者が敬愛する中村哲医師、飯田出身の「博物館の父」田中芳男二人の文章を収録した。国家や民族、あるいは生物間に仕組まれた〈境界〉〈障壁〉を乗り越えようした彼らの生き様は、二十一世紀を生きる私たちの道標となる。

中村哲さんは、こんなことを語った。

生きるとは旅である
私たちは誰も行かないところへ行く
誰も行かないところでこそ、我々は必要とされる（『辺境で診る　辺境から見る』）。

本書が、そんな旅の途上にいる誰かに「必要とされる」ものであれば嬉しい。

目　次

七章　大林作三『終戦の記』原本発見の意義・167

八章　「満洲事変」オンライン講座・219

九章　学び直し昭和史
―敗戦から何を学べばよいのか・271

十章　伊原五郎兵衛と中村哲、「飯田線のバラード」・300

十一章　人間の仕事(いのち)って何だろう——中村哲医師が願ったこと・307

十二章　追悼　中村哲医師が遺したもの・311

一章　高校生に語る満洲移民

はじめに

中国の東北部、かつて「満洲」とよばれた場所に、「満洲国」という国がありました。とても不思議な国でした。一九三二年から四五年まで、わずか一三年間しか存続しなかったし、満洲国を書き込んだ世界地図は限られた国でしか作られませんでした。世界中の多くの人たちは、「満洲国」という国名も、その国の所在地も知らなかったのです。「まぼろし」と言えば大げさですが、それに近いくらい存在感の薄い国でした。

その理由は、満洲国が、日本がこの地域を支配するために無理やり建てた国だったからです。あやつり人形のように、日本のいいなりになる国という意味で「かいらい国家」と言います。そのため、日本の政策を支持する国々は満洲国を認めましたが、日本の政策に反対し、満洲国を承認しない国の地図には、満洲国は描かれなかったわけです。日本人のほかに中国人、満洲人、朝鮮人などが住んでいましたが、無理やり作った国ですから、彼らの間に「満洲国民」というような強いまとまりもありませんでした。

しかし、この国の名も、この国の所在地も、この国の様子もとてもよく知っているという地域が日本にありました。長野県、とくに私たちが住んでいる飯田・下伊那です。

一九三二年ころから四五年にかけて、日本は満洲地域に日本人をたくさん送り込みました。「満洲農業移民」とよびます。全国で二七万人。そのうち長野県は三万三〇〇〇人ほど。二位の山形県の約二倍。ダントツ日本一の移民送り出し県でした。満洲では一〇人に一人強が長野県人だったことになります。そして、三万三〇〇〇人の四分の一、八四〇〇人あまりが飯田・下伊那出身者でした。

満洲と飯田・下伊那地域は直線距離で千数百キロメートルも離れていますが、当時の日本で、満洲国にもっとも「近い」地域が、飯田・下伊那だったのです。

満洲に農業移民として渡った長野県民約三万三〇〇〇人のうち、無事日本に戻ってこられたのはその半分です。二人に一人はふるさとの景色に再び出会うことができませんでした。戦死、集団自決、病死のほか、残留婦人、残留孤児として中国大陸に残らざるをえない人たちがたくさんいたからです。

皆さんの家族、親戚、あるいは皆さんが住む地域には、満洲に渡ったという人、満洲で生まれたという人はいませんか。一九三五年ころの飯田・下伊那の人口は、約一九万人。満洲に農業移民した方々は、五〇人に二～三人の割合になります。おじいちゃん、おばあちゃんに話を聞けば、必ず何人か名前が挙がるはずです。

満洲国が消滅したのは一九四五年八月。日本が太平洋戦争に負けたその時でした。八十年になります。満洲国時代を体験した方々の数は、今どんどん減ってきています。「戦争体験を語る」という言葉がありますが、体験者の高齢化が急速に進む中、自分の口で体験を語ることは無理になりつつあります。これからは「語り継ぐ時代」です。

先ほども述べたように、長野県では、満洲に渡った農業移民の半数がふるさとの土を二度と踏むことができず、大陸で亡くなりました。平和教育といえば、小学校や中学校では広島や長崎の原爆、沖縄戦などが取り上げられますが、死亡率五〇パーセントという信じられない悲劇を引き起こした満洲移民を取り上げる学校は、なかなかありません。学ぶ機会がなければ、当然次の世代に語り継いでいくこともできません。皆さんには少し難しいテーマかもしれませんが、飯田・下伊那の満洲移民について学んでみましょう。

一　飯田・下伊那の満洲移民

皆さんが住んでいる市町村は、どこですか。平成の半ばころに大規模な町村合併があり、市町村の数はずいぶん減りました。ここでは昭和二十年当時の市町村の単位で満洲にどのくらいの人たちが渡ったのかをみてみましょう（表1）。

市町村の一九三五年当時の人口に対して、満洲に渡った人たちがどのくらいいたか、の割合を「渡満率」といいます。飯田・下伊那の「渡満率」の市町村平均は四・五パーセント。一〇〇人に五人の割合で渡満したということです。

渡満率がもっとも高いのは上久堅村。現飯田市上久堅地区です。渡満率約二〇パーセント。五人に一人が満洲に渡ったということです。

第二位は清内路村。ほぼ同じ割合です。

逆に渡満率が低いのは南和田村（現飯田市南信濃）で〇・二パーセントです。

満洲へ渡った人数に対して、無事日本に帰ってこられた人がどのくらいいたかを示すのが「帰還率」です。飯田・下伊那の平均は約五割。満洲に渡った人の半数が帰国し、半数が帰国できなかったということです。帰還率の高いのは南和田村、木沢村、伊賀良《いがら》村などです。一方、帰還率が低いのは和田村、根羽《ねば》村、浪合《なみあい》村、泰阜《やすおか》村、神稲《くましろ》村（現豊丘村）などです。いずれも三割台です。

（飯田市・下伊那郡関係）

渡満者数			終戦後のゆくえ					1935年の人口	渡満者比率％	帰国者比率％	渡満者の内女性数
勤労奉仕隊	義勇軍	総数	帰国者	退団帰国者	死亡者	残留者	不明者				
0	13	68	39	0	30	1	1	4762	1.4	57.4	23
0	12	58	34	0	23	0	1	3184	1.8	58.6	22
0	45	219	141	1	71	8	3	6698	3.3	64.8	89
0	17	102	57	5	41	0	1	3014	3.4	60.8	39
2	48	360	215	1	131	9	7	7038	5.1	60.0	151
16	61	188	113	0	67	11	2	8141	2.3	60.1	64
14	60	235	147	1	86	4	0	6512	3.6	63.0	86
0	36	266	156	4	103	7	1	4645	5.7	60.2	103
0	14	343	228	1	102	5	0	2567	13.4	66.8	152
0	10	48	26	0	24	1	1	2506	1.9	54.2	19
0	24	218	145	0	74	1	1	7014	3.1	66.5	108
7	23	145	62	0	78	5	1	4276	3.4	42.8	54
1	25	371	178	0	172	17	4	1953	19.0	48.0	173
9	21	168	93	0	75	2	0	3250	5.2	55.4	77
6	19	149	71	0	70	12	0	2301	6.5	47.7	55
7	23	258	138	0	115	7	1	2602	9.9	53.5	99
11	15	121	48	0	69	6	0	1499	8.1	39.7	46
0	7	134	84	0	49	5	0	1508	8.9	62.7	66
1	18	203	76	0	126	3	0	2805	7.2	37.4	92
0	14	122	64	0	60	1	0	5364	2.3	52.5	51
1	11	124	73	0	44	8	1	4256	2.9	58.9	55
0	37	159	91	3	67	4	0	3782	4.2	59.1	56
0	7	68	29	0	39	0	0	2633	2.6	42.6	32
0	16	63	30	0	32	2	0	1858	3.4	47.6	32
0	30	144	61	0	76	11	3	4341	3.3	42.4	64
0	21	794	313	0	508	30	36	5844	13.6	39.4	371
0	26	505	267	0	236	8	0	4786	10.6	52.9	242
0	33	173	90	0	84	2	1	4805	3.6	52.0	74
0	12	124	61	0	56	6	2	4889	2.5	49.2	54
25	25	707	294	2	367	30	15	3650	19.4	41.9	289
0	47	367	222	3	139	4	4	9061	4.1	61.3	178
0	38	369	146	0	207	16	4	6305	5.9	39.6	169
11	25	245	98	0	146	5	0	2939	8.3	40.0	108
0	9	84	49	0	41	0	0	2968	2.8	58.3	35
0	22	142	73	0	64	9	3	4968	2.9	51.4	64
1	2	35	11	0	22	2	0	1715	2.0	31.4	21
0	1	1	1	0	0	0	0	634	0.2	100.0	0
1	6	18	9	0	9	1	0	1041	1.7	50.0	8
0	32	51	33	0	21	1	0	3467	1.5	64.7	11
0	7	18	12	0	6	1	0	2126	0.8	66.7	5
0	1	36	29	0	9	0	1	1052	3.4	80.6	15
19	85	411	196	2	203	15	4	29398	1.4	48.2	145
132	998	8414	4303	23	3942	260	98	188157	4.5	51.4	3597

表１　町村別渡満者数

市町村名	渡満者数	
旧村名	農業開拓移民	報国農場
大島村	53	2
山吹村	46	0
市田村	171	3
座光寺村	85	0
上郷村	309	1
鼎村	111	0
松尾村	160	1
竜丘村	230	0
川路村	319	10
三穂村	38	0
伊賀良村	191	3
山本村	115	0
清内路村	344	1
会地村	138	0
伍和村	123	1
智里村	227	1
浪合村	95	0
平谷村	127	0
根羽村	184	0
下條村	105	3
富草村	112	0
大下條村	119	3
旦開村	61	0
神原村	47	0
平岡村	113	1
泰阜村	773	0
千代村	477	2
竜江村	139	1
下久堅村	108	4
上久堅村	657	0
喬木村	319	1
神稲村	330	1
河野村	209	0
生田村	71	4
大鹿村	106	14
和田村	23	9
南和田村		0
八重河内村	4	7
豊村（和合・売木）	16	3
上村	7	4
木沢村	35	0
飯田市	301	6
飯田市・下伊那郡計	7198	86

二　「帰還率五割」が意味すること

満洲に渡った人たちが、なぜこれほどたくさん現地で亡くなったり、日本に帰国できなかったのか、知っていますか。

満洲国は、日本と敵対するソビエト連邦に隣接していました。しかも、満洲に移民する農業移民（開拓民）のほとんどは、ソ連との国境近くに送り込まれました。この場所は、日本とソ連の対立が激しくなり、ソ連が戦争を始めるようなことがあれば、最初に戦場になってしまいます。開拓民には、農業のみでなく、ソ連が戦争を始めたら、武器をもってソ連の侵攻を防ぐ役割（「屯墾兵《とんこんへい》」）も期待されていました。ただ、そのことは開拓民には知らされていませんでした。

開拓民は、関東軍という日本の軍隊が守ってくれることになっていました。以前、ソ連の攻撃を受け、満洲から日本に逃げてくる途中、やむを得ず自分の子どもを殺してしまった女性（高山すみ子さん）に話を聞いたことがあります。彼女はこんなことを言っていました。

「満洲に行けば広大な土地が手に入るから行ったのだろうとよく言われるが、決して欲に目がくらんだわけじゃない。満洲移民は国のためだ、という言葉に従ったからだ。関東軍が必ず守ってくれると言っていた。その言葉は今でも覚えている」と。

しかし、一九四五（昭和二十）年八月、ソ連が満洲に攻め込んだ時、開拓民を守るはずの関東軍は満洲国のもっとも南の地域まで退いていて、開拓民は無防備のまま、ソ連軍の戦車や機関銃の攻撃にさらされたのです。

＊高山すみ子さんには、満洲からの逃避行を綴った『ノノさんになるんだよ』があります。

三　もっとも弱い人々

人は、普通、住み慣れた土地が一番安心できるといいます。期間を決めて家を離れる旅行は、物見遊山としては楽しいものですが、どこにいくとも分からない当てのない旅や、全く見ず知らずの土地への引っ越しは、好んでやろうと思うものではありません。

とくに日本人のような農耕民族は、獣を追って旅をする狩猟民族と違い、できるだけ住み慣れた土地に根を張って生活しつづけたいと考える傾向があります。ですから、見たこともない、千数百《キロメートル》も離れた土地に移民しようと決断したのには、よほどの理由があったはずです。一言で言えば、経済的困窮です。

大正の終わりから昭和の初め、つまり一九二五年ころの飯田・下伊那の農家の主な収入は、米と養蚕でした。生糸は、高級な品物で、日本国内よりアメリカなど海外で高く売られていました。農家にとっては、とてもありがたい収入でした。「長野県の農家は、冬はこたつにあたりながら、ニューヨークの為替市場の話をする」という言葉もありました。為替相場のレートが変動すると、生糸の値段が変わってくるからです。

昭和二年頃から世界全体が不況になり、生糸の価格は暴落しました。収入がこれまでの十分の一ほどにまで落ち込む農家もありました（「養蚕不況」といいます）。借金がかさみ、その結果、住み慣れた土地を捨てて満洲に移民したという人たちが多かったのです。大家族だと、わずかな収入では生きていけません。その場合は、次男や三男が満洲に渡りました。「口減らし」と言います。移民を決断した農家には、渡航の費用や、満洲での土地・家屋が与えられることになっていたのです。

もちろんその他にも満洲移民を決断した理由はあります。一攫千金（大金持ちになりたい）という野心をもった人もいたでしょうし、青少年義勇軍とよばれた十五歳前後の子どもたちの渡満には、学校の先生たちの「お国のためになる」という強い働きかけ（説得）がありました。満洲移民を理解する上で一番大切な点は、移民を決断した農家の多くが養蚕不況の被害者だったということです。

ただ、「満洲移民イコール被害者」という捉え方には批判もあります。当時の飯田・下伊那の農家は養蚕のおかげで現金収入も多く、他の地域の農家に比べ豊かでした。「農家はいい思いをしていた」といえばそれは確かだからです。「たとえ収入は少なくても、養蚕よりもっと安定した作物を地道に作っていればこんなことにならなかったのだ。養蚕で金儲けを企んだ農家にも責任がある」という意見です。

ただ、当時の長野県は、「養蚕はいいぞ、どんどん養蚕をやれ。畑や水田を潰してお蚕様の食料になる桑を作れ」と指導していました。養蚕偏重の経済政策です。生糸の価格はアメリカなど海外の景気に左右されるとても不安定な商品でした。価格が暴落すれば農家や村は借金で火の車状態になります。そのことは、国や県も十分わかっていたはずです。でありながら、それをどんどん作らせたのですから、満洲への移民を迫られた農民たちは、国や県が行った政策の被害者、犠牲者だったことに間違いはありません。極端な言い方かもしれませんが、国や県が推進した経済政策の結果生み出された貧困により、社会から見捨てられ、切り捨てられた人たちだったのです。とても弱い立場にいた人たちといえるでしょう。

四　満洲での生活　加害者の立場

満洲移民には大きくは二つの形がありました。村を半分に分けて、半分の村人が満洲に移民し、半分が村に残るという形が一つ。長野県では、佐久の大日向村《おおひなた》（現佐久穂町）がよく知られていますが、下伊那なら泰阜村、川路村、上久堅村、千代村、河野村などがそれです。これを「分村移民」とよびます。

これに対して、いくつかの村や町から移民希望者を募り、一つの開拓団を組織する形がありました。下伊那では下伊那郷開拓団や南信濃郷開拓団、阿智郷開拓団などがそれです。これを「分郷移民」といいます。長野県では、義勇軍もあわせると、一〇〇近い開拓団が作られました。

養蚕不況の直撃を受け、生活の立て直しのために満洲への移民を決断した農民たちは、日本国内では被害者、犠牲者という存在でしたが、満洲に渡ると立場は一変しました。ほとんどの場合、住む家も畑も用意されていたからです。

もちろん、国や県が、開拓団のためにあらかじめ家を建設したり、開墾してくれたわけではありません。もともとその土地に住んでいる現地人（中国人、満洲人、朝鮮人など）の家や畑を、ただ同然で買いあげたものでした。現地の人からすれば、突然やってきた開拓民たちが、自分の家に住みつき、畑を奪い取ったということになります。満洲に移民する人々の多くは「〇〇開拓団」とよばれましたが、「開拓などは、ほとんどやらなかった」という話もよく聞きました。

では、誰が開拓や耕作をしたのか。

もう分かりますね。土地と家を奪われた現地の人たちでした。彼らは、移民してきた日本人の小作人としてこき使われる立場にかわったわけです。現地の人たちにとって、開拓民は明らかに加害者でした。自分たちの生活の場を奪った加害者でした。

家や畑の買い上げは、開拓民がやったことではありません。彼らにはあずかり知らないところで進められたことです。ですが、現地の人たちにそのような理屈や言い訳は通用しません。現地人がはっきりと理解できる敵は、目の前の開拓民なのです。日本の国内では、もっとも弱い立場にあった人たちが、海を渡った時、加害者になったわけです。住民たちの、恨み憎しみの直接のターゲットが、開拓団の一人ひとりに向けられるのは、自然のなりゆきです。だからこそ、ソ連が攻め込み、開拓団の日本人たちが逃げ出したとき、小作人としてこき使われてきた現地の人々も、その動きに乗じて開拓民を襲撃したわけです。

ソ連兵の、あるいは現地人の銃弾の真ん前に晒され、集団自決の現場では親が子の首を絞め、女たちがお互いに刀を差し合う。

もっとも弱い者（被害者）が、加害者になり、そして最後に容赦なく捨てられていく。とても重い、しかし、しっかり見つめればそうとしか言いようのない悲劇が、満洲全土で繰り広げられたのでした。

五　市町村の苦しみ

一九三七年、満洲移民は国策となりました。「国策」とは文字通り、「国家が決定した政策」という意味ですが、一般の政策に対して、「特に国家の基本的な立場や理念に基づいて重点的に進めるべき政策」という意味を持ちます。中国東北部、ソ連国境に隣接する満洲への農業移民は、日本という国を挙げて取り組む大事業になったわけです。こうなった以上は、県も、末端の市町村も、産業組合や学校などの教育機関も、移民計画を立て実施していかなければなりません。

しかし、昭和の初めに農村を襲った不況（恐慌）もおさまると、軍需産業を中心に人手不足の状態になってきました。無理して満洲に行かなくても国内に職場があるわけですから、移民を希望する人々の数は急速に減ってきました。募集をかけても希望者が集まらない状況になり、移民政策は徐々に、十五歳前後の少年たちを満洲に送り込む青少年義勇軍に重点が置かれるようになりました。

また、分村移民や分郷移民を進める市町村には、助成金を出すことにしました。原子力関連の施設や米軍基地のある自治体に、国からさまざまな補助金が支払われていることを皆さんも知っていますね。それと同様の制度です。道路を拡張したり、耕作地を整備するお金を援助するかわりに、開拓民の送り出しを義務づけるわけです。税収入が大幅に落ち込み、多額の負債をかかえてしまった市町村は、住民を満洲に送ることにはためらい、不安を感じながらも、「背に腹は代えられない」という思いで、助成金目当てに移民送り出しを推進することになります。

飯田・下伊那は、最初に述べたように、八四〇〇人を超える多くの移民を送り出しました。その点では国策にもっとも協力的な地域だったといえます。ただ、詳しくみていくと、どの村も「国策だから無条件で賛成」というわけではなかったようです。「面と向かって反対とはいえないが、できれば村人を送り出したくない」という村長もいましたし、「本当は反対だが、村の立て直しのためには、どうしても村人を納得させ移民を実施しなければ」と懸命に努力した村長もいました。みんな苦しんでいたのです。

ここでは前者の例として、消極的ながら、国策に反対し移民送り出しを拒否した大下条村佐々木忠綱村長と、悩んだ末に村の立て直しのために移民を強力にすすめることにした河野村胡桃澤《くるみざわ》盛《もり》村長を紹介しましょう。

＊大下条村佐々木忠綱村長については大日方悦夫『満洲分村移民を拒否した村長　佐々木忠綱の生き方と信念』（信濃毎日新聞社刊）、河野村胡桃沢盛村長については『胡桃沢盛日記』（飯田市歴史研究所刊）を参考にしました。

六　大下条村村長佐々木忠綱の闘い

佐々木忠綱が大下条村（現在の阿南町大下条）の村長に選出されたのは一九三七年五月のことでした。三十九歳という異例の若さでの就任でした。満洲移民が国策とされた年です。

この時、大下条村にはすでに満洲移民計画がありましたが、佐々木は一九三八年五月下伊那郡町村長会が実施した「満洲農業移民地視察団」に参加したことをきっかけに満洲移民政策に疑問を感じるようになりました。この視察団は郡内の村長・村長代行三四人を中心としたもので二四日間の日程で満洲の開拓団の生活を視察するものでした。

佐々木はこの視察で受けた印象をのちに次のように語りました。

（開拓団の）耕地は全部立派な既耕地、これ当初、（現地の人から）強制収用した土地だと思いました。…全部買収でしたね。もう見渡す限り。そして、これはどうも開拓ではなくて強制収用ということで、私は疑問をもって帰りました。

（ハルピンの市街を日本人の運転手の運転で見学していた時）運転手が呼び出して盛んに怒って、朝鮮人だか中国人だかの運転手だったか、あっちに対して態度が悪いということで、これは日本人が恐ろしく横暴ということにも疑問をもって帰りました（一九八七年の証言）。

佐々木は、満洲での日本人の生活や行動を目の当たりにして、満洲移民は本当の開拓移民ではないと感じました。また、横暴な振る舞いをする日本人の姿に、やがて日本人は、現地の人たちの激しい反発を受けることになるだろうと考えたのでした。「この政策は危うい。間違っているのでは」という疑問が、帰国後の佐々木の行動の原点になります。

一九四〇年にいったん村長職を退いた佐々木は、四三年一月、再び村長に選出されました。四十五歳。下条・富草・大下条三村を母体とした分郷移民計画が進んでいました。

公然と国策に反対する姿勢を打ち出すことができない状況で、佐々木がとった作戦が村議会での審議を意図的に長引かせることでした。一回の審議で終わる内容を何度も何度も議題にし、時間稼ぎをしたわけです。「慎重審議しているのであって、移民政策に反対しているわけではない」というポーズで、批判をかわそうとしたわけです。真っ向から移民反対を唱えているわけではないが、結果として分郷移民政策の推進にブレーキをかけ、あわよくば廃案にしようとしているわけです。

消極的抵抗ではありますが、移民推進派からかけられる圧力をうまくかわす作戦でした。移民を薦める国会議員や村の壮年団からの恫喝《どうかつ》めいた脅迫もしばしばあったようですが、昭和二十年、戦況の悪化で分郷移民計画は廃案になりました。粘り強い佐々木の闘いが、村人の命を救ったのでした。

七　河野村村長胡桃澤盛の闘い

胡桃澤盛《くるみざわもり》が、河野村（現豊丘村河野）村長に就任したのは、一九四〇（昭和十五）年十月でした。三十五歳。すでに二十九歳で村会議員となっていましたから、村政への意欲も経験も十分でした。

胡桃澤は当初、満洲移民政策には関心を示していませんでした。村長として開拓団員の募集に出かけていますが、「社会情勢が数年前とは違っているから、（この政策）はおいそれとはいかない（簡単には進まないという意味）」と述べています。働き手となっている男性たちが兵士として戦争にかり出されたり、工場で働くようになり、開拓団を送れるような状態ではないと考えていたのでしょう。送り出しには消極的な姿勢でした。

胡桃澤が満洲分村移民を決断するのは、一九四二年でした。満洲への移民と引き換えに、村の農道や林道などインフラを整備する助成金・補助金が与えられる「皇国農村」指定を目指しました。貧窮する村の再建と引き換えに、満洲分村移民を受け入れたのでした。

日記には「(皇国農村)確定の上は、強力に押し切って国家の要請と本村百年の繁栄の基礎を築くべく奮然起こったのである」(一九四二年九月二十八日)と書いています。

「村の事業として送出計画を進めることにはらを定める。かく決意してみると、それだけの広い視野が開けおぼろげながらもできうるとの信念がわく」(同十月二十一日)ともあります。

もともと移民に消極的だった胡桃澤ですが、ひとたび分村移民を決断すると、大下条村の佐々木村長とは逆に、エネルギッシュに行動します。一九四四年には、河野村開拓団が入植する予定の新京を視察、四五年一月、九五名の河野村開拓団員が満洲に渡りました。

そして、開拓団はこの年の八月十六日集団自決しました。自決の場からは、当時十四歳だった少年一人だけが生還しました。胡桃澤が決断した分村移民は、おびただしい数の死者を生むことになったのです。

四六年七月二十七日、「開拓民を悲惨な状況に追い込んで申し訳ない。あとの面倒が見られぬのが心残りだ。財産や家は開拓民に解放してやってくれ」(信毎掲載)との遺言を残して自死しました。享年四十一でした。

村民の満洲への移民を食い止めた大下条村の佐々木忠綱村長。一方、多くの村民を戦争に勝てる見込みのない時期に満洲に送り、死亡させた河野村の胡桃澤盛村長。

歴史に勝者・敗者という考え方を持ち込むなら、いうまでもなく佐々木村長は勝者であり、胡桃澤村長は敗者でしょう。かけがえのない村人の命を守れなかった胡桃澤村長を責めることは簡単です。

ただ、本来は満洲移民に消極的（というより無関心に近い）だった胡桃澤村長を決断させたのは、私利私欲ではなく、村再生のための助成金獲得のためでした。ほんとうに移民しか選択肢がなかったかどうかは、冷静に検証しなければならないことですが、助成金と引き換えに、貧しい村から移民者を絞り出そうとする国の姿勢こそ責められるべきでしょう。

八　女性たちが戦場のまっただ中にいる――さまざまな逃避行

一九四五年八月、ソ連が満洲国に攻め込み、開拓団の生活は突然終わります。守ってくれるはずの関東軍はすでに撤退し、開拓団ではほとんどの男性が軍隊にとられていたため、現地には婦女子と高齢者だけしかいませんでした。ソ連軍の猛攻、日本人に恨みをいだく現地人の襲撃。日本を目指す旅（「逃避行」といいます）の中、各地で集団自決の悲劇が生まれました。

また、収容所では、寒さ、飢え、伝染病の蔓延で、多くの人たちが命を失いました。最初に述べたように、飯田・下伊那から満洲に渡った開拓民の半数（四〇〇〇人強）が、二度と故郷の土を踏むことができませんでした。豊丘村（当時は河野村と神稲村）の女性の帰還率は二八％《パーセント》、男性の帰還率四七％《パーセント》に比べ、著しく低いことが特徴です。

女性たちが戦場のまっただ中にいる、それが満洲だったのです。

一〇〇近い数の開拓団に、それぞれの逃避行があったのですが、ここでは、飯田・下伊那からの参加者が多かった南五道崗《どうかん》長野村と第八次新立屯上久堅《しんりつとんかみひさかた》村の場合を紹介しましょう。

農作業の合間に（上久堅村開拓団関係写真）
（飯田市歴史研究所）

ソ連国境に近かった長野村開拓団の逃避行は、凄惨を極めました。ソ連参戦にともない現地を脱出したのが昭和二十年八月十日。勃利《ぼつり》→牡丹江《ぼたんこう》を経て拉古《らこ》の収容所に入ったのですが、あまりにも劣悪な環境に耐えられずにハルピン→新京《しんきょう》（長春《ちょうしゅん》）→奉天《ほうてん》へと避難、ここで冬を越しました。多くの死者と、帰国をあきらめ中国に残った人々（「残留孤児・婦人」）を生みました。帰還率は三四パーセント。長野県内でも帰還率の非常に低い開拓団の一つです。神稲村出身移民者の帰還率は一五パーセント。一〇人に一人しか帰還できなかったのです。

上久堅村開拓団もソ連国境に近いところにありました。ソ連参戦の情報を受けて、八月十四日に濃河鎮に向けて避難を開始したのですが、そこに八月十六日、「開拓本部に戻れ」との命令がでました。現地で軍隊に召集されていた団長以下、たくさんの男たちが開拓団の本部に戻り、誰もいなくなっていることに驚いたからです。本部への帰還命令は団長がだしました。

ところが、命令に従って開拓団本部に戻ったことで、逆に、周囲を包囲され逃げ道を失うことになってしまったのです。八月十四日という、比較的早い時期に避難を開始していましたから、そのまま避難を続けていれば多くの開拓民の命が救われていたはずです。いったん引き返したことで逃げ道を失い、現地で冬をこすことになり、多くの病死者をだしてしまいました。十月から十二月の間に、半数の開拓民が死亡しています。

上久堅開拓団の場合、もし「引き返せ」の指示がなければ、あるいは指示に背くことを覚悟で避難を続けていれば、どうなっていたでしょうか。歴史に「もしも」はありませんが、飛び交うさまざまな情報の中から何をベストとして選び取るか、パニック状態に陥った集団をリーダーたちがどのように統率していけばよいのか、考えさせられる出来事です。

九　三万三千人の名簿をめぐる物語

私が八年間勤務した長野県立歴史館（千曲市）では、平成二十四（二〇一二）年に「長野県の満洲移民―三つの大日向をたどる―」という企画展を開催しました。

私はこの時、満洲に渡った事実や生死の別などが確認できている人々約三万三〇〇〇人のデータをパソコンに入力し、名簿を作成しました。出身市町村、所属した開拓団名、氏名、性別、昭和二十年当時の年齢、生死の別だけの情報ですが、約半年かかりました。

名簿を作成しようとした私の意図は、三万三〇〇〇人という数の多さ、命の重さを示したかったからです。数字で三万三〇〇〇人と書いても、グラフや表で示してみても、ぴんと来ないだろうと考えました。これだけの人の名前や基本的な情報を展示するには、どれだけのスペースを必要とするか。

太平洋戦争末期の沖縄の戦争で、たくさんの犠牲者を出した摩文仁の丘には、戦没者の名前を書いた「平和の礎《いしじ》」があります。どれほどたくさんの命がこの戦争で奪われたのか、一目瞭然です。圧倒的な存在感があります。この碑には、平和の尊さ、戦争の愚かさを考えさせる力があります。

というわけで、三万三〇〇〇人の名簿を「平和の礎」のように展示室の真ん中に大きな壁を建てて掲示してみました。

不思議な光景が現れました。

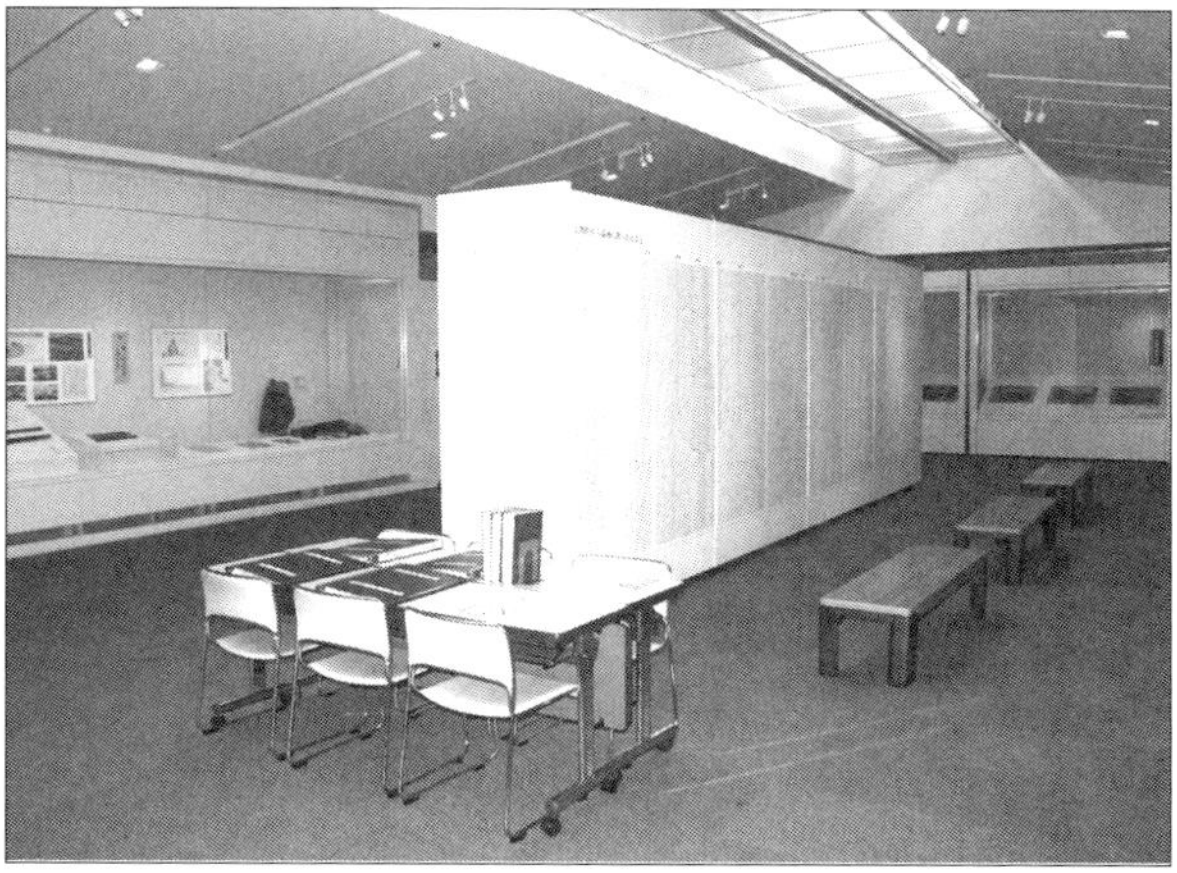
長野県立歴史館で開催した企画展では、33000 人の出身市町村・開拓団名・氏名・性別・年齢・生死のデータを示した（著者撮影）

私が意図したのは、命の数の多さを伝えることだけだったのですが、展示を見に来られた方々は、数ではなく、そこに書かれている開拓民一人ひとりの名前に「出会おう」としたのです。名簿に近づき、指を指し、思い思いに語り始めるのです。

「この女性は、私が集団自決の場所に行こうとしていた時、絶対に行ってはいけないと止めてくれた人です」

と語る女性がいました。名簿に書かれている女性は死亡していました。彼女は集団自決の場所に行ったのかもしれませんし、逃避行の中、別の場所で命を落としたのかもしれません。でも、その話を語る女性の目には涙があふれていました。

「親父が満洲のどこにいたか教えてほしい」

という男性もいました。

データはパソコンに入力してありますから、名前のひと文字でも分かれば検索ができます。所属していた開拓団もすぐ見つかります。開拓団名を伝え、名簿で確認してもらいながら、その開拓団の概要をまとめた資料を「お土産」に手渡しました。

肉親の満洲での生活を聞こうとする人の多いのにも驚きました。皆さん異口同音に「親父は（お袋は）満洲に行っていたらしいけど、満洲の事は一言も言わずに死んだんだ」でした。思い出すことも、語ることも苦しい体験だったのでしょう。

企画展中、うれしい出来事がありました。信濃毎日新聞の投書の欄に、長野市の女性の方が展示を見た感想を投稿してくれたことです。このような内容でした。

満洲移民名簿に叔父家族の名前

父は明治四十二年、現佐久市で長男として生まれた。昭和十六年、農協勤めの次弟一家が満洲に移民すると仙台勤務中の父に知らせがきた。父は再三、この「国策」にのってはいけない、と手紙を書いた。父の懸念通り、三十四歳の弟は旧ソ連国境で、三十二歳の義妹は幼子二人と逃避行の末にかの地の土となった。県立歴史館の企画展で展示された膨大な名簿に、私は叔父家族の名前を見つけた。こんな悲惨なことが現実にあったんだと、身動きできなかった。第十次歓喜嶺佐久郷開拓団として渡満した彼ら。残留孤児の帰国調査が始まった時、テレビを見て「良ちゃんたちがいるかも」と父に語りかけた。しかし父は静かに「テレビを消して」と言っただけだった。

旧満洲の土が一握り納められている佐久のお墓に、今年は久しぶりに行こうと思う。父は弟のことを語ることもなく、けれど一生を平和運動にささげ、三〇年前に永眠した（信濃毎日新聞二〇一二年七月十五日）。

「父は弟のことを語ることもなく、けれど一生を平和運動にささげ」たという言葉が印象に残りました。満洲体験を語らずに逝った人たちがたくさんいたのです。

名簿を巡っては、もう一つ忘れられない光景がありました。

そろそろ閉館という時間でした。展示室の扉を閉めようと室内に入っていったのですが、そこに、じっと名簿を見つめる老婦人がいました。閉館のチャイムがなると、彼女はようやく動き始めました。

私が、「お探しの方は見つかりましたか」と尋ねると、深々と頭を下げながら女性はこう言いました。

「名前がありました。忘れられていなかったんですね。ありがとうございました」

平和教育というと、沖縄の戦争、広島や長崎の原爆の犠牲者の数、悲惨な写真や体験談などを学ぶのが一般的です。もちろんそれも大切でしょう。日本の侵略戦争であったことは間違いない事実です。加害者は自分のなした行為とその報いをちゃんと知らなければいけないからです。

ただ、押しつけられた勉強や知識は、すぐに忘れていくと思います。平和学習は「忘れてないよ」「覚えているよ」という感覚が心に芽生えればいいのではないでしょうか。

誰もが好んで死にたいと思ったわけではありません。そういう状況に追い込まれた時、最後の願いとして、「せめて満洲で俺たち（私たち）の身の上に起こった悲劇を伝えてほしい、忘れないで語り継いでほしい」と願ったでしょう。みなさんは今、家族や友達と大切な時間を過ごしています。もしその記憶が自分の中で失われたらと考えると恐ろしいですね。

友達や家族の記憶の中からあなたが消えていくと考えたら、とても悲しいですね。

「忘れないために語り継ぐ」

それだけで平和教育の大半は終わったようなものです。

十　「飯伊のことは飯伊で語り継ごう」

私たちが住む長野県にとっては、「満洲」という言葉と、そこで起こった歴史がもつ意味は計り知れないものがあります。日本で一番多く移民を送り出し、日本でもっとも多くの犠牲者を生んだ県だからです。

中島みゆきの曲の中に「悪口一つも自慢のように　ふるさとの話はあたたかい　忘れたふりを装いながら靴をぬぐ場所があるふるさと」（「異国」）という言葉があります。

自分たちを守るはずだった関東軍に見捨てられ、満洲の大地を逃げまどった開拓民の人たちが、死を選ばざるをえなくなったとき、誰の脳裏にもふるさとの美しい自然が浮かんでいたはずです。彼らの霊はふるさとに帰ろうとしていた、いや、今も帰ろうとしてさまよっているのかもしれない。私たちは、そんな彼らを送り出した地に今住む者として、安心して彼らが「靴をぬぐ」ことのできる場所を、いつまでも用意しておいてあげなければならない、そんな気がします。

「あなたたちがここにいたことをちゃんと覚えているよ」というメッセージを私たちが伝え続ける限り、ここは彼らの「ふるさと」であり続けます。

おわりに──もっとも弱い者が、最後に加害者になる社会をなくそう

飯田・下伊那の満洲移民の歴史を考えてみました。たくさんのことを書いたように思われるでしょうが、言いたかったことは一つだけです。

満洲移民とは、一言で言えば、もっとも弱い立場の者たちが、結局は罪を犯す側（加害者）に立ち、そして切り捨てられていった歴史だということです。

満洲移民の歴史をこのように捉えてみるならば、それは昔の出来事として忘れ去ってはいけないものになります。なぜなら、今の若者たちの多くも、日本という社会では、実は「もっとも弱い者」だからです。

今、日本の若者の多くが、安定した立場で働けていません。派遣、あるいは非正規雇用。働く者としての安定した収入も権利も得られていません。貯蓄をする、家庭を持つ、マイホームを購入する、などなど。かつては、働く目的の大部分をしめていたこうした夢（欲望）が描きにくい時代に生きています。

もちろん若者だけでなく、労働者の多くがそういう状況に追い込まれつつあると思いますが、とりわけ

これから長い人生を生きなければならない若者たちが、将来の自分の姿をイメージできない社会だと思います。働いても働いても貧困状態を抜け出せない「ワーキング・プア」の増加も指摘されています。

若者を育てない、使い捨てにする社会。若者が生きにくい社会になっているのではないでしょうか。今、この社会では若者が「もっとも弱い立場の者たち」だと考えます。彼らが経済的にも精神的に追い込まれ、自分の中に引きこもったり、逆に人を傷つける立場に変わっていく。

世界各地で発生している紛争にも、同じようなことが言えると思います。テロという行為は、もちろん非難されるべきものですが、彼らの目には、欧米や中国などの巨大な国家や経済圏の力と文化が、地球全体を覆い、自分たちの生きる場や、大切にしてきた価値観が押しつぶされつつあると映っているのでしょう。大量の核兵器を所有する国や人々に対して、自分の体に爆弾を結びつける自爆テロでしか自分たちの居場所、主張を示すことができない人々、民族がいます。

「弱者の抱える痛みに寄り添う」という言葉はきれいですが、とても難しいことです。けれど、弱者が加害者になり、そして切り捨てられていくような社会は絶対に作らない。それが、満洲移民から私たちが汲むべき最大の教訓ではないでしょうか。

二章　丸田恒雄　満洲更級郷絵画資料をめぐって

はじめに

本資料は、平成二十六（二〇一四）年十月、丸田恒雄氏のご子息善徳氏より長野県立歴史館に寄贈されたものである。恒雄氏が描いた満洲更級郷のスケッチ六〇点、スケッチブック三冊などで構成されている。令和二年二月、スケッチ二点が追加された。データは満蒙開拓平和記念館にも送られている。開拓団の写真は少なくないが、殆ど白黒である。本資料は色彩豊かで描写も丁寧。日差しの暖かさ、土の匂い、風の音、家畜の声まで感じられる。作者が優れた美術教員だったからだろう。

作者丸田恒雄氏は大正八（一九一九）年更級農学校（現更級農業高校）を卒業、日本農民美術研究所で木彫、絵画、石膏を学んだ。山本鼎ら指導者に恵まれた。

長野工業学校（現長野工業高校）家具科を卒業、教職に就きながら、同校建築科で学んだ。教師としては屋代中学校（現屋代高校）、屋代女学校（現屋代南高校）をへて、母校更級農学校に勤務した（木工と美術を担当）。当時、更級農学校は拓務科を新設、満洲移民を推進する人材育成を目指していた。

本資料成立の経緯を述べる。昭和十五（一九四〇）年六月、更級農学校は更級郷開拓団支援の奉仕隊を派遣した。拓務科三年一五名。六月二十四日から九月三日までに及ぶ旅の引率を丸田先生が担当した。本資料は、この間に描かれたものである。満洲の夏は短い。人手不足に悩む開拓団のために生徒も先生も多忙な日々を送ったはずである。にもかかわらず、これほど多くの作品を描いたことに驚く。恒雄氏は満洲の風景に強く魅せられたのだろう。

住居や倉庫、大規模農作業、家畜や虫たちと共にある暮らしが描かれている。善徳氏によれば、戦後、更級農業高校の文化祭などで絵を展示したが、生徒たちの所望で手放したものも多いという。恒雄氏は平成五（一九九三）年九十一歳で逝去した。

二　果てしなく黄色い花咲く丘

更級郷開拓団は昭和十五年東安省宝清県尖山《せんざん》に入植した。募集は困難を極め、三〇〇戸入植計画が一一九戸に留まった。更級農学校は同窓生も送出に協力。団長正村秀一郎も同校OBだった。東安省はソ連国境に近く、長野県開拓団の三分の一がいた（図1）。したがって、本資料の描く風景は、長野県の満洲開拓の原風景だったといえる。

資料群を眺めていると、全体を貫く色の存在に気づく。黄色である。村も、耕作地も、花々も黄色で染められている気がする。

思い出すのは満洲埴科郷開拓団員飯島昌子氏の回想である。彼女は一面に黄色い花の咲く夏の満洲を「天国というものがあるなら、それはここだろう」と振り返る。ちなみに、ソ連侵攻時に団を離れていた男たちを除くと、帰還率が一割に満たないこの開拓団の団史名は『果てしなく黄色い花咲く丘が』である。

満洲体験者に聞くと、皆、異口同音に黄色い花の美しさが印象的

丸田恒雄氏が描く更級郷開拓団の風景（長野県立歴史館）

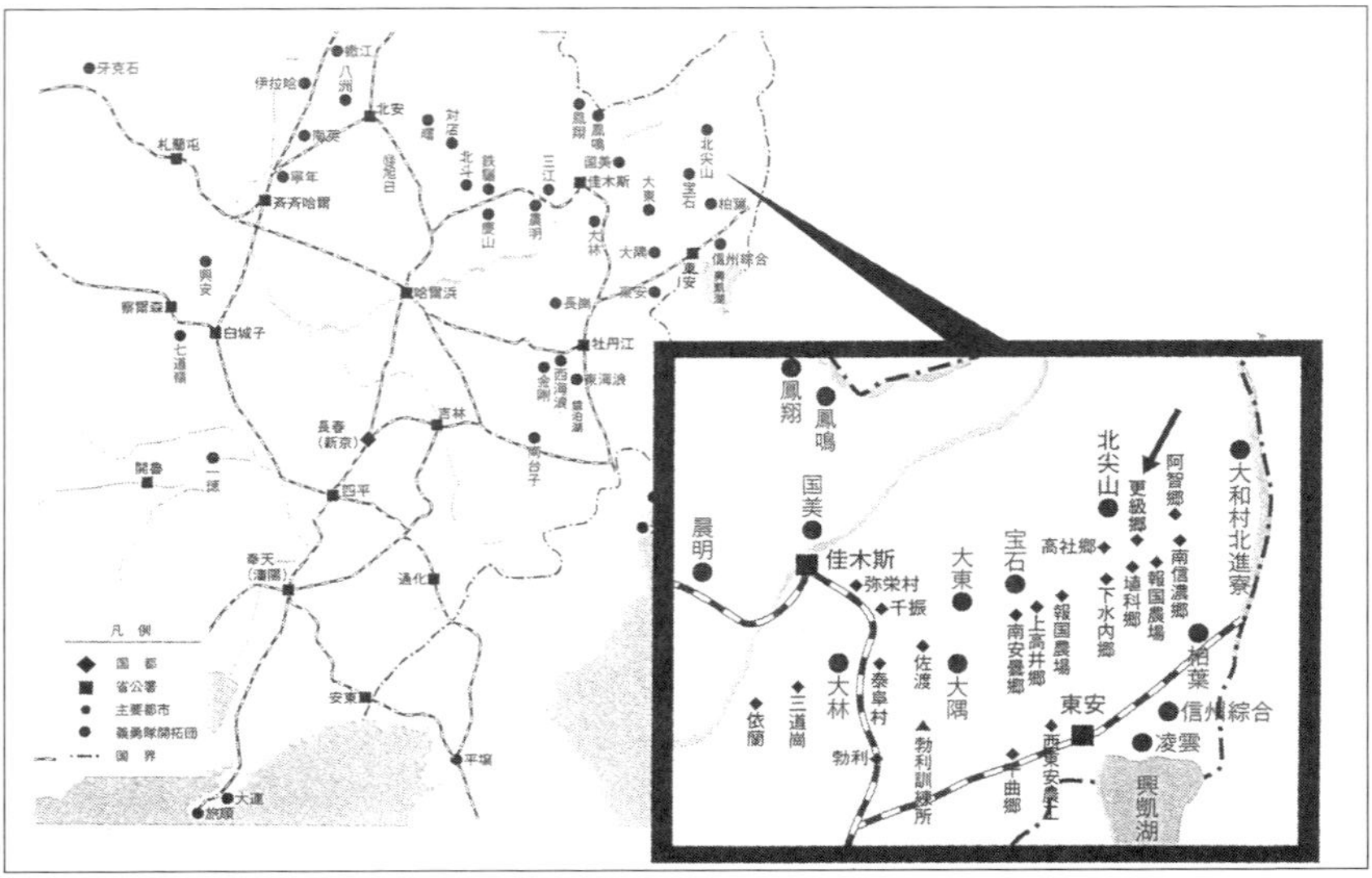

図１　満洲更級郷開拓団と北尖山義勇隊開拓団の位置（長野県立歴史館作成）

だったという。黄色の色調で貫かれた丸田資料は、移民者の心象風景にも繋がる。

尖山には義勇軍も入植した。「第四次北尖山北信義勇隊開拓団」である。昭和十六年出発、勃利訓練所をへて昭和十九年当地に入植した。約二七〇人。更級農学校生の訪満が昭和十五年。義勇軍の若者たちの尖山入植は、十九年。同年代の若者たちの目に満洲はどう映ったのか。

三　滅びざるものはなにか

最後に、更級郷開拓団の終末を述べたい。

昭和二十年八月、ソ連侵攻時の在団員は四〇七名。大多数が婦女子だった。逃避行の中で佐渡開拓団事件に巻き込まれ、在団員の中で日本に生還できたのは三名のみ。長野県送出開拓団の中でもっとも悲惨な歴史を刻んだ団の一つである。体験者は次のように語る。

一つしかない尊い生命を、さんざ建設で苦しみ抜いて、ろくなものも口にできず、祖国のために子孫のためにと心血を注いだあげくの果てに、自分一人じゃな

満洲更級郷本部日輪舎（昭和 15 年　長野県立歴史館）

巻トンズ（昭和 15 年　長野県立歴史館）

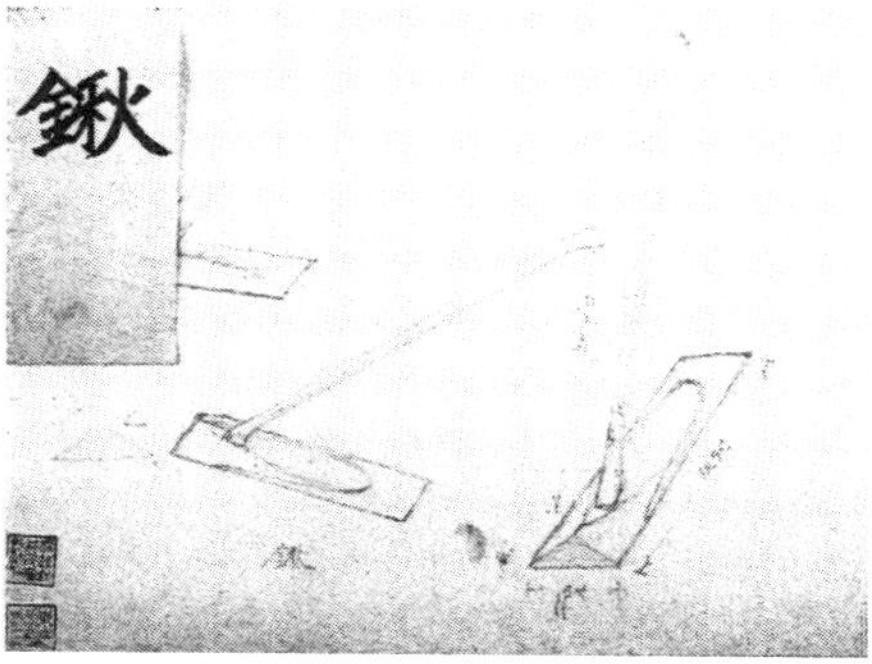

鍬（昭和 15 年　長野県立歴史館）

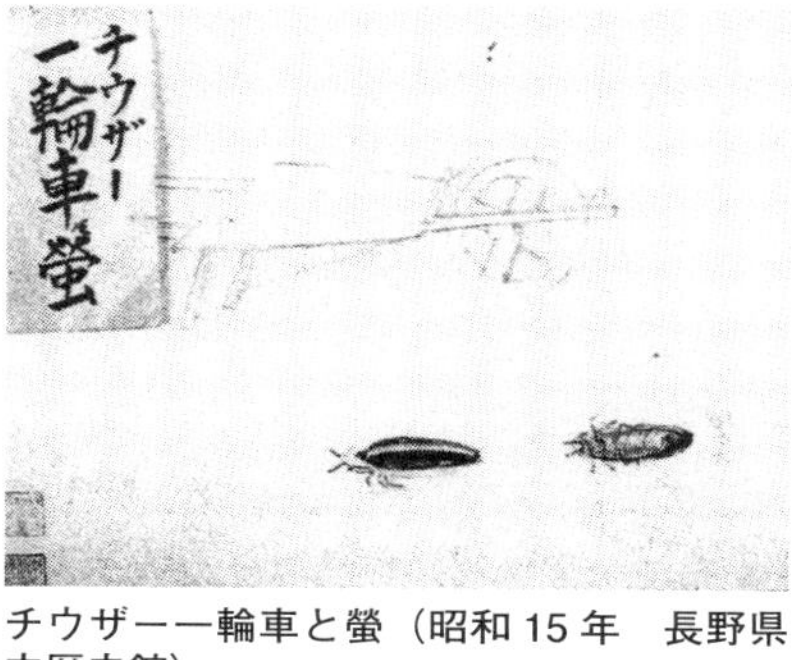

チウザー一輪車と螢（昭和 15 年　長野県立歴史館）

豚（昭和 15 年　長野県立歴史館）

開拓村の景観 日章旗（昭和 15 年　長野県立歴史館）

い、親も子も仲間の生命までも断ったその時の心情をわかってくれる人が今どれだけいるだろうか。誰もが大声でわめきたい位、訴えたい多くをもっている（『長野県満州開拓史　各団編』）。

丸田資料が描く黄色で彩られた「天国」の崩壊である。

だが、武力と侵略の論理で支えられた「天国」など永続できようはずはない。どんなにきらびやかで豊かに見えようとも、そこは間違いなく戦場である。

満洲国は、日本人が海の向こうに、史上初めて、さまざまな民族と融和しつつ作り上げようとした「地上のユートピア」（「王道楽土」）だったはずである。だが、その真の姿は、すべての者たちの命を奪い取る地獄（戦場）にすぎなかった。

丸田資料は、開拓民の生活を細やかに描いた貴重な歴史資料である。温かみのある作品に人柄が滲む。だが、だからこそ逆に、「満洲は豊かだったのか」「私たちが豊かであるために、満洲という土地と人々と死が必要だったのか」という疑問を想起させる。更級郷建設本部村山隆英氏はこう綴る。

「亡びしもの、ほろびざるもの」（『果てしなく黄色い花咲く丘が』）。

満洲国崩壊から七十六年。たくさんの人と物が眼前から消えた。しかしなお、「滅びざるもの」があるはずである。丸田資料は私たちに、そのことを、今もこれからも考えさせつづけるだろう。

三章　大正中後期　長野県財政の基本構造
――満洲移民史研究の前哨として

はじめに――始源としての大正八・九年

大恐慌の打撃が深刻さを増す昭和五（一九三〇）年八月、『長野県農会報』は「本県農家負債一戸当り八百六拾八円を如何にすべきか……その対策に就いて」と題する特集を組んだ。[1] 長野県農会独自調査の結果として「長野県農家の借金は一億七千六百五拾六万四千二百八拾六円」であることが示され、その上で「この負債をどうするか――本県農家負債対策を中心考察として――」のテーマで一四名が意見を寄せた。寄稿者と肩書きは次のようである。

福澤泰江（全国町村長会長）、早川直瀬（農学博士）、北原阿智之助（下伊那）、高倉輝（別所温泉）、倉田正（下伊那）、和田豊作（上水内）、矢田鶴之助（更級農学校長）、中田幸（下伊那）、有賀善衛（上伊那）、酒井秀次郎（上伊那）、原孝一（下伊那）、原三郎平（更級）、竹内万太郎（埴科）、神戸八郎（東筑摩）

提言は多岐にわたり、逐一紹介することは避ける。ここでは、県農会はじめ、寄稿者たちの意識の根底に、ある共通した発想が存在することに注目したい。大正八（一九一九）年あるいは九年を一つの画期、始源と捉える歴史認識である。

例えば次のような発言である。

○　實の内容は、その悉くが生活費の為めに迫はれて作った借金であると云ふ事である、その原因は、多くは大正八九年の好況時代にその禍を源するので、云はゞ金の価値の安い時に、喰ひ込んでしまったと云ふ事になる（農会調査報告）。

大正八年は第一次世界大戦終結の年であり、それまで国際社会を支配してきた価値観や秩序が再構築されたという意味で、人々がこの年を一つの画期、再出発と認識したのは当然である。だが、寄稿者たちの発言の多くは、「国際社会云々」とは違う次元で、人々が大正八年あるいは九年を強く意識していたことを示している。

○　借金の時期は大正九年以降のもの、其他恐らくこれが県下の農家の負債の代表的なものではなからふか。
（中略）

又大正八九年の農業にも商工業のお余りの利益＝ぼろい儲ではあったが＝を得て之を濫用した農家程、負債が多いのではないか。

（中略）

長野県農家一戸当りの負債は千円に近い。然し借金の年は未だ若い（大正九年以降のもの）失望落胆せずに、改造の一歩を雄々しく踏み出すことだ（早川）。
○　莫大の負債には驚き入りたる次第なれど、是れ偏へに世界大戦後の余波を受けて奢りに長じ、農村として倹約を為さゞりしに起因するものと存ぜらる（北原）。
○　農家の負債は重積せられておる。而もそれは、其大部分は大正八年頃の好景気時に根帯を有しておる。当時は流通貨幣非常に膨張して農家にても拾円以下は計算に面倒で、あると云ふ位の勢でありしが、大正九年三月の瓦落より大頓挫を来し、爾後経済界振るはず。之が為めに農家の収入は其大半を利子に支払はざる可らざるに至り（有賀）。

大正八年、大戦後の未曾有の好況にともない県内製糸業は最盛期を迎えた。糸価は信州上一番が四三六〇円と、開港以来最高値を記録した(2)。しかし、好況は九年三月以降反動に転じ、糸価は三分の一に暴落した。こうした糸価の急激な変動が強く印象に残っていたことは確かである。

しかし、昭和五年当時の人々が、共通に、実感をもって振り返ることのできる過去の地点として、大正八年あるいは九年をあげていることは軽々に看過できないことではなかろうか。

この時期を一つのくぎり、画期と見る感覚は長野県蚕糸課の岸勝彌にもあった。

世界大戦後に於ける一時的の繭価の好況は、益々規模の拡張を促すと共に農家経済の一般的膨張を来したる半面に、桑葉の乱採により漸次桑園荒廃を来しつつあるの時に当りて、遇々急激なる経済界の打撃は繭価を暴落せしめ、多大の収入欠陥を生じたるも、好景気の為一旦膨張したる農家経済を縮少することは甚だ至難なる事柄なるを以て(3)

昭和五年当時の人々には、大正中期から現在までは一つの連続した時間、大正中期に形成された社会のかたちが継続しているという感覚があった。大恐慌を契機に経済更生運動が始動し、その行き詰まりの解決案として満洲移民が大規模に推進されてゆくのだが、スタートとなる昭和初期が、大正中期の社会構造の継続と実感されていたとすれば、経済更生運動も満洲移民も、この時期の分析からはじめなければならないことになる。少なくとも、この時期を射程に組み込んだ立論が求められるはずである。

本稿はこうした問題意識に立ち、大正中後期の長野県財政の基本構造を明らかにしようとするものである。依拠できる基本文献としては、藤田武夫の『日本地方財政発達史』が詳細だが、長野県に限れば『長野県政史』・『長野県史』のほか、参照できる研究はない。『長野県会沿革史』、『長野県統計書』などを活用しながら分析を進めたい。

なお、県財政のみでなく、市町村財政を包摂した立論が求められるが、今その準備はない。ただ、県財政が抱えていた可能性と矛盾は、そのまま市町村財政にも当てはまるはずである。

註1　一六四号
註2　『長野県政史』第二巻　一〇三頁
註3　「桑園の整理緊縮に就て」（『長野県農会報』一五七号　昭和五年一月）

一　第一次大戦後の長野県財政

(一)　積極財政への転換

大正九年度予算を審議する第四二回通常県会は、大正八年十二月開催された。県が提出した予算案は、「世界大戦ノ終局ヲ承ケ一般経済界ノ尚順調ナリシ時ニシテ本県ノ主産物タル生糸ノ価格昂騰シ春夏秋蚕亦相当ノ成績ヲ収メテ結繭ノ増加ト価格ノ騰貴トヲ見其ノ他ノ生産物総テ豊作好況県民ノ資力大ニ加ハリタルヲ以テ時運ニ適応シタル計画ヲ樹テ相当ノ金額ヲ計上セラレタルモノナリキ[1]」であった。

県会冒頭、予算説明に立った赤星典太知事は、

① 予算総額六、八七一、七五七円は大正八年度当初予算と比較して二、〇九三、五一六円の増加であること。
② 生糸はじめ農作物が好況で、県内に資金がかなり豊富にあること。
③ 大戦後、物価が騰貴していること。

を指摘し、予算編成の基本方針を次のようにまとめた。

　県ノ各般ノ事業モ物価ノ騰貴ノ際デアリマスカラ成ル可ク緊縮ヲ図リ能フ限リハ経費ノ膨張ヲ避ケマシタケレドモ時勢ノ進運ニ伴ツテ新タニ是ガ計画ヲ要スルモノガアリマシタノデアリマスカラ殊ニコノ世界経済戦ニヨリマシテハ我ガ国民トシテ一日モ倫安姑息ヲ許サヾル状態デアリマスカラ新タニ計画ヲ立テタモノモアルノデアリマス[2]

類似した文言は、前年の通常県会予算説明にも見える[3]。財政規模拡大、積極財政の方向性は、その意味では「確乎たる方針を定めて、不撓不屈、十二分の熱意を以って、事に当たった[4]」といわれる赤星知事の一貫した政治姿勢であり、全国の多くの府県に共通するものでもあったが、とりわけ大正九年度予算編成にあたって長野県は、「県内ニ資金ガカナリ豊富ニアル」ことを追い風に、「時運ニ適応シ」、「相当ノ金額ヲ計上シタ」と言えるだろう。

　図1は大正期の長野県財政の歳出の推移を示したものである。国と地方の歳出の伸びは、大正四年度を一〇〇とした場合、大正八年度は国が二〇一、地方が二〇八である[5]。これに対し長野県は一九九で、この時点では大差ない。

　この傾向は、九年度大きく変化する。対四年度比で国二三三、地方三〇三となり地方の財政規模が急激に膨張した[6]。大戦終結後の物価騰貴、人件費の高騰がその主たる要因とされているが、長野県の場合は前

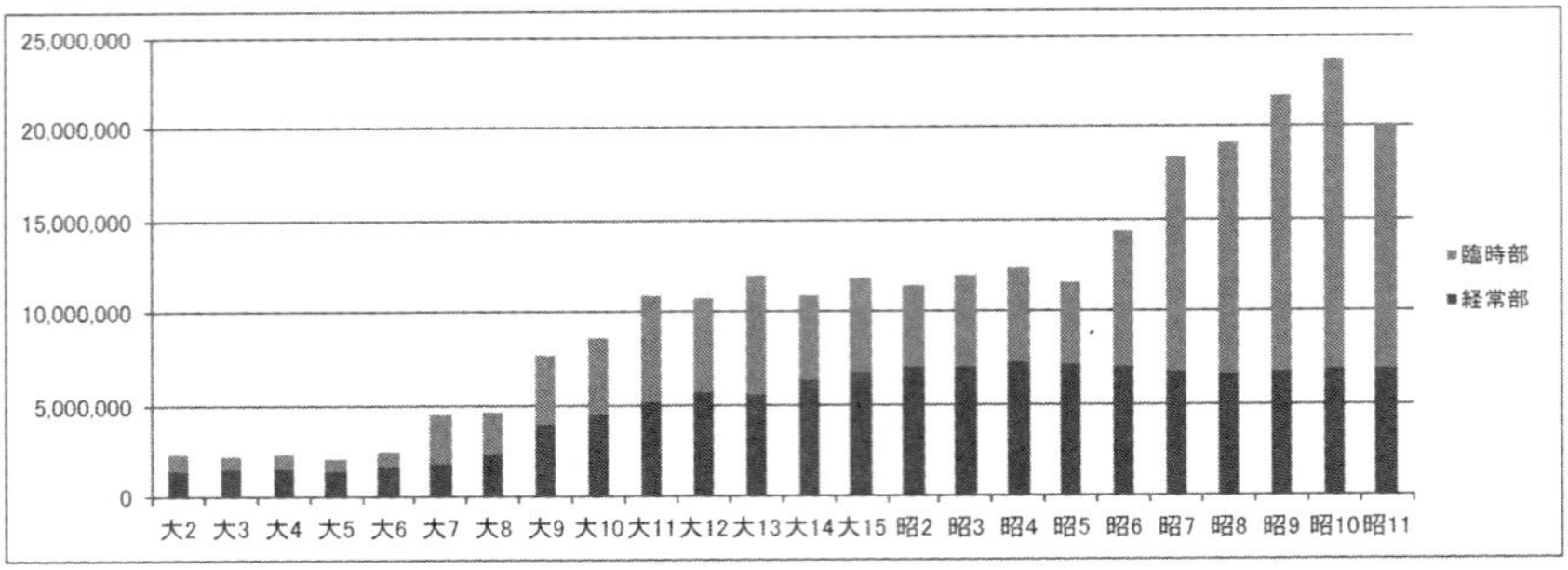

図１　地方税（県税）歳出決算

表１　県の経常部・臨時部歳出比率

年度	経常部（円）	臨時部（円）	臨時部の対総歳出比（%）
大２	1,463,217	894,512	37.9
大３	1,624,396	657,656	28.8
大４	1,597,298	752,120	32.0
大５	1,458,597	696,950	32.3
大６	1,640,439	900,189	35.4
大７	1,824,831	2,669,248	59.4
大８	2,423,396	2,249,536	48.1
大９	3,958,849	3,707,306	48.4
大 10	4,458,511	4,202,280	48.5
大 11	5,190,391	5,640,601	52.1
大 12	5,682,640	5,041,511	47.0
大 13	5,522,351	6,377,796	53.6
大 14	6,325,757	4,557,448	41.9
大 15	6,796,621	4,991,620	42.3
昭２	7,015,146	4,446,902	38.8
昭３	7,068,136	4,927,926	41.1
昭４	7,229,365	5,111,704	41.4
昭５	7,181,764	4,423,309	38.1
昭６	7,002,654	7,409,034	51.4
昭７	6,720,598	11,600,468	63.3
昭８	6,684,058	12,397,891	65.0
昭９	6,759,045	14,959,712	68.9
昭 10	6,829,977	16,867,306	71.2
昭 11	6,840,782	13,233,393	65.9

年度の一九九から三二六へと大幅に膨張している。伸び率は国の約一・四倍、他県に比しても約一割強大きい。この傾向は、一〇年度でも変わらない。対四年度比で国二五七、地方三四四であるのに対し、長野県は三六九に達している。長野県にとって、この時期の財政膨張が、物価騰貴を主要因とはしながらも、県の独自性を追求した政策の結果であることを示している。

臨時部経費に目を転じてみる。歳出全体に対し臨時部経費がどれだけの割合を占めるか、あるいは、使途がどのように変化したかをみたい。そこには、該当期の財政の性格、志向性が反映されるからである。

表1のように、大正前期、全歳出額の三〇《パーセント》台に止まっていた臨時部歳出額は、大正七年一挙に六〇《パーセント》近くに上昇すると、その後も四〇《パーセント》台後半から五〇《パーセント》台前半で推移していく。とくに増額幅が大きいのは勧業費（含む「勧業補助費」）、教育費（含む「郡市町村教育補助費」）、土木費（含む「町村土木補助費」）

である。大正九年度を同二年度と比較すると、勧業費は九・四倍、教育費は三・六倍、土木費は二・一倍である。(7)土木費の伸びは、同七年度から始まった砂防工事納付金、千曲川改修国庫納付金を広義の土木費と見なせば、六・二倍となる。(8)大正中期、赤星知事のもとで、県はこうした費目を中心に新規事業を積極的に打ち出していったのである。

註1『長野県会沿革史』第七編 五二頁
註2 同右 五四頁
註3『長野県会沿革史』第六編 八四頁
註4『長野県政史』第二巻 一五頁
註5 藤田武夫『日本地方財政発達史』二一八頁より算出
註6 同右
註7『長野県史』統計（一）Ⅳ行財政 3財政 第79表「地方税（県税）歳出決算」より算出
註8 同右

(二) 勧業費の使途と蚕糸業後進県意識

伸び率が最も大きい勧業費に注目する。知事は、大正六年の県会で、長野県の主要産業として七部門を上げた。(1)

製糸・養蚕・蚕種・米麦作・造酒・林業・畜産

蚕糸業に特化せず、これら七部門全体に広く目配せした予算編成をおこなおうとしていることは、七部門について逐一説明を加えた知事の発言からうかがうことができるが、長野県経済が蚕糸業に依存している以上、勧業費も蚕糸分野に偏重せざるを得なかった。大正七年度臨時部勧業費二二七、五八五円は前年度比一二・五倍の大幅な増額となったが、その約六七パーセントが蚕糸関連支出である。(2)中でも、原蚕種製造所建

築費一二六、三七四円、工業試験場建築費二一八、七六一円が際だっている。(3)

原蚕種製造所は、大正八年度に原蚕種の委託飼育を廃止し、県自らが飼育を行う目的で計画された施設であった。原蚕種一万枚を県が製造すれば、約六千円の節約になるとの目論見だった。また、製造所には、原蚕種製造のみならず、養蚕教師の養成など、新しい役割が期待された。(4)

ただ、蚕糸分野への予算の傾斜配分は、「蚕糸業は長野県の基幹産業だから勧業費を手厚く配当する」という単純な考え方に基づくものではなかった。長野県の蚕糸業が、他地域に比して非効率的で後進的な地位にあるという認識を、この時期の県当局は強く抱いていたからである。

製糸ハ本県及本県人ノ経営ニ属スル産額ハ、本邦輸出額ノ約六割ヲ占ムルノ状況デアリマシテ、蓋シ天下ニ冠絶シ居ルコトハ申ス迄モナイコトデアリマス、然レトモ其生産ノ状況ヲ見ルノニ、生糸ノ価格廉ニシテ、且生産費ハ、他ノ府県ニ比シテ漸次昂上スルノ傾向ガアルノデアリマス、其原因ハ一ニシテ足ラヌノデアリマスケレトモ製糸ノ技術ガ日進月歩ニ伴ハザル嫌ナキニ因ルニ非ザルカ、由来本県製糸ノ経営ハ全国ニ範ヲ垂ヽニ足ルモノガアリマス、然リト雖世運進歩ノ趨勢ニ伴ヒテ、其施設ヲ改善スルニ非サレバ、啻ニ其生産品ノ改善発達ヲ見ザルノミナラズ、生産費ノ如キモ勢ヒ割高ニ陥ルヲ免カレヌ次第デアリマス、(中略)、本県製糸家ハ小規模ノモノ多ク殊ニ近時産業組合組織ノモノ等ニ至リマシテハ、自ラ各種ノ試験ヲ行ヒテ、時運ノ進歩ニ伴ヒスルコトヲ求ムルコトハ、殆ド不能ニ近イヤウナ状態デアリマス(5)

蚕糸業における後進性・非効率性の危機意識は、その後も、県の財政計画立案にあたって、根底に流れていた。

七年度ノ蚕種販売状況ト各府県ニ於ケル処ノ蚕種製造状況トヲ見ルト決シテ楽観ヲ許スヤウナ状態デアリマセヌ、換言スレバ本県ノ蚕種製造家ハ本県蚕種ニツキ自己ノ価値ヲ過大ニ認メマシテ他府県ノ発達ヲ見ナイ結果他府県ニ於ケル進歩ニ比シテ本県ノ斯業進歩ノ跡ガ著シカラザルノ感ガアルノデアリマス(6)

就中製糸業ハ本県産業ノ大宗ニシテ而シテ又我国産業上ノ地位ニ於テモ全国第一位ヲ占メテ居ルト云フヤウナ訳デアリマシテ、（中略）、養蚕ニ就キマシテハ本県ハ永キ歴史ヲ有シテ県民亦経験ニ富ンデ居リマス、其技術ハ年々発達致シテ居リマスケレドモ之ヲ他府県ノ後進地方ト比較シテ見レバ飼育法ニ於テモ品種選択ノ上ニ於テモ販売ノ上ニ於テモ後進地却ツテ本県ヲ凌駕スルノ状態ヲ呈シツヽアリマス(7)

御承知ノ如クニ本県ハ我国ノ一大蚕糸業国デアリマシテ一頭地ヲ抜イテ居ルト云フコトハ是ハ洵ニ諸君ト共ニ誇トスルトコロデアリマス併シナガラ近年ニ至リマシテ県内ニ産出スルトコロノ生糸ノ品質ハ甚ダ粗悪デアリマス、又養蚕ノ技術モ旧慣ニ因ハル、点ガ多クシテ決シテ進歩シテ居ルモノト云フコトハ出来ナイノデアリマス、又蚕種ニ於キマシテモ實ニ雑駁ヲ極メルト云フ現状デアリマシテ之ヲ翻ツテ海外ニ於テ今日段々優良ナル生糸ノ需要ガ増シテ来ルト云フ現状ニ鑑ミ又我国ノ内ニ於ケル後進ノ各府県ガ急速ノ勢ヲ以テ蚕糸業改善ヲ図ツテ居ルト云フ事実ト対照シ来リマスト云フト本県ノ蚕糸業ハ此時機ニ於テ一大革新ヲ加ヘルト云フコトノ必要ガ最モ緊切デアルト云フコトハ最早多言ヲ要セヌコト、思フノデアリマス(8)

長野県は養蚕経営規模、桑園対耕地面積比では大戦間期を通して全国の最上位に位置したが、繭反収という観点でみれば、大正初期の一九一四年頃に全国九位であったのが、昭和初期二十二位、昭和十年頃には三十位と停滞傾向を見せた。また、蚕種掃立一枚あたり収繭量を指標に繭生産の効率性を見た場合、大正初期に全国四十位、昭和十年頃に三十五位と、長野県は低迷していた(9)。

大正九年度予算立案にあたって、県は、「県民ノ資力大ニ加ハリタルヲ以テ」、その富を千曲川河川改修、道路拡充、鉄道敷設などの大規模な土木事業と、原蚕種製造所設立や荒廃桑園改修に代表される蚕糸業の生産効率向上事業に振り向けたといえよう。

続いて県は、同十一年度予算で蚕業試験場設立を提案している。

今日現ニアルトコロノ三箇ノ原蚕種製造所ノ試験機関ヲ拡張シテ之ニ応ジテモ好イデハ無イカト云フトコロノ議論モ必ズアルデアロウト存ジマス、県ニ於テ此二ツノ案ヲ対照シテ充分ナル考慮ヲ費シテ研究致シタノデアリマス、併シナガラ此蚕種ノ研究ト云フコトハ先キニ申シマシタ通リニ研究シテ其結果ヲ又実地ニ応用シテ之ヲ県下ニ統一的ニ普及ヲスルト云フコトガ終局ノ目標デアリマス之ヲ為スニハ必ズヤ其性質上ヨリ県ニ一ツノ中枢機関ヲ置イテ其中枢機関ノ舵ヲ取ルトコロニ依ツテ統一ノ事業ヲ計ラナケレバ其帰スルトコロヲ知ラヌト云フコトニナルダラウト思ヒマス(10)

「蚕種統一事業は、県内三ヵ所に設置した原蚕種製造所の試験機関の拡張では対応できない」という認識である。大正九年に掲げた蚕糸業近代化の目論見は容易に進展しなかったということを意味する。

ここで、次の発言に注目したい。県が進める養蚕業近代化政策が、国が進める研究とは一線を画し、「本県の独特の事情と歴史」に立脚した試験機関を必要とするという発言である。

此試験機関ト云フモノハ本県ノ独特ノ事情ト歴史トニ依リマシテ其根拠トスルトコロハ広ク県内ニ於テ之ヲ中央ニ集メテ大成シヤウト斯ウ云フノデアリマスカラ何処迄モ此長野県ト云フ色彩ヲ失ツテハナラヌト思フノデアリマス(11)

「本県ノ独特ノ事情ト歴史」は、蚕糸業が「本県ノ大宗ニシテ而シテ又我国産業上ノ地位ニ於テモ全国第一位ヲ占メテ居ル」状態、あるいは長野県が「我国ノ一大蚕糸業国デアリ、一頭地ヲ抜イテ居ル」状態を指しているが、同時に、大正半ば以降、その地位が後進府県の追い上げによって揺らぎつつあるという県当局の意識をも含んでいると考えるべきだろう。「大宗」、「一頭地ヲ抜ク」状態を維持し、全国一であり続けるためには、国立の機関ではなく、あくまでも「長野県ト云フ色彩ヲ失」わない「県ニ独特ノ機関」が不可欠だったのである。勧業費はこの認識にそって増大した。

因みに、「県ノ蚕糸業ハ此時機ニ於テ一大革新ヲ加ヘルト云フコトノ必要ガ最モ緊切デアル」という認識は、県独特の機関の指導に随わない者に対しては補助を与えない、という厳しい指導方針を生んだ(12)。

大正中後期の県歳出の基本的な性格を、勧業費に注目して概観した。

長野県においては、大正八年から九年にかけ、国や他県を上回る財政拡大が企図された。物価騰貴が財政膨張を余儀なくさせる大きな外的要因であったことは確かだが、長野県の場合、蚕糸業の好況を追い風に、県独自の積極財政が目指されたといえるだろう。

ただ、「此時機ニ於テ一大革新ヲ加ヘル」とされ、多額の勧業費を投入した蚕糸業は、もともと糸価・繭価が、生産者や県当局の努力だけでは如何ともしがたい要因（天候、為替相場、あるいは取引を介在する金融業者の思惑など）によって乱高下を繰り返す不安定さを内包していた。さらに、人絹の登場、安価な中国製生糸の台頭により、産業としての成長の限界も見えはじめていた。大正中期の好況時に企図した千曲川改修などの大規模公共事業も、糸価・繭価が下落し、税収入が減少すれば県債をもって遂行しなければならない事業であり、そのつけは将来の県民の肩にのしかかることになる。

大正中後期の長野県予算は、土木、蚕糸を除けば、教育費、社会事業費の増額を特徴とするが、(13)これらの事業は、投下した費用が直ちに回収できる、あるいはさらに多くの利潤が短期間に生まれるといった即効性のある投資ではない。県当局は、産業振興面では、浮沈の激しい蚕糸業を補完する有効な新機軸、新規事業を打ち出すことができなかったと言えるだろう。その意味で、大正八年あるいは九年以降の長野県財政は、従前にもまして、蚕糸業の不安定さと一衣帯水、合わせ鏡の関係に立ったのである。

註1『長野県会沿革史』第六編 六七頁
註2 同右 四三八頁「毎年度ノ臨時部勧業費」より算出
註3 同右
註4 同右 九二頁
註5 同右 六七頁（第四十回通常県会）
註6 同右 九二頁（第四十一回通常県会）
註7『長野県会沿革史』第七編 五八頁（第四十二回通常県会）
註8 同右 一〇八頁（第四十四回通常県会）
註9 田中雅孝『両大戦間期の組合製糸』第一章
註10 註6 一〇九頁（第四十四回通常県会）
註11 同右 一一〇頁
註12 同右 一一一頁
註13『長野県政史』第二巻 七〇頁

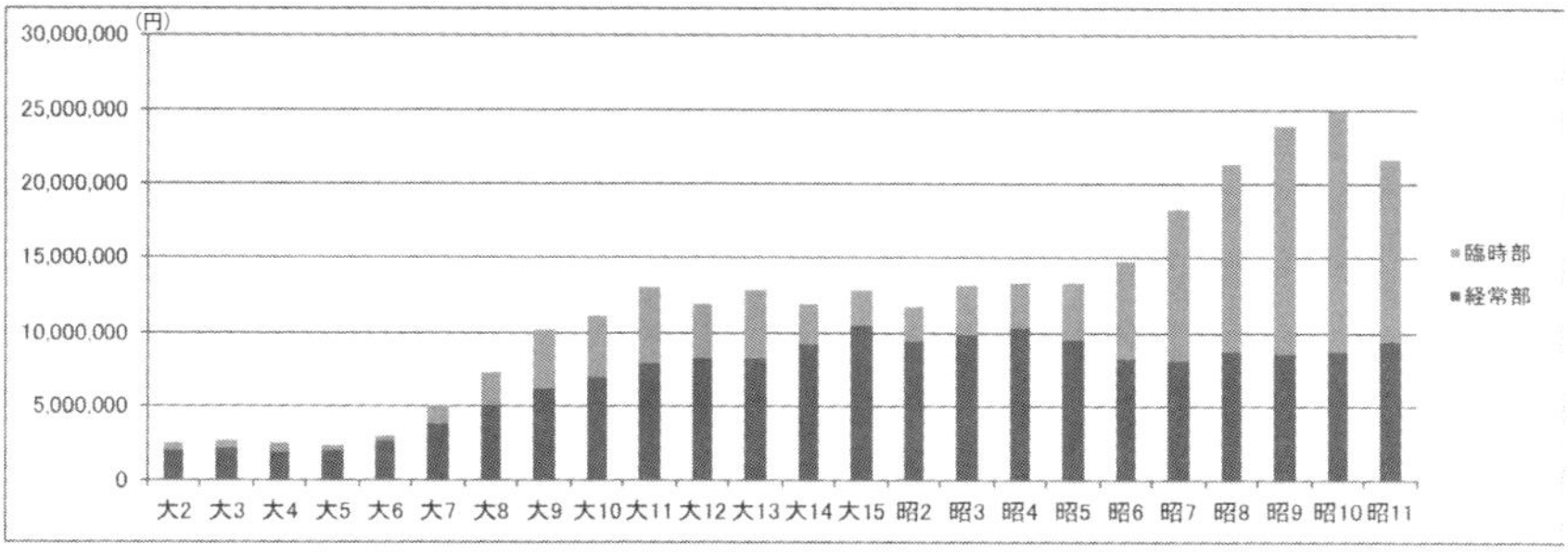

図2　地方税（県税）歳入決算額

（三）　国税附加税依存体質

図2は大正期の長野県の歳入額の推移を示したものである。大正七年を境に急激な増加に転じ、大正十年度には一一〇〇万円に達している。これはいうまでもなく、歳出の膨張、積極財政への移行に呼応したものだが、移行が増税政策を担保して実現されていくことに注目したい。大正中後期の歳入の概要を『長野県会沿革史』は次のように総括している。

歳出ノ増加ニ伴フ歳入ノ増加ヲ要スルハ必然ニシテ新事業ヲ起シ又ハ既設事業ヲ拡張シ災害ニ因ル復旧ノ必要ヲ生ジ若クハ法令ノ結果ニ依テ施設ヲ要スル毎ニ著シキ増加ヲ見タリ、事業ノ種類ニ依リテハ国庫下渡金国庫補助金ヨリノ収入モ増加シ又関係県民ノ寄附ニ因ル収入アリタリト雖主トシテ之ヲ税収入ニ求メラレタルモノナリ、故ニ此ノ五ヶ年間（大正九年～十三年―青木）ニ在リテハ或ハ新税ヲ起シ或ハ旧来ノ税目ヲ整理サル、等異動ヲ生ジタルコト少ナシトセズ(1)

大正八年以降、県民の税負担の様相は大きく変化する。市町村税が倍増し、それを県税が追いかけるという展開である（図3）。国税（直接税）が大正期を通じて一・五倍程度の伸びにとどまるのに対して、県税・市町村税はともに三倍強の伸びを示す。物価騰貴、税目の変動を考慮しても、大正八年以降の県民の税負担は飛躍的に重くなった。

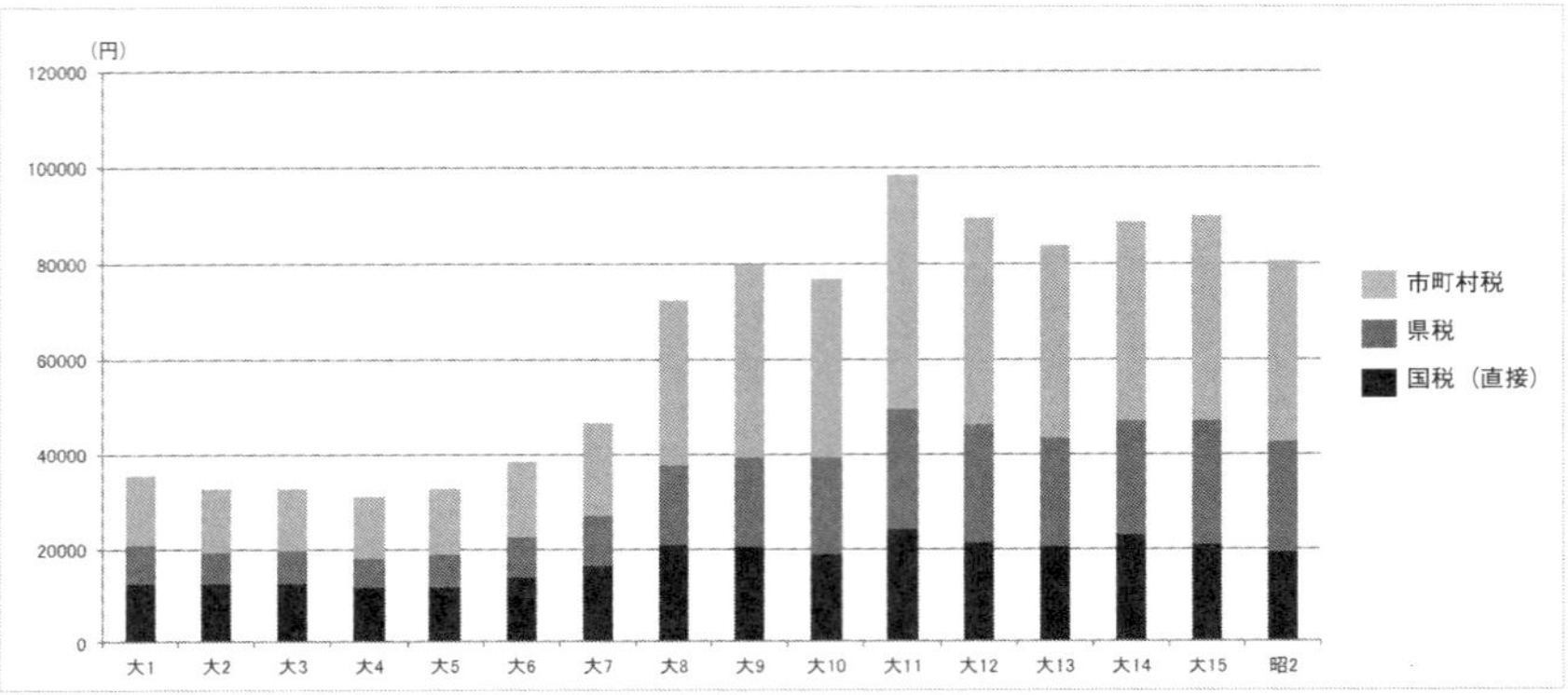

図3　戸別県民税負担推移

県税の内訳は、大正九年度の場合、地租割（地租附加税）四三パーセント、戸数割二一パーセント、雑種税一七パーセント、営業税付加税八パーセントで、地租割が群を抜いている[2]。県税体系の特徴と矛盾は、その意味で、地租割において最も顕著に現れると考えてよい。まず、地租割について検討する。

藤田によれば[3]、近代日本の地方税制は、国税である地租の他、大営業者にかかる営業税が国税とされたことで、独立税の領域はきわめて狭小だった。その結果、地方財政は、国税に対して認められた一定限度内の附加税に依存せざるを得ない脆弱性を特色とした。しかも、「国庫の充実と歳計の鞏固とを期する」ことが税制の根本方針であったから、国税附加税を含めた地方税の増徴に対して、国は常に警戒を怠らなかった。国はあらかじめ附加税率に上限を設定しており（附加制限率）、府県が制限率を超えざるを得ない場合は、厳しい監視・指導を行うことになっていた。この結果、府県は零細な財源を漁らざるをえず、自主性・弾力性は著しく低かったのである。

図4は大正期の長野県の地租割の推移を示したものである。大正初期の附加制限率は、宅地において本税一円につき一〇〇分の一三、その他の土地は一〇〇分の三二であった。

大正八年三月、国は、急激な物価騰貴、地方財政の膨張に対する支援として「時局の影響に因る地方税制限拡大に関する法律」を制定、明治四十一年度の制限率の百分の八〇まで増徴することを認めた

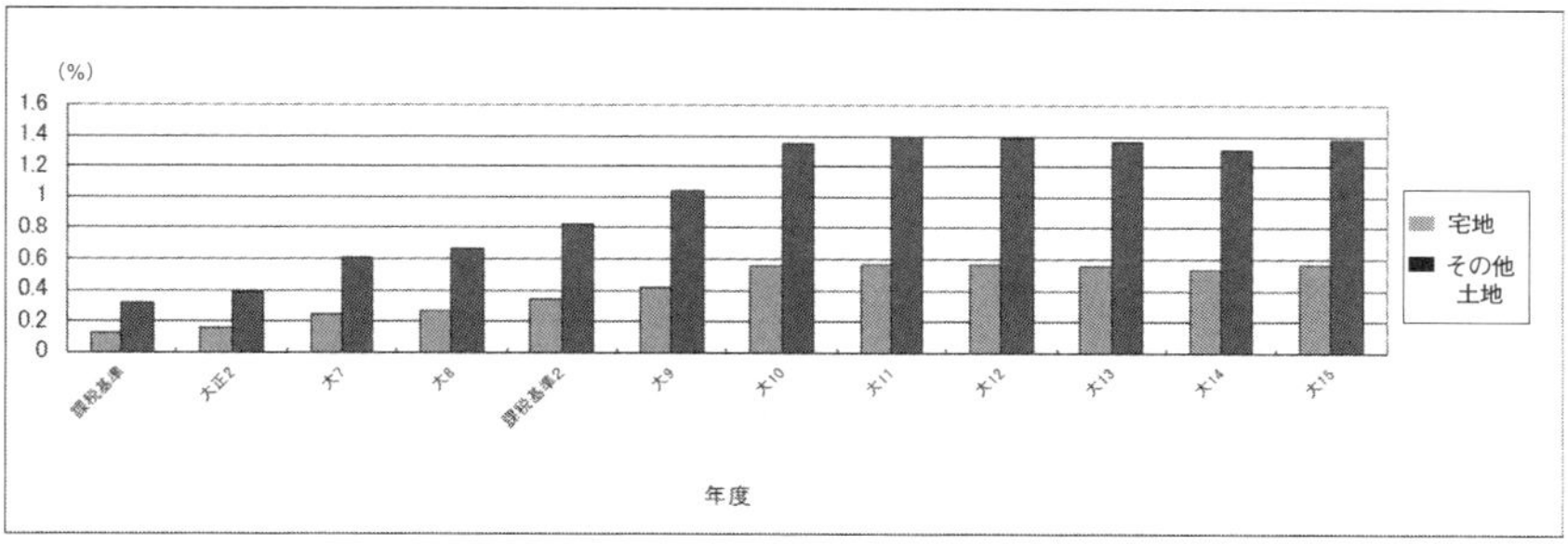

図４　地租付加税課率推移

が、財政再建の有効な手だてとはならなかった。翌九年、同法律をさらに改定、制限率を宅地において本税一円につき一〇〇分の三四、その他の土地は一〇〇分の八三に上げた。

長野県の場合を見よう。

大正二年度の地租割宅地税率は、本税一円につき一五銭六厘で、附加制限率の一・二三倍、その他の土地の税率が三八銭三厘で同約一・一九倍であった。[4]いずれも制限率を越えているが、その額は僅かであり、国が設定した基準をほぼ遵守していた。ところが、大正七年度には制限率を大きく踏み越え、宅地で制限率の一・八五倍、その他の土地で一・九倍となっている。

因みに、附加制限率の推移が比較的わかりやすい和歌山県を取り上げ、比較してみる。[5]年度はずれるが、大正三年度は、「宅地」、「その他の土地」ともに制限率の一・四五倍である。大正六年度では二・一五倍である。長野県の税率は、大正前期においては和歌山県に比して低率だったということになる。ところが、新制限率導入とともに、両県の関係は、大正十年度には逆転する。長野県の地租割は、「宅地本税」一円につき五五銭三厘で新附加制限率の一・六倍、「その他の土地」が一円三五銭で同約一・六倍へと上昇し、和歌山県の一・四九倍を上回ったのである。大正中後期の長野県民の地租割負担の増大は、この点からも明らかであろう。

地租割の増額が、新たな問題を誘起したことにも注目しておこう。農民と商工業者の税負担の不均衡の拡大である。大正十一年度通常県会において、

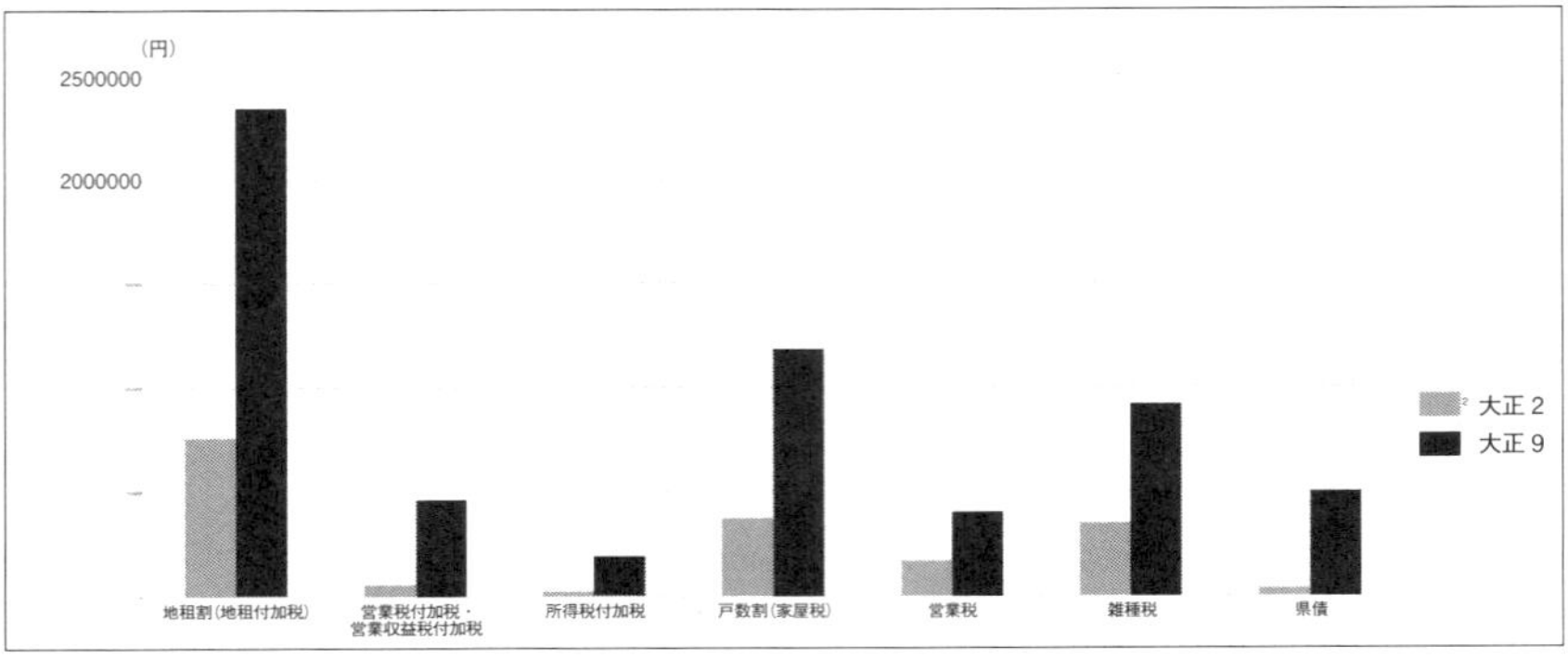

図５　地方税（県税）歳入　大正２年・大正９年比較

農民の税負担を一〇〇とした場合、商工業者は五〇程度と軽いことが問題視されている。[6] 職業間の税負担の格差が顕在化してきたのである。

とはいえ、商工業者に対する営業税附加税の伸びも大きい。ここでも和歌山県と長野県は地租割同様の傾向を見せる。大正六年度の営業税附加税は、一〇〇分の一一と定められていた制限率に対して、長野県の場合一・四倍、和歌山県の場合一・五倍であったが、大正十年度は長野県の対附加制限率（大正九年度に百分の二九と改訂）が一・六九倍、和歌山県が一・四九倍となり、逆転している。[7] 租税負担の増大は、農商問わず県民全体について顕著だったといえよう。

大正二年度と大正九年度の長野県歳入の伸び率を、税目毎に比較したものが図５である。戸数割の検討は後段で行う。県債を除けば、「附加税」と称される税目（言い換えれば国税に便乗して徴収する税目）の伸びが著しい。大正中期の長野県の財政構造の大きな変化、つまり県税収入の大幅な増加は、基本的には国税附加税の附加制限率を大幅に超える増徴によって実現したということである。

この時期、長野県は国税依存の体質を一層強めていったといえる。さらに言えば、それは農村依存の体質を一層強めていったということでもある。

註１　第六編　二一六頁

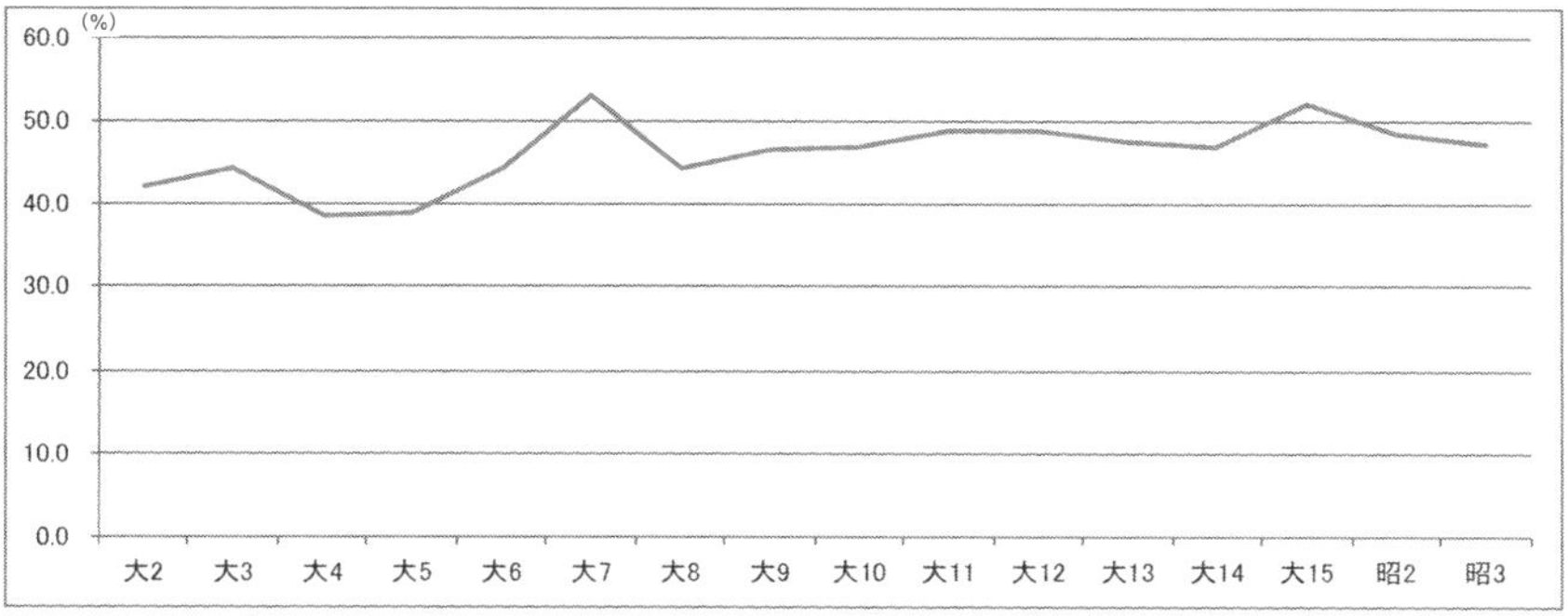

図６　戸数割の割合

註２『長野県政史』第二巻 七三頁
註３ 藤田前掲書 一五一頁
註４『長野県統計書』県税賦課率
註５『和歌山県史』近現代１ 六九八頁
註６『大正十一年第四五回長野県通常県会議事日誌』あるいは『長野県会沿革史』第七編 一五八頁
註７ 註５

（四） 県独自税の特徴と限界

「戸数割」は、県税中、国税附加税を除けば最も主要な税目であった。その割合は、図６のように大正期を通じて四〇パーセント台後半から、多い年で五三パーセント（大正七年）に達する。九年以降は五〇パーセント弱の割合で推移している。

戸数割は、明治十一（一八七八）年に「府県税」と定められたが、納税主体、課税客体、課税標準等に関し統一的な基準がなく、その意味では江戸期の租税制度を踏襲する前近代的な性格を有していた。(1)しかし、逆に言えば、厳密な基準で運用される国税、あるいは国税附加税と異なり、府県や、戸数割に附加税を賦課しようとする市町村にとっては、自由度の高い税目であったということもできる。戸数割が県独自税の約五割を占める理由はその点にあり、また、増税にあたって戸数割がまず標的になるのも、当然であった。

戸数割の伸び率を見よう。大正二年度の税額を一〇〇とした場合、七年度は二三五である。二・四倍ほどの伸びである。(2)等級別税額が最も多い

「郡市収入八等地」の場合、大正三年度の一戸あたり四五銭が、九年度には三円九一銭となり、実に八・七倍弱の大幅な増税になった[3]。この傾向はその後も続き、大正八年度を一〇〇とする場合、大正十五年度は二八二となる[4]。

戸数割は、市町村間の税負担の不均衡の著しい拡大を受け、大正十一年に抜本的な見直しが行われるのだが、大正中後期の長野県の歳入が、戸数割への依存度を高める方向で推移したことは明らかである。

戸数割以外の県独自税目を見よう[5]。

雑種税は、大正二年度を一〇〇とする場合、七年度は一五五となり、大正八年度を一〇〇とする場合、一五年度は二二一となる。大正後期の税率の伸びが大きい。

県税営業税は、大正二年度を一〇〇とする場合、七年度は一二七、大正八年度を一〇〇とする場合、十五年度は一九九となる。雑種税と同様の傾向を示すようにみえるが、十四年度・十五年度の二年間の伸びが突出しており、その他の年度は対八年度比で一二五程度の伸びに止まっている。その点で、営業税は戸数割・雑種税とは性格や状況が随分異なる。

県独自税に占める県税営業税の割合が高くないことにも、注目しておきたい。大正四年度二〇《パーセント》を超えたが、その後は一〇《パーセント》から一五《パーセント》前後で推移し、戸数割などに比して伸び率が低い。県の歳入全体に占める割合も七《パーセント》程度に過ぎなかった。大正中後期の県の歳入が、戸数割への依存度を高める一方、営業活動への課税には消極的だったことが明らかであろう。農商格差の増大が社会問題化する背景は、こうした税制のアンバランスにあった。

また、同税は商業税と工業税で構成されたが、工業税の割合が極めて低いことが特色である。両者の割合はほぼ八対二であり、大正十四年度・十五年度は商業税が九割を超えている。工業税中では職工一人当たりに賦課される職工税が多く、生糸製造業への課税は取るに足らない。長野県の発展を製糸業の隆盛と重ね合わせる言説は少なくないが、長野県財政という観点からすれば、製糸業の隆盛は「県税営業税にはあまり反映しなかった」(6)のである。大正中期以降展開する長野県の積極財政において、製糸業は、県の脆弱な財政基盤を強化する役割を果たすものではなく、その意味で、県政拡充の推進力とはならなかった。長野県の盛衰を養蚕業で語るパラダイムは、成り立たない。

以上、大正中後期の長野県財政を歳入の視点で概括した。国税附加税依存や戸数割の増税は全国の府県と共通した動向と考えられ、ことさら長野県のみに独自の要素を見出しえない。しかし、営業活動や製糸業の隆盛を財政拡大の追い風に出来なかった以上、膨張する県財政は、農民層にかかる、大正前期に比べて格段に課税率を増した諸税に支えられることになったのである。

因みに、大正十五年度、県は特別地租として地価一円につき六銭二〇厘の税を課した。特別地租とは、地租を免税される基準である地価二〇〇円未満の弱小田畑所有者に課せられる税目である。国は地価一円につき三・七銭を、特別地租の制限課税率と定めていた。長野県はその約二倍の額を課税したことになる。しかも、この高率は昭和に入っても継続されている。地租免除による小自作農民保護政策は、長野県では採用されなかったのである。(7)大正八年あるいは九年をターニングポイントとして進められた農村偏重の増税政策の、これは一つの象徴的な事例といえるだろう。前述したように、大正後期、農民の税負担は商工業者の二倍に上った。

大正中期以降の長野県民の税負担増加率を、和歌山県との比較にならい、隣県富山県とも比較してみよう。(8)大正元年度の国税・県税・市町村税一戸当たり総額を一〇〇とした場合、長野県は七年度に一三一・四、富山県は一二七・九である。この時点では、両者に大きな違いはない。

ところが大正八年度、長野県は大正元年度比二〇四・二に跳ね上がり、十五年度には二五三・八となる。これに対し富山県は九年度に二〇〇を超えるが、十五年度でも二二四・一に止まる。和歌山県同様、富山県と比べても大正中後期の長野県民の税負担率の上昇は看過できない。

山形県に目を転じる。この県では、一戸当たり租税負担総額の増加率は（大正六年度から十年度までの数字に限られるが）、六年度を一〇〇とした場合、十年度に二一一である。(9) 同様の作業を長野県に当てはめると、六年度を一〇〇とした場合、十年度は一九九・八であり、五年間を通してみれば山形県の伸び率が高い。ただ、八年度、九年度に限れば、山形県の伸び率がそれぞれ一六一・九と二〇〇なのに対して長野県は一八七・七と二〇六・八になり、長野県の上昇率が際立つ。長野県にとって大正八・九年のもつ意味は、やはり大きいのである。

大正中期に視点を定めながら、長野県税制の推移と特徴を概観した。ここで一つの問題設定を行いたい。「長野県農家一戸当たり耕地面積は全国平均を下回る。このような弱体な農村が、なぜ大正中期以降の、他県を凌駕する税負担の増加に耐えることができたのか」、という問いである。この問いはそのまま、「満洲移民送出日本一」の背景を分析する端緒ともなるはずである。

註1 藤田前掲書 二二五頁
註2『長野県史』統計（一）Ⅳ行財政 3財政 第76表
註3『長野県政史』第二巻 七四頁
註4 註2
註5 同右
註6『長野県政史』第二巻 七六頁
註7『長野県政史』第二巻 七六頁
註8『富山県史』通史編Ⅵ 七二頁
註9『山形県史』第五巻 四六頁

二　長野県財政と産業構造

（一）「繭を売って米を買う」

大正八年、長野県の粗生産額は五億円の大台を超えたが、経済成長の主因は蚕糸業の発展にあった。全生産額の三分の二（生糸四八・五パーセント、蚕種一・九パーセント、繭一九・七パーセント）を蚕糸業が占めた(1)。

しかし蚕糸業は、国内向け消費を目的に生産される一般農産物と異なり、国外とりわけアメリカ市場の影響を受けて絶えず変動を繰り返す不安定な要素を強く持っていた。大正九年には、糸価が前年比三分の一に急落している。県も、大正中期には、蚕糸業偏重の体質に警鐘を鳴らしていた(2)。

ところが現実には、大正九年の大暴落体験を経ても、蚕糸業依存体質はかわらず、むしろ強まっていった。昭和四年には、長野県は全国蚕繭額の一二パーセント強を生産し、県内の全耕地の五〇パーセント、畑面積の六九パーセントが桑園になっている。農家の八割が養蚕に携わり、農家収入の七割が養蚕関係労働から生み出されている(3)。ちなみに、農家収入に占める養蚕関係収入の全国平均が一二パーセントである(4)。長野県の農家・農村がいかに蚕糸業に依存していたかがわかる。家計の七割が単一の産業で支えられているという状態は「モノカルチャー経営」とみなすことができる。まさに「蚕糸業こそは長野県の大宗」だったのである。

一方、大正中後期の長野県財政が、主に農村をターゲットとした増税政策により支えられることになったことはすでに述べた。農家・農村の「モノカルチャー経営」は、長野県財政そのものも「モノカルチャー」状態に近い段階に移行させたと言えるだろう。

蚕糸業、とりわけ長野県の農家がその収入の過半を依存する養蚕経営が、他の農業生産一般と同列に扱うことの出来ない、資本主義的で貨幣経済色の強い経済活動であることを、「理論家」・「論客」（『長野県農会報』二三五号）として知られた県農会本会技師長瀬勇は、次のように説明している。

養蚕経営は例へ現代の資本主義的生産業と其の経営形態を異にして居るとは云へ、其の生品たる繭の全部を市場に供給する点に於て、多少なりとも自給的色彩を加味せる他の農業と稍趣を異にして居る。換言すれば一般農業経営に於ては、其の幾分は自給経済を目的とし、又此れあるが故に小農家経済に弾力性が含まれて居るのであるが、養蚕経営は其の全目的を繭の貨幣価値に置き、市場的農業経営の特質があるを以つて、従つて養蚕経営を主とする農家の私経済は、著しく貨幣経済に進んで居る。従って養蚕経営を営む人々の主観的の立場から見れば、全くの営利経営であると云ふ事が出来る。(5)

さらに長瀬は、繭が一般消費者にとっては必ずしも生活必需品ではなく、利益・損益が生産者の関与しえないアメリカ市場で生まれていることを指摘する。

現下の農政の重大問題は実に米価、繭価との両問題にあるが、其の対策は生品に対する、国民経済的立場が異つて居るが故に、同一の理論を以つて進める事は出来ない。即ち米は国民の主要食糧であり、全体的に見て必要の為の生産であるに反し、繭即ち生糸は、主としてアメリカの市場を目的として居るが故に、米は消費者と生産者の両者の立場に於て利害の一致点を見出す事に依つて解決点があるけれども、生糸は主としてアメリカの市況に依つて支配されるが故に、此の影響を最も少からしむる事と、国内に於ける養蚕家、製糸家の生産費を低減し、アメリカの市況の影響を直接被らしめない方策を講ずる処に、国策がなければならない。米は或る程度まで生産費が高くなつても、国内の需要供給の関係によつて生産を継続し得る事は考へられるが、同時に生産費以上の利潤を消費者に要求する事は出来ないのであらう。然し繭はアメリカの市況に依つて価格が変動するが故に、国内の生産者の如何に係らず、価格が決定されるから、時には生産費より著しく多くの利潤を挙げる事が出来るが、同時に不況の場合は生産費は全く考慮せられず、又他に生産費が非常に安いものがあれば、必ず其の為に圧倒されるであらう。(6)

蚕種を購入し、労働者を雇用し、蚕を飼育し、繭を市場で販売する。さらに、それによって得た現金収入で労賃を支払い、再び蚕種を購入する。この繰り返しは、自給的側面の強い農業経営の中にあっては、長瀬が指摘するように、性格を異にする要素が強い。それは、原材料を購入し、加工し、製品を市場に供給して利潤を得る資本主義経営に極めて類似している。「信州の百姓は冬炬燵にあたって野沢菜漬でお茶を飲みながらニューヨークの株価の話を」(7)したというエピソードは、こうした養蚕農家の生活の核心を突いていると思う。

　良質の繭を多産する最も重要な要件の一つは、優良な桑の生産だが、そのためには大量の金肥が必要とされた。大正十四年、長野県農会が実施した経済調査成績では、経常経費に占める肥料比率が二〇パーセントを越え、しかも肥料の六五パーセントが金肥であった。(8)農家の養蚕関連支出の内訳では、金肥支出が三三パーセントを占め、自給肥の九パーセントを大きく上回っている。昭和三年の小県郡西塩田村の一農家の経営では、経営費一、二〇〇円のうち二割が肥料代である。(9)養蚕経営は、「著しく貨幣経済に進んで」おり、大正中後期から昭和初期にかけての長野県の農村は、一戸の収入の七割がこのような特徴を持つ養蚕経営から生み出されていたのである。七割という占有率は、全国平均である一割強に比して突出している。しかもそれは、金肥などの購入によって維持される経営なのである。「長野県の農家は繭を売って米を買う」と呼ばれたが、それはこうした生活を指している。貨幣経済に著しく浸されたこのような農家を、田畑での穀物・野菜などの生産を主収入とする、いわゆる「農家」と見なしてよいだろうか。

註1『長野県政史』第二巻　一〇一頁
註2『長野県会沿革史』第六編　六二頁（大正六年第四〇回通常県会知事演説）
註3 北原朗「昭和恐慌期における長野県下農業・農村と産業組合の展開過程」（『日本大学大学院総合社会情報研究科紀要』№２）六七頁
註4 同右
註5「養蚕経営に対する一考察―主として繭の生産費をめぐって―」（『長野県農会報』一五九号　昭和五年三月）七頁
註6 同右　八頁
註7 註3　六七頁
註8 宮崎吉則「養蚕地農業経営費の考察と農家の三省すべき点」（『長野県農会報』一二五号）二三頁
註9『長野県史』近代三　一二八頁

(二) 養蚕モノカルチャー経済の展開

長野県農家一戸当たり耕地面積は八反三畝で全国平均九反三畝を一割強下回る（昭和六年）。しかも八反三畝のうち六割は桑園（全国平均は三割程度）である。[1] 桑園を除く耕地面積では全国平均の五三パーセントに過ぎない。このような弱体な農村が、なぜ大正中期以降の積極財政と、それを支える税負担の増加に耐えることができたのか。

一つの試案を示せば、前節で見たように、「農村らしからぬ農村」、「農家らしからぬ農家」の存在である。長瀬が述べるように、米作は「生産費以上の利潤を消費者に要求する事は出来ない」が、蚕糸業は「時には生産費より著しく多くの利潤を挙げる事が出来る」[2]のである。全国的にみて零細な長野県の農家が、本来自給すべき食糧を購入できたのは、養蚕が大きな現金収入を生み出していたからである。

もちろん、養蚕は、「不況の場合は生産費は全く考慮」されない。しかし、農産物の生産が生産性の向上を追求しても、所詮、耕地面積という制約から自由でなかったのに対して、養蚕は、本来耕作に適さない土地も桑園化しうると同時に、飼育方式を改良することで収穫高を向上させることができた。大正中期以降の養蚕業の拡張を回顧し、ここに昭和五年恐慌の主因を求める意見がある。

嘗て連年繭価が高かりし時代に於ける当局の奨励蚕種家の宣伝、業者は養蚕万能を思ひ畑地は勿論稲田にも桑を植栽し、非常なる勢ひを以て養蚕業が発達した。而して利潤も相当に得た。愈々拡張して満目桑ならざるなく千屋養蚕家ならざるなきに至った。(3)

早川直瀬は、養蚕経営と経済的要素の関係を、大正八年当時長野県産繭額の約一割を占めていた小県郡を題材に分析している。(4)それによれば、養蚕戸数は、耕地所有面積あるいは耕作する耕地面積において五反未満のものに多く、耕作する耕地を増す毎に養蚕戸数は減少する。また、養蚕農家は、小作あるいは自小作兼営、すなわち過小農あるいは小農に多い。

小県郡における大正九年現在の農業人口一人あたり田畑面積合計は一反二畝四歩で、うち水田は四畝九歩（約四割）に過ぎなかった。「如斯き小耕地を以て農民として糊口を支へんとするは、寧ろ不可能の事」であり、「過小農若くは小農の比較的多きを占むる地方に於て、養蚕戸数、農家戸数に比して多きを占むる所以なり」(5)とした。

早川の収集したデータは、さらに違う視点からも分析することができる。一つは、養蚕農家の経営規模と、耕地耕作面積あるいは耕地所有面積が、かならずしも相関関係にないという点である。小県郡神川村国分（現上田市）の場合、五反未満の農家二二戸では「春蚕掃立蛾量四匁から八匁」という小規模養蚕が一六戸だが、逆に一二匁一分から三〇匁の生産を上げる農家も四戸ある。

もう一つは、養蚕収入を水田耕作面積に換算する観点である。早川はまず、大正四年より八年までの五年間の小県郡平均収繭額を約六二・五円、一期八匁掃立とした場合、過小養蚕家にあっても年間の養蚕粗収入が約三九〇円に上ることを明らかにした上で、同郡の同五か年の反当玄米収入が五四円六八銭であるから、「過小養蚕家の収入三百九〇円を得んが為には、七反一畝の水田を耕作(7)」しなければならないと指摘した。

耕作耕地一反の構成は、大正九年の小県郡の場合、おおむね水田四対畑六程度だった。(8)五反のうち二反ほどが水田ということになる。もちろん、耕地の桑園化が進み、米作可能地も桑園として利用される可能性があったことは考慮しなければならない。しかし、もともと小県郡では、養蚕農家が八割から九割を超える村は米作に適さない地帯であったから、五反すべてを水田として利用することは考えられない。水田四対畑六という数値を妥当なものとして、「この地域の農家が養蚕収入分をすべて水田から得ようとすれば」、と仮定してみる。理論上は一七反から一八反ほどの耕地を所有、あるいは耕作していなければならないことになる。

もちろん、このような計算にたいした意味があるわけではない。現実には、畑作物、あるいは畜産収入を考慮しなければならないからである。ただここでは、養蚕を営むことで、現実に所有する、あるいは耕作する耕地面積の数倍の規模の農家と同等の収入が得られた、ということに注目したいのである。(9)

長瀬は、養蚕経営が極めて資本主義的であり、これを一般の農業と同列に扱えないことを指摘した。同様、早川は、養蚕に大きく依存した農家・農村の場合は、耕地面積あるいは耕作面積の多寡を主な基準に、経済力・生産力を評価する考え方はなじまないことを指摘した。長野県農家一戸当たり耕地面積は全国平均を下回り、桑園を除く耕地面積は全国平均の五割ほどと、極めて少ない。これを仮に実体経済と呼ぶならば、養蚕経営は、天候、為替相場等の条件さえ整えば、実体経済と大きくかけ離れた収入を可能にする。

その点で、本稿冒頭に紹介した『長野県農会報』一六三号の矢田の発言は農家にとっては厳しいものだが、正鵠を射ている。

　農業経営のことに至っては、近時や、進歩の見るべきものありとするも、之を他府県に比して、本県の農家は一般に商的気分強く、この濫用によりて無鉄砲のことが計画され、之が甚だしく農家の経済を乱しつゝあること。

　大正九年の糸価暴落を受け、県を挙げて組合方式の奨励や乾繭保存、蚕種統一、桑園改修、あるいは多角経営化等々の試みがなされたことは確かである。しかし、大局的にみれば、それらは抜本的な効果を上げる有効な対策とはなり得なかった。大正九年の長野県の繭生産量二、〇五六、九三三貫を一〇〇とした場合、昭和四年は一七四である。大幅な伸びである。大正二年度の繭生産量を一〇〇とすれば、二四五にも上昇している。[10] 養蚕モノカルチャー化は、確実に進行したのである。[11] これが、「農家の八割が養蚕に携わり、農家収入の七割が養蚕関係」と化した、昭和初期の長野県農村の実相だった。

註1『長野県史』近代三　一三四頁
註2　長瀬前掲論文（『長野県農会報』一五九号）
註3　信夫生「何が養蚕業をそうさせたか（一）」（『長野県農会報』一六三号　昭和五年七月）一五頁
註4『養蚕労働経済論』（『明治大正農政経済名著集23』所収）第四章「長野県小県郡養蚕労働状態」
註5　同右　三三二頁
註6　早川は小養蚕家を、「自家一家の労力をもって蚕児の飼育をなしうるもの」とし、過小養蚕家を小養蚕家よりさらに小なるものとした。（同右　三三六頁）

註7　同右　三三七頁
註8　同右　三三〇頁
註9　早川の試算は大正九年で、開港以来空前の糸価といわれた前年の好況から一転、大暴落を遂げた時期にあたるが、試算の根拠となる数値は主に大正八年までのものであるから、「過小養蚕家の収入三百九〇円を得んが為には、七反一畝の水田を耕作」という養蚕の優位性を大正後期にまで敷衍することはできない。しかし、後述するように、養蚕農家戸数、産繭量、桑園面積は昭和初期にかけて拡大しており、早川の観点は有効であろう。
註10　『長野県史』統計(二)第68表「養蚕戸数・掃立量および収繭量」より算出
註11　「(昭和五年)九月一日の現在で全県的に行われた農業調査の結果によると、本県の耕地総面積は十七万八百二町七反九畝二三歩で、その四〇・二六％が田地、四六・六％が桑畑で一二・三九％が普通畑という事である。即ち田地に比して桑畑が多く年々と田より畑、山林より畑と、増加して然かもそれが普通畑でなく桑畑に向つゝあるのである。最近に於ける桑園面積の増加は著しい数に上り、大正九年より昭和四年に至る十ヶ年間に一万五千六百三十三町四反歩、更に之れを大正元年に比すれば二万七千百九十四町歩の増加を示し平均一ヶ年に一千五百十余町歩の増加である」(岸勝彌『長野県農会報』一五七号)

三　県財政の限界と崩壊(昭和初期)

(一)「本県ノミカ独リ嘗ムル悩ミ」

大正九年の糸価・繭価大暴落以後、養蚕偏重の体質に抜本的な見直しが図られなかったことは、前述したように、大正後期から昭和初期にかけての養蚕関係数値の伸びで論証することができるが、このことは県や蚕糸業関係団体、あるいは養蚕農家が現状に安穏として手をこまねいていたということを意味しない。むしろ、繭価低落への危機感が、逆に生産量の拡大を促した。養蚕農家は繭価の下落を生産量の増加によって埋め合わせる道を選んだのである。

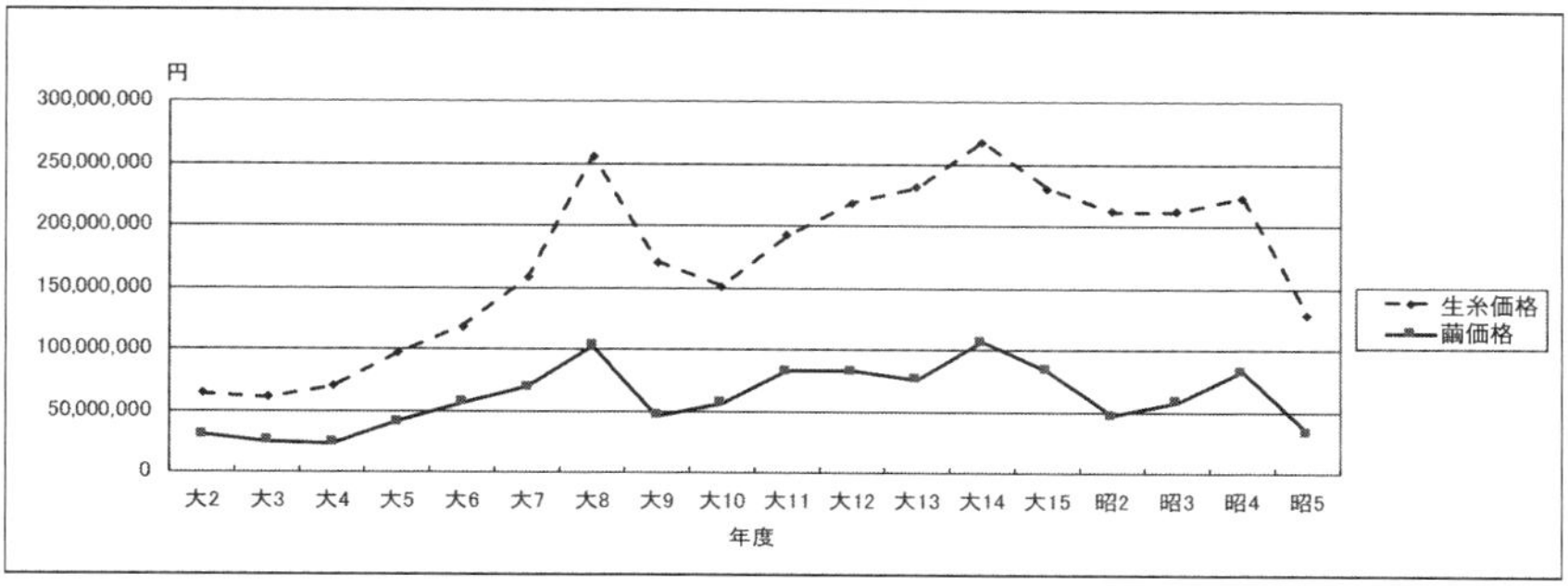

図７　生糸価格と繭価格

九、養蚕業者の誤謬

養蚕業者は生産過剰の為に繭価が低落すれば其収入不足は多産を以て補はんとする。過剰のものを尚多量に生産するが故に尚過剰となり低落する。斯る見易きことを敢てする。[1]

繭価の低下・減収を、生産量の増加、すなわち市場への繭糸供給量の増加によって埋め合わせようとする企図は、供給過剰を生じ、一層の値崩れを招く。また、多産を指向することは粗放経営に拍車をかけることとなり、飼育技術の改良を進めても、桑の品質の低下、繭の品質の低下を生じ、一層繭価を下落させることになる。[2] 大正九年以降、繭価は、好況だった大正八年次を上回ることはなく、多少の上下を繰り返しながら下落していった。

繭価が、物価上昇に連動せず諸商品に対して低価格帯に置かれていた、ということも重要である。糸価と繭価は、必ずしも連動しない（図7）。好況時、繭価は糸価を含む諸物価に比して上昇率が抑えられており、逆に、不況時には他の諸品に比して下落率が大きくなっている。繭価が景気変動の調整弁的な役割を担わされ、養蚕家の立場はつねに不利だったことを物語る。

繭価が低位で維持され続けたのには、養蚕家と製糸家を仲介する繭売買業者や、養蚕家に資金を提供する金融業者が果たした役割が大きい。繭価は、現実には、生産者である養蚕家と製糸業者、あるいは消費者の間の需給関係

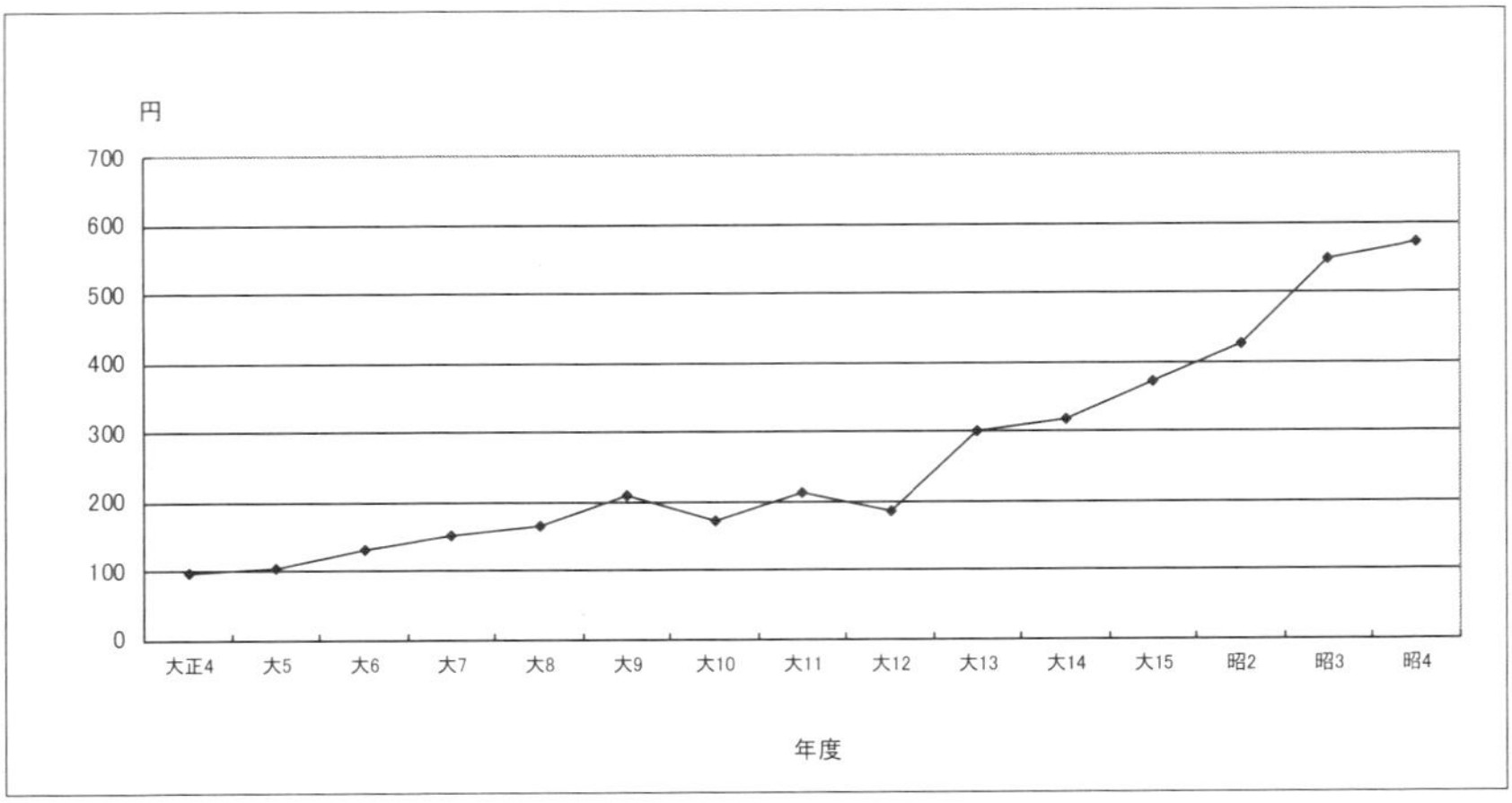

図８　北佐久郡横鳥村負債（『長野県農会報』165 より作成）

によって決定されるものではなかった。

更に繭売買中介業者の存在は何を物語って居るか、統制のない欠陥を補ふに彼等の剰ずるに余りに便利である。茲にも本邦蚕糸業の損失や蓋し莫大なる物を見る。殊に甚だしきに至っては、此の仲介者によって、連絡の為かの如く私によって繭相場を作り出される場合がある。甚だしきと云ふも愚かな事である。為に製糸家は高価に原料繭を購ひ、養蚕家は安価に販売するの類が尠なくない。[3]

五、金融閉塞

繭糸価は需給者間に於て価格を決定するにあらずして、金融業者により決定するが如き観あり、多くの製糸業者が資本豊富ならざる為に金融業者に対しては弱者の立場にあり屡々不利益を蒙るを以て繭買入に当つては之を養蚕家に転嫁して繭価を圧迫し或は実際金融のつかざる為に買入れを手控へ或は支払を遅延し尚且繭価を低価ならしむる等其係はる所甚大なりとす。[4]

したがって、一旦、繭価の下落によって生じた負債は容易には消滅せず、北佐久郡横鳥村の事例が示すように（図８）、雪だるま式に膨れあがっていく。「農家の収入は其大半を利子に支払はざる可らざるに至」[5]るのである。

地価を算出基準とする地租、あるいは地租割は、商工業者の営業税のように、景気の変動にともなって納税額が伸縮するという性格の税目ではない。基本的には、景気の変動とは無関係に設定された課税基準だからである。その意味で、弾力性に欠ける税目である。したがって、地租あるいは地租割が税負担総額に対して多くの部分を占める農村は、経済活動が下降局面に入った場合も、都市居住者や営業者に比して税負担が軽減されにくい。大正中後期にすでに問題視されていた農民と商工業者の税負担の不平等は、不況の進行にともなって一層拡大し、農民の生活基盤を、さらに崩壊させていくことになった。

前述したように、大正中期以降の長野県財政の基本構造は、かかる特色を有する蚕糸業に深く依存し、いわば一衣帯水、合わせ鏡の関係にあった。こうした状況のもとでは、強力な産業基盤改革を、県が主導することは到底望めないだろう。「信夫生」は、昭和五年の惨状を目の当りにして、県のリーダーシップの欠如がこの惨状を招いた要因だと指摘する。

七、根本策の樹立なきこと

輸出の大宗とばかりに根本策の樹立がない。養蚕業が今どうなるか、将来どうするか。制限か、現状維持か。発展か。需用地の状勢新需用地の開拓及用途拡張、他国生産の消長及世界需給関係等につき根本は立っておらぬ。而して当局の奨励は生産業者の原料豊富の希望と相俟て遂に生産過剰を来し却て養蚕業をそうさせた一因となったのである。[6]

一識者の見解に過ぎないといえばそれまでだが、ここにも大正中期から昭和五年までを一つの連続性（この場合は負の連続性）として捉える感覚が存在する。

県当局は、蚕糸業不況の状況を受けて、昭和二年の段階で財政の転換を企図した。

抑モ本県ノ総生産額ノ七割余ハ實ニ蚕糸業カ占メル所テアリマシタ、其蚕糸業ノ不況ハ即チ本県生産ノ七割ヲ脅威スルト云フ結果ヲ来タスノテアリマシテ、斯ノ如ク窮況ハ本県トシテ未曾有ノ事象テアルト信スルノテアリマス、而シテ是ハ全国ノ中テ本県ノミカ独リ嘗ムル所ノ悩ミテコサイマス、（中略）歳計ニ約一、八〇〇、〇〇〇円ノ欠陥ヲ示スニ至リマシタノハ財界及経済界不況ニヨル本県特有ノ事情、是カ主因ヲ為シテ居リマスルカ、加フルニ過去ニ於ケル財政計画ノ総決算カ直面シ来ツタノニ外ナラナイノテコサイマス、本県財政トシテハ誠ニ未曾有ノ一大難局ニ逢遇シタモノト申サナケレハナラヌノテアリマス[7]

「未曾有の窮況」は「財界及経済界不況」が主因だが、それは「過去ニ於ケル財政計画ノ総決算」であり「本県ノミカ独リ嘗ムル所ノ悩ミ」だった。この言葉に、本稿が示そうとした大正中後期長野県財政の基本構造と、その内包した限界が、ありのままに語られている。

註1　信夫生「何が養蚕業をそうさせたか(三)」（『長野県農会報』一六五号）九頁
註2　「（大戦後の）好景気の為一旦膨張したる農家経済を縮少することは甚だ至難なる事柄なるを以て、繭価安より来る収入の不足は収繭の増加によって之れを彌縫せざるべからざる状態となり、勢ひ桑園の拡張を余儀なくされ、肥培管理を合理的に行ふ余裕なく、徒らに収葉に急なる為め内容甚だ貧弱なる所謂荒廃桑園は年々と共に多くなり、加ふるに大旱魃、大凍害等の災害によって遂に今日の行詰れる状態を呈するに至ったのである」（岸勝彌『長野県農会報』一五七号所収）
註3　針塚長太郎「本邦養蚕業の統制を論ず」（『長野県農会報』一六二号）七頁
註4　信夫生「何が養蚕業をそうさせたか(二)」（『長野県農会報』一六四号）一五頁

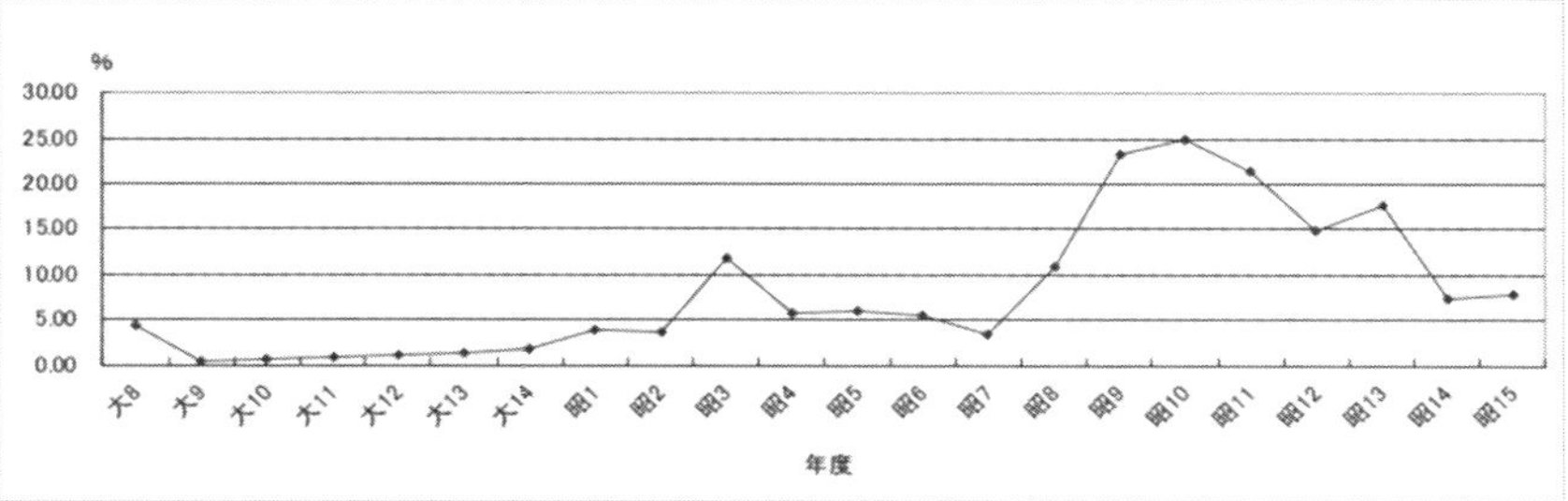

図9　地方税（県税）歳出総額に占める県債費比率

註5『長野県農会報』一六四号二七頁
註6 註1 九頁
註7『長野県会沿革史』第八編 一一四頁（昭和三年度予算説明）

（二）財政基盤の崩壊

県税滞納者は、営業税付加税・所得税付加税では、すでに昭和二年度の段階で二割を越え、地租割は昭和五年度に一五パーセント（前年八・三パーセント）、昭和六年度に二四パーセント、七年度に三二パーセントと急増した。[1] 歳入基盤が崩壊したのである。

その一方、不況脱出のための失業救済事業の創出として大型財源が求められ、県債依存の体質は深刻化した（図9）。県内各地でさまざまな経済更生運動が展開されていく中、県は有効な恐慌対策を打ち出せなかったのである。

経済更生運動の分析は本稿の課題ではないが、昭和十年に知事に就任した大村清一が、同年八月六日飯田で開催された「下伊那郡経済更生座談会」席上で述べた次の発言は興味深い。

県当局は、県民の手をとり、足をとってああしよう、こうしようと先に立って導く心算は毛頭ないのであります。今日の時局に鑑み、今日の農村事情に鑑み、こういうことをしてみたい！ああいうことをして見たい！といわゆる自発的の考えによりまして、そのところに一定の目標をたてて進み、そのやり方が合理的であるというような場合は、当局といたしましても進んで皆様の後押しをしようという覚悟をもっております。

県民諸君が、この難局を、県民諸君自体の力によって、なんとか打開しなくてはならぬと強い決心の下に、一定の方針をたてまして、その坂道を重い荷を引き揚げるような場合は、喜んで渾身の力を込めて後押しする心算でありまして、この気持ちで進んでいくことが、最も有効的であると思います。(2)

大村は、同様の発言を長野県町村長会でも行っている。(3)

下伊那郡経済更生座談会では、大村に続いて三好重夫経済部長が、経済更生運動の問題点を四点指摘した。

① 基本調査が正確にできていない。
② 年度計画が策定されていない。
③ 経済更生計画実行の組織ができていない。
④ 教化部門の活躍が足りない。

その上で、三好は大村同様の見解を披瀝した。

困っている中から、こういう風にして起ち上がろうとする部分について、どうしても援助を受けなければ起ち上がれないという部分についてのみ県は援助するつもりでいるのであります。(4)

「県当局は、県民の手をとり、足をとってああしよう、こうしようと先に立って導く心算は毛頭ない」、「どうしても援助を受けなければ起ち上がれないという部分についてのみ県は援助する」というスタンスは、市町村の自主性、主体性、つまり自らが居住する地域の独自性を探り出しながら更生計画を立案しようとしている姿勢を尊重するものと、とれないこともない。しかし、「県民自身が一定の方針をたて、坂道を重い荷を引き揚げるような場合」のみしか支援しないという文言は、文字通りに受け取れば、県の政策立案責任の放棄に他ならない。

基本調査、年度計画、実行組織の原案は、切迫した状況では、戦前の弱体な地方自治制度のもとではあれ、やはり県の強いリーダーシップが求められる領域である。知事や経済部長の発言には、そうした自覚・緊張感が抜け落ちているのではなかろうか。

大村県政は、農会、産業組合、養蚕業組合などの組織が相互に意思統一をなせず、諸団体の思惑に基づく指示・命令が農村に伝えられていることで混乱が生じ、経済更生運動が思うように進まないという世論に答え、経済部出張所を新設した。しかし、出張所に強い権限を与えようとしたわけではない。大村は次のように述べている。

経済県の産業指導方針について簡単に申しますと、二つの方向があると思うのであります。その一つの方面は、各町村の経済更生計画を立派にたてその計画に基づいてやっていく途上においては、町村役場、町村農会、あるいは産業組合というようなものにおきましても指導方針はできるのであります。厳然たる更生計画であれば、その村の産業指導方針は憲法でありまして、根本法であります。（中略）県民がこの産業指導方針の統制を、県当局、あるいは連合会、その他の人々に求めるよりは、まず自ら進んで自分の村の更生計画を最も完全なものにするということが第一条件であると思います。

統制連絡を図るために、経済部出張所によって、その目的を達する一つの方法を考えまして、各郡に経済部出張所を設置するつもりであります。(6)

改革立案と推進の主体は、あくまで市町村である。大村の言によれば、経済部出張所には「統制連絡を図る」権限が付されていたはずだが、実際には「よき相談相手」程度の役割しか期待されていなかった。

今回の経済部設置も出張所員、あるいは県の係の者が、町村を廻って、よき相談相手になって、町村の実情に即した仕事をして行きたいということから出発しているのでありますから、皆さんもその心持で、出張所の役人に接触して下されば結構であります。(7)

経済部出張所は、関係諸団体の錯綜する思惑を統合・止揚する強力なリーダーシップを行使する目的で設置されたのではなかった。

昭和四年から昭和二十年の一七年間に、長野県知事を勤めた者は一一名に上る。前述した大村が、二度知事を勤めているため、正確には一〇名である。最長でも二年二か月弱、平均一年半ほどしか在籍していない。最短は二度目の大村で一一か月。知事が次々と替わるありさまは、議会から「浮草」・「一身の栄達をはかる」と非難された。(8)

こうした立場では、確固とした県政運営方針を、議会に、あるいは県民に示すことは到底できないであろう。知事の立ち位置の不安定さは、県当局の立ち位置の不安定さにほかならない。岡田周造県政を「県政史上相当に重要」と評価する意見があるように、(9)この時期の県政に県独自の政策がまったくなかったわけではないが、「過去ニ於ケル財政計画ノ総決算」を求められる緊迫した局面で、有効な打開策を提示することはできなかった。(10)

註1『長野県史』近代資料編統計（一）第81表「地方税（県税）滞納人員・額」より算出
註2「下伊那郡経済更生座談会記録」（『長野県史』収集　近代資料　社会集団）長野県立歴史館蔵
なお、拙稿「『下伊那郡経済更生座談会記録』を読む」（『伊那』一〇四二号）参照。

註3　『長野県町村長会会報』第十六号　十六頁

註4　註2

註5　経済更生運動自体は官製のものであったが、農村簿記の取組や禁酒運動で知られる下伊那郡三穂村、宮下周らが組織した小県郡浦里村のように、県内各地で更生への自主的な取組が進められた（各村の取組は『長野県農会報』二〇二号に詳しい）。この過程で村落の中堅層が果たした複雑な役割に関しては研究が進んでいる。

しかし、私が注目したいのは、更生計画立案を契機に、村民が自らの村を客観的に見るまなざしを獲得したという点である。村の地誌を学び、データを積み上げ、村の長所、将来性を見極めつつ、更生計画が立案されている。更生運動自身は官製から発したという要素が強く、また中堅層の多くも最終的には農村ファシズムの担い手となった。しかし、更生運動に、大正期に展開する「郷土教育」の良質の部分、自ら学び、自ら考えるという姿勢は継承されていたと考える。村民に与えた更生運動体験の質は、例えば下伊那経済座談会の会場での鼎村農業技術員須山賢逸の次の発言から伺うことができると思う。

第一の問題は、町村の勧業費を増額していただきたい。（中略）

現在の町村の勧業費を検討してみますと、これは極めて少額なものであるのみならず、その勧業費の内容は、統計調査費というようなものが大部分をしめておって、積極的に、その町村に適応した経済更生策を遂行し、各種の生産を増加する等々の実質的施設を図るという費目はさらにないのであります。この点は、愛知県碧海郡のようなところを実地観察して見ると判るのでありますが、これらの地方の更生計画を見ると驚くべき実績を挙げています。勧業費も重要なる費目でありまして、したがって金額も非常に多く計上されているのでありま す。

註6　註2

註7　同右

註8　『長野県史』近代三　七〇頁・三一六頁

註9　同右　七〇頁

註10　具体的成果が上がらないことで、運動は勢い極めて精神主義的な色彩を帯びることになった。座談会の席上、大村は次のように述べた。

負債整理組合法というものは、組合員の持つ負債を棒引きにするとか、利子を俟ってもらうとかいうことが基礎になってできているのではない。負債は必ず返すということが基本になっている法律であります。「返せないから返さない」ということがいけない。返せないから、そこは非常な努力と、非常な勉強をいたしまして、できるだけ早く返すという誠意を示せば、自然に負債は整理されていくものです。県民が借金に対する観念を変更して、債務は誠意をもって弁済するという気運が起こってこなければこの整理事業はできないのであります。

おわりに

本稿は、『長野県会沿革史』・『長野県統計書』等を活用し、大正八年・九年前後を画期として長野県財政の基本構造が大きく変容したこと、また、その時期に形成された構造が、昭和恐慌の直撃を受け、「本県ノミカ独リ嘗ムル悩ミ」を生んだことを示した。

県会はすでに昭和六年から県の無策を追求し、国への意見書を次々に採択して、全体として中央依存型の地方財政を待望する県民世論を醸成していく。(1) 長野県町村長会の論調も、県に対して厳しさを増していく。(2) こうした風潮の中で、各町村の経済更生運動のプログラムには、当初組み込まれていなかった満洲移民論が、一挙に表面化していくのである。(3)

「日本一の満洲移民送出」に果たした県当局の具体的役割の解明は、次の課題である。すでに、昭和七年、長野県町村長会席、上石垣倉治知事は、過剰人口問題の解決策として移民政策に積極的な姿勢を示しており、(4) その後も県当局がさまざまな会議を招集し、国策を先取りする役割を果たすことで「日本一の満州移民送出県」が実現したかに見える。

だが、実際は、先鋭化する議会、あるいはそれ以上に先鋭化しつつある信濃海外協会等の移民推進派諸団体に、有効な現状打開策を立案できない県当局が引きずられるかたちで移民政策が構想され、遂行されていくというのが実相ではなかろうか。

註1『長野県史』近代三 九六頁
註2 昭和九年十月南安曇郡豊科町で開催された第十五回長野県町村長会総会冒頭、会長福澤泰江は、都市に対して農村の税率が二～三倍重く、しかも国がこれを是正するための地方財政調整交付金制度設立に消極的であることを指摘し、次のように述べた。

今日まで吾々は懇願奉り候といふことを幾度繰返したか判りませぬ。けれども　吾々が真剣に庶政の一大革新を政治の上に要求する強き観念が発露して行かない以上は、幾度懇願奉り候事を繰返しても駄目だと思ふのであります。（中略）、軍備と同様に農村といふものは国政の上から重視しなくてはならぬのであります。けれども、軍備の予算に対して数億の同意をした大蔵大臣は、農村問題に付ては極めて冷酷であります。斯ういふことは非常な誤つたる認識であつて、国民の声、殊に農村に居る所の吾々の大きな声として、天下に響かない以上は決して政府当局の反省を得ることは出来ないのであります。

また、この発言に呼応するかのように、国県の無策を糾弾する発言が続いた。

○埴科郡屋代町長堀内麟三
若し此交付金制度を実施して下さらなければ、吾々は委任事務の取扱を一時休止すといふとに致したいと思ふ（「賛成」「賛成」の声多く拍手起る）
○小県郡本原村長清水實
国及び県等の上に立つ人に於ては、未だ此の窮乏農村の真の事情が判つて居らぬやうに思ふのであります。それは昨日の知事閣下の御訓示に依つても私は其ことを考へたのであります。（拍手）近年本県に赴任されまして草々、戸隠に於ける大会に於て、窮乏農村を救ふ所の一つの途として、町村の合併を促進すべく御訓示になったのでありますが、其事柄が昨日再び繰返されて申されて居るのであります。一箇年経つた今日果して我が長野県下に於て町村合併に依つて町村の窮乏を救済した所の事実が一つでも有るか無いか、実行性の乏しい、又極めて普遍性に乏しい所の事柄を以て、唯一の吾々に下さつた所の訓示として考へられる所を見ましても、如何に上に立つ人と吾々窮乏農村を直接率ゐて行かなければならない者との間に懸隔があるかといふことをはつきり知つたのであります。（拍手）（『長野県町村長会報』第一五号）

註3　『長野県史』近代三　一〇五頁。移民が更生計画に組み込まれていたのは十年度には上伊那郡南向村（中川村）の「移植民奨励」だけであり、「（南向村は）先駆的事例にとどまった」とする。

　この指摘は重要である。経済更生運動に当初から満州移民が選択肢の一つとして組み込まれていたわけではないのである。村民にとって「更生」は、どこまでも、自らが生まれ育った郷土の中で実現されなければならない目標と認識されていたのであり、だからこそ実行項目は極めて日常的な生活改善の列挙だったのである。

註4　『長野県町村長会報』第一三号　一一頁

（補註）図は図8を除き、すべて『長野県史』統計（一）より作成した。

四章　満洲の中の喬木村

はじめに―移民名簿のデジタル化

私が勤務する長野県立歴史館では、平成二十四（二〇一二）年度春季企画展「長野県の満洲移民―三つの大日向をたどる―」の開催にあたって、長野県から渡満した開拓民約三万三〇〇〇人の名簿のデジタル化をおこなった。一九八五年に刊行された『長野県満州開拓史　名簿編』を底本とし、この中から、開拓団名（含む義勇軍名）、氏名、性別、昭和二十年八月当時の年齢、出身市町村、生死のデータをエクセル形式でデジタル化した。四か月近くを要した入力作業は、楽なものではなかったが、その結果、満洲移民史の新しい語りの可能性が見えてきたような気がする。今回はその報告である。[1]

一　喬木村の満洲移民概要

はじめに、喬木村とその周辺の村々の満洲開拓移民数を示す（**表1**）。喬木村からは三六七名が渡満した。[2]村の人口に占める割合（渡満率）は四・一パーセント。飯田・下伊那郡（以下「飯伊」とする）の平均四・五パーセントをやや下回る。とはいえ、全県の平均は一・九パーセントだから、飯伊の他の市町村同様、この村が多くの開拓民を送り出したことにかわりはない。

女性の移民者は一七八人で、渡満者全体の四九パーセントを占める。男女ほぼ同数だったことになる。この数値

表1　町村別渡満者数（喬木村とその周辺）

村名	渡満者数					終戦後のゆくえ					1935年の人口	渡満者比率%	帰国者比率%	女性数
	農業開拓移民	報国農場	勤労奉仕隊	義勇軍	総数	帰国者	退団帰国者	死亡者	残留者	不明者				
喬木村	319	1	0	47	367	222	3	139	4	4	9061	4.1	61.3	178
座光寺村	85	0	0	17	102	57	5	41	0	1	3014	3.4	60.8	39
上郷村	309	1	2	48	360	215	1	131	9	7	7038	5.1	60.0	151
下久堅村	108	4	0	12	124	61	0	56	6	2	4889	2.5	49.2	54
上久堅村	657	0	25	25	707	294	2	367	30	15	3650	19.4	41.9	289
神稲村	330	1	0	38	369	146	0	207	16	4	6305	5.9	39.6	169
河野村	209	0	11	25	245	98	0	146	5	0	2939	8.3	40.0	108
飯田市・下伊那郡計	7198	86	132	998	8414	4303	23	3942	260	98	188157	4.5	51.4	3597

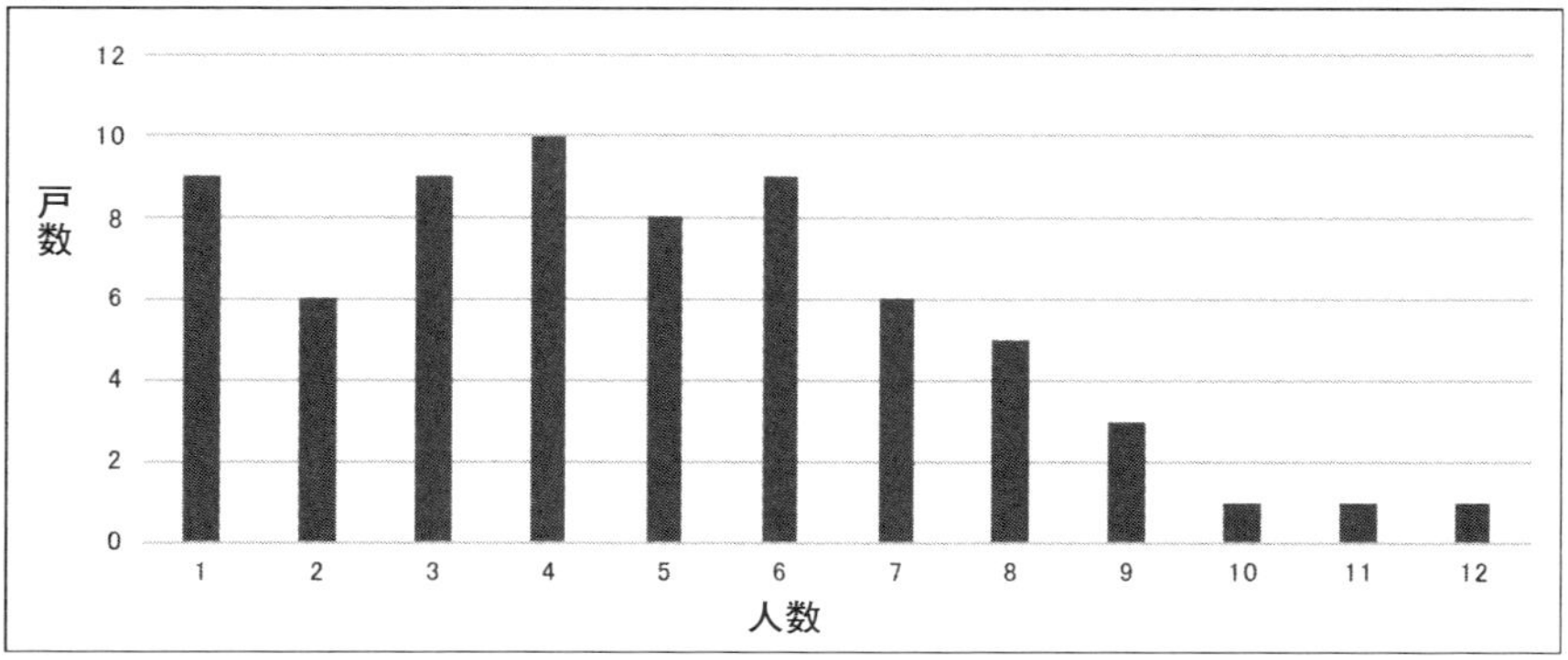

図1　昭和20年8月現在喬木村出身移民家族構成（除く義勇軍）

は、全県の三九パーセントより一〇ポイント高く、飯伊の平均四三パーセントに比べても高い。女性の渡満者の多さが、喬木村の満洲移民の特色の一つだったといえる。

昭和二十年八月現在の開拓民の女性の平均年齢は、全県・飯伊・喬木村とも大差なく、ほぼ二十一歳だが、死亡・未帰還・不明となった女性の平均年齢は、全県・飯伊が二十歳、喬木村は二十一歳と、わずかではあるが喬木村が高い。

昭和二十年八月当時の義勇軍を除いた開拓団の家族構成を、図1に示した。四人家族がもっとも多く、平均は四・七六人である。

義勇軍参加者は、四七名。喬木村からの渡満者の一三パーセントを占める。飯伊の平均一二パーセントと大差ない。また、喬木村の人口に占める義勇軍の比率

表２　飯伊市町村別渡満者帰還率

和田村	31.4
根羽村	37.4
泰阜村	39.4
神稲村	39.6
浪合村	39.7
河野村	40.0
上久堅村	41.9
平岡村	42.4
旦開村	42.6
山本村	42.8
神原村	47.6
伍和村	47.7
清内路村	48.0
飯田市	48.2
下久堅村	49.2
八重河内村	50.0
大鹿村	51.4
竜江村	52.0
下條村	52.5
千代村	52.9
智里村	53.5
三穂村	54.2
会地村	55.4
大島村	57.4
生田村	58.3
山吹村	58.6
富草村	58.9
大下條村	59.1
上郷村	60.0
鼎村	60.1
竜丘村	60.2
座光寺村	60.8
喬木村	61.3
平谷村	62.7
松尾村	63.0
豊村(和合・売木)	64.7
市田村	64.8
伊賀良村	66.5
上村	66.7
川路村	66.8
木沢村	80.6
南和田村	100.0

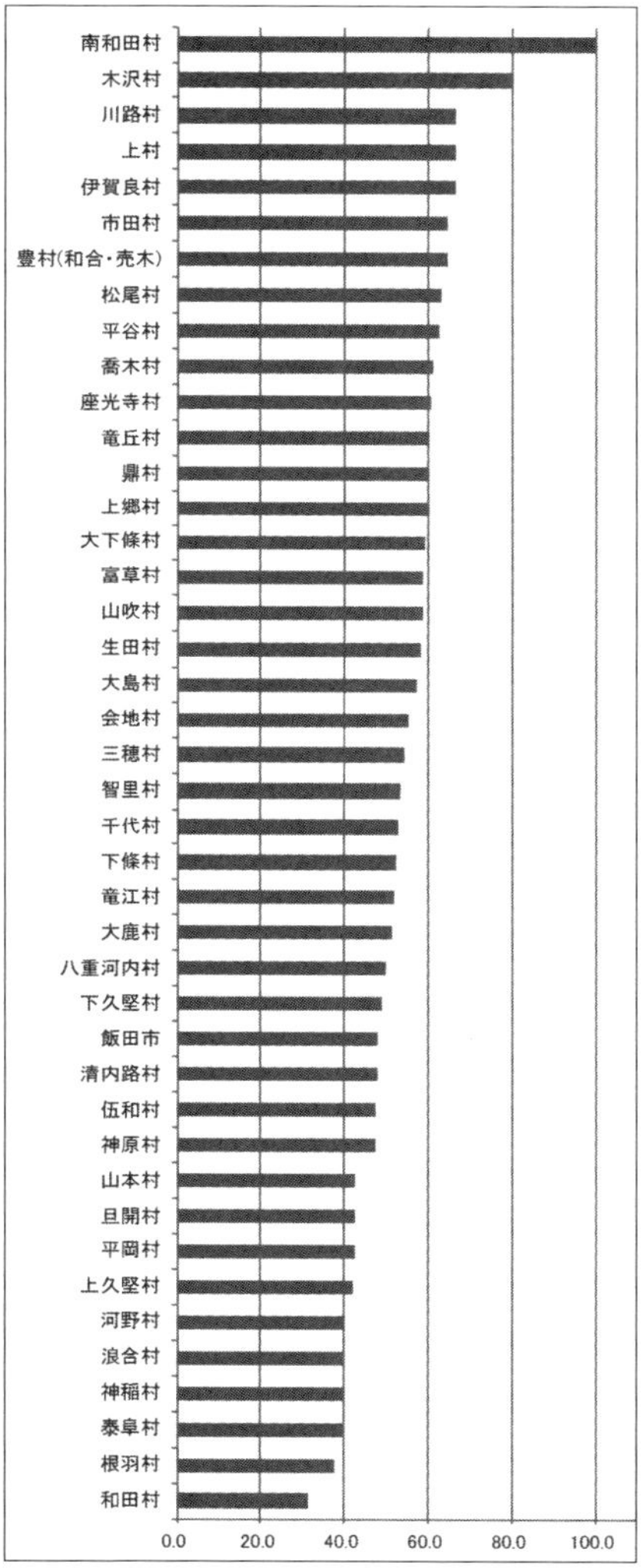

図２　飯伊市町村別渡満者帰還率

は〇・五パーセント。これも飯伊と同率である。ちなみに、村の人口に対する義勇軍送出数は、飯伊では清内路村の一・三パーセントがもっとも高い。

帰還率を見たい（表２・図２）。喬木村出身者の帰還率は、六一・三パーセント。飯伊の平均が五一・四パーセント、全県が五一・一パーセントだから、一〇ポイント近く高い。軽々な言い方はさけるべきだが、無事帰還できた人たちが比較的多かった、ということである。上久堅村・神稲村・河野村は帰還率が四割、飯伊では和田村の三一・四パーセントがもっとも低い。

男女の帰還率の差に注目し

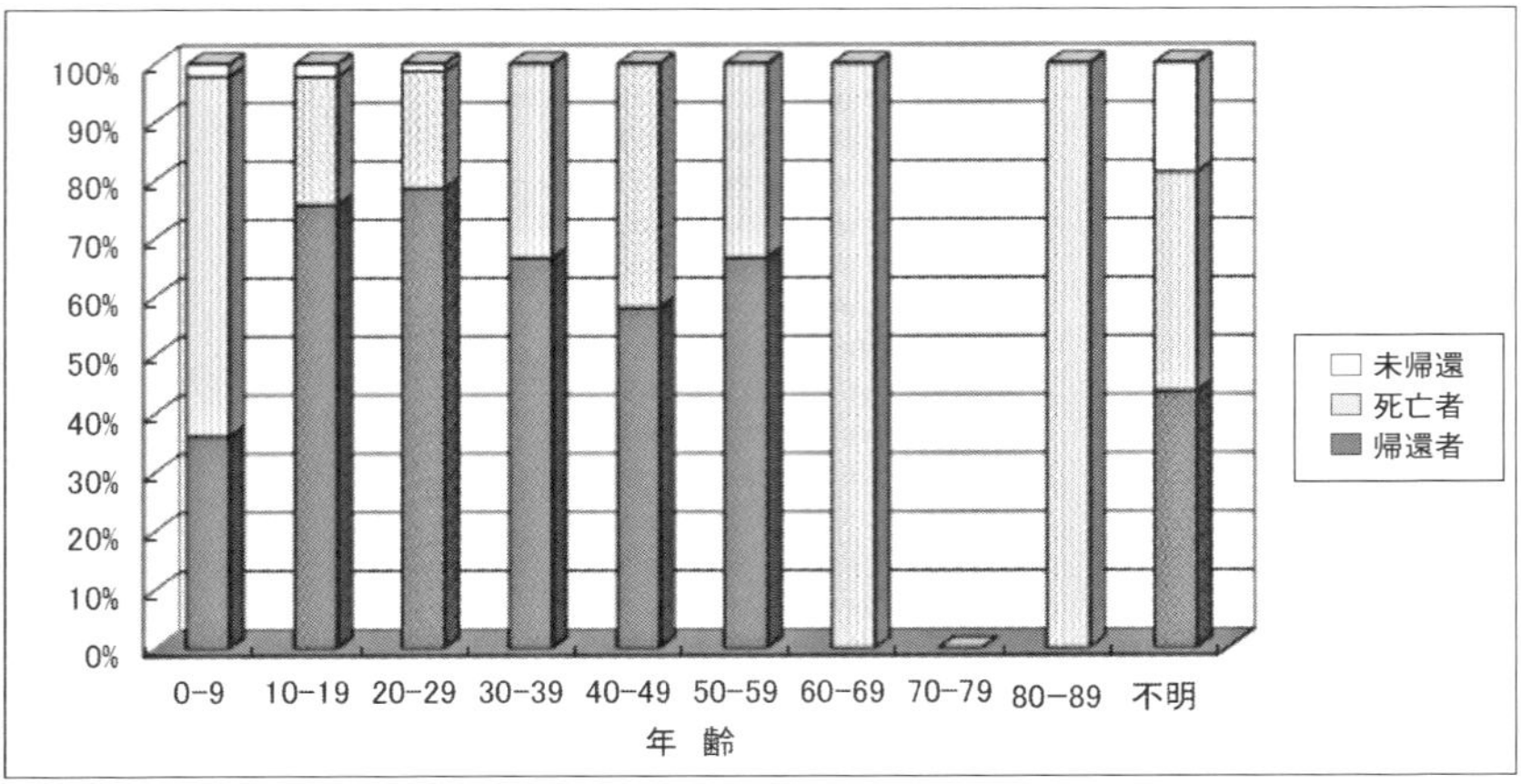

図３　喬木村出身開拓民の年齢別帰還・死亡率

表３　喬木村出身開拓民の年齢別帰還・死亡率

年齢	帰還者	死亡者	未帰還
0-9	34	58	2
10-19	69	20	2
20-29	59	15	1
30-39	32	16	0
40-49	18	13	0
50-59	6	3	0
60-69	0	5	0
70-79	0	0	0
80－89	0	3	0
不明	7	6	3

たい。喬木村の場合、男性の帰還率六四パーセント、女性の帰還率五六パーセント。八ポイントほど女性が低い。この傾向は、飯伊にも全県にも当てはまる。飯伊の女性の帰還率は四五・六パーセント。喬木村よりさらに一〇ポイントも低い。「戦争は兵士が戦うのだから、当然男性の死亡率が高い」と思いがちなのだが、こと満洲に関しては違うのである。

男女の帰還率の差は、成人男性の多くが満洲の現地で召集を受け、ソ連侵攻時に開拓団にいなかったことに起因する。彼らの多くは、シベリア抑留を経て帰還した。一方、男性不在の開拓団を託された女性たちは、逃避行の中、ソ連兵や現地人の襲撃の矢面に立たされ、殺害されたり、自決を強いられた。また、不衛生な収容所生活の中で命を落とした。満洲では、女たちが戦場のまっただ中にいたのである。

女性だけでなく、子ども、高齢者が逃避行のなかで命を落としたこともわかる（表３・図３）。喬木村出身者の場合、年齢が判明している三五六人中、六十歳以上は全員死亡、九歳までの子どもは、九四人中五八名が命を落としている。これは、五人に三人の割合である。

二　主な開拓団

喬木村の場合、泰阜村や川路村、あるいは佐久郡大日向村のように、村独自の開拓団を組織しなかった。義勇軍四七名を除く農業開拓移民三一九名の九割が、飯伊を中心としたさまざまな開拓団に参加する、という形式をとった。四つの開拓団のいずれかに所属した（**表4**）。なかでも、高森町出身の松島親造が中心となって編成した水曲柳《すいきょくりゅう》開拓団参加者がもっとも多く、全体の半数を占める。この開拓団は、一一〇〇人近い団員を擁したが、その一四パーセントは喬木村出身者だった。飯伊から水曲柳開拓団に参加した開拓民数を、各市町村の人口比で比較したものが**表5**である。喬木村は、飯伊四二市町村中の第五位。この開拓団に多くの村民を送り出した村だった、ということになる。

同時期に編成された南五道崗長野村開拓団の場合は、第十位。これも上位である。水曲柳開拓団、南五道崗長野村開拓団の渡満は昭和十二（一九三七）年。昭和十一年に満洲移民政策を国策と決定した直後である。喬木村は、村としては単独開拓団を組織しなかったが、飯伊の中では、早い段階から移民政策に応じていたということになる。

下伊那郡の町村全体で組織された大古洞下伊那郷開拓団の場合は、六パーセントが喬木村出身者である。

表4　喬木村の人々が属した主な開拓団

所属開拓団名	人数
水曲柳開拓団	152
第八次大古洞下伊那郷開拓団	62
第六次南五道崗長野村開拓団	35
第八次新立屯上久堅村開拓団	32

表5　水曲柳開拓団員の主な出身市町村（飯伊分）

旧村名	（%）
山吹村	0.66
市田村	1.43
座光寺村	1.13
上郷村	2.43
松尾村	0.63
竜丘村	1.49
伊賀良村	0.86
会地村	0.43
智里村	4.00
下久堅村	0.37
上久堅村	2.60
喬木村	1.67
神稲村	1.09
木沢村	2.66

表6　飯伊関係開拓団帰還状況

団　名	帰還	死亡・未帰還・不明	帰還率
水曲柳	105	47	69%
下伊那郷	36	26	58%
南五道崗	12	23	34%
上久堅村	9	23	28%

新立屯上久堅村開拓団に注目したい。上久堅村主体に組織されたこの開拓団の場合、二五人に一人が喬木村出身だが、移民の母体となった上久堅村を除くと、市町村の人口比でみると神稲村、下久堅村につぎ第三位が喬木村（人口比〇・三四《パーセント》）である。ちなみに、この開拓団は、上久堅村以外に神稲村、下久堅村、喬木村、上郷村、鼎村、山本村で構成された。必ずしも上久堅村周辺の市町村で組織されたわけではないのである。なぜこのような編成になったのか。喬木村出身者の参加理由をも含め、団結成の経緯はさらに明らかにする必要がある。

各開拓団のプロフィールは『長野県満州開拓史　各団編』に譲るが、入植地は、入植にあたってさまざまな便宜が図られた水曲柳以外は、ソ連国境に近い。水曲柳は現地人の既墾地を安価で買い上げた場所で、入植者は開墾という言葉を忘れるほど恵まれた生活だったという。殿様気分だったともいわれた。(3)

一方、上久堅村開拓団は、作物を作ったことのない荒れ地だった。「部落はすべて出来ている」との話だったのに、現地には井戸二つしかなかったという。(4)

こうした立地条件の差が、帰還率にも影響を与えているのだろう。水曲柳開拓団の帰還率約七割に対して、下伊那郷開拓団は約六割、南五道崗長野村開拓団は三四《パーセント》、上久堅村開拓団は一八《パーセント》にとどまった（表6）。

三　上久堅村開拓団の場合

喬木村出身開拓民で、死亡年月が判明している者を、グラフにしてみた（図4）。昭和二十年八月・九月に死亡者が多い要因は、ソ連侵攻による戦闘や現地人の襲撃、それに伴って発生した集団自決である。十

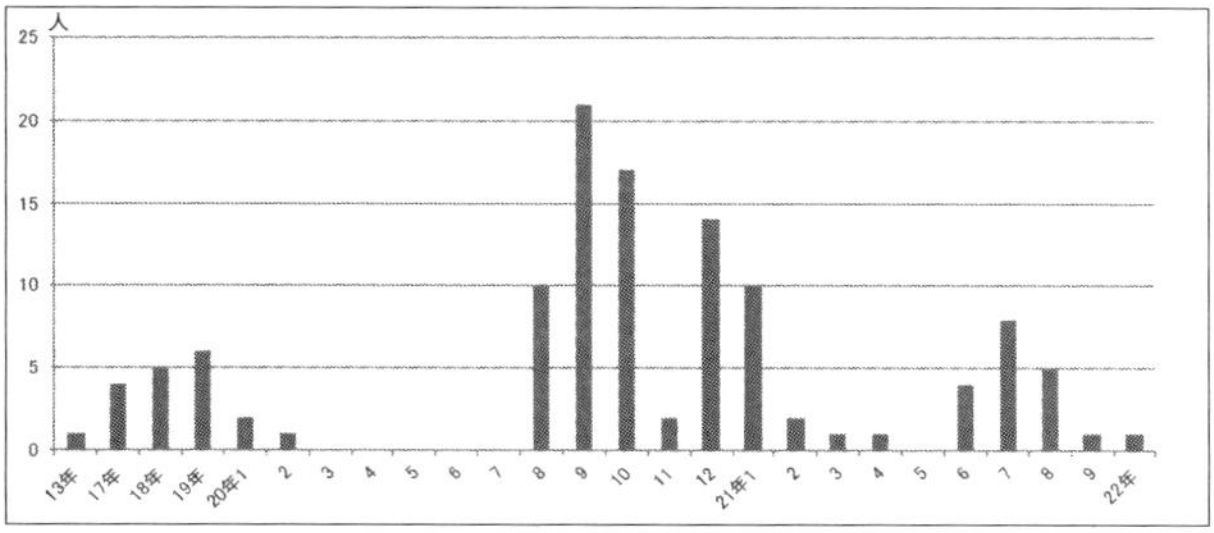

図４　喬木村出身開拓民の死亡年月

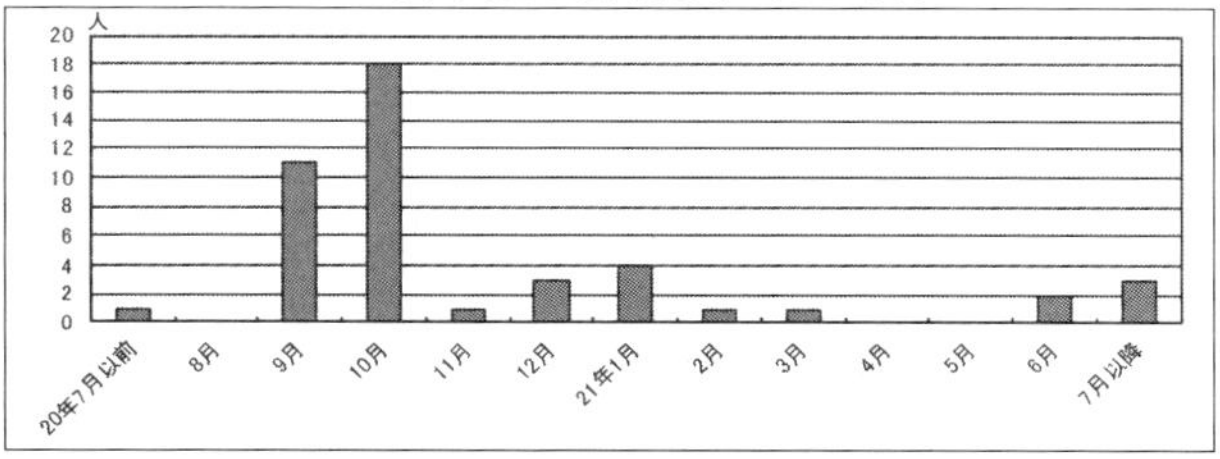

図５　喬木村出身水曲柳開拓団員死亡年月

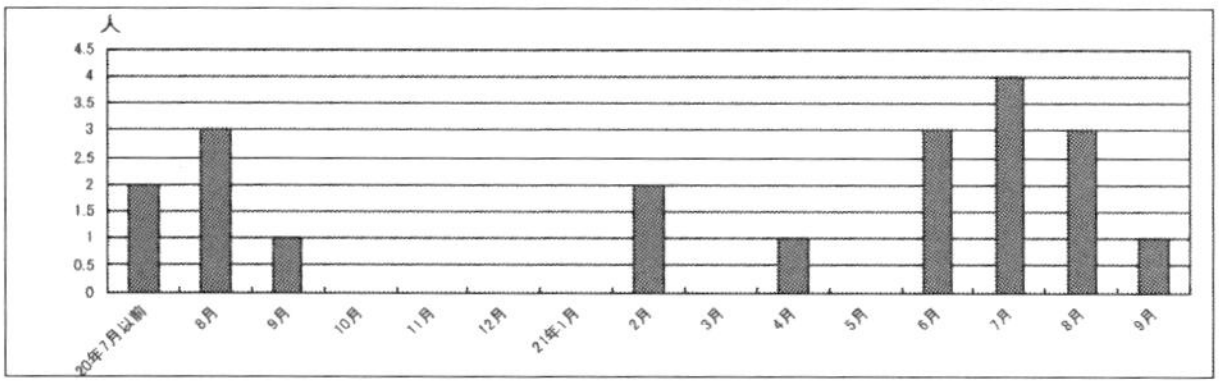

図６　喬木村出身下伊那郷開拓団員死亡年月

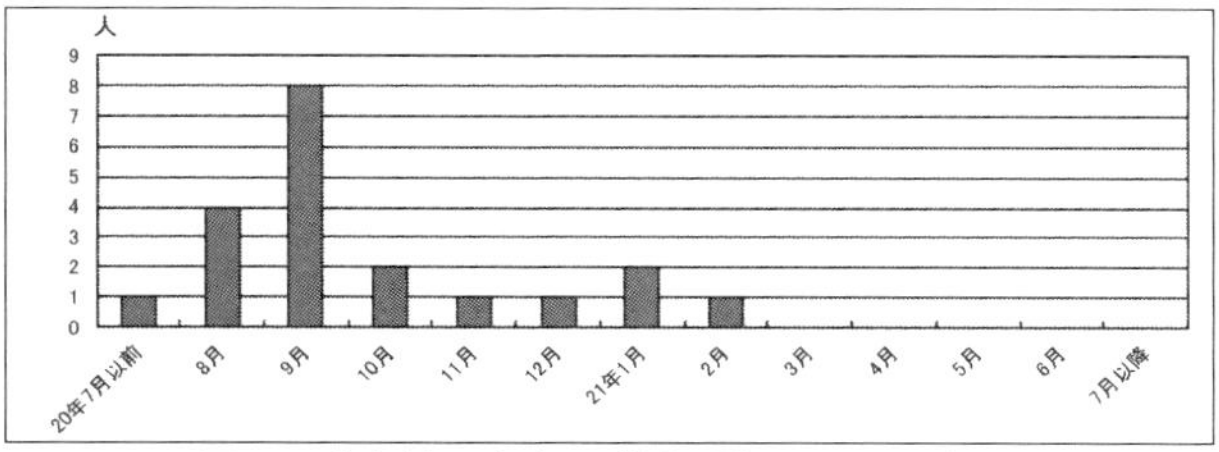

図７　喬木村出身南五道崗開拓団員死亡年月

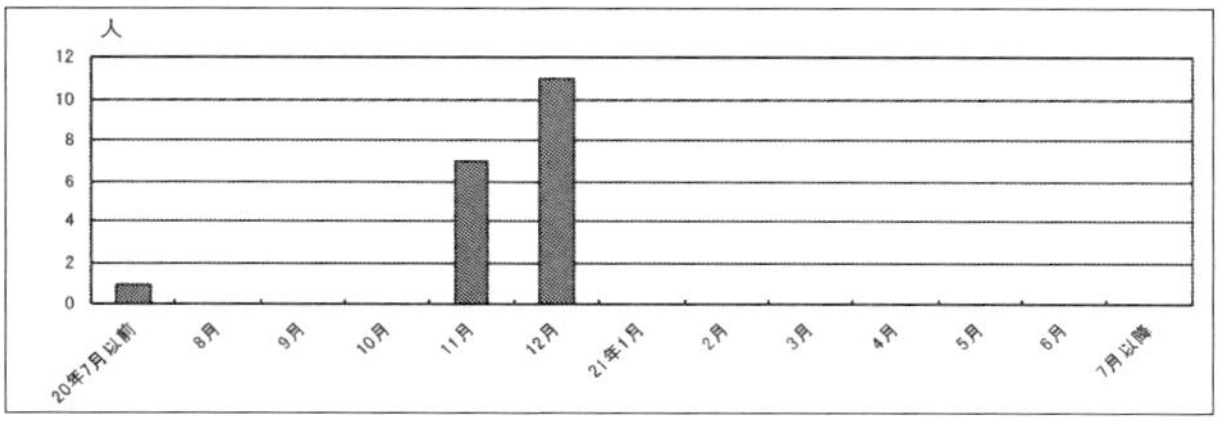

図８　喬木村出身上久堅村開拓団員死亡年月

月から翌年の春にかけての死者は、収容施設や開拓団現地での越冬にともなう伝染病、飢餓などが原因である。開拓団ごとの死亡年月をグラフにすると、喬木村出身開拓民の逃避行の様子が一層明らかになる（図５〜図８）。

開拓団の編成や送出の経緯は多様であり、また渡満に託した一人ひとりの夢も千差万別だった。同様に、逃避行の姿も、団民の見た終末の光景もまた、千差万別だったのである。満洲移民には、実に多様な要因と形態があり、ひとくくりに論じることは到底できない。

ただ、上久堅村開拓団については、一言述べておきたい。ソ連侵攻の情報を受け八月十四日、濃河鎮に向けて避難を開始した開拓団民に、八月十六日、「開拓団本部に戻れ」との指示が出た。指示にしたがって村に戻った人々は、結果的に逃げ道を失い、現地で冬を越し、三六〇名余の病死者を出した。(5)

もし「引き返せ」の指示がなければ、あるいは指示に背くことを覚悟で避難を続けていれば、どうなっていたか。歴史に「もし」はないが、錯綜する情報のなかから何をベストとして選択するか、パニック状態に陥った集団をリーダーたちはどのように統率していけばよいのか。情報化社会とよばれる今日、上久堅村開拓団の悲劇は、私たちにたくさんの教訓を与えてくれる。

四　喬木村のことは喬木村で語り継ぐ

三万三〇〇〇人余のデータから、喬木村の満洲移民の概要を明らかにしてみた。これまでの満洲移民史研究は、開拓団毎の名簿に基づき、開拓団毎の歴史を検証するという手法であった。それは重要な手法なのだが、喬木村のように、村民がさまざまな開拓団に分散して参加している場合、村が移民政策とどのようにかかわっていたのかが、まったくみえてこない。名簿を出身市町村、性別、年齢、生死などの項目で並べ変え、さまざまな角度から分析することによって、今後、移民政策と村政の関わりが明らかに出来るであろう。

ただ、冒頭で私が「満洲移民史の新しい語り」と述べたのは、直接にはそのようなことを指してはいない。満洲に移住した人々は、たしかに「〇〇開拓団の一員」ではあったが、それよりも前に、まずは〇〇村（町）

という故郷を、しっかりと胸に抱いて生きていた人たちである。開拓団というまとまり以上に、同郷という心情は強く、現地でも開拓団の枠を越えた交流が続いていたはずである。

開拓団という組織は、終戦とともに、満洲移民政策の崩壊とともに消滅した。帰国後、団ごとの助け合いや慰霊行事は続いてきたし、中にはすぐれた団史を編んだ開拓団もある。だが、体験者の高齢化が進み、団の歴史を団の人々自らが語る、あるいはその子孫たちが語り継ぐということはほぼ望むべくもない状況になった。

ならば、誰が満洲移民の悲劇と教訓を語り継いでいけばよいのだろうか。語り継いでいけるのだろうか。語り継ごうという想いを持続できる人々は、どこにいるのだろうか。

もちろんそれは、結果として八万人を超える犠牲者を生むことになったこの移民政策を立案した国家であり、実務を遂行した県であるはずだ。それは使命であり、責務だと思う。

けれども、私は、なによりもまずその責務は、彼らと故郷（市町村）を共有する私たちにあると考える。

喬木村のことは、喬木村で語り継いでいくしかないのではなかろうか。

そのためには、それぞれの市町村を枠組みとした移民データの整備が欠かせないと考えたのである。「満洲の中の喬木村」という題名は、本来ありえない。歴史的な事実としては、満洲のなかに喬木村は存在しなかったのだから。だが、データの上では、満洲のなかに喬木村を作りだすことができるし、渡満した村民たちの現地の生活や、渡満から帰国までの歩みをトレースすることもできる。そして移民政策が崩壊していくなかで、彼らが見た光景、考えたであろうことも、ある程度想像できるのである。

『喬木村誌』は、ソ連侵攻による混乱を簡単に記した上で、満洲移民について次のように述べる。

満洲開拓の人々は国策に添って、満洲の土になる覚悟で、祖国をはなれ、第二の故郷として、営々として開拓の鍬を振るい、漸く楽土建設も緒についた矢先、ソ連軍の進攻、悪夢のような敗戦、団に残された老人婦女子の逃避引揚は全く悲惨の極みであった。

祖国に帰ることもできず、永遠に満洲に眠る霊に対し、その冥福を祈るとともに、現地において香花をたむける日の早期到来が望まれる。

一八〇〇頁におよぶ村誌のなかで、満洲移民に割いた頁数は五頁。通史を目指す限り、個別の事項にあてる頁数は自ずと限られる。そうした制限の中では、大変分かりやすい記述になっていると思う。ただ、三七〇人近い開拓民の、足跡や想いを語り継ぐには、やはり物足りない。

彼らが慣れ親しみ、そして逃避行の中で、なんとしても生きてたどりつこうと願った故郷の景色の中で、子どもたちが、あるいは住民が、彼らのことを語り継いでいく、そんな満州移民の新しい語りが、いま求められているのではないだろうか。

おわりに

県立歴史館に勤務している関係で、「満洲の中の喬木村」と同様の講座を県内各地で行っている。名簿データを加工し、開拓団の個性、町村の関わりなどを析出しながら、その都度、「地元のことは地元で語り継ぐ」ことをお願いしている。県内でもっとも多くの開拓移民を送出した飯田・下伊那は、私の故郷である。今後このような取り組みをこの地で継続していきたい。

註1『長野県満州開拓史　名簿編』刊行後、名簿の訂正や追加が進んでいる。把握できる限りのデータ修正はおこなっ

ているが、情報は錯綜しており、一つひとつ確認していく作業は到底できない。したがって本稿は、本書に基づく数値で立論している。

註2『長野県満州開拓史　名簿編』は、渡満しなかった義勇軍や、終戦前に帰国した開拓民のデータも含まれてはいるが、基本的には昭和二十年八月現在満洲に在住していた開拓民のデータを収録したものである。したがって、渡満後に出生した子どもたちのデータも含まれており、こうした子どもたちは正確には「渡満した」とはいえない。しかし、日本で生まれたのか現地で生まれたのかを正確に判別することはできないので、広い意味で「渡満者」として扱う。

註3『下伊那のなかの満洲　聞き書き報告集6』九四頁

註4『下伊那のなかの満洲　聞き書き報告集5』七一頁

註5『長野県満州開拓史　各団編』

五章　昭和前期の豊丘地域と満洲移民の概要

はじめに

中国東北部、「満洲」[1]と呼ばれた地に、百万戸、五〇〇万人の日本人開拓民を送り込もうという壮大な計画は、昭和二十（一九四五）年八月、満洲国の崩壊とともに消滅した。

あれから七十二回目の夏が来る。

戦争体験者の高齢化が進むなか、満洲移民も、「語る時代」から「語り継ぐ時代」に入った。さいわい豊丘村では、悲惨な逃避行を体験した第十三次石碑嶺河野村開拓団（以下、河野村開拓団と略す）の久保田諫さんが精力的に証言の場に立つ一方、この開拓団送出のキーマンとなった胡桃澤盛村長の日記が刊行され、語り継ぐ素地は整っている。

とはいえ、「語る時代」はすでにタイムリミットを迎えている。史実をしっかりと記録し、後世に伝えていく作業を、今始める必要がある。

本稿は、昭和前期の豊丘地域の社会状況を概観し、その上で、豊丘村の満洲移民について基本的なデータの整理をおこなう。豊丘村にとって満洲移民とは何だったのか、満洲体験から何を継承すればよいのか、村人自身が考え行動するためのきっかけとなれば幸いである。

一　昭和前期の豊丘地域

『豊丘村誌』など[2]を参照しつつ、昭和前期の豊丘地域の社会状況を概観したい。

（一）　養蚕単一経営の拡大

大正時代のこの地域は、一言で表せば、「養蚕単一経営の拡大期」といえる。水田、とくに新田部分の桑園化がすすみ、桑の作付面積は米の二倍となった。養蚕で村が支えられる、という状況が進展していったのである。この傾向は、飯伊地区の他村でも同様であるが、豊丘の場合、養蚕業の経営規模・生産性が高いうえに、稲作の反別収穫高も高かったから、全体としては恵まれた地域だったといえるだろう。

しかし、生糸は、国内向け消費を目的に生産される一般農産物と異なり、国外、とりわけアメリカ向けの販売が主だったから、アメリカの市場や為替相場の影響を受けて絶えず価格変動を繰り返す不安定な要素を強く持つ産物だった。養蚕主業状態にシフトすればするだけ、地域経済の基盤は、総体としては不安定（脆弱）なものになっていった。

この脆弱性が露わになったのが昭和五（一九三〇）年だった。繭価が暴落、農家一戸の生繭一貫匁当たり配分金は、一二円五〇銭から二円八三銭に落ち込んだ。当時、この配分金は、農家のほとんど唯一の現金収入だった。繭の質・量を向上させるために用いる金肥の購入など、養蚕経営には多くの現金を必要としたから、繭価の暴落によって農家は多額の負債を抱え込むことになった。

（二）　窮乏する村財政

養蚕業の盛衰は、村の財政に直結した。

河野村・神稲村とも、歳入の九割近くを村税に依存しており、国や県からの交付金、補助金はわずかだったからである。農家の収入減は、そのまま税収減を意味する。繭価の暴落にともなう農家の窮乏は、村税を主たる財源とする村財政も窮地に追い込んだのである。神稲村の場合、昭和六年の村税収入は、前年の半分（一八、三八一円）となった。養蚕業の脆弱性がもたらした農村の深刻な経済状況が、そのまま村財政を逼迫させたのである。

昭和六年、繭価の暴落に米価の暴落が追い打ちをかけた。一石一六円という相場は、平年の約半値である。銀行の支払い停止で金融が混乱、企業倒産が相次ぎ、農民の自主的な金融制度として長い伝統を有していた無尽講も禁止された。農家も村も、資金繰りに行き詰まった。

(三)「農村更生運動」

村は経費の削減をはかると共に、村債を発行し失業対策事業などを行ったが、昭和七年からは、県の指導のもとに市町村が独自に再建計画を立案し実行する「農村更生運動」が始まった。「自立更生主義」がスローガンとなった。

河野村では、昭和十年八月、第一回経済改善委員会が行われ、更生運動の研究が始まった。従来からある農事実行組合と養蚕実行組合を統合し、「更生組合」を立ち上げたところに特色がある。しばしば、二つの組合間の対立が指摘されていたからである。一元化によって、更生運動の実効性は高まった。

河野村の更生運動では、負債整理に重点が置かれた。困窮する下層の農家の返済額を減じたり、利息だけ償還させ、負債本体は証書書き換えで返済期限を先延ばしする救済措置である。

一方、土地を処分して負債を整理しようとする者に対しては、組合が土地を引き受けることとした。負債整理達成率は二七％《パーセント》弱、これは下伊那郡内で六位という好成績だった。

神稲村でも、従来より農家の生活を支えていた村農会を中心に、神稲村農家経済改善委員会が組織された。農会長が会長となり、村の現状を分析・議論しつつ、「土地利用改善に関すること」、「生活改善に関すること」、「負債整理計画」などを立案、実行した。自立更生主義の観点から、村民自身が自ら村の現状と打開策を立案することを目指した農村更生運動は、村内に、緊張感と旧習を打破する気運を生んだ。しかし、この運動は、伝統的な村社会の人間関係や意志決定のシステムを破壊し、上意下達的な制度と考え方を村に持ち込むものだった。昭和十五（一九四〇）年大政翼賛会が発足し、行政の末端の町村に常会・隣組が組織されると、戦争遂行の国家意志が村落にダイレクトに貫徹することになる。

(四) 河野村の取り組み

昭和十六年一月、河野村に翼賛壮年団が発足する。三十代前後の男性（いわゆる「（農村）中堅人物」）を中心に結成された壮年団は、食糧増産や農業共同経営を強力に推し進め、戦時体制を村落から支える役割を担った。

河野村翼賛壮年団幹部は、満洲移民に積極的だった。胡桃澤村長は当初、移民には消極的だったが、村政運営に関しては、村長を頂点とする一元的で強力な政策実施体制の構築を目指しており、翼賛壮年団に期待を抱いていた。胡桃沢と壮年団幹部の方向性は、一致していたのである。

昭和十八年、河野村は「皇国農村」に指定された。指定村には補助金が支給され、「適正経営農家」や「自作農」の創出が目指された。下伊那では上郷村、山本村、河野村の三村が指定を受けたが、河野村は「三十九歳の青年村長」胡桃澤盛の強いリーダーシップ（いわゆる「農村の中心人物」たる資質）が評価された。

昭和十八年十月、胡桃澤は「河野村では自作農の創設は困難」と判断、分村移民を決断する。河野村民としては実質二回目の「分村移民」だった。上郷村、山本村が満洲移民を実施しなかったことを考慮すれば、胡桃澤、あるいは分村移民をリードした河野村の指導者層の判断をめぐっては、今日なお検証すべき点があろう。

二　満洲移民の概要

（一）『豊丘村誌』の記述

まず、『豊丘村誌』下巻（昭和五十年刊）の満洲移民に関する記述を見ておこう（第十四章「海外移住」）。

満州事変後の満州農業移民は強力な国策として行われ、時あたかも国内における経済恐慌対策として経済更生運動と歩調を合せて、民族の大陸移動の前兆をおもわせるものであった。その頃、各村共に移民に関する助成規定を定めて遂行した。一例として旧河野村満州農業移民助成規程を記せばつぎの如くである。（以下、「河野村満州国農業移民助成規程」引用の部分は省略）

戦前海外発展の国策に順応して志を立て海外に活躍中太平洋戦争の終結に伴い事志と違い止むなく故国に引揚げた人達はその世帯数は前記の通りであるが、国・県・村ではそれぞれ機関を設けてこれらの人達のために開墾可能地の選定、仮設住宅、職業斡旋などの便宜を計ったが国内でも終戦の混乱中であり充分にはいかなかった。これらの人達の中には再び開拓地を求めて行く人あり、職を求めて転職する人もあったが、大部分は母村に落付いた。

それから三〇年近い年月の流れた昭和四十八年六月満州開拓犠牲者の遺骨（当村新京関係八十八柱）が送還されるを機に村では引揚者厚生会と相謀って豊丘村海外犠牲者慰霊碑建設世話人会を設立し村議会

社会委員長福沢修二氏を会長に遺族代表市沢薫一氏を副に慰霊碑を建立した。場所は田村丘上豊丘霊園昭和四十九年八月八日四〇七柱の慰霊法要を行い同十五日建碑式を行った。

（以下、碑文と、「海外犠牲者名簿」として満州開拓関係者の氏名四〇七名分が掲載されている――青木）

一六〇〇頁に及ぶ村誌の中で、満洲移民に言及した部分は七頁。名簿を除けば、三頁に満たない。また、河野村開拓団など、豊丘村に関係の深い開拓団の歴史にもほとんど言及していない。

長野県の満洲移民の全容を初めて明らかにした『長野県満州開拓史』全三巻の刊行が昭和五十九年。『豊丘村誌』が編さんされた昭和五十年という時期では、踏み込んだ記述が難しかったという事情は、確かにあるのだろう。だが、地域の未来を構想するためには、歴史から学ぶ必要がある。満洲移民に関しては『豊丘村誌』続編が求められているといえるかもしれない。

以下、続編編さんの一助として、『長野県満州開拓史　名簿編』を使用し、[3] 豊丘村の満洲移民の実相を明らかにしていきたい。主な開拓団の入植地を図1に示した。まず「豊丘村」という視点で、この地域の満洲移民全体を概観し、つづいて河野村、神稲村について述べる。

（二）豊丘村の満洲移民の特色

長野県の満洲開拓移民数は、義勇隊を含め約三万三〇〇〇名。このうち飯伊は約八四〇〇名、四分の一を占める。飯伊各市町村の送出数を表1にした。昭和二十年の飯伊は、飯田市と四一村で構成されていた。

昭和二十年当時の、各市村の人口に対する渡満者数（渡満率）から見たい（図2）。河野村八・三パーセント（八位）、神稲村五・九パーセント（十二位）で、いずれも上位にある。豊丘村として考えれば六・七パーセント。一〇〇人に七人ほどの割合で渡満したことになる。

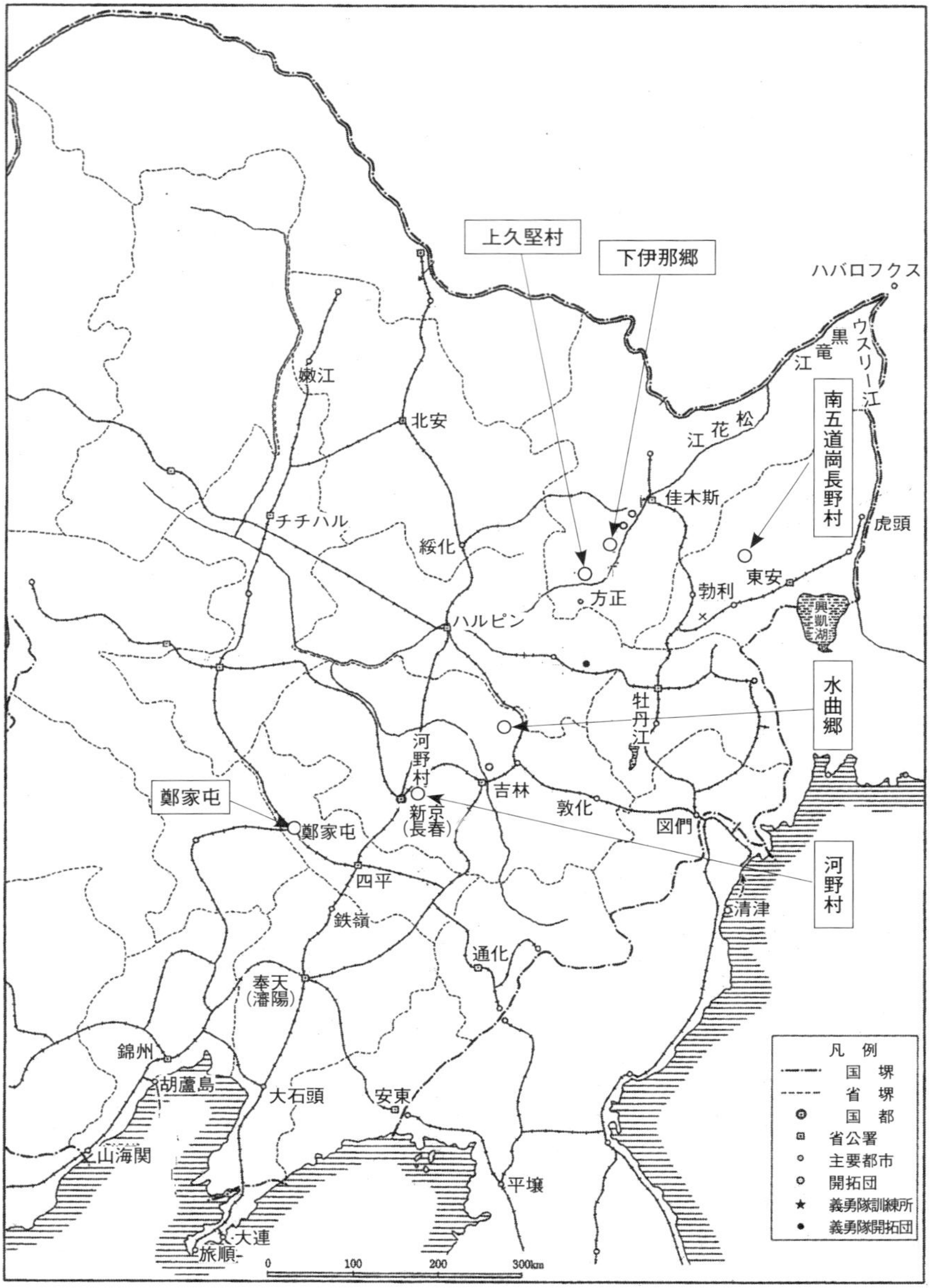

図１　豊丘村出身渡満者の属した主な開拓団

表１　町村別渡満者数（飯田市・下伊那郡）

市町村名	渡満者数					終戦後のゆくえ					1935年の人口	渡満者比率%	帰国者比率%	渡満者の内女性数
旧村名	農業開拓移民	報国農場	勤労奉仕隊	義勇軍	総数	帰国者	退団帰国者	死亡者	残留者	不明者				
大島村	53	2	0	13	68	39	0	30	1	1	4762	1.4	57.4	23
山吹村	46	0	0	12	58	34	0	23	0	1	3184	1.8	58.6	22
市田村	171	3	0	45	219	141	1	71	8	3	6698	3.3	64.8	89
座光寺村	85	0	0	17	102	57	5	41	0	1	3014	3.4	60.8	39
上郷村	309	1	2	48	360	215	1	131	9	7	7038	5.1	60.0	151
鼎村	111	0	16	61	188	113	0	67	11	2	8141	2.3	60.1	64
松尾村	160	1	14	60	235	147	1	86	4	0	6512	3.6	63.0	86
竜丘村	230	0	0	36	266	156	4	103	7	1	4645	5.7	60.2	103
川路村	319	10	0	14	343	228	1	102	5	0	2567	13.4	66.8	152
三穂村	38	0	0	10	48	26	0	24	1	1	2506	1.9	54.2	19
伊賀良村	191	3	0	24	218	145	0	74	1	1	7014	3.1	66.5	108
山本村	115	0	7	23	145	62	0	78	5	1	4276	3.4	42.8	54
清内路村	344	1	1	25	371	178	0	172	17	4	1953	19.0	48.0	173
会地村	138	0	9	21	168	93	0	75	2	0	3250	5.2	55.4	77
伍和村	123	1	6	19	149	71	0	70	12	0	2301	6.5	47.7	55
智里村	227	1	7	23	258	138	0	115	7	1	2602	9.9	53.5	99
浪合村	95	0	11	15	121	48	0	69	6	0	1499	8.1	39.7	46
平谷村	127	0	0	7	134	84	0	49	5	0	1508	8.9	62.7	66
根羽村	184	0	1	18	203	76	0	126	3	0	2805	7.2	37.4	92
下條村	105	3	0	14	122	64	0	60	1	0	5364	2.3	52.5	51
富草村	112	0	1	11	124	73	0	44	8	1	4256	2.9	58.9	55
大下條村	119	3	0	37	159	91	3	67	4	0	3782	4.2	59.1	56
旦開村	61	0	0	7	68	29	0	39	0	0	2633	2.6	42.6	32
神原村	47	0	0	16	63	30	0	32	2	0	1858	3.4	47.6	32
平岡村	113	1	0	30	144	61	0	76	11	3	4341	3.3	42.4	64
泰阜村	773	0	0	21	794	313	0	508	30	36	5844	13.6	39.4	371
千代村	477	2	0	26	505	267	0	236	8	0	4786	10.6	52.9	242
竜江村	139	1	0	33	173	90	0	84	2	1	4805	3.6	52.0	74
下久堅村	108	4	0	12	124	61	0	56	6	2	4889	2.5	49.2	54
上久堅村	657	0	25	25	707	294	2	367	30	15	3650	19.4	41.9	289
喬木村	319	1	0	47	367	222	3	139	4	4	9061	4.1	61.3	178
神稲村	330	1	0	38	369	146	0	207	16	4	6305	5.9	39.6	169
河野村	209	0	11	25	245	98	0	146	5	0	2939	8.3	40.0	108
生田村	71	4	0	9	84	49	0	41	0	0	2968	2.8	58.3	35
大鹿村	106	14	0	22	142	73	0	64	9	3	4968	2.9	51.4	64
和田村	23	9	1	2	35	11	0	22	2	0	1715	2.0	31.4	21
南和田村		0	0	1	1	1	0	0	0	0	634	0.2	100.0	0
八重河内村	4	7	1	6	18	9	0	9	1	0	1041	1.7	50.0	8
豊村（和合・売木）	16	3	0	32	51	33	0	21	1	0	3467	1.5	64.7	11
上　村	7	4	0	7	18	12	0	6	1	0	2126	0.8	66.7	5
木沢村	35	0	0	1	36	29	0	9	0	1	1052	3.4	80.6	15
飯田市	301	6	19	85	411	196	2	203	15	4	29398	1.4	48.2	145
飯田市・下伊那郡計	7198	86	132	998	8414	4303	23	3942	260	98	188157	4.5	51.4	3597

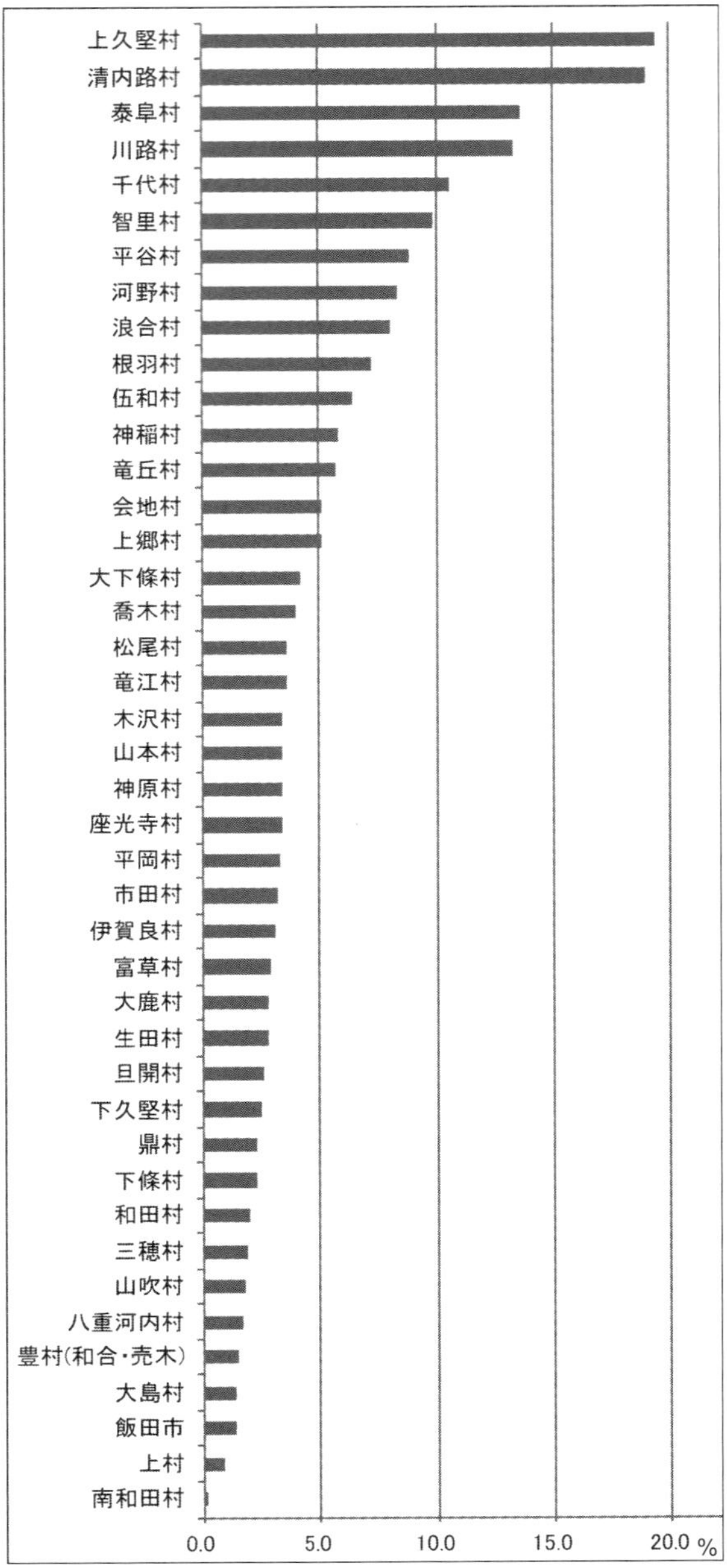

図２　飯伊市村の渡満率

女性の渡満者率（女性渡満者数を昭和二十年の市町村の人口で除したもの）の高さも、豊丘村の特徴の一つである。飯伊の平均は四〇・九パーセント、河野村は四四パーセント、神稲村は四六パーセントである。隣村喬木村の四八・五パーセントには及ばないとしても、高率である。背景は簡単に説明できない。

ただ、昭和九（一九三四）年、いわゆる「開拓花嫁第一号」として全国から二〇名ほどの女性が第一次弥栄村開拓団に参加したが、このうち三名が河野村出身者だった。産業組合理事筒井愛吉の熱心な勧誘があったといわれるが、三名とも、当時としては珍しい高等科から補習学校を出た女性たちだった。[4] 女性たちの意識の高さと行動力は、松尾多勢子を育んだこの地域の幕末以来の気風といってもよいのかもしれない。

つぎに、渡満者に対する帰還者の割合（帰還率）を見る（図３）。河野村が四〇《パーセント》、神稲村は三九・六《パーセント》で、飯伊では下位六村に入る低さである。全県の帰還率が五一・三《パーセント》。豊丘村は一〇ポイント以上低い。この村は、満洲移民で大きなダメージを受けたのである。

豊丘村全体で見た場合、渡満者の男女比は男性五六《パーセント》、女性四四《パーセント》で、男性が一〇ポイントほど高い。しかし、帰還率は逆である。男性が四七《パーセント》なのに対し、女性は二八《パーセント》と著しく低い。渡満した女性の一〇人に七～八人が故郷の土を再び踏むことができなかった、ということである。

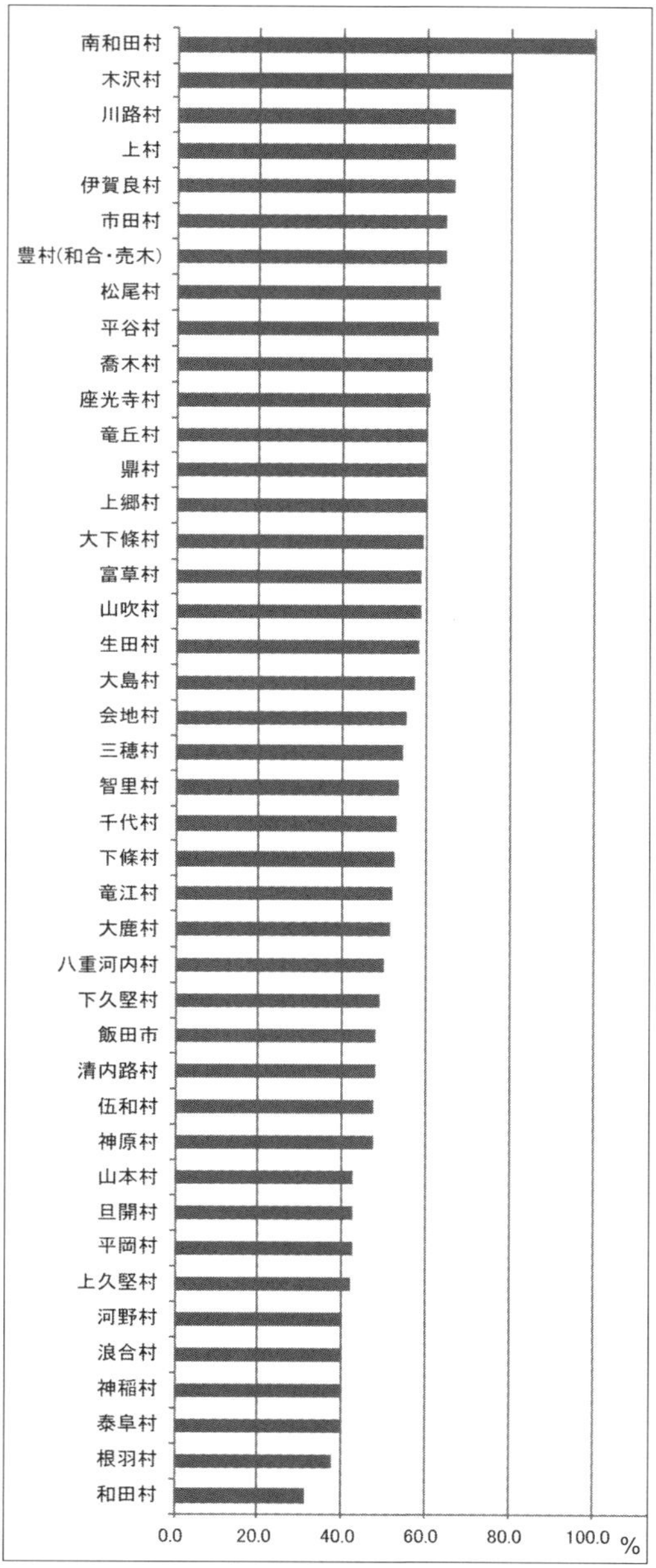

図３　飯伊市村の渡満者帰還率

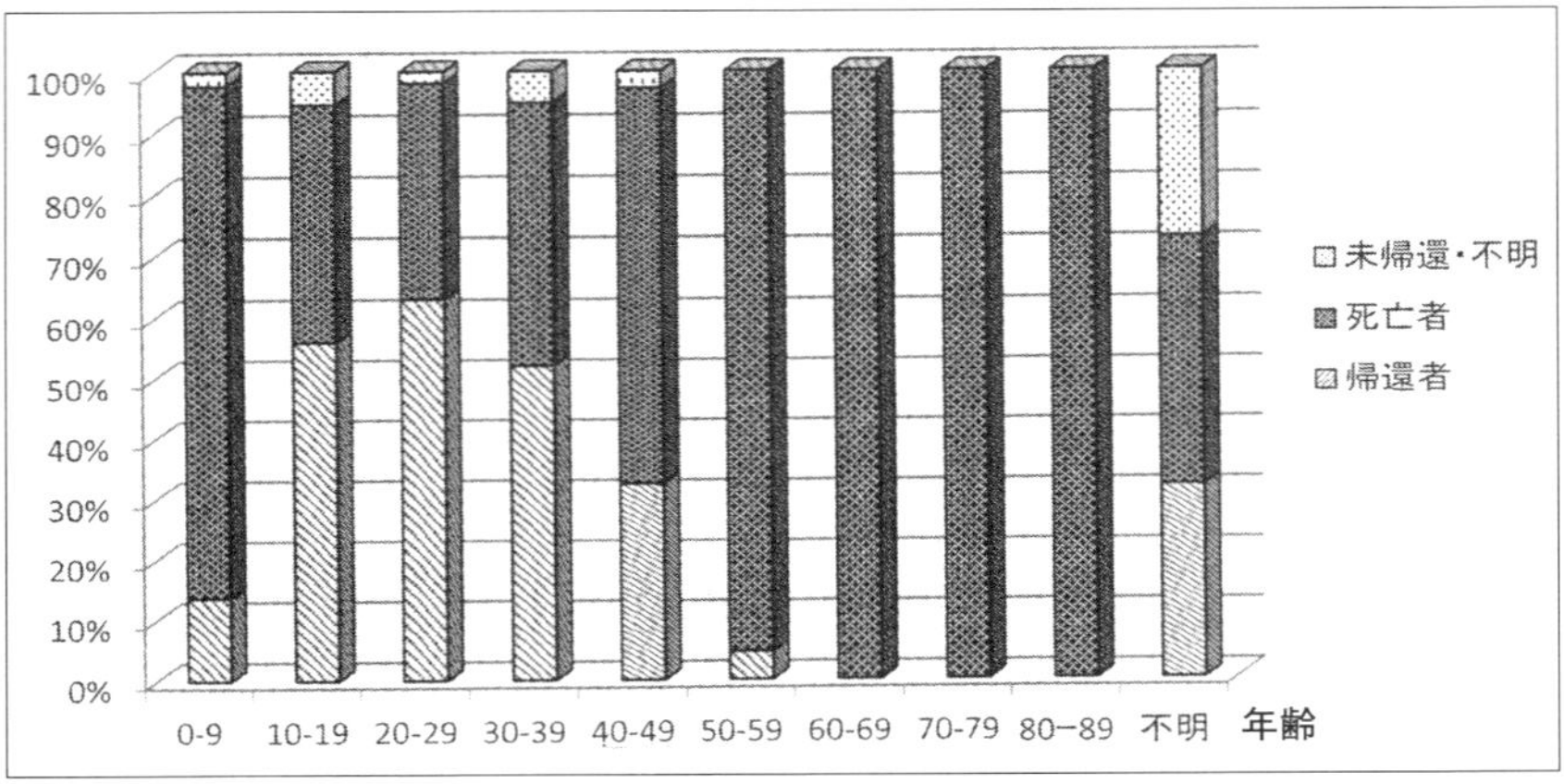

図４　豊丘村出身渡満者の年齢別帰還・死亡率

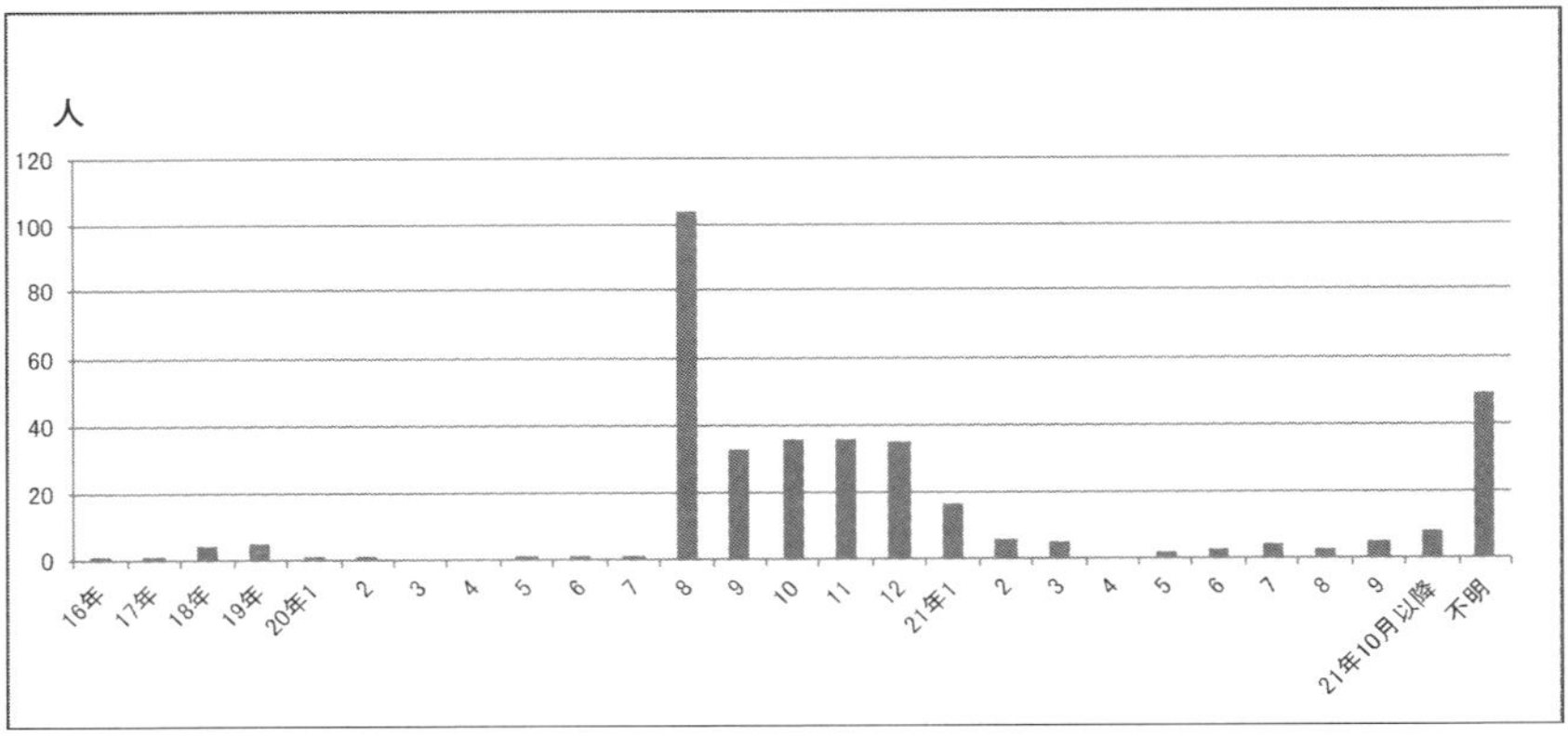

図５　豊丘村出身開拓民の死亡年月日

男女の帰還率の差は、成人男性の多くが満洲の現地で召集を受け、ソ連侵攻時に開拓団にいなかったことに起因する。彼らの多くは、シベリア抑留を経て帰還した。一方、男性不在の開拓団を託された女性たちは、逃避行の中、ソ連兵や現地人の襲撃の矢面に立たされ、殺害、あるいは自決を強いられた。また、不衛生な収容所生活の中で命を落とした。

「戦争は兵士が戦うのだから、当然男性の死亡率が高い」と思いがちなのだが、こと満洲にかぎっては違う。満洲では、女たちが戦場のまっただ中にいたのである。

とりわけ、豊丘村の女性帰

還率三〇パーセントは、飯伊の四五・六パーセントに対し著しく低い。この村から渡満した女性たちにとって、満洲という世界は、地理的にも、精神的にも〈極北の地〉であった。

豊丘村出身渡満者の年齢別帰還・死亡率をまとめてみた（図4）。帰還率が五割を越えたのは十代から三十代で、その他の世代では帰還率が低い。十歳未満は九割、五十代以降はほぼ全員死亡している。

死亡年月は昭和二十年八月に集中している（図5）。これは、河野村開拓団の集団自決がこの時だったことによるが、同年冬から翌年一月にかけても死亡者が多い。収容所などでの越冬生活のなか、伝染病、飢餓などにより死亡したものである。

「豊丘村の満洲移民」といった場合、どうしても河野村開拓団と胡桃澤村長だけに目がいきがちなのだが、このように、全県あるいは飯伊の他の市村と比較すると、この村が満洲移民政策によってもっとも大きなダメージを受けた村の一つだった、ということがよくわかる。村全体として、満洲移民体験をしっかりと語り継いでいく必要性があるといえるだろう。

次に、河野村、神稲村にわけて特色を述べていきたい。

(三)　河野村

昭和十九年に編成され、二十年に多くの村人が渡満した河野村開拓団がよく知られているが、実は第六次南五道崗長野村開拓団（以下、長野村開拓団と略す）に、もっとも多く村人が参加している。一一〇名。続いて河野村開拓団一〇五名。この二つで河野村から渡満した開拓民（義勇隊を含む）の八五パーセントを占める（図6）。

長野村開拓団は、昭和十二（一九三七）年、長野県各地から募集された開拓民で編成された長野県独自の集合開拓団だった。ソ連国境に近い東安省密山県南五道崗に入植した。十三年夏ころから家族招致も進み、十四年には二九二戸、一千三百七十余名の大開拓団となった。飯伊からは四八四名が参加している。

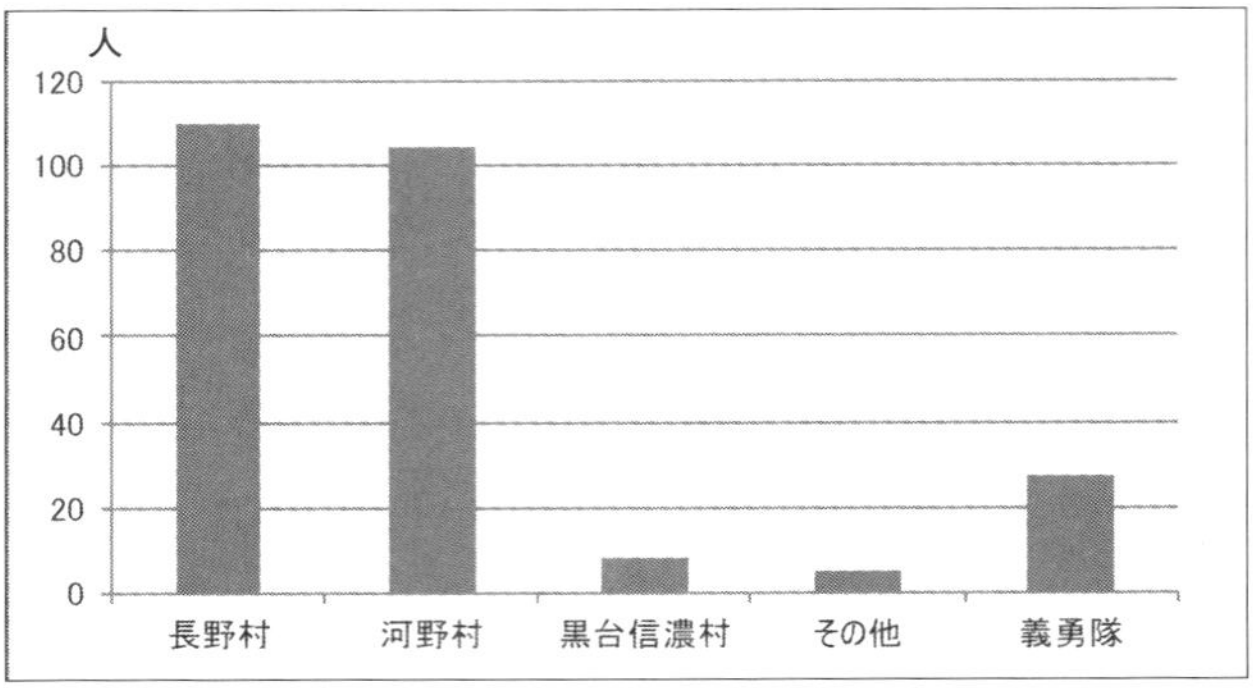

図6　河野村出身渡満者の属した主な開拓団

開拓団員数の三五《パーセント》である。ちなみに上伊那から三三〇名ほどが参加。あわせれば開拓団員の六割を占める。「長野県の開拓団」といいつつ、実質は上下伊那郡で構成された開拓団だった。これは、開拓団長平沢千秋が下久堅村出身だったことによるのだろう。

　長野村開拓団への参加者一一〇名は、河野村の人口の三・七四《パーセント》にあたる。二五人に一人ということになる。この比率は飯伊で第一位であり、第二位の千代村の五倍である（図7）。ずば抜けて多くの参加者があった、といえるだろう。ちなみに、隣村神稲村から長野村開拓団に参加した者は四一名。対村人口比〇・五六《パーセント》。隣村でありながら、これほどに状況が違っていた。現地では第四区に河野村出身者、第九区に神稲村出身者が居住した。

　なお、河野村は、移民送出の指標として、昭和十二年三月に「河

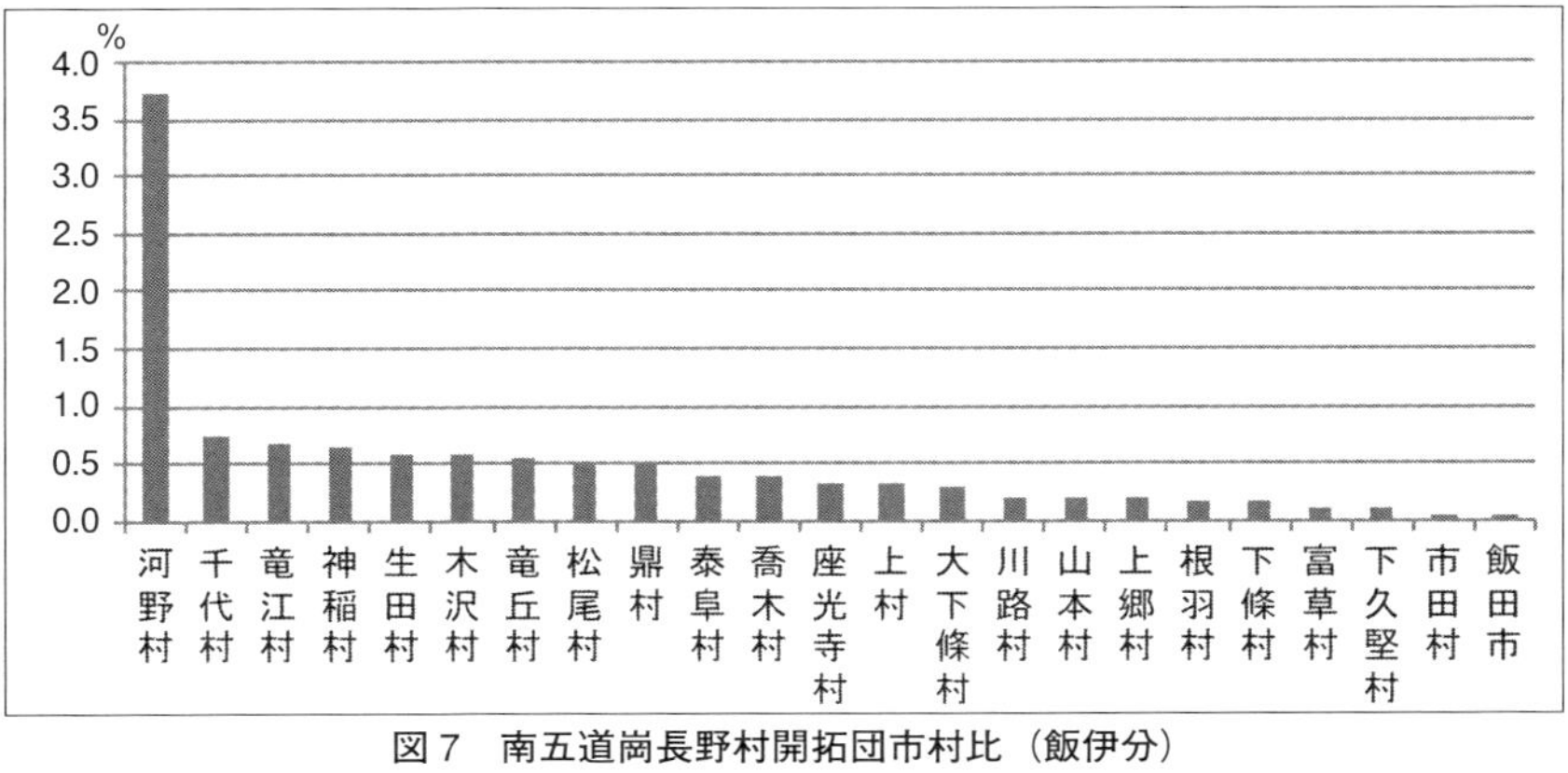

図7　南五道崗長野村開拓団市村比（飯伊分）

野村満洲国農業移民助成規定」を決定している。これにより、移民目標を一〇年間に一二〇戸とし、一戸あたり五〇円の補助金を支給することが定められた。

昭和十四年、下伊那では川路村、上久堅村、泰阜《やすおか》村、千代村が分村移民を決定、助成金を得て実施にふみきった。この時、河野村は分村移民を決断しなかったが、長野村開拓団への一〇〇名を超える参加は、村人には「分村」と意識されていたことに注目したい。証言が残されている。

（小沢福一）「我が河野村からも分村と云う事で二十四戸「先遣先発を含む」がやってきた」。

（向井康夫）「（河野）村当局といたしましても人口問題対策をと、時の村長武田金蔵氏を始め村議の方々が相談をいたし、其の当時国策満洲移民を募集中の矢先でもありましたので、次男三男の将来の対策に合わせ満州に河野分村を出す計画をされ、毛涯銀太郎、代田孝重が発起人となって、村民に呼びかけ希望をとったところ、二十六戸の希望がありました。村当局も本格的に分村計画をたてられ村あげての満州河野分村を実現された訳であります[5]」

河野村の場合、制度的には、昭和十八年の河野村開拓団をもって初めての分村移民とするが、村人の意識としては「二度の『分村移民』を体験した」、ということになろう。

なお、昭和十五年十二月、長野村開拓団長平澤千秋が河野村を訪れている。村長就任間もない胡桃澤盛は「線の太い人、大陸型で重厚な感の人」との好印象を受けた[6]。

ソ連国境に近かった長野村開拓団の逃避行は、凄惨を極めた。ソ連参戦にともない、現地を脱出したのが昭和二十年八月十日。勃利《ぼつり》→牡丹江《ぼたんこう》を経て拉古《らこ》の収容所に入ったが、劣悪な環境に耐えられずハルピン→新京（長春）→奉天へと避難、ここで越冬し、多くの死者と「残留孤児・婦人」を生んだのである（表8）。

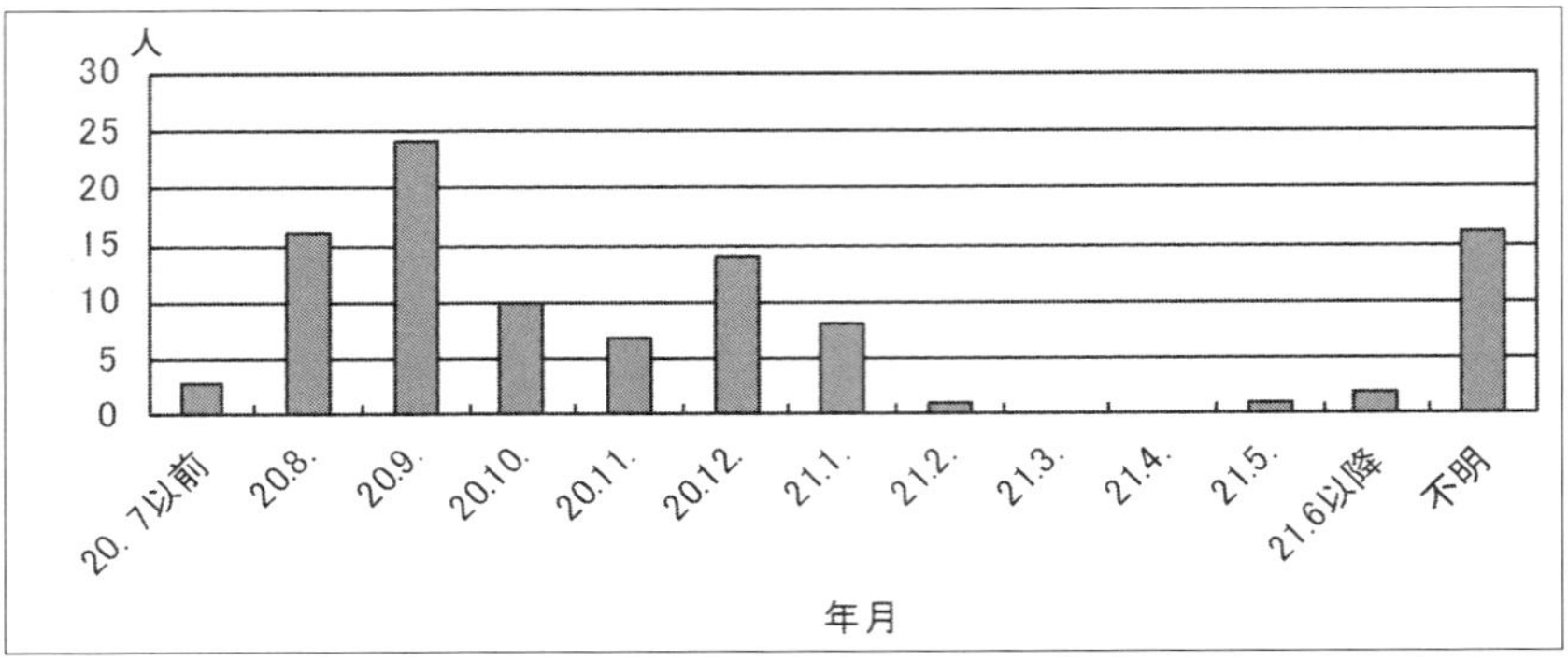

図8　長野村死亡者年月日

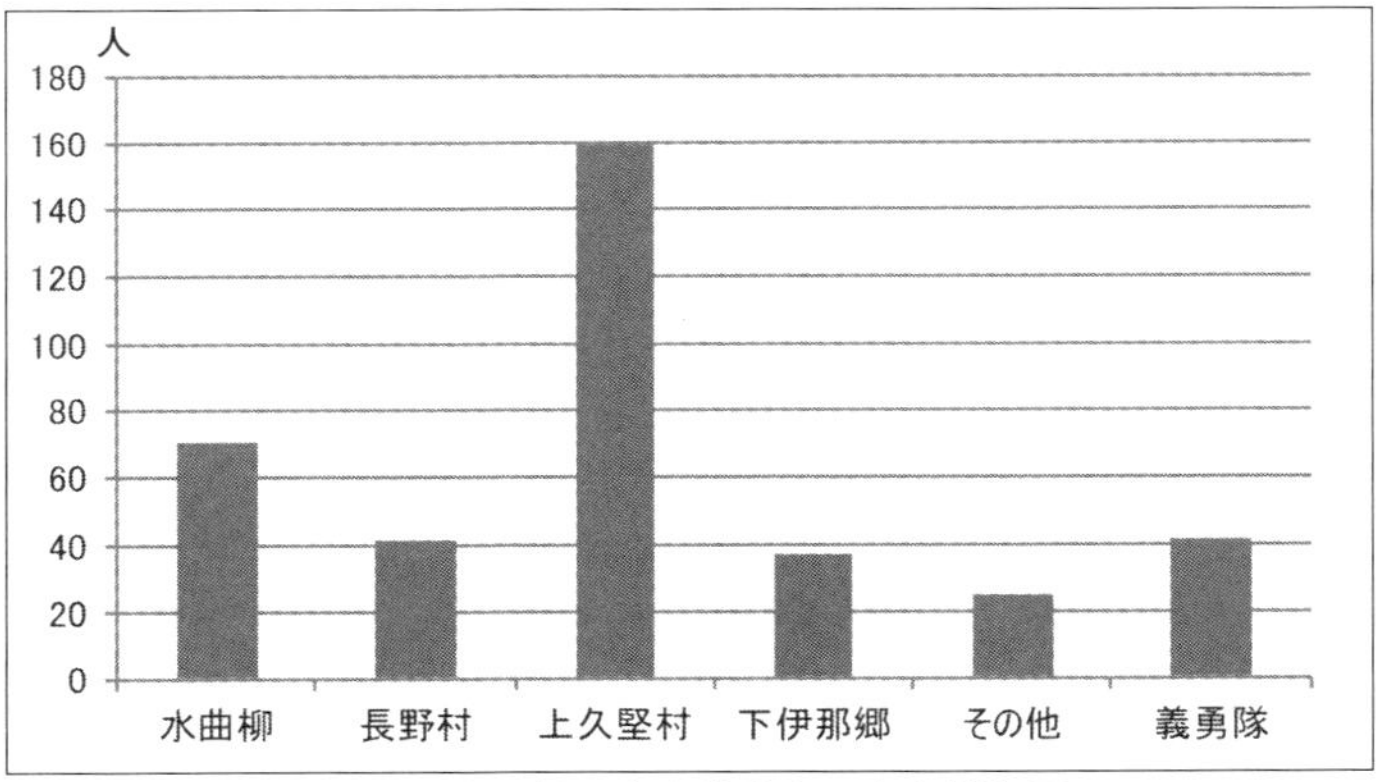

図9　神稲村出身者渡満者の主な開拓団

帰還率は三四パーセント。県下でも、帰還率の非常に低い開拓団の一つである。河野村出身者の帰還率は三〇パーセント、神稲村の場合は一五パーセント、豊丘村全体としては二八パーセントである。豊丘村の満洲体験の重みは、この数字からもあきらかだろう。逃避行の模様は「残留婦人」となり、のち帰国した河野村出身の唐澤寿美さんが語っている。(7)

なお、河野村開拓団については久保田氏の証言(8)のほか、『胡桃沢盛日記』の分析(9)も進んでいるので、それに譲る。

(四)　神稲村

神稲村は、河野村と違って分村移民を実施しなかった。もっとも多くの参加者があった開拓団は、第八次新立屯上久堅村開拓団（以下、上久堅村開拓団と略す）一五九名である（図9）。この数は、神稲村出身開拓民の四六パーセントにあたる。二人に一人がこの開拓団に参加したことになる。

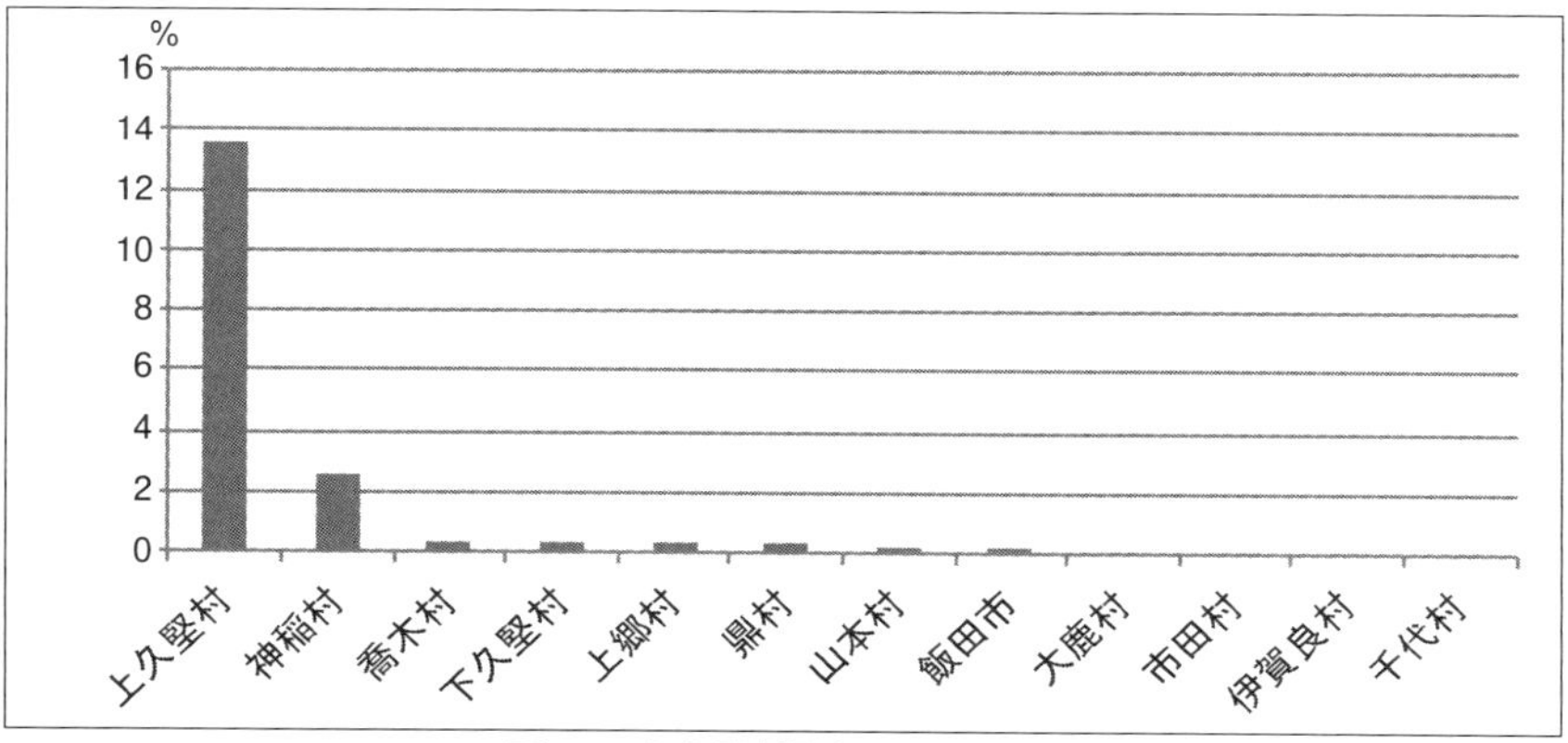

図10　上久堅村開拓団の市村比

上久堅村開拓団は、総勢八三六名であったが、神稲村の一五九名は上久堅村の四九八名につぎ第二位である。第三位の喬木村が三二名だから、この開拓団は実質、上久堅村と神稲村で構成されていたことになる（図10）。

とくに、野田平地区からの参加者が多かった。この地区の世帯の約半数にあたる二八戸が渡満している。[10] その一人、唐澤徳氏は、昭和十七年頃、上久堅村の更生主事だった吉地金喜氏が、さかんに訪れ勧誘していたことを覚えている。[11]「（吉地さんは）話しも上手だし立派な人だった」という。吉地氏は戦後、社会党の県会議員となり、上久堅村村長も務めた人物である。

また、分教場の教師で、「野田平の名士、一番の親方」のような存在だった沢柳兼十郎も、村人の懇願によって渡満した。

こうした人的な要素が、この村から多くの開拓団を送り出す原動力になったといえるだろう

ところで、こうした人的要素は、満洲移民を考える上では極めて重要だと思う。前述したように、長野村開拓団には神稲村からも四一名が参加している。しかしこの数は、神稲村出身開拓民の一一パーセントに過ぎず、河野村の四三パーセントに遠く及ばない。隣村であってもまったく違った動きをしているのである。

同様なことは、神稲村で、上久堅村開拓団についで参加者が多かった水曲柳開拓団についてもいえる。その数は七〇名、神稲村出

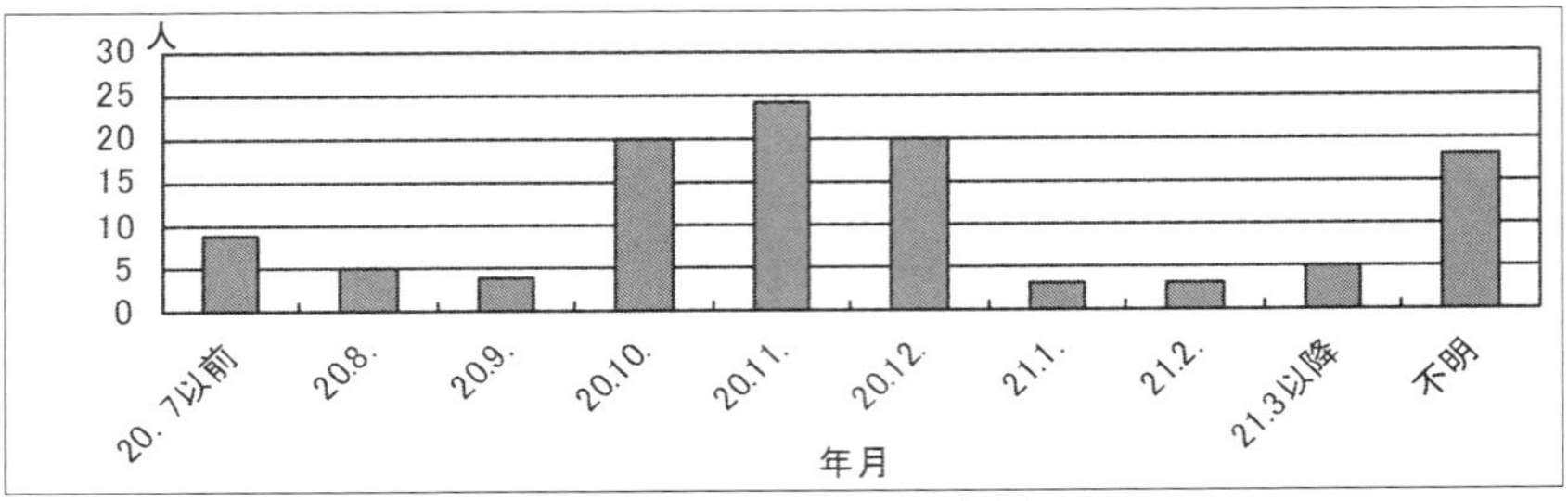

図11　上久堅村開拓団死亡者年月日

身開拓民の一七パーセントにあたるが、隣村喬木村からは一五二名、喬木村出身開拓民の四二パーセントが参加している。村によって、これほどはっきりと違いが出ていることに、改めて注目する必要がある。

村ごとに現れるこうした〈個性〉は、満洲移民政策の展開や成否が、「農村の困窮度合い」とか「地主制の展開程度」といった経済的要因だけでは、説明できないことを示している。人的なネットワークや、農村更生運動に取り組むリーダーたちの思惑・動きに強く影響されながら進んでいく、ということを物語る。ここに、満洲移民研究の難しさがある。移民関係史料の多くは焼却されてしまった。当時の勧誘状況がわかる証言や言い伝えを掘り起こし、積み重ね、分析していくことが重要なのである。

神稲村出身開拓民の帰還率は、三九パーセントである。河野村の三七パーセントより若干高いが、全県平均の五一・二パーセントに比して一〇パーセント以上低い。これは、上久堅村開拓団帰還率が二三パーセントという低さだったことに起因する。

もともと、上久堅村開拓団入植地は、作物を作ったことのない荒れ地だった。「部落はすべて出来ている」との話だったが、現地には井戸二つしかなかったという。(12)

上久堅村開拓団の場合、ソ連参戦にともなう避難、いわゆる逃避行もスムーズに進まなかったと言われている。(13)ソ連侵攻の情報を受け、八月十四日濃河鎮に向けて避難を開始した開拓団員に、八月十六日、「開拓本部に戻れ」との指令が出た。召集先から帰団した団長らの指示だった。指示に従って村に戻った人々は、結果的に逃げ道を失い、現地で冬を越し、多くの病死者を出したのである（図11）。もし、「引き返せ」の指示がなければ、あるいは、指示に背くことを覚悟で避難を続けていればどうなっていたか。歴史に「もし」はないが、錯綜する情報のなかから何をベストとして選択するか、パニック状態に陥った集団をリーダーたちはどのように統率していけばよいのか、上久堅開拓団の悲劇は、私たちにたくさんの教訓を与えてくれる。

三　豊丘村のことは豊丘村で語り継ぐ

三万三〇〇〇人余のデータから、豊丘村の満洲移民の概要を、数値化しつつ明らかにしてみた。これまでの満洲移民史研究は、開拓団毎の名簿に基づき、開拓団ごとの歴史を検証するという手法であった。それはそれで重要なのだが、河野村にせよ神稲村にせよ、村民がさまざまな開拓団に分散して参加している場合、この手法では、村が移民とどのようにかかわっていたのかが、まったくみえてこない。名簿を出身町村、性別、年齢、生死などの項目で並べ変え、さまざまな角度から分析することによって、移民政策と村政のかかわりを明らかに出来るであろう。

開拓団という組織は、終戦とともに、移民政策の崩壊とともに、消滅した。帰国後、団ごとの助け合いや慰霊行事は続いてきたし、中にはすぐれた団史を編んだ団もある。だが、体験者の高齢化が進み、団の歴史を団の人々自らが語る、あるいはその子孫たちが語り継ぐということは、ほぼ望むべくもない状況になった。

ならば、誰が満洲移民という悲劇と教訓を語り継いでいけばよいのだろうか。語り継いでいけるのだろうか。語り継ごうという想いを持続できる人々は、どこにいるのだろうか。

もちろんそれは、政策を立案し、全国では八万人を越える満洲開拓民の死者を生んだ国家であり、その実質的な政策運営を担当した県であるはずである。それは使命であり、責務だと思う。

けれども、私は、なによりもまずその責務は、彼らと故郷（市町村）を共有する私たちにあると考える。豊丘村のことは豊丘村で語り継いでいくしかないのではなかろうか。そのためには、それぞれの市町村を単位とした移民データの整備が欠かせない、と考えたのである。

おわりに

冒頭で述べたように、満洲移民を「語る時代」はタイムリミットを迎えている。「語り継ぐ時代」が始まっている。本書（『豊丘風土記』）が「豊丘村から満蒙開拓・第二次大戦を考える」特集号を組むことは、その意味で、時宜を得た企画だと思う。

『豊丘村誌』刊行から、四〇年余が過ぎている。本書が、その続編としての役割を果たすことも期待されよう。関係者の皆様の慧眼と努力に敬意を表するとともに、このように拙いものではあれ、一文を献じる機会をいただき、感謝申し上げたい。

註1「満洲」の表記については、当時一般に使用されており、また語源からみても正しいという立場で「満洲」の字を用いる。ただ、引用する文献等では「満州」を用いているものもある。引用にあたっては原文に忠実であることを期したため、結果的に本稿では「満洲」と「満州」が混在することになった。ご了承いただきたい。

註2『豊丘村誌』下巻、『胡桃澤盛日記』第四巻解題、第五巻解題、第六巻解題

註3『長野県満州開拓史　名簿編』刊行後、訂正や追加が進んでいる。把握できる限りデータの修正はおこなったが、情報は錯綜しており、一つひとつ確認していく作業は到底できない。したがって本稿は、名簿編に基づく数値

でずべて立論している。

註4『胡桃澤盛日記』第五巻解題。なお、長沼とめ子さんの証言が『下伊那のなかの満洲　聞き取り報告集5』に収録されている。

註5『望郷』

註6『胡桃澤盛日記』第五巻

註7『下伊那のなかの満洲　聞き取り報告集5』

註8『下伊那のなかの満洲　聞き取り報告集3』

註9『胡桃澤盛日記』第五巻・第六巻　解題

註10『聞き取り調査研究　下伊那から満洲を考える2』

註11同右

註12『下伊那のなかの満洲　聞き取り報告集5』池戸勉氏の証言

註13『長野県満州開拓史』各団編

『満州移民　飯田下伊那からのメッセージ』

六章　果てしなく黄色い花咲く丘で
―長野県民の満洲移民

はじめに―赤ちゃんの前にボールを転がしてみる

広丘には、人生で一番元気な頃に、ごやっかいになりました。ここに住んで、松本深志高校、木曽高校に通いました。一一年ほどです。引っ越すとき、まさか広丘の公民館で満洲の話をするとは夢にも思いませんでした。故郷の飯田に戻り、飯田高校、長野県立歴史館に勤務し、退職して、今は飯田市美術博物館に勤務しています。

講座に入る前に、私は必ずこの質問をします。

「赤ちゃんの前にボールを転がすと、赤ちゃんはどうするか」

ここでいう赤ちゃんは、人間でも犬でも猫でも象でも、なんでもいいです。

赤ちゃんの前にボールを転がすと、人間の赤ちゃんしかやらない仕草があるのですが、おわかりになる方、いらっしゃいますか。

「追っかけていく」ですか。なるほど。

「ボールにかみつく」。なるほど。

でも、これらはどの動物でもやります。

実は人間の赤ちゃんだけが、ボールが来た方向を振り返るのです。いったん振り返ってから、ボールを拾いに行きます。犬や猫は、振り向かずに、すぐボールを追いかけていきます。

何を言いたいかというと、人間という動物は、「このボールはどこから来たのか」、つまり過去というものを確認しないと、次の行動に移れないということなのです。

人間は、「過去を知ることで未来を創り出す」ことができる、この世界でただ一つの動物なのです。

今日皆さんは、これから一時間半くらい、歴史の話を聞きます。今から八〇年も前の話を聞いて何になるのだって言われれば、その通りなのですが、振り返ることによって、これからの塩尻や、これからの自分の生活を考えてほしいと思います。一瞬の振り返りの時間ですが、この講座の中で、次に進むヒントを何か得てほしいと思います。

一　キーワード「亡びしもの、ほろびざるもの」

そういうわけで、まず、振り返るキーワードを決めようと思います。今日はこういう言葉を用意しました。

「亡びしもの、ほろびざるもの」

実は、今日の演題になっている「果てしなく黄色い花咲く丘で」というのは、埴科郷開拓団の団史の書名でして、その本の中に「亡びしもの、ほろびざるもの」という言葉があるのです。

埴科郷開拓団というのは、私が勤務していた県立歴史館がある千曲市周辺で結成された開拓団なのですが、長野県が送り出した開拓団の中で、最も悲惨な末路をたどった開拓団の一つです。帰還率が二〇《パーセント》に届きませんでした。

二〇《パーセント》というのは、「一〇人のうち二人しか帰ってこられなかった」、「一〇人のうち八人は帰れなかった」ということです。ひどい運命をたどった開拓団でした。この埴科郷開拓団の歴史（団史）をまとめるときに、建設本部で、開拓団の運営に関わっていた村山隆英さんが、「亡びしもの、ほろびざるもの」という言葉を使ったのです。

「亡びたものもあろう。ただ絶対忘れてはいけないものもあるはずだ」という意味でしょう。大変印象的な言葉なので、今日はこの言葉に導かれながら、亡びたものと、しかし絶対消してしまってはいけないものについて考えていきたいと思います。

二　開拓民—被害者でありつつ加害者でもある存在

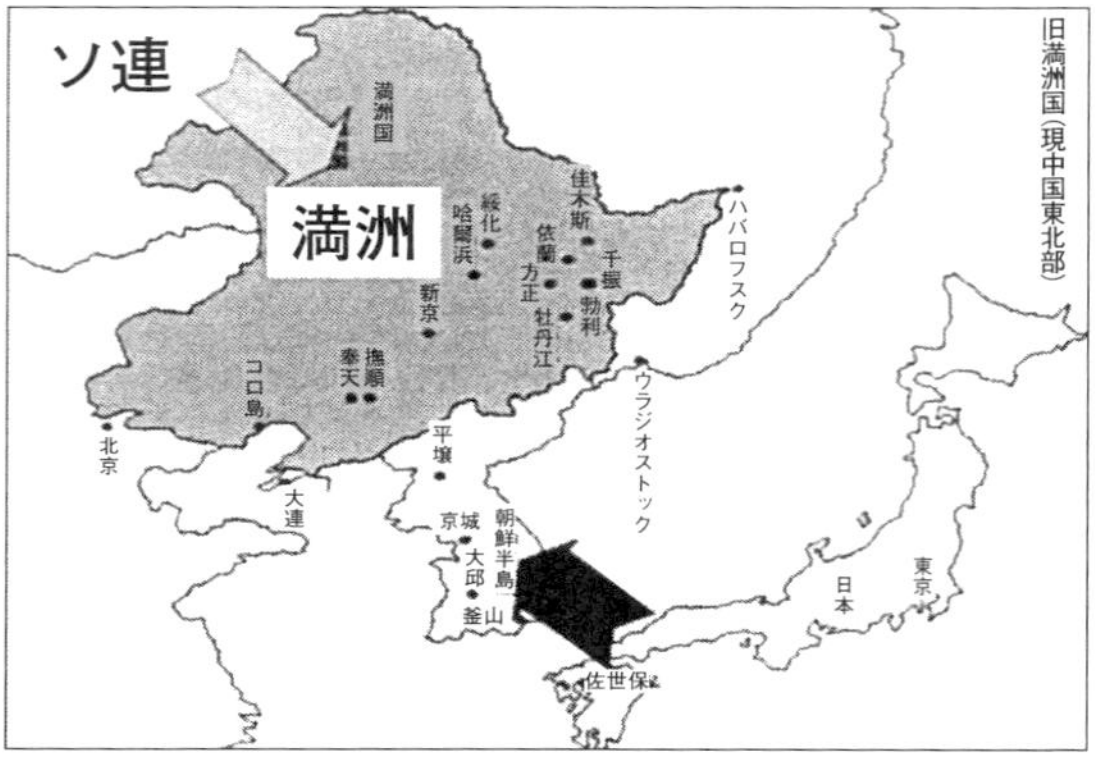

図１　旧満洲国（現中国東北部）

満洲という場所を確認しておきましょう。ソ連が南へ、日本が北へ進む。すると、中国大陸の北のところで、日本とソ連がぶつかります。ここが満洲です。

満洲をめぐる攻防は、日清・日露戦争からあります。きょうお話しする満洲移民については、昭和八（一九三三）年からが農業移民のスタートになります。政府は五〇〇万人を満洲に送る計画を立てました。

ところで皆さん。移民する方々のことを「開拓民」と言いますから、「海を渡り広い土地を耕しにいく人たち」というイメージがありませんか。けれども、それは実態と違っています。満洲移民を企画した東《とお》宮鉄男《みやかねお》という人物は、「彼らは開拓民ではない。屯墾兵《とんこんへい》だ」と言い切っています。農民ではなく兵士と考えていたのですね。

開拓民は、農業をやることが自分たちの役目だと思っていますが、政府は彼らに、いざというときには兵士の役割を果たすことを求めていたのです。

結果的には、二七万人の開拓民が全国から満洲に送られました。

満洲移民研究の一つの重要なテーマは、「なぜあんなにたくさんの人が満洲に渡ったのか」ということですが、実は決定的な理由というのはまだ明らかにされていません。

ただ、一般的には昭和初期からはじまった養蚕不況が原因だ、と言われています。「農家も村も繭価の暴落で借金抱え、人減らしなどのために満洲へ移民した」という説明です。誤りではないと思います。借金だらけで安心して暮らしていけないから、海の向こうに生活の糧を求めたのですね。こう考えれば、開拓民は日本の政治や経済が生み出した被害者ということになります。これは間違いないことです。

ただ、じゃあ開拓民がみんな被害者で、みんな可哀想な人たちで、海の向こうへ行っても結局可哀想な被害者だったかというと、これも違います。

満洲移民では、多くの場合、現地に行けば土地も家もあったからです。何もない原野を耕したという開拓民はそれほど多くなくて、あらかじめ国が現地の人たちからものすごく安い値段で、土地と家を買い取っていました。開拓民は、家もあり、畑もあり、もっと言えば、その土地を元々耕していた原住民を小作人として使うようなことまでできる立場で、満洲での生活を始めたのです。

とすれば、現地の人たちに開拓民の姿はどのように映りますか。

「お前らは俺（私）が住んでいた家や土地を奪い取った」という感覚です。

奪い取ったのは日本という国で、開拓民が直接悪いことをしたわけではないのですが、人間というものは、とりあえず目の前にいる敵がもっとも憎らしく思えるわけです。

「俺の建てた家に何でお前らが住んでいるのだ。俺の耕した土地に何でお前らが入り込むのだ」ということになります。結局、開拓民は現地では加害者・侵略者なのです。

開拓民は日本の国の政治や経済の仕組みでは被害者です。だが、海を渡れば、今度は立派に加害者です。被害者でありながら、満洲では加害者として扱われる。非常に難しい立場で現地の生活をはじめたのです

三　被害者が加害者となり、そして切り捨てられていく

―開拓民と今の若者たち

開拓民は三人に一人くらいが亡くなっています。

ところが、開拓民を守る関東軍は一〇人に一人弱しか亡くなっていません。

皆さんは、戦争というものは軍人・兵士が死ぬものだと思いますよね。民間人は巻き込まれて死ぬこともあるけれども、戦死者の圧倒的多数は軍人・兵士だと考えますよね。たしかにその通りなのですが、こと満洲という場所では、その常識が通用しません。軍隊よりも開拓民がたくさん死んでいるからです。

満洲の場合、軍隊が早くに開拓民を見捨てたというのがその大きな理由ですが、その背景には先ほど述べたように、開拓民も兵士であり当然戦う役割（ということは死ぬ危険）を担っているとする政府の論理があったと思います。

また、開拓民は現地の人たちにとっては加害者の立場にいましたから、ソ連侵攻で治安がガタガタになると、これまではおとなしく従っていた現地人の襲撃をうけることになりました。

敵は攻め込んでくるソ連だけではなかったのです。逃避行のなか、各地で集団自決が行われました。

突然ですが、私、最近思うことがあります。「満洲移民」というテーマを、今から八〇年前の出来事として取り上げ、「可哀想だ」とか、「あんなことは繰り返さない」と考えることはもちろん大切なことなのですが、それでは今の社会の問題につながらないと思います。

満洲移民のように、最も追い込まれた人たち、つまり社会の矛盾を押し付けられる被害者が、なにかのきっかけで、加害者になり、そして、最後の最後は犠牲（切り捨て）にされるような事件や社会の構造は、今の社会の、とくに若者たちの中にもあるのではないかと感じたのです。

開拓民の姿に、今の若者の姿が重なっていくような気がするのです。

今の若者たちの生活を見てみましょう。正規採用できっちりと安心した人生を送れるように扱ってくれていますか。非正規雇用とか派遣とかという形で生計を立てている若者が多いですよね。

「いつ頃家族を持とう、いつ頃家を建てよう」

「そもそも人生にどんな夢を持てばいいのか」

将来設計の上では、ローンを組むことなども当然必要になりますが、安定した職業、地位が保証されなければローンも組めません。そんな不安定な立場にずっと置かれている若者が、今の日本にはいっぱいいます。生活が安定しなければ夢も持てません。安心して生活を営み、将来の夢を語れる、そんな居場所をもてない若者がたくさんいます。

居場所を失い、追い込まれ、引きこもって、そして最後に暴力に訴える。例えば刃物を持って問題を起こす若者もでてきますね。大人たちは声高に彼らを批判しますが、問題の根は深いと思います。

開拓民も、日本社会で居場所を失った人たちだったと思います。一番弱くて、追い込まれて海を渡った開拓民たちが、現地では加害者になり、そして最後は逃避行の中で軍隊に見捨てられ、現地人の襲撃を受けて殺されました。何ともやりきれない歴史ですが、その姿が今の若者に重なるのです。

満洲移民を研究するということは、現代の日本社会を研究することに他ならないと思います。それが満洲を、今語る意味です。

四　長野県—満洲に一番近い県

図２「人口に占める満洲移民の割合」をごらんください。

　長野県の満洲移民の数です。全国で断トツ一位です。約三万三〇〇〇人。二位は山形県です。

　県の人口に対する渡満者の割合を示したグラフですので、長野県と山形県の差はそれほどないように見えますが、人数でいいますと長野県は山形県の倍の数を送り出しています。公式には約三万三〇〇〇人ですが、学者によっては三万六〇〇〇人とか三万七〇〇〇人という方もいます。

　ここでは一応定説によります。三万人強。さらに開拓団員だけでなく、約五〇〇〇人の義勇軍も送出しました。長野県は、日本一の満洲移民送り出し県だったということになるのです。

　同時に、長野県の中の市町村で、満洲移民を送り出さなかったところはひとつもないということに注目してください。

　平成十六年の合併直前の長野県地図（図3）で説明します。まだ塩尻も市域が拡大していません。その時の市町村の区分で、市町村ごとに満洲にどれだけ渡ったかを示したものです。「うちの村からは満洲には行ってないよ」という言葉をときどき耳

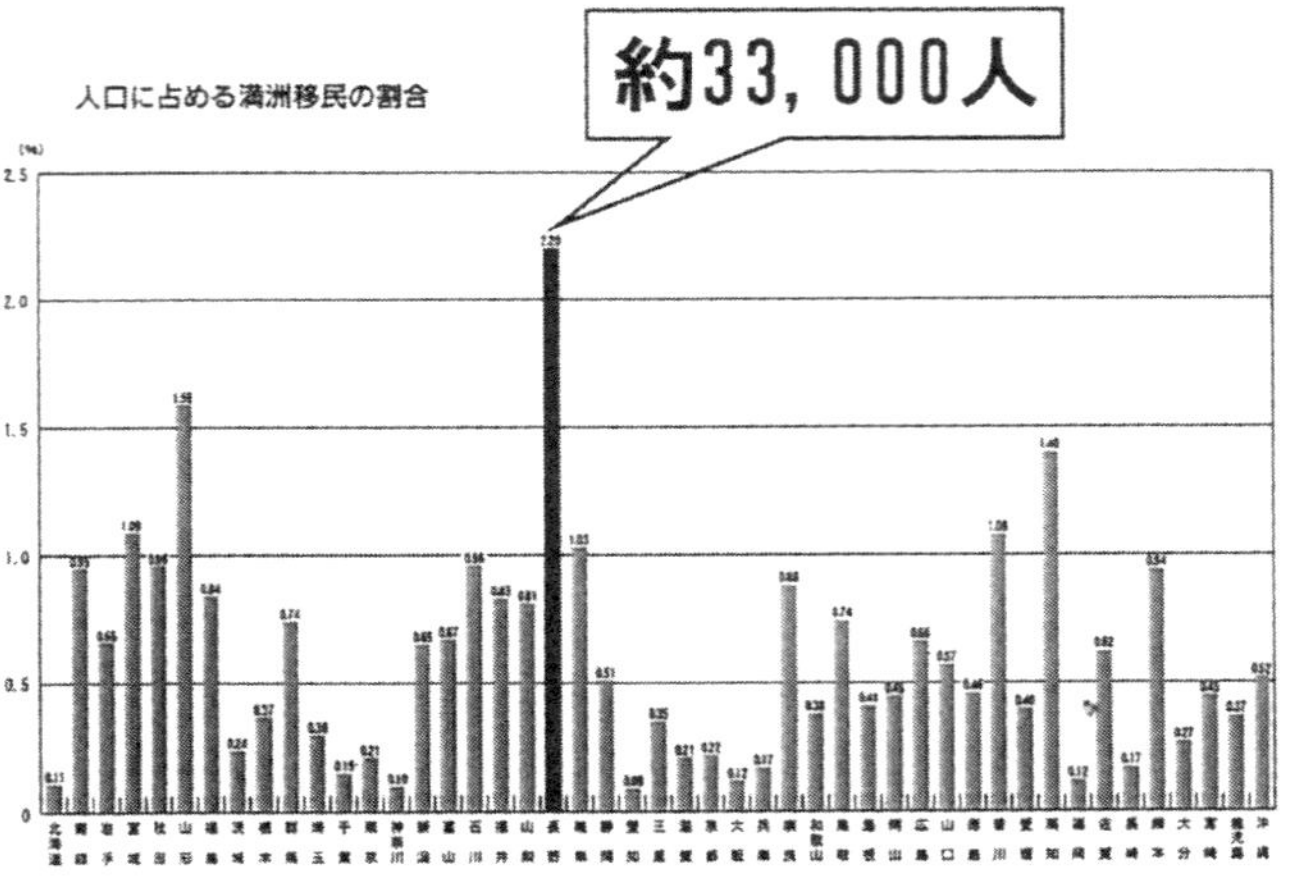

図２　人口に占める満洲移民の割合

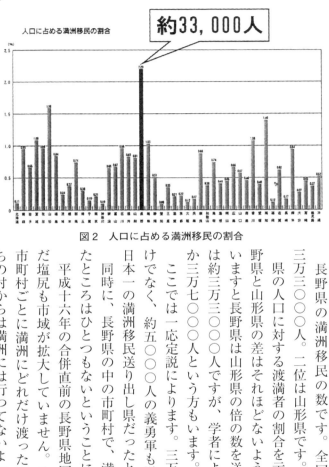

にしますが、実際にはそういう自治体は一つもなかったのです。満洲移民は、すべての村の問題だったのです。

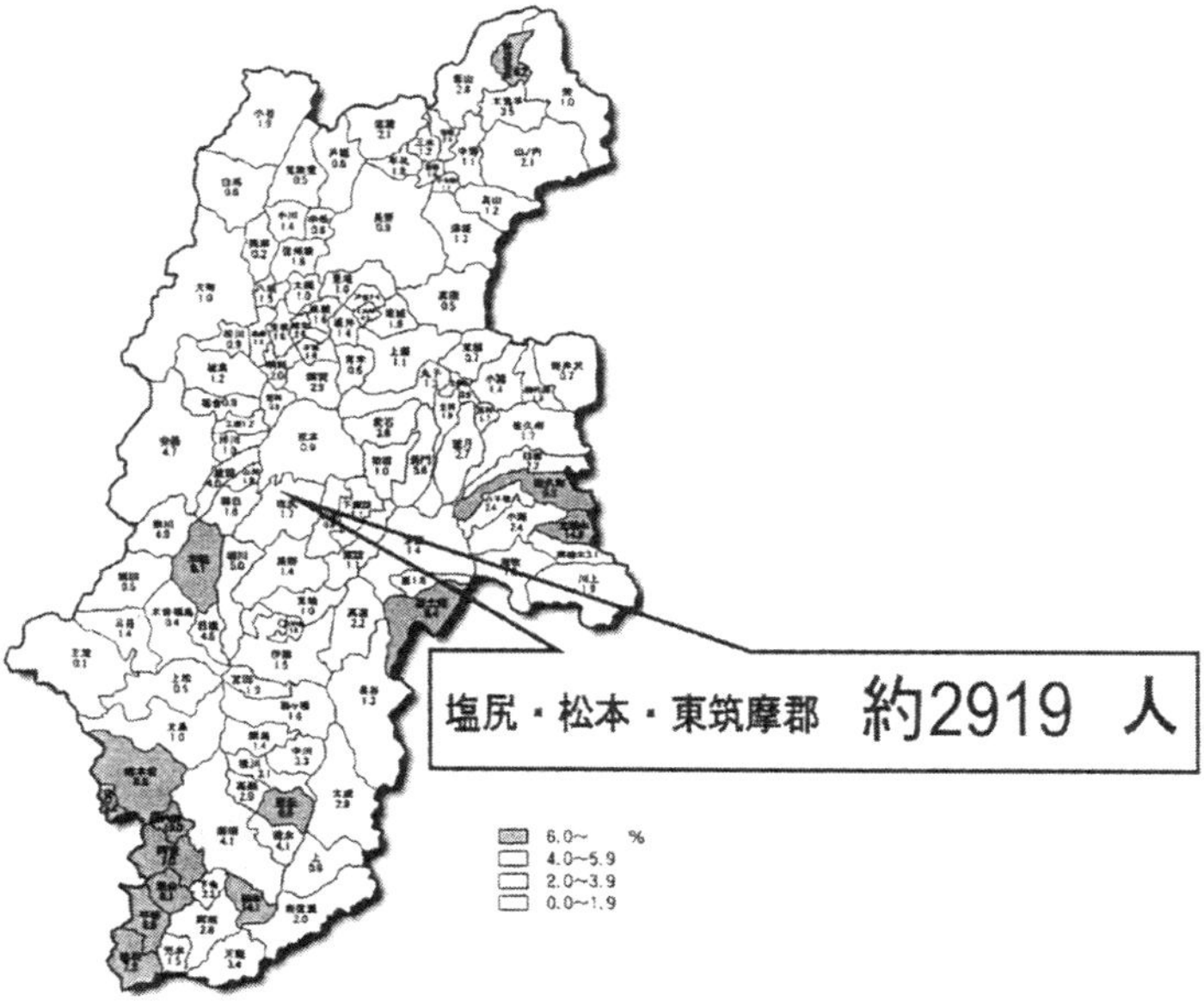

図３　長野県地区別人口に対する渡満者比率

渡満者比率

帰国者比率

市町村名		渡満者数					終戦後のゆくえ					1935年の人口	渡満者比率%	帰国者比率%	渡満者の内女性数
旧村名	現村名	農業開拓移民	報国農場	勤労奉仕隊	義勇軍	総数	帰国者	退団帰国者	死亡者	残留者	不明者				
塩尻町	塩尻市	73	2	0	42	117	72	1	45	1	0	10421	1.1	62.4	41
山形村	山形村	64	7	0	24	95	59	1	36	1	0	4874	1.9	63.2	33
朝日村	朝日村	43	2	0	26	71	47	1	26	3	0	4343	1.6	67.6	29
洗馬村	塩尻市	132	2	0	41	175	97	3	70	6	0	5242	3.3	57.1	68
宗賀村	塩尻市	17	2	2	25	46	28	0	16	3	1	4177	1.1	60.9	14
筑摩地村	塩尻市	87	0	0	13	100	45	0	57	3	0	3064	3.3	45.0	37
片丘村	塩尻市	32	0	0	18	50	31	0	21	3	0	5093	1.0	62.0	
広丘村	塩尻市	41	1	0	22	64	38	0	27	1	1	4775	13	59.4	21
塩尻・松本・東筑摩郡計		2068	38	7	806	2919	1819	30	1085	71	29	207578	(①)	(②)	1033

図４　塩筑地域の渡満者比率

地図中の数字は、市町村人口に対して何パーセントの人が渡満したかを示しています。ただ、ここでは、色が濃いところはたくさん送り出しているということがわかっていただければいいです。

飯田下伊那、佐久、飯山、それから木曽が多いですね。いわば長野県の国境警備隊みたいなところからたくさん送り出されているわけです。

塩尻、松本、東筑摩。つまりこの地域の総送り出し人数は二九一九人といわれています。約三〇〇〇人が満洲へ渡ったということです。

昔の村の単位でもう少し詳しい数字をお見せしましょう（図4）。洗馬とか朝日、山形、片丘、広丘です。お住まいの地区を探してみてください。

見ていただきたい数字の一つは「渡満者比率」です。村の人口に対して何人が満洲に渡ったかという数字です。洗馬が高いですね。三・二パーセントということは、一〇〇人に四人くらいの割合で渡満したということです。

この地域全体の比率は図4の①ですが、一・四パーセントです。だいたい一〇〇人に二人、五〇人に一人の割合です。きょうここにあお集まりの方が二〇〇人くらいですから、この中の四人くらいが満洲に渡ったことになります。

長野県全体では、五〇人に一人くらいの割合で満洲に渡っていますから、東筑摩、松本、塩尻あたりは、県全体に比べると渡満者比率はやや低い。つまり、それだけ満洲移民を積極的に行わなくても何とか食べていける状況だったということでしょう。

どのくらいの方が満洲から戻って来られたか。これを「帰国者比率」といいます。図4の②ですが、当地域は六三・二パーセントです。一〇〇人のうち六人から七人が戻ってきたということです。長野県全体では、五一パーセントですから、当地域は比較的多くの方が無事帰ってこられたということです。とは言え、多くの方が帰国出来なかったことに違いはありません。

長野県の満洲移民というのは、わかりやすく言うと、満洲へ渡った人（現地で生まれた人も含めて）の半分はふるさとに帰って来られなかったということです。二人に一人は、北アルプスや高ボッチといったなつかしいふるさとの山を二度と見ることができなかったわけですね。

現地で集団自決された方もたくさんいます。「ここで集団自決しよう」と諦めたとき、おそらくは誰の脳裏にもふるさとの山や川の姿が浮かんだはずです。もう一回ふるさとに戻って、眺めてみたかった風景がたくさんあったはずです。

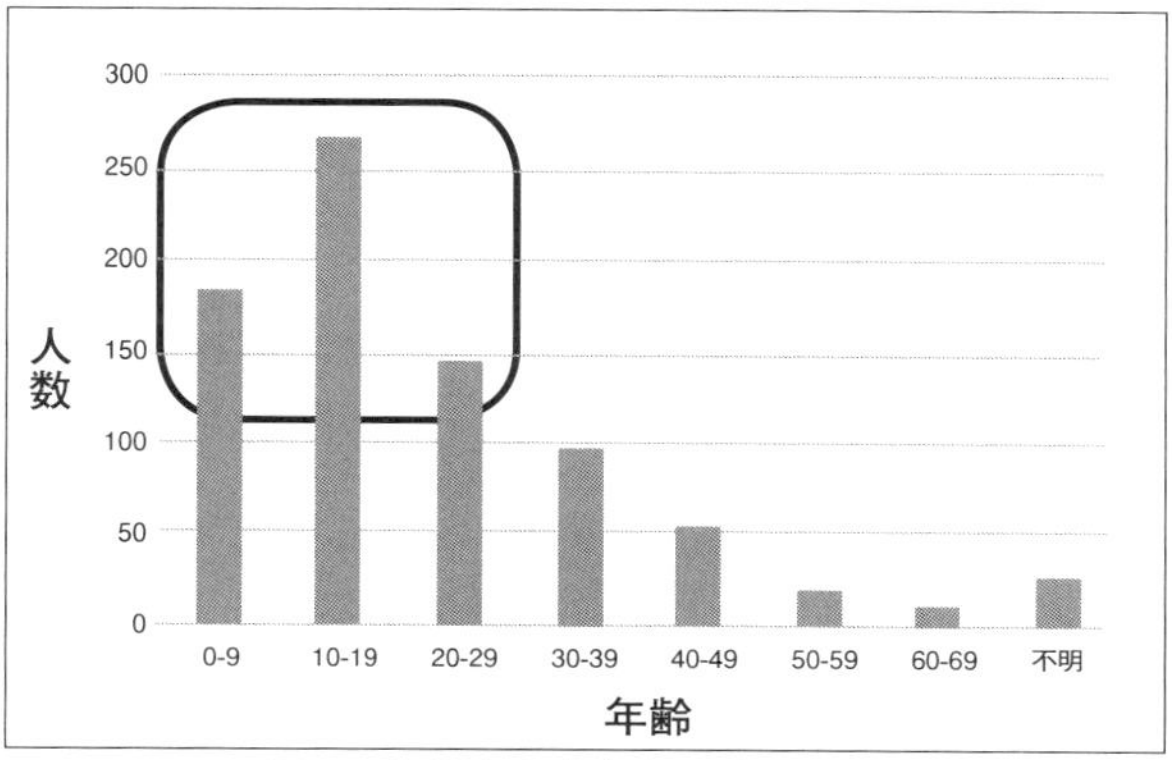

図５　塩尻市出身年齢別渡満者数

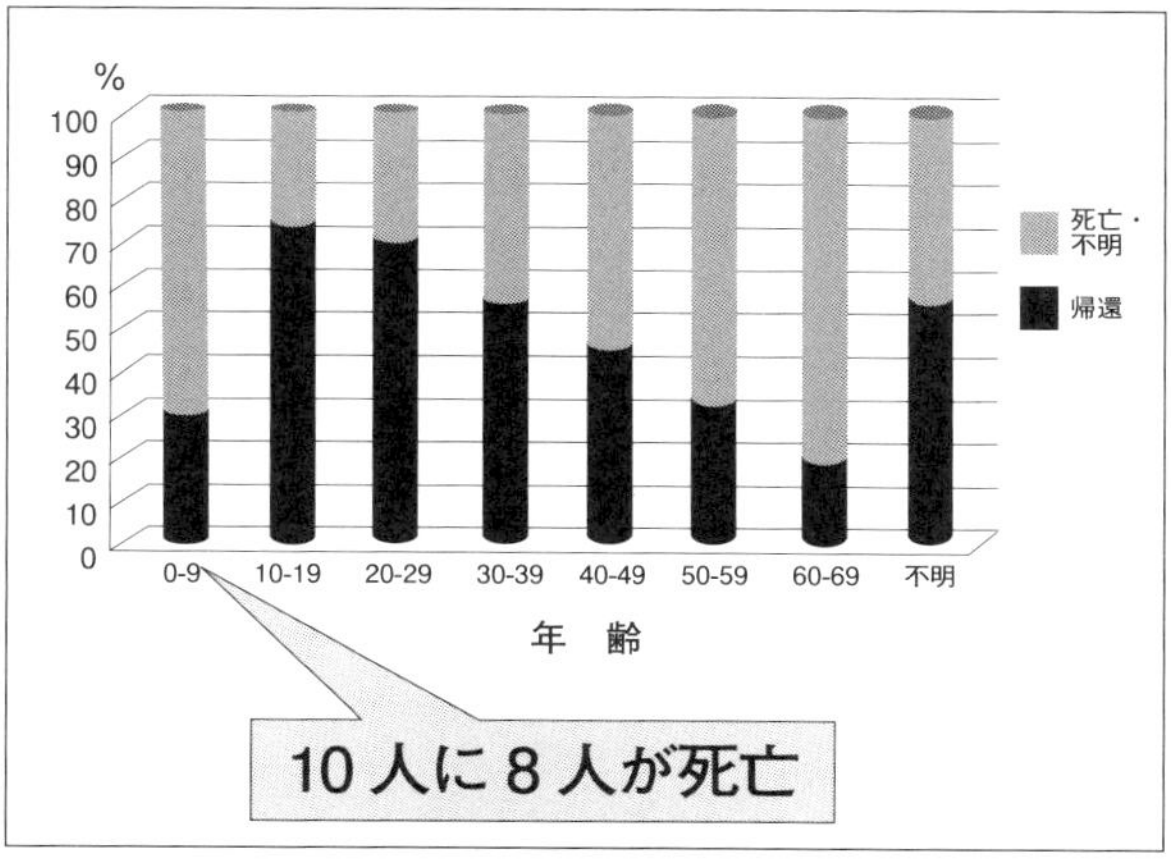

図６　年齢別帰還率

ですが、二人に一人はそれがかなえられなかったのですね。今日お集まりになった皆さんが全員満洲に渡ったとしましょう。その半分、つまり、今座っている席のお隣の席の方は帰って来なかったわけです。満洲移民がどれほど馬鹿げた政策だったかおわかりいただけますね。

男性の帰還率は六八パーセントです。女性の帰還率はどのくらいだと皆さんお考えになりますか。

戦争は男が戦うわけですから、当然、男性のほうが死ぬ確率が高いはずです。六八パーセント男性が帰って来られるなら、女性は七〇パーセント以上帰って来たと思われるでしょう。

実は、そうではないのです。女性の帰還率は五四パーセントです。男性より一四ポイントも低いことに注目してください。

満洲は、戦争で女性が死ぬ、つまり女性が戦場のど真ん中に投げ込まれている場所だったのですね。

「女性にとっての満洲」という話は、のちほどもう一度考えてみます。

ここでもう一回、塩尻の満洲移民を眺めてみましょう。現在の塩尻市の出身で、満洲へ渡った人たちの年齢を表にしてみました（図5）。

十代が非常に多いですね。あるいは満洲で生まれた十歳以下が多い。いずれにしても十代・二十代が活躍しています。

戻ってこられた方の年齢も確認しましょう（図6）。一つ象徴的なことがあります。〇歳から九歳、つまり、まだ小学校の低学年の子どもたちの場合、一〇人のうち八人近くが日本に帰れなかったのです。

十代になると帰還率が高くなりますが、高齢になると、また帰還率がどんどん下がってきます。つまり、満洲という場所は、何と言っても、女性と子どもと、それから高齢者にものすごく厳しい土地だったということです。

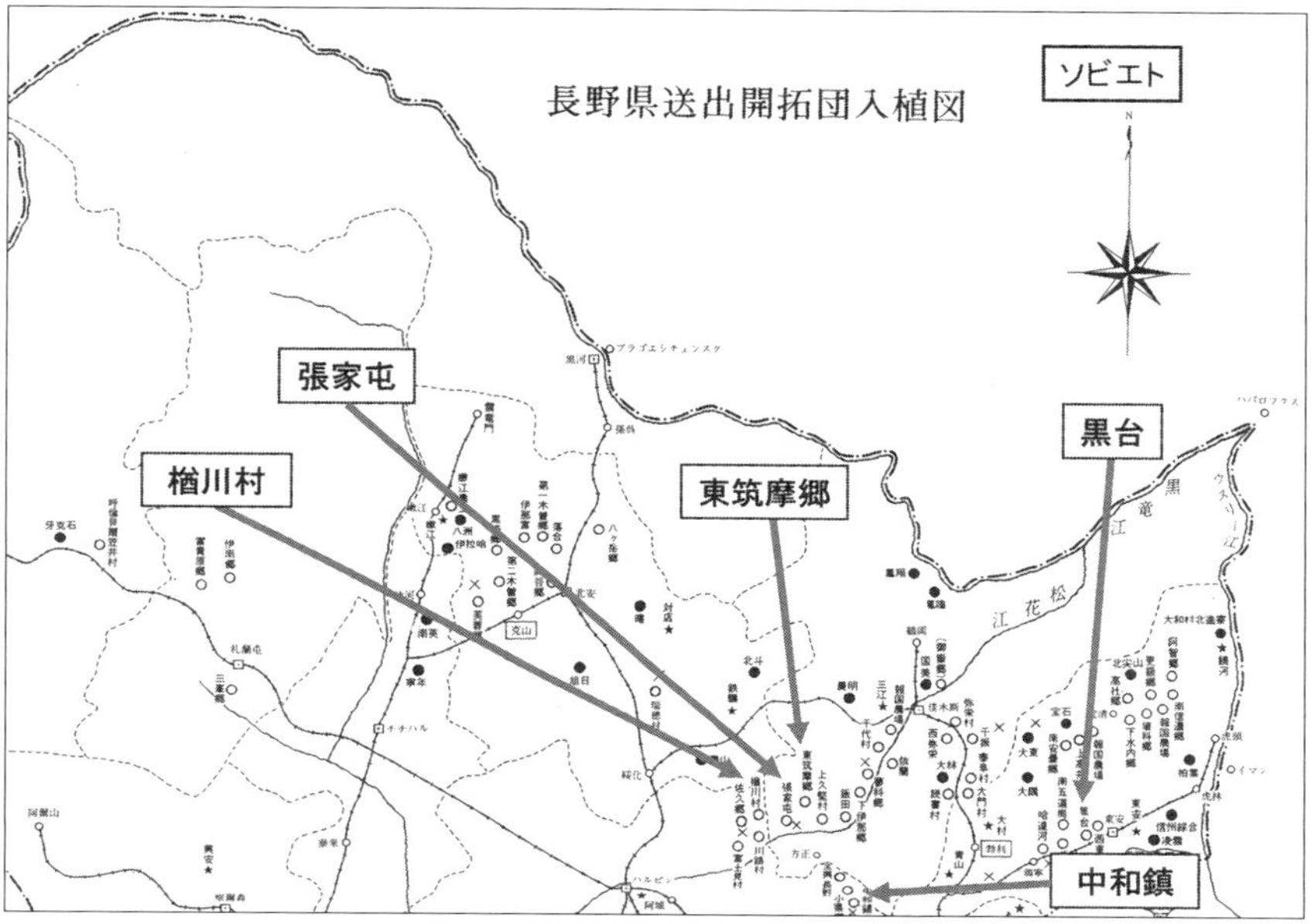

図7　長野県送出開拓団入植図

五　「一つ山越しゃ他国の星が」
——開拓民は極北を目指す

さて、次は当地で生まれ育った皆さんが、海を越えて目指した場所を確認します。自分も船や汽車に乗っている気持ちで地図を眺めてください（図7）。

楢川村開拓団はここです。楢川村開拓団は、戦争末期の、ほとんど勝算のない時期に送り出され、たくさんの死者を出した開拓団です。私の出身の飯田下伊那で言うと、阿智の開拓団とよく似た運命をたどりました。

その少し北が張家屯です。張家屯信濃村といいます。ここは長野県全体から開拓民が集まってきてつくった村です。規模が大きい村です。

ここが東筑摩郷。ここも、ものすごくたくさんの死者を出した開拓団です。

地図上に小さく×が打ってあるのがお分かりになりますか。集団自決の場所です。塩尻から渡満した人たちで構成される開拓団は、どこもみんな集団自決の場所に近いですね。

それから、ここが黒台信濃村。やはり当地からもたくさんの人が参加しています。信濃村という名前がつくとおり、長野県全部から人が集まってきています。割と早い時期に満洲に渡った開拓団です。

中和鎮信濃村は女性の帰還率が最も低かった開拓団の一つです。帰還率がひと桁です。一〇人に一人も帰って来られませんでした。

地図でおわかりになるように、長野県の開拓団が入植した土地は、どこもみんなソ連国境です。「一つ山越しゃ他国の星が、凍りつくような国境」という、東海林太郎《しょうじ》のあの歌（「国境の町」）ですね。「橇《そり》の鈴さえ寂しく響く」。まさに一つ山を越せばソ連国境。一番危険な、いつソ連が攻めてきてもおかしくないという場所が、塩尻や東筑摩の開拓民が入植した場所です。戦いに備えつつ耕す日々を送ることになったわけです。

六　引き返す勇気—長野県は最後まで移民政策を続けた

松本・塩尻・木曽地域の開拓団は、いつ頃満洲に渡ったのでしょうか（表1）。

開拓団は、ある日突然どっとみんなで海の向こうに行くわけではなくて、だんだんに編成されて渡満します。最初のうちは「〇〇信濃村」というふうに、長野県全部から人を集めて送り出していましたが、一九三六年に満洲移民を国家の政策と決めたころから、郡や村ごとに開拓団を編成するようになります。大日向村、千代村、泰阜《やすおか》村などでは、村を半分にわけて移民を送り出すことにしました。これを「分村移民」といいます。この地域で最後まで「分村移民」にこだわったのは、楢川村です。楢川村は最後まで、「送り出すなら村人だけで編成したい」と言いました。「楢川村開拓団」と名乗ったのもそのためです。

表１　開拓団はいつ頃満洲に渡ったのか

西暦	昭和	分　村・分　郷
1938	13	南佐久郡大日向村
1939	14	下伊那郡千代村・上久堅村・泰阜村・川路村　西筑摩郡読書村　諏訪郡富士見村　下伊那郷　蓼科郷
1940	15	小県郡大門村　更級郷　高社郷　下水内郷　芙蓉郷　千曲郷
1941	16	八ヶ岳郷　黒姫郷　伊那富郷　埴科郷　小県郷　佐久郷　第１木曽郷
1942	17	諏訪郡落合村　上高井郷　南安曇郷　東筑摩郷　伊南郷　第２木曽郷　富貴原郷　三峰郷
1943	18	南信濃郷　北安曇郷　飯田郷
1944	19	下伊那郡河野村　西筑摩郡楢川村　阿智郷　南佐久郷
1945	20	御岳郷

1936 年満洲移民を国策と決定
1940 年頃、満洲移民失策論が出始める

ただ、楢川村の場合も実際には、洗馬など村外の人たちがたくさん参加しています。

「郷」を名乗る開拓国もあります。例えば東筑摩郷開拓団です。これは、村を分ける「分村移民」ではなく、その地域の村や町から参加者を募って編成する開拓団という意味で「分郷移民」と呼びます。

一九四〇年という年に注目しましょう。東筑摩郷開拓団や楢川村開拓団は、この年以降に編成されるのですが、実は、四〇年は政府の中で「満洲へこれ以上人間を送っても大した成果を上げない、もうやめるべきだ」という意見が出はじめた年なのです。

満洲には石油などの資源がないのです。満洲にいくら人を送り込んでも、日本の経済の発展や戦争遂行を支える力にはならないということが、わかり始めたわけです。現地人や国際社会の強い反発・批判を受けながらまでやり続ける政策ではない。つまり「満洲移民失政論」です。

軍需産業中心に日本国内の労働力不足が顕著になり、満洲に渡る必要もなくなりました。

私がここで言いたいのは、この段階で「じゃあ、移民は止めよう」と決定すれば、その後、海を渡る開拓団はなくなったということです。たくさんの開拓民を死なせるようなことはなかったということです。そのことをわかっていただきたいのです。

長野県についで満洲へたくさん人を送り出した山形県は、昭和十八年には送り出しを中止しました。

ところが長野県は、これから以降もなお、黙々と送り出しを続けたのです。例えば楢川村。それから私のふるさとに近い阿智や河野村（現豊丘村河野）。御岳郷もそうです。

ここで考えたいのは、引き返す勇気、立ち止まって考える勇気です。今の政治にも当てはまると思うのですが、「これ以上先に行ってはまずい、引き返そうじゃないか」という判断の有無です。判断というか見識です。それが、当時の長野県にはありませんでした。

塩尻と東筑摩の人たちは、楢川村開拓団に一番多く参加しています。戦争末期で、満洲に船がたどり着けるかどうかさえがあやうい時期に、出かけていったわけです。

さて、一休みしましょう。

七　開拓団を訪ねる――「天国というものがあるなら、きっとここだろう」

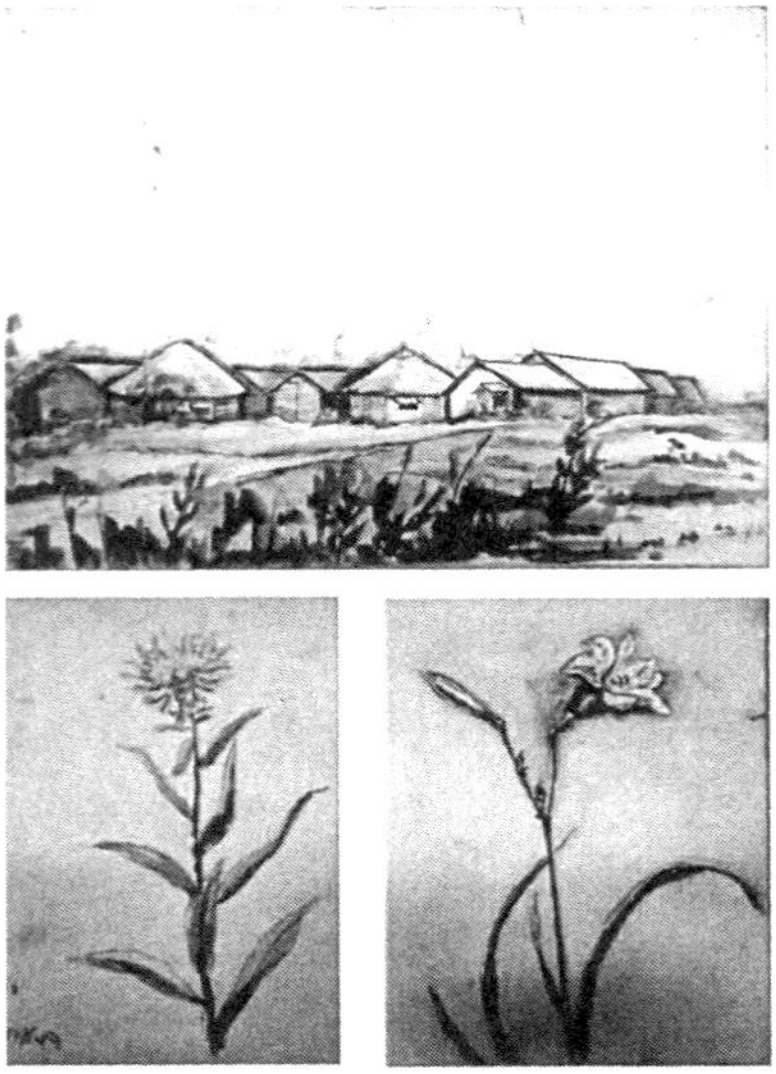

黄色い花咲く丘に建つ開拓民の宿舎（上）と黄色い花々（下）（長野県立歴史館）

ひと息いれつつ、更級郷開拓団のお話をします。更級郷開拓団は埴科郷開拓団と隣接していましたが、慢性的な人手不足で、更級農学校（現更級農業高校）の生徒が夏に手伝いに行きました。引率した先生のなかに美術の先生がいて、現地でたくさんのスケッチを残しました。それがこれです。

数年前、遺族の方から県立歴史館に寄贈していただいたのですが、「果てしなく黄色い花咲く丘」という言葉がぴったりで、黄色い花が一面に咲きほこっています。

これは農村風景です。日本の国旗と満洲の国旗が並んで立っていますね。こういう花が咲いていたそうです。これは何の花でしょうか。私は桜と梅の区別ができない、チューリップと水仙の区別ができないという人間なので、なんとも言えないのですが、とにかく一面黄色い花だらけなのです。

埴科郷開拓団で教育を担当していた飯島昌子さんは、命からがら日本へもどるのですが、後に満洲を回顧して、「天国というものがあるならきっとここだろう」と言っています。

張家屯信濃村での運動会風景　日の丸の小旗を振り、遊戯をする子どもたち（『写真集―長野県満州開拓誌〈上巻〉』郷土出版社所収）

子どもたちも農作業に汗を流す（『写真集―長野県満州開拓誌〈上巻〉』郷土出版社所収））

　塩尻ゆかりの開拓団も写真で訪ねてみましょう。皆さんのご家族がそこに行っていたという方もいらっしゃると思います。

　これが張家屯《ちょうかとん》信濃村開拓団の様子です。運動会をやったりしています。ここは信濃村と言うとおり、長野県全部から集まって来るので、飯田の人も、塩尻の人も、北信の人もいて、それぞれに集落をつくって住んでいました。かなり規模の大きい開拓団でした。

これが中和鎮《ちゅうわちん》信濃村。ここは帰還率が最も低い開拓団の一つで、女性の場合とくにひどいです。ソ連の侵攻、逃避行の中で逃げ切れなかったのです。

東筑摩郷

東筑摩郷で東鶴冠山を見学する奉仕隊員（『写真集―長野県満州開拓誌〈上巻〉』郷土出版社所収）

スイカが写っています。余談ですが、河野村開拓団で現地から一人だけ生き残って日本に帰ってこられた男性の方がいます。何年か前に、この方に満洲の話を聞いたのですが、「満洲で何が美味しかったですか」と聞くと、「スイカだ」と言っていました。スイカとかウリがめちゃくちゃうまかったそうです。満洲の写真には、よくスイカを持っているシーンがあります。

これが東筑摩郷開拓団です。規模はやや小さいですけれども、日本から奉仕隊が応援に行っています。もしかしたら皆さんのお近くにも、「私も行ったよ」という方がいらっしゃるかもしれません。

八　塩尻、ここに満洲があった―長野県桔梗ヶ原女子拓務訓練所

塩尻には「大陸の花嫁」を養成する訓練所がありました。言い換えれば、塩尻という土地は、訓練を受けた女性たちが「大陸の花嫁」として生きる決心をした町です。そこで今日は、満洲で生きた女性たちに

視点を当てたデータをお見せしようと思います。

塩尻市出身で満洲へ渡った女性の年齢をグラフにしました（図8）。X軸が年齢、Y軸が人数です。

満洲で生まれた子どもたちを除くと、やはり十代から二十代が多いです。満洲という場所には、おじいちゃん、おばあちゃんではなく、うんと若い人たちが投げ込まれていくのです。十代から二十代の女性たちが、実は満洲を担っていたのです。

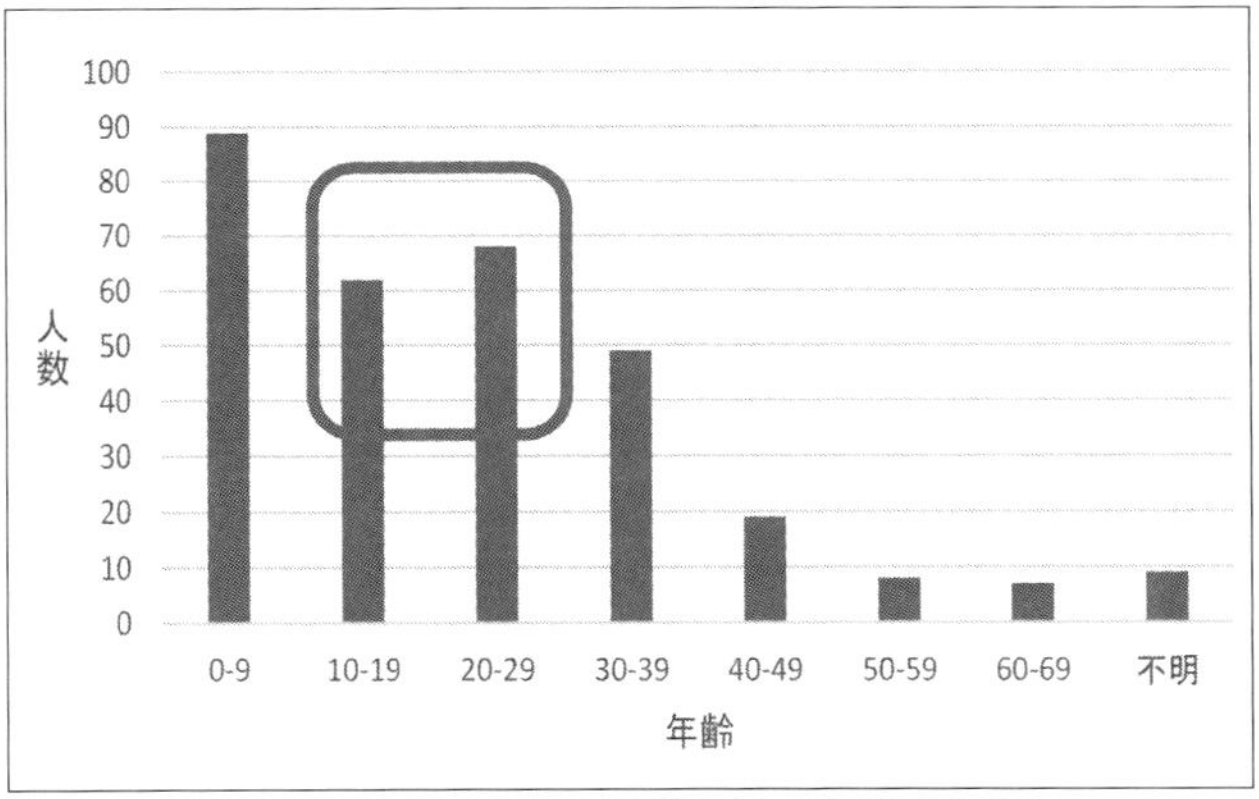

図8　現塩尻市出身渡満女性の年齢別人数

塩尻、ここに「満洲」があった―「大陸の花嫁」へ―

長野県桔梗ケ原女子拓務訓練所（『写真週報』昭和15年10月23日号）

長野県御牧原農民道場での移民花嫁学校風景（『写真週報』昭和13年5月4日号）
（陳野守正『「満州に送られた女たち―大陸の花嫁』梨の木舎所収）

さて、先ほどお話ししましたが、塩尻には長野県桔梗ヶ原女子拓務訓練所がありました。広丘野村のところです。写真は、大陸の花嫁になるべく、さまざまな勉強をしている様子です。

この訓練所は、昭和十五年、全国に先駆けて開所しました。満洲へ渡った義勇軍の若い男の子たちの伴侶になる女性を育成することを目的とした施設です。

「塩尻、ここに満洲があった」というと大げさに聞こえますが、昭和十五年の開講式に来た加藤完治は、こう言いました。

「この拓務訓練所に入った瞬間、もう皆さんは満洲にいるのだと思いなさい」

表2　長野県立桔梗ヶ原女子拓務訓練所における県内出身者の入所状況

年度 長期/短期	昭和15		16		17		18	合計
都市	長期生	短期生（4回分）	長期生	短期生（8回分）	長期生	短期生（9回分）	短期生（4回分）	
	人	人	人	人	人	人	人	人
下伊那	1	16	5	27	4	36	5	94
東筑摩	1	14	2	8	1	10	9	45
上伊那	2	6	1	11	1	20	2	43
上水内		2		10		21	2	35
諏　訪	1	8		6	1	10	3	29
小　県		2		10		13		25
西筑摩	2	8	1	6		1		18
下水内	1	6		5		1	1	14
北安曇		1	1	5		1		8
南安曇		1	1	5		1		8
埴　科		1		3		4		8
下高井				3	2	3		8
更　埴				1		5		6
上高井		1		2		1	1	5
北佐久		2					1	3
松　本				2		1		3
飯　田			1	2				3
長　野						2		2
南佐久	1							1
上　田						1		1
不明1				1				1
合　計	9	70	11	105	9	133	24	361

塩尻という場所は、満洲に直結していたわけです。

満洲へ渡る女性たちを訓練する先生になるための長期生もいれば、すぐ海を渡って「大陸の花嫁」になる女性もいます（**表2**）。一泊三日くらいの短期の受講生も含めて、毎年このぐらいの人数が来ていました。

山口県とか茨城県とか、県外からも来ています（**表3**）。「桔梗ヶ原」という地名にさまざまな思いを重ねながら、全国各地からここまで来た娘さんたちがいたわけですね。

ただ、本当は、この訓練所に六〇〇人ぐらいは収容して、教

表３　長野県立桔梗ヶ原女子拓務訓練所における他県出身者の入所状況

年度／長期・短期／都市	昭和15		16	17		18	合計
	長期生	短期生（1回分）	短期生（3回分）	長期生	短期生（6回分）	短期生（4回分）	
	人	人	人	人	人	人	人
岐阜	1		2		2		5
静岡		1			2		4
愛知				2	2		4
秋田				1		2	3
群馬		1		1			2
新潟			1	1			2
山梨					1		1
岡山	1						1
高知				1			1
和歌山				1			1
茨城					1		1
山口	1						1
合計	3	2	3	7	9	2	26

育をしたかったようです。義勇軍として海を渡った若者が、やがて伴侶を求めてくる。その数は長野県だけでも数百人という試算が出ていました。ですから、本当はもっとたくさんの人たちを育てたかったのですが、実際にはそこまでは集まりませんでした。

しかし、毎日毎日、ものすごくきびしい実習が行われたという証言があります。そして海を渡って行くわけですね。写真はいい笑顔で写っています。こういう笑顔を見せて、彼女たちは「大陸の花嫁」になっていったのです。

九　女性たちの満洲
——そこは戦場のまっただ中

満洲に渡る女性には、「大陸の花嫁」という言葉がよく使われるのですが、その意味も含んで、「産んで、殖やして皇楯《みくにたて》」という言葉がありました。この言葉が、満洲で生きる女性たちの実態に一番あっていると思います。

つまり、「産む性」です。

男たちは働いて物をつくるけれども、次の世代をつくり出す仕事が欠けていれば、満洲移民という政策は成功しません。満洲にたくさんの日本人を植えつけるために、女性たちに期待されるのは、子どもを産

開拓団を訪れた勤労奉仕隊員たち　お昼休みに眠そうな顔をして軍人たちと写真に収まる（『写真集―長野県満州開拓誌〈上巻〉』郷土出版社所収）

浴衣に扇子を持って、ふるさとのお盆をなつかしむ娘たち（『写真集―長野県満州開拓誌〈上巻〉』郷土出版社所収）

むことなのです。「産んで、増やす」ことなのです。

ただし、ものすごく大きな条件が一つ付いていました。何でもかんでも、どんどん新しい若い命を産み出せばいいということではないのです。

皆さん、彼女たちはどういう命を産み出すことを求められていたと思いますか。

実は、「どんな民族の血でもよいから子どもをたくさん産め」ではないのです。彼女たちが産み出すことを期待された命は、大和民族の血だけを受け継いだ命なのです。「他民族との一滴の混血も許さない。大和民族の純血を守る」ということが、最大の条件でした。他の民族と通婚することは厳しく否定されていました。だから「皇楯」なのです。

実は、満洲国の建国や移民政策の推進にあたって、政府が国際社会に表明したスローガンは「五族協和、民族融和」でした。海の向こうに中国人、日本人、満洲人、朝鮮人、モンゴル人など、いろいろな民族がみんなで一つの大きな国をつくるという意味です。今日はやりの

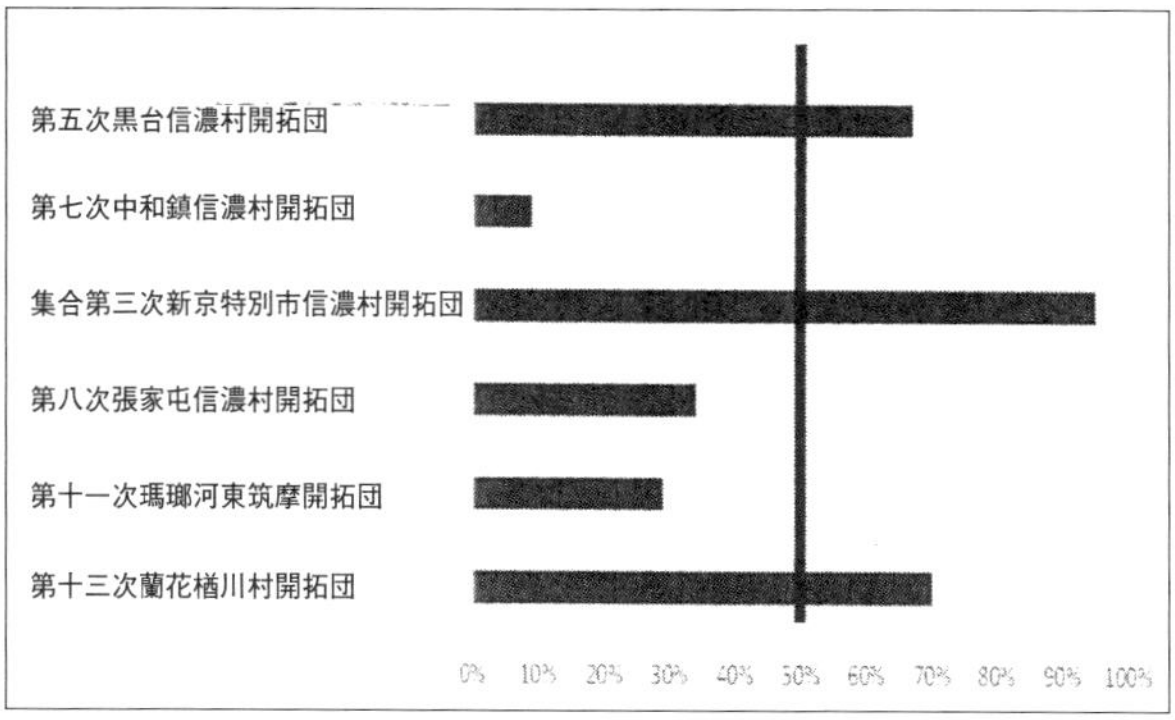

図９　塩尻市出身開拓者の各団別女性帰還率

グローバリズムみたいなことを言ったのです。

当然、このスローガンは、いろいろな民族が混血しながら、そこで新しい民族をつくっていく（「民族融和」）ということを想像させます。しかしその実態は、女性たちに混血の命を産むことを一切許さない大和民族優越主義だったのです。

満洲移民が民族融和ではなく、侵略だったということを、彼女たちは、自分たち自身にはめられた箍《たが》で実感しながら、海の向こうで、産む性として、新しい命を産むことに懸命にならなければならなかったわけです。

現地の人々から見れば、出産は、祝福されるべきことではなく、加害者の子どもを増やしていく行為として忌み嫌われるものでした。彼女たちは、銃ではなく、「産む性」として、侵略の最前線、まさに戦場に立たされていたのです。

現在の塩尻市から渡って行った女性たちの帰還率を見てみましょう（**図９**）。大和民族の子孫を残すべく、満洲の真ん中で、男性よりも、ある意味戦場みたいなところにいた女性たちですが、それぞれの団ごとの帰還率を見ると、黒台信濃村開拓団は五〇《パーセント》。二人に一人が帰って来られたというライン。中和鎮信濃村開拓団は一〇《パーセント》にいかない。一〇人に一人も帰って来なかった。

張家屯も東筑摩郷開拓団も三〇《パーセント》いかない。一〇人に三人も帰ってこなかったのです。

表4　義勇軍府県別送出番付（昭和17年4月1日現在　下伊那教育会蔵）

東 番付	東	人数		西 番付	西	人数
横綱	長野	四、七六八	蒙御免	横綱	広島	三、一六三
大関	山形	二、九二七		大関	熊本	二、一六三
関脇	福島	二、三〇六	取締役	関脇	山口	一、八三八
小結	静岡	二、二四七		小結	香川	一、七四六
前頭	新潟	二、一二七	拓務省 開拓総局 長野県	前頭	鳥取	一、六六四
同	栃木	二、〇四三		同	鹿児島	一、五五〇
同	石川	二、〇〇九		同	愛媛	一、五四六
同	岐阜	一、八八二		同	岡山	一、四六九
前頭	茨城	一、五八四	勧進元	前頭	徳島	一、四〇八
同	宮城	一、五〇六		同	大阪	一、三六四
同	埼玉	一、四六六	満蒙開拓青少年義勇軍本部	同	兵庫	一、二四八
同	岩手	一、四二九		同	大分	一、二〇三
同	群馬	一、三九四		同	佐賀	一、一七四
同	山梨	一、二八六		同	和歌山	一、一四二
同	東京	一、二六三		同	京都	一、一三〇
同	福井	一、二五九		同	宮崎	一、一〇四
前頭	愛知	一、二一二	年寄	前頭	長崎	一、〇五四
同	青森	一、一三六		同	島根	九九五
同	富山	一、一三四	満洲移住協会	同	滋賀	九五四
同	北海道	九八〇	満洲拓殖公社	同	三重	九一一
同	秋田	九七二	南満洲鉄道株式会社	同	高知	八四八
同	千葉	六〇〇		同	福岡	八一二
同	神奈川	二八三		同	奈良	八〇〇
同	朝鮮	二〇六		同	沖縄	五〇〇
合計		三八、〇一九		合計		三一、七八六
				総計		六九、八〇五

表5 義勇軍都市別送出番付

東 番付	東	人数		西 番付	西	人数
横綱	下伊那	六七五	蒙御免	横綱	東筑摩	五四一
大関	諏訪	三七九	取締役	大関	上水内	三五六
関脇	上伊那	三四三	長野県	関脇	小県	三二一
小結	北佐久	二四六		小結	更級	二四〇
前頭	埴科	二四〇	勧進元	前頭	南佐久	二三九
同	上高井	一八八	信濃教育会	同	下高井	一八七
同	北安曇	一五九	各郡市教育会	同	下水内	一四九
同	南安曇	一三四		同	西筑摩	一三〇
前頭	松本市	八六	年寄	前頭	飯田市	五六
同	長野市	五〇	拓務省	同	上田市	二七
同	岡谷市	二二	満洲移住協会			
合計		一、五二二	信濃海外協会	合計		二、二四六
			義勇軍父兄会	総計		四、七六八

十　義勇軍—今なお立ちはだかる壁

義勇軍についても少し触れますが、義勇軍はなかなか話しづらいテーマです。

義勇軍というのは、子どもたちが自分から「はーい」と手を上げ、志願して海を渡っていくわけではなくて、だいたい先生たちが「行かないか、国のために」と言って説得して満洲に送り出した歴史があるので、義勇軍を掘り下げていくと、必ずそのときの教育の問題に行き着くからです。

そうすると、会場にも教育関係の方もおられると思うのですが、「自分たちの先輩の先生たちがやったことについては、話したくない」とか、「そのことについてはもう触れてほしくない」という意見が出ます。義勇軍というテーマに足を踏み込むと、踏み込んだ瞬間にものすごく大きな抵抗に遭うのです。実は現在でもそうです。

各地の教育関係機関に残されているはずの義勇軍資料も、なかなかオープンになりません。今回もさ

図10　「内原訓練所から満洲へ行くまで」（拓務省拓務局刊『あなたも義勇軍になれます』より）

らっと触れるだけになりますが、数字だけみても、その悲惨さはわかります。

義勇軍は、長野県全体で五〇〇〇人くらいが送り出されています。十五〜十六歳の男の子たちを訓練して海の向こうに送り、やがて開拓民にするわけです。送り出し人数でいうと、東の横綱が長野県、西の横綱が広島県です（表4）。開拓民同様、長野県が全国で一番多いです。

東筑摩郡は、郡ごとの数でいうと下伊那郡といい勝負です（表5）。下伊那郡が横綱だったら、大関といったところですか。

もう一つ。年度ごとに日本で一番多く義勇軍を送り出した県はどこか、というデータがあります。やはりどの年度でも一番は長野県です。

というわけで、長野県というのは、大人だけでなく、子どもたちも、ものすごく熱心に海の向こうに送っていたわけです。

資料に義勇軍の案内板を載せました（図10）。内原という茨城の訓練所で訓練を受け、海を渡って満洲でまた一年から二年訓練を受け、立派な義勇

表6　青少年義勇軍応募の動機

	1940（昭和15）年度			1941（昭和16）年度		
	長野県		全国	長野県		全国
	実数（人）	割合（%）	割合（%）	実数（人）	割合（%）	割合（%）
本　人	291	49.4	34.2	—	—	—
教師のすすめ	248	42.1	47.4	611	81.4	77.2
家族のすすめ	32	5.4	5.9	55	7.3	8.2
友人のすすめ	1	0.2	2.5	15	2.0	3.3
官公吏の勧め	2	0.3	2.3	2	0.2	1.3
新　聞	2	0.3	0.8	13	1.7	1.6
雑　誌	5	0.8	2.2	12	1.6	2.2
ラジオ	0	0	0.1	7	0.9	0.6
ポスター	0	0	0.3	0	0	0.3
映　画	3	0.5	0.6	8	1.1	0.8
講　演	2	0.3	0.6	27	33.6	4.4
拓務講習	0	0	0.8	0	0	0
義勇軍と通信	3	0.5	1.1	0	0	0
その他	0	0	1.2	0	0	0.2
合計	589	100.0	100.0	750	100.0	100.0

※ 1941年度は調査項目に「本人」はない

軍になっていくという流れです。最初が基礎訓練、二年目からはこんな厳しい訓練をするというようなことが描かれています。

「義勇軍に応募した動機は」というアンケートでは、先生の影響が圧倒的だということがわかります（表6）。家庭訪問などをして、先生が入隊を強く勧めるわけです。ものすごく熱心に子どもたちを勧誘した先生もいて、中には自分も一緒に満洲に渡って亡くなった人もいます。もちろん、たくさんの義勇軍を送り出すことで自分のポイントを上げて出世する先生もいました。

私が話を伺った義勇軍体験者は、「帰ってきたら送り出しをやった先生は謝りもせず、うんと偉くなっていた」と言っていました。いずれにしても、先生の意見は大変大きな影響力をもったのです。

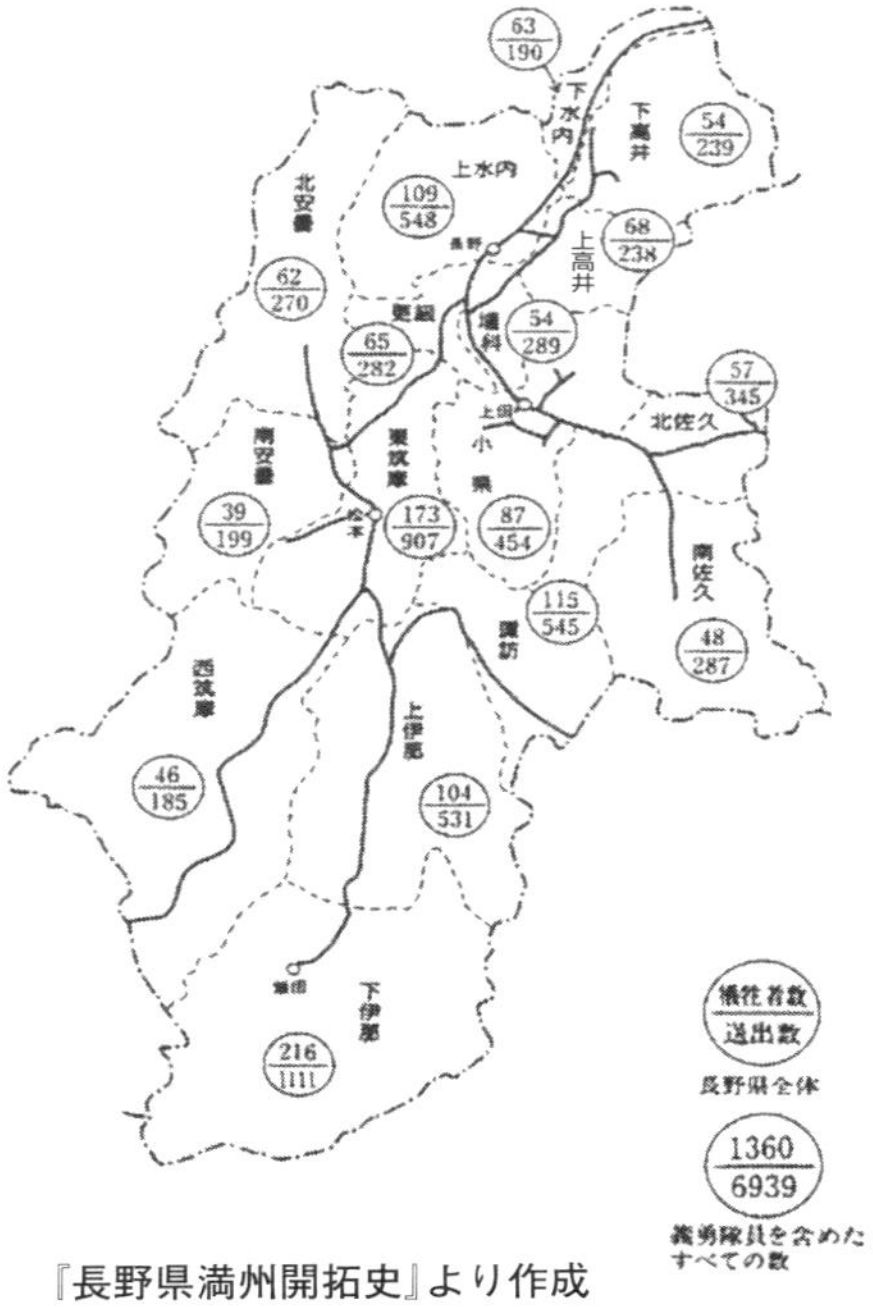

『長野県満州開拓史』より作成

図11　長野県における旧郡市別義勇軍送出数および犠牲者数マップ（長野県歴史教育者協議会編『満蒙開拓青少年義勇軍と信濃教育会』大月書店所収）

死亡率は5人に1人の割合

義勇軍は、結成されたタイミングによってたどった歴史がずいぶん違っています。例えば、早い時期に満洲に渡った義勇軍は帰還率がうんと低かった。あるいは最後に渡った義勇軍もかなりひどい被害を受けています。

一方、内原の訓練所で訓練中に戦争が終わった義勇軍は、一〇〇《パーセント》生還したわけです。義勇軍は、送り出されたタイミングと場所で、ものすごく帰還率が違うのです。それがまた何とも言えない運命みたいなものを感じさせますが、大雑把に言えば、五人に一人が亡くなっています（図11）。

十一　満洲移民は避けられなかったのか
——ある座談会の記録

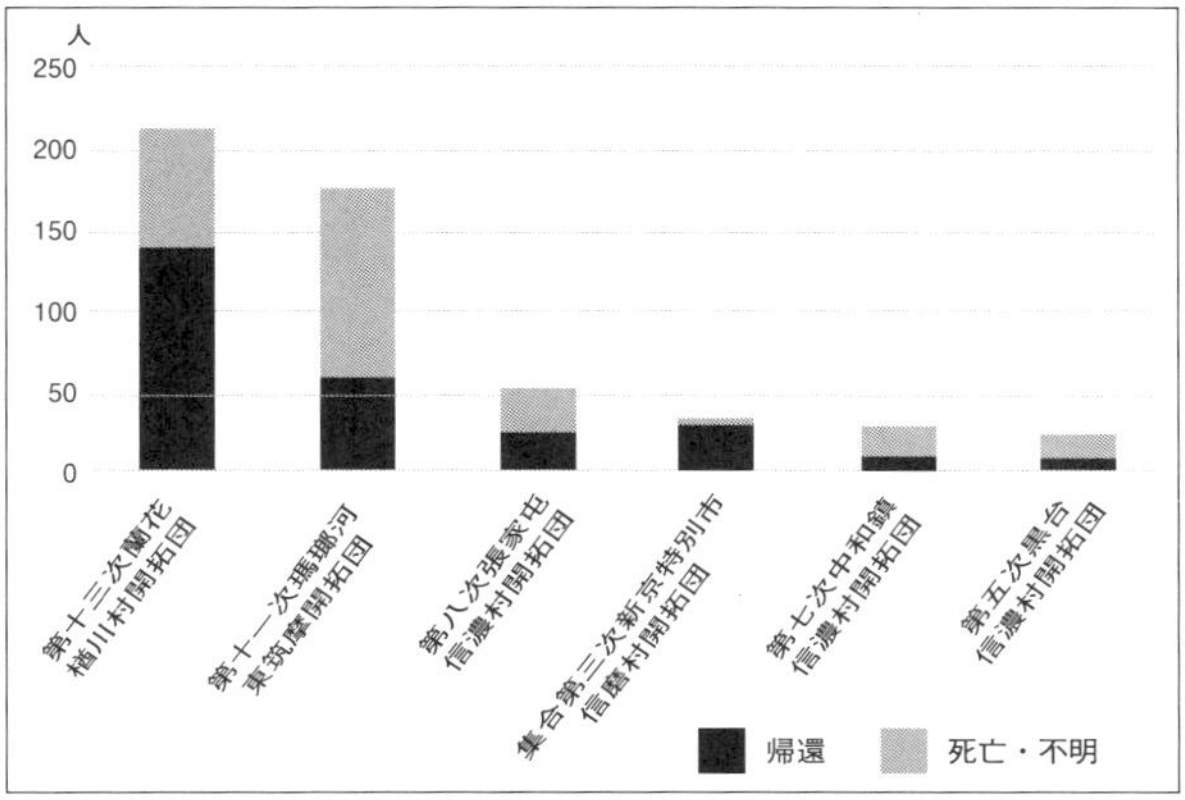

図12　塩尻市出身者の開拓団別生死

昭和二十年八月九日、ソ連参戦の日が来ます。先ほどの飯島さんの言う「天国」が一日にして崩壊するのですが、開拓民を守る関東軍はすでに南のほうへと撤退していました。ソ連は軍隊のいない国境を越えて、またたくまに侵攻してきました。

もう一度、塩尻市出身の開拓団の生死を示したグラフを見て下さい（図12）。濃いところが帰還、薄いほうが死亡です。数字を見ても実に厳しい逃避行だったことがわかります。

満洲移民については、「満洲で何が起こったか」、「こんなにひどかったのか」というだけではなく、もう少し、考えるべきものがあるのではないかと思い始めました。つまり、「本当に満洲移民をやらなければいけなかったのか」ということです。

「歴史を学ぶ」というのは、過去に起こった出来事や事件の名前を覚えることではありません。起こった事柄を吟味し、そうしなくて済んだ方法や「回避できる手段はなかったのか」を考えるのが歴史を学ぶことなのです。

皆さん、学校で歴史を勉強したときのことを思い出して下さい。「何年何月誰が何をした」と暗記してばかりでしたね。それが間違っていると×です。「織田信長＝桶狭間の戦い」といえば○です。「織田信長＝壇ノ浦の戦い」では×です。

皆さん、疑問に思わなかったですか。ただ覚えて、○か×かだけのクイズのようなテスト。楽しかったですか。

これは歴史を学ぶことではありません。

本当に必要なことは、起こったことの中に、その悲劇・失敗は防げたのではないかということを考える姿勢です。それが歴史を学ぶことだと思います。「歴史を学ぶ」は「歴史に学ぶ」です。

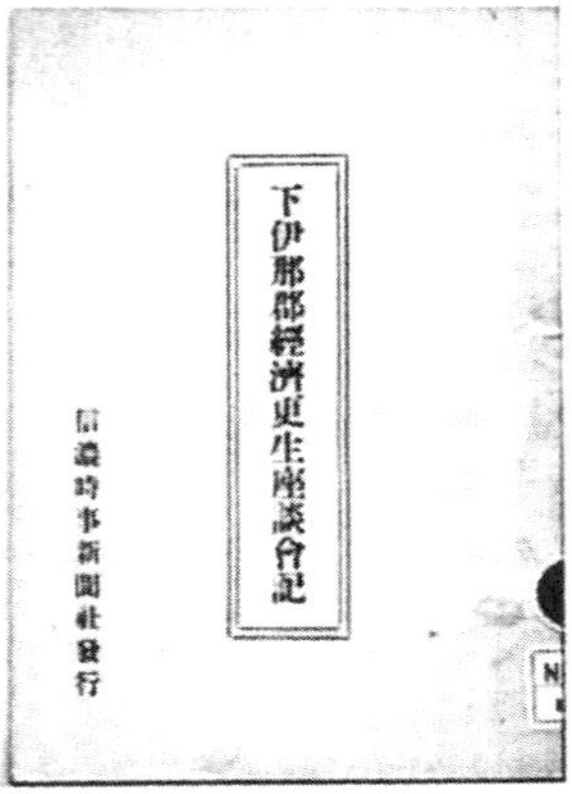

『下伊那郡経済更生座談会記』

私がそのことを強く感じたのは、長野県の満洲移民を調べているうちに、一つの印象的な史料に出会ったからです。昭和十年の「下伊那郡経済更生座談会」の記録です。当時の下伊那の村というのは養蚕不況で、みんな借金を抱えていて大変だった。その村のリーダーたちと知事たちが飯田に集まって会議をしたときの記録です。村長さんとか、公民館長さんみたいな人たちが、知事と一緒に、今後どうしていけばいいのか話し合ったのです。

これを読んでいて驚いたのは、当時の村のリーダーたちが、ものすごく一生懸命に村の立て直しをやっていることです。県内外のあちらこちらに調査に出かけ、情報を集めて、村の再生シナリオを作り上げています。

一番印象的だったのは、リーダーたちの頭のなかに「満洲移民で現状打開」という選択肢がないことです。「農村不況、だから満洲へ」という短絡的な考えはないのです。

私たち満洲移民研究に関わっている者は、「不況、だから満洲」というストーリーを簡単に作ってしまうのですが、それは当時のリーダーたちを馬鹿にした見方だと気づきました。彼らは「満洲」というカードに頼らない再生の道を懸命に模索していたのです。

皆さん、お酒飲みますね。「今日からお酒やめませんか」と言われたら、できますか?

今は飯田市に合併されましたが、下伊那に三穂村という村がありました。不況で大きな負債を抱えた村の立て直しのために三年間禁酒運動をやりました。三年間誰もお酒を飲まないという村の更生運動が評価され、表彰されています。みんな村のために真剣です。

ところで、この座談会が印象的なのは、大村清一知事の県政に対する姿勢、発言です。一生懸命に村を立て直そうとしているリーダーたちの話や県への訴えに対して、知事はこう答えました。

「県当局は農民の手をとって、足をとって、ああしよう、こうしようと導く、そんな気持ちは全くない」

三好経済部長は、

「町村がただ、困っているから何とかしてくれということだけでは、県は援助しない」

困っているリーダーたちの前で、「簡単に援助なんかしないよ」と言い切るのです。

分村移民の先駆けとなった佐久郡の大日向村の場合、当時、村の歳入の一二倍の借金がありました。皆さん、収入の一〇倍を超える借金がある生活というものを想像してください。その借金はさっと簡単に返済できますか。

そんな巨額の借金のある村のリーダーたちを前に、「手とり足とり、先に立って導く算段は毛頭ない」と言い切るわけです。聞いている者たちは、それはもう絶望でしょう。「もう、県なんか頼んでどうするのだ」ということになってしまう。

県は、困窮する村の目線で新しい企画を立て、村を本気で救済しようとする責任を放棄しているのです。そして、県が、新しいプランをつくることを放棄している中で、県議会とか信濃教育会、信濃海外協会などの圧力団体が、「おい、満洲だ。満洲しかない。県は何をやっているのだ。もっとがんがんハッパをかけて満洲移民を進めろ」と言い始めるのです。

「もう満洲しかないだろう」という県内外からのプレッシャーに対して、県は独自のスタンス、戦略をまったくとることができませんでした。養蚕ばかりに依存する農民の考え方を愚かだと批判し、「新しい生計のスタイルを作れ」と指導するのですが、県の財政そのものも養蚕からの上がりにどっぷりと依存したモノカルチャー状態で、新しい財源を開拓できませんでした。

かくして、昭和十三(一九三八)年三月。

いきなり、「県は満洲へ分村したところだけに補助金を支給する」という命令を出すのです。

それまでは、「ちゃんとやらないとお金なんか出さない」と言った県が、今度は、「お金がいるなら、満洲へ人を送れ」に変わったわけです。

これによって、分村移民という形で村を半分に分けて満洲へ渡ろうと決定する村が続出してきます。その数は長野県が全国で断トツです。

県は、もっと早い段階からちゃんと新しい戦略を立てて進んでいくべきでした。最初は突き放しておいて、最後の最後になって、「補助金が欲しければ満洲だ」と言い始めれば、もう村には選択肢がなくなります。助成金行政は今もありますね。例えば原発。「お金をやるから言うことを聞け」です。同じ事が八〇年前にこの県では起こっていたのです。

それからもう一つ。当時の知事というのは、今と違って在任期間がたいへん短かった。昭和四年から昭和二十年までに一一人もかわっています。一人平均在任期間一年半です。

これが戦前の長野県の県政なのです。

知事がころころかわるから、「浮草じゃないか」とか、「お前、自分の出世のためにここにいるんじゃないか」と言われました。

このような県の混乱・無責任体質の中で、日本で一番多くの人が満洲に送り出されていったわけです。送り出された人の気持ちになってみると、何かやるせないものを感じますね。

リーダーとして、県はもっともっと考えるべきこと、実施するべきことがあったと思います。

大下条村（現阿南町）では、当時の村長だった佐々木忠綱が「移民政策は危険だ」と言って、送り出しを拒否しました。これは本にもなったし、テレビにもなりました。でも、実際には多くの村長は助成金だけのみの部分もあって、移民に協力しました。

十二 「満洲移民を取り上げたい」――一〇年前に生まれた小さな決意

いよいよ、最後になります。今から一〇年ほど前、長野県立歴史館で私たちが取り組んだことを少しだけお話させてください。

8年前、私たちは何をしようとしたのか

平成二十四年、長野県立歴史館は「春季企画展 長野県の満洲移民—三つの大日向をたどる—」という展示を行いました。八年前です。私が歴史館に勤務し始めて三年目のことです。なぜ満洲を取り上げようとしたのか、最後にこの話を聞いてください。

話は一一年前にさかのぼります。その年の四月に私は県立歴史館に赴任しました。五月、歴史館は、あの有名な「ひめゆり部隊」の展示をやりました。ものすごい数の観覧者でした。語り部の方の証言もありました。大盛況でした。

歴史館の職員はみんな大喜び。それと同時に、「戦争という厄介な問題をいずれ取り上げなくてはならないが、今回ひめゆり部隊をやったことで一応免罪符を得た」という雰囲気も出てきました。

ただこの展示は、歴史館の職員がつくったものではなかったのです。大手の新聞社がつくった企画を、お金を出して買ってきて設置したというものなのです。歴史館も長野県もほとんどかかわっていない。新聞社の展示を置いただけで、なのに、「客が来てよかった、もう戦争展示はこれで、終わった」でいいのだろうかと思いつつ、反省会を迎えました。

反省会の席上、「よかった、よかった」ムードにカチンときて、こんな発言をしました。

「赴任したばかりの人間が言ってはいけないいけれども、私はこれで終わったとは思えない。長野県は日本でもっとも多くの満洲移民を送り出し、たくさんの犠牲を産んだ県ではないですか。私の飯田下伊那はそのなかでもダントツです。満洲移民を取り上げなければ、長野県民の戦争体験を語ったことにならないと思います」

初めて歴史館で発言したのですが、そのとき、多くの職員がこう言いました。

「できるわけないだろう」と。

「そんなこと、できるわけない。長野県がやった失敗を長野県の歴史館が掘り起こせるわけがないだろう」と。

「歴史館で語れるようなことではない」と。

ものすごく冷ややかでした。「成功ムードに水を差す職員」という反応でした。

当時の職員を貶めようとしているわけではなく、当時の歴史館にとって、あるいは長野県にとって、満洲移民はタブー中のタブー、絶対に触れてはいけないテーマだったのです。県の行政機関に属する職員は、みんなそのことを知っていたのです。

高校現場で、好き勝手なことばかりやっていた私には、想像ができないプレッシャーの中で、みんな仕事を進めていたのでしょう。

ただ、当時の私は、職員たちの言葉（「長野県ではできるわけないだろう」）に納得できませんでした。

その年度の終わりころ、県内各地を廻り、その地で史料を調査されている方々と会う機会が生まれました。満洲のことをさりげなく聞くと、

「満洲に行ったあそこのじいちゃんが、そういえば去年、死んじゃったなあ」とか、「一昨年、死んだなあ」とか、「もうちょっと早く青木さんが来ていれば、話がきけたのになあ」とか、こんな話ばかりです。

「今、満洲をやっておかないと、観に来てくれる人自体がいなくなるのじゃないか」と思いました。

十三　平成二十四年度春季企画展―「名前がある。忘れられていなかったんですね」

とにかく、どういう内容でもよいから満洲を取り上げたいと思いました。小さな決意が生まれたのですね。それから二年経って、伊那在住で歴史館に勤務していた塚田博之さんと一緒に、満洲の企画展をやりました。テーマを広げすぎると収拾がつかなくなるので、長野県の満洲移民の概要と、分村移民で全国に知られた佐久郡大日向村だけを取り上げることにしました。義勇軍は取り上げたかったのですが、調査に入ろうとすると、「なぜ今あえて義勇軍ですか?」とか、「資料が整理できていないからだめだ」という否定的な回答をする教育会もあり、断念しました。

新聞で展示の内容が報道され始めると、

「現在の外交関係にも配慮した取り上げ方をしてほしい」

「内容を事前にチェックさせてくれないか」

という申し出をする人たちも出てきました。正直かなりの「圧力」を感じる場面もありました。文化財の展示をやっている分には皆さん何も言わないのですが、こと近現代史にかかわる内容になると、いろいろと発言したい方も多いようです。

それでも、戦後六十七年目で、長野県が初めて満洲移民を取り上げた展示ができました。展示にあたっては、心情に過度に訴える展示は避けようとしました。「可哀想」「ひどい」といった感情を煽るような展示は、とかく批判の的になりやすいからです。あくまでも客観的な数字で考えてもらうことを重視しました。

私たちは、三万三〇〇〇人という渡満者の数にこだわりました。この数の大きさ・重みを感じてもらえる展示にするにはどうすればよいか、悩みました。グラフでは全然重みが伝わりません。

そこで考えたのが、名簿の展示です。満洲に渡った一人ひとりの名前をずらーっと全部書き上げて見せたら、そこに命がたくさんあることがわかるんじゃないかと思ったのですね。イメージは、沖縄の「平和の礎」でした。

というわけで、『長野県満州開拓史　名簿編』などを参考にしながら三万三〇〇〇人の名簿を私が半年かけてパソコンに入力しました。始業前の時間や、夜、官舎で入力していきました。エクセルデータです。今回のこの講座ではさまざまなデータをお見せしていますが、それはすべてこのデータを加工したものです。そして、半年かけて打ち込んだ名簿が、企画展示室の真ん中に立ちました。このような感じです。

掲載したデータは、どこの市町村の出身か、名前と性別、昭和二十年のときの年齢と、消息（死亡・帰還・未帰還）だけです。このようなわずかなデータだけでも、三万三〇〇〇人分だと、かなり小さな字にしても、真ん中に立てた壁をぐるーっと一周しました。

「こんなにたくさんの人がこの政策によって満洲に渡ったのだ」ということだけをわかってもらえればよかったのです。

ところが、展示が始まると、私がまったく予期しなかったことが起こったのです。

来館者の方々が詰めかけて、名簿を触りまくるのですね。勝手に。

考えてみれば、そういうことだったのです。そこに書いてある一人ひとりの名前は、みんな見に来た人たちの記憶に結びついているからです。

「おい、〇〇さんがいるよ」

「あっ、父ちゃんだ」

「あっ、俺（私）の友達だ」

大勢の方が懸命に肉親や友達の名前を探した（著者撮影）

という具合です。

みんな、掲示してある名前に思い出が重なるのですね。展示室に来る人はほとんどみんな、名簿から知り合いの名前を探し始めるのです。このようなことを、私は全然予想していませんでした。「字の間違いがなければいいな」くらいに思っていました。

名前が見つかると、話が始まります。思い出話です。私はその話によく付き合わされました。

例えば「青木さんね、この人は私が集団自決の場所に歩いていこうとしたときに、『行っちゃだめよ』と止めてくれた人なの」という話がでます。

でも止めてくれた方は「死亡」となっていますから、その人は自決の場所に行ったのかもしれません。

「これ、うちのじいちゃんだけれども、じいちゃん、満洲のどこに行ったかなんて話してくれなかった」などなど。

名簿で名前を見つけると、「ここにいた、ここにいた、ここにいたんだ」って言いながら、みんな泣くのですね。私にとってはデジタルの記号にすぎなかった名前が、一人ひとりにとっては、全部思い出を持った、血の通ったたものになっているのですね。

展示期間の途中から、名簿で名前が確認できると、パソコンで所属した開拓団を探し、その開拓団のあった場所と、開拓団の簡単なプロフィールをまとめた資料をお渡しすることにしました。これはとても喜ばれました。

探している人の名前が見当たらないという方もいます。データはエクセルで作ってあるので、人名のひと文字でも、開拓団の名前でも、出身地だけでも探していけますから、その場ですぐ拾い出せました。とんでもなくはなれた地域の開拓団に入って渡満した方もいることが分かりました。びっくりです。

それでも名前が確認できない方もいました。名簿が不備なのか、入力ミスなのかと悩みましたが、正式に開拓団に所属せずに満洲に渡ったケースでは、名簿に名前が残らないことがわかりました。また、途中で退団して帰国した場合も、名簿から抜け落ちることがあるようです。

「父親は絶対に満洲に行ったと、言っていた。ないはずがない」と、家にある資料を持って何度も来館された方もいました。その方にとっては、この名簿は、父親の生きた証を否定するものになってしまったのかもしれません。

展示室で忘れられない出来事がありました。夕方です。そろそろ展示室を閉めなければいけないので、展示室に入っていくと、お年をめした女性がじーっと名簿を見ていました。

「お探しの方はいましたか」と話しかけてみました。そうしたら、その女性の方が頭を下げるのですね。そして、一言。

「名前がありました。忘れられていなかったんですね。ありがとうございました」

今、こうしてしゃべりながらも、その言葉を思い出して泣きそうになります。その時も、ぼろぼろ泣けました。

「あっ、そうなんだ。この女性にとっては、探している人物が忘れられていないということが大切だったんだ」と気づきました。

「自分が人生で関わった人が、歴史の中で、もうどこかに消えてしまって、みんなもその人のことを忘れているような気がする。でも絶対に忘れられてはいないはずだ。覚えていてくれる人がいるはずだ」という気持ちで、それを確かめに来館されたのでしょう。

彼女が誰を探していたのかは分かりません。両親なのか、親戚なのか、友だちなのか、恋人なのか。

彼女は、「もう忘れられているのだろうな」という自分の疑念を打ち消そうと、ここにきたのでしょう。

そして、名簿を見て、納得し、安堵したのです。「ありがとうございました」の言葉の響きは、今も耳に残っています。

私はただ、キーボードを叩いただけなのに、です。

彼女の後ろ姿に頭を下げながら、僕がこの展示でやったことは、結局はこういうことだったのかなと、ようやく気づきました。

忘れさせないための何か、忘れていないということをちゃんとその人に教えてあげて、その人を納得させる何を作ることが、この展示の本当の目的だったということに気づかされました。

もうひとつ、展示期間中にうれしいことがありました。信濃毎日新聞に長野市の女性の方が投書をしてくれたことです。小さな博物館の展示の感想を投書してくれる方はあまりいないのですが。

「満洲移民名簿に叔父家族の名前」という投書でした。読みます。

　父親は明治四十二年、現佐久市で長男として生まれた。昭和十六年、農協勤めの次弟一家が満洲に移民すると仙台転勤中の父に知らせがきた。父は再三、この「国策」にのってはいけない、と手紙を書いた。

　父の懸念通り、三十四歳の弟は旧ソ連国境で、三十二歳の義妹は幼子二人と逃避行の末にかの地の土となった。県立歴史館の企画展で展示された膨大な名簿に、私は叔父家族の名前を見つけた。こんな悲惨なことが現実にあったんだと、身動きができなかった。第十次歓喜嶺佐久郷開拓団として渡満した彼ら。

更級郷開拓団事務所跡（取り壊しか？）（満蒙開拓平和記念館）

残留孤児の帰国調査が始まったとき、テレビを見て「良ちゃんたちがいるかも」と父に語りかけた。しかし父は静かに「テレビを消して」と言っただけだった。

旧満洲の土が一握り納められている佐久のお墓に、今年は久しぶりに行こうと思う。父は弟のことを語ることもなく、けれど一生を平和運動にささげ、三〇年前に永眠した（二〇一二年七月十五日）。

という記事です。

何も言わないけれども、それでも最後まで平和運動を続けたお父さんの中の満洲とはどういうものだったのか。投書を繰り返し読みながら考えました。

平和学習というと、学校では、

「広島でこんなに人が死んだ。原爆でこんなに人が死んだ。悲惨だろう。そう思いなさい」とか、「この戦争の名前と場所を覚えなさい。何人死んだか覚えない。さあ、テストに出しますよ」みたいなものが多いのですが、平和教育とはそんなことじゃなくて、「忘れていないよ、あなたがいたことを」という、そういう感覚がちゃんと心に残ればいいと思うのです。

「覚えているよ、忘れていないよ」と言ってくれる人たちが育てば十分だと思うのです。

戦争体験者が年々高齢化し、体験を語るという意味ではタイムリミットが近づいています。「語る時代」から、「語り継ぐ時代」へ変わってきています。今日、ここにいる皆さんは、今度は語り継ぐ立場で、次の世代に今日の話を伝えていってほしいと思います。

この写真は、ごく最近まで満洲の現地に残っていた開拓団の事務所です。今はおそらく取り壊されたと思います。三年ほど前にはまだあったそうですが。

こうした建物は文化財じゃないですし、中国の人から見れば憎い建物ですから、保存されることはまずないのです。

おわりに―「ひとつの決意が実った」

八年前、私たちがやった展示はとても小さなものでした。「満洲移民の展示などできっこない」という言葉に反発しただけのお粗末な展示でした。

しかし、満洲をとりまく状況はこの展示の前後から大きく変わりはじめました。

展示の際に協力していただいた阿智の記念館準備室は記念館（満蒙開拓平和記念館）になり、日本で唯ひとつの満洲移民に特化した博物館として活動しています。

また、毎日のように満洲の記事が新聞に載っています。当時は考えられないことでした。

私が作成した三万三〇〇〇人のデータは、記念館や研究者の間で利用されています。

願いとか決意というのは、時には叶うこともあるんだと思います。

講演の最初にキーワードを一つ決めてみました。覚えていらっしゃいますか。

「亡びしもの、ほろびざるもの」です。

「ほろびざるものが絶対にある」ことを信じる決意というものを根底にして、ここまでお話をしてきました。それは、もっとも弱いものが加害者になる社会をつくらないことにつながります。今、「もっとも弱いものが加害者になる社会」ができつつあると思います。満洲移民と今の若者の姿は、私には重なって見えます。

それから、「語り継ぐ限り、そこはふるさとでありつづける」とも思います。

「塩尻のことは塩尻で語る」。これが一番大切なことだと思います。人任せにせず。

それが、「高ボッチ見たいな」とか、「北アルプスが見たいな」とか言いながら自決していった人たちに対する私たちの責任かもしれないですね。

ましてや塩尻は、「大陸の花嫁」を育成する訓練所が置かれていました。ここに集った女の子たちは、満洲生活の中で塩尻を心の支えにしたはずです。塩尻は、満洲に一番近い場所の一つだったのです。彼女たちのためにも語り継ぐ。この地に生きている私たちの責任でしょう。

最後に、満洲移民史を振り返ってみたときに強く感じるのは、講座の中でもお話したように、「満洲移民は本当に避けられなかったのか」という素朴な疑問です。

「なぜ満洲に渡ったのか」の研究も大事でしょうが、「そもそも満洲移民は必要だったのか」、「本当はあんな形で死ななくてもよかったのではないか」考えていくことが必要だと思います。

学者さんは難しいことばかり言っていて、なかなか私たちと一緒に歩いてはくれません。

英霊なんていらないのです。英霊なんていうものを喜んで奉るよりも、普通のおじいちゃん、普通のおばあちゃんで死んでいく方がよっぽど幸せなのだろうと思うのです。すみません、余計なことを言いました。

というわけで、今日は本当にたくさんの皆さんにお集まりいただきました。ありがとうございました。失礼の限りというか、こんな物言いはないだろうというような、怒られそうな話をしました。皆様それぞれお近くで満洲のお話をしていただければいいかなと思います。

今日は本当にありがとうございました。

参考文献

『長野県満州開拓史』
長野県立歴史館平成24年度春季企画展図録『長野県の満洲移民―3つの大日向をたどる―』
『写真集　長野県満州開拓誌〈上巻〉』
斉間新三他『果てしなく黄色い花咲く丘が』
山室信一『キメラ―満洲国の肖像（増補版）』
陳野守正『「満州」に送られた女たち―大陸の花嫁』
長野県歴史教育者協議会『満蒙開拓青少年義勇軍と信濃教育会』
『木曾・楢川村誌』四
青木隆幸「『下伊那郡経済更生座談会記録』を読む」（『伊那』二〇一五年三月）

付録　長野県下伊那地方の満蒙開拓に関わる歴史年表

飯田日中友好協会・満蒙開拓語り部の会

注：国内外の事項は〈〉内に記載した。

1905（明38）9月5日〈日ロ戦争で日本が戦勝国となり9月のポーツマス条約でロシアから中国東北部の旅順、大連など関東洲の租借権を譲渡され加えて長春・旅順間の南満洲鉄道経営権を獲得〉

1015（大4）5月9日〈中国に対して二十一か条を要求し、南満洲、東部内モンゴルにおける日本の権益を獲得〉

1917（大6）〈**ロシア革命**、1919年6月8日ソ連が帝政時代の満洲の特権を放棄〉9月27日9月27日～10月26日鮮支旅行支那実業視察団22名、主な参加者樋口秀雄・野原半三郎・吉川亮夫・中原謹司・伊原五郎兵衛・下平政一。

1922（大11）信濃海外協会設立、総裁県知事副総裁信濃教育会会長。

1923（大12）LYMの結成、自由青年連盟の改組、『第一線』『政治と青年』を発行。（1924・3・17検挙19名）

1924（大13）〈米国排日移民法の成立（北米、南米への移民困難となる）〉

10月26日下伊那郡国民精神作興会設立、北原阿智之助（上郷）・大平豁郎（千代）・森本洲平（松尾）等、思想善導。

１９２８（昭３）6月4日〈張作霖爆死事件、11月中国共産党満洲省委成立、満洲民衆に排日を呼び掛ける〉

１９２９（昭４）6月10日〈拓務省設置、朝鮮総督、台湾総督、関東庁、南洋庁ほか統括、１９４２年に**大東亜省に編入**〉

〈世界恐慌の影響が日本に及ぶ、国内の失業者増大、農村不況深刻化〉

繭価暴落長野県下繭価格／1貫目：大14年／10・14円→昭4年／6・49円→昭5年／2・55円

１０３１（昭６）**9月18日満洲事変勃発**、関東軍柳条湖の鉄道線路爆破、奉天占領、15年戦争の出発点となる〉

南信国民大会飯田劇場にて、＊決議文「国論ヲ喚起シ満蒙国策大儀ヲ敷クベシ」中原謹司。

１９３２（昭７）1月満洲愛国信濃村建設趣意書県が作成。

3月1日満洲国建国、首都長春→新京と改名、関東軍「移民方策案」「日本人移民案要綱「屯田兵制民案要綱」作成。拓務省はそれを受け「満洲移民案の大綱」等、閣議に提出し、臨時議会通過〉

〈満洲農業移民正式募集開始〉

5月2日〈**国際連盟リットン調査団一行、新京到着**〉

8月1日満洲愛国信濃村建設資金募集　県全体で10万円一戸平均35銭。
8月6日信濃教育会主催満洲視察　座光寺小学校長林重春参加。
10月3日〈第一次武装農業移民、492人神戸港出発、東北・北陸・関東の在郷軍人中心。永豊鎮入植、後に弥栄村〉
10月14日上記、武装移民ジャムスへ着く、長野県内39人。

1933（昭8）1月青年代表満洲視察、2週間、翌年（1934・8）同視察団派遣、翌々年（1935・10）同視察団派遣。
2月11日弥栄村開拓団入植式吉林省、長野県など11県の在郷軍人会主体493人
2月4日**二・四事件**（教員赤化事件）608名検挙（内教員108名、下伊那7名）
3月27日〈**日本国際連盟を脱退**（国際連盟より、軍を満洲より撤退させるよう勧告されて脱退）
7月5日〈第二次武装農業移民455人原宿駅出発千振村へ。以降第3次4次5次と続く（計2989人を送出）
東宮鉄男「新日本の少女よ大陸へ嫁げ」を作詞〉
7月25日千振開拓団入植式（吉林省）在郷軍人会が送出母体1943年時点で1870人県内235人
8月20日8月20日～9月24日信濃教育会主催満洲移民地視察　飯田中学校長小山保雄参加。

1934（昭9）3月8日〈土竜山事件〉↓注参照

7月29日7月29日～9月18日第三次信濃教育会主催満洲移民視察　飯田中学校長小山保雄参加。
少年武装移民全国で13名入植　内長野県3名翌年19名
9月〈第一次武装農業移民団の「大陸の花嫁」30名ハルピン到着〉

1935（昭10）5月7日〈拓務省「満洲農業移民根本方策に関する件」を決定〉
6月〈第二次武装農業移民団の「大陸の花嫁」130名現地到着
信濃海外協会松尾支部設立　支部長吉川亮夫村長
12月11日12月11日～13日移植民講習会　会場信濃教育会館

1936（昭11）2月26日〈**2・26事件発生**、満洲国移民事業に反対の高橋是清蔵相暗殺〉
更科農業拓殖学校設立
6月21日下伊那町村会長主催「満洲信濃村建設ニ関スル郡市協議会」会場飯田商業学校
7月2日7月2日～5日移民宣伝映写会、座談会　会場2日市田小学校、3日竜丘小学校、4日大下条小学校5日会地小学校
8月25日〈広田内閣【七大重要国策決定】（開拓移民20年／100万戸計画）、満洲移民が国策となる〉
10月4日第5次黒台信濃村入植式　東安省母体長野県終戦時357戸1640人
11月12日昭和12年度満洲農業移民ニ関スル郡単位協議会　上飯田町役場会議室　範囲下伊那郡。

11月11月〜翌年1月松島親造（吉林省日本領事館朝鮮課長、市田出身）「満洲農業自由移民指導要綱（案）」発表

1937（昭12）

1月15日1月15日〜2月移植民講演会並映画会開催　内容満洲等。

2月16日三穂村経済改善委員会で「満洲三穂分村計画」を樹立。

3月11日松島自由移民40名壮行会、出発。

3月16日江密峰松島開拓組合入植式吉林省送出母体下伊那町村会組合長坂牧加助（市田）最終人数28戸115人。

3月16日水曲柳開拓団入植式　吉林省送出母体下伊那町村会団長今村清（竜丘）最終人数226戸1092人。

3月16日白山子松島開拓組合入植式　吉林省送出母体下伊那町村会組合長岩間信好（下久堅）最終人数32戸95人。

4月1日満洲国農業移民助成規定作成　下久堅村10年に150戸を移植こと、1戸につき渡満奨励金として50円を交付すること。

4月1日高山子満鉄鉄道自警村入植式　錦洲省送出母体長野県終戦時29戸119人。

4月下伊那郡西部四か村1100戸を目標に阿南郷協議会を結成。

4月30日「少年満洲農業移民募集ノ件」学務部長名で通達各市町村・各学校長宛年齢15歳〜18歳家族構成2〜3男個人出資金30円。

7月下伊那町村会　下伊那郷建設300名移民の具体化急ぐ。

7月7日〈**盧溝橋事件発生**、日中全面戦争に入る、農村の労働力不足深刻化〉
7月12日聯合村満洲移民協議会　龍江村役場にて、参加村下久堅・上久堅村・龍江村・千代村・泰阜村。
7月28日県、満洲開拓青少年移民募集義勇軍割当、下伊那郡1938／26人、1939年／260人。
飯田市1938／5人、1939年／200人。
8月31日〈満洲拓殖公社設立〉
10月泰阜村満洲視察団を派遣。
10月29日10月29日～11月1日第6次本隊選考会　飯田市役所で実施
満洲国竜峡郷建設大綱、参加村竜丘村、川路村、三穂村、下條村、富草村、大下条村。

1938（昭13）2月〈満洲国国家総動員法を公布〉
4月〈農林、拓務両省による「分村移民計画」が成立〉
注：海外移住民政策から農村経済攻勢対策の一環へ。
〈満蒙開拓青少年義勇軍（隊）の本格的募集始まる。4月10日青少年義勇軍5000人渡満開始〉
〈拓務省「大陸の花嫁」募集、満洲移民協会「大陸の花嫁」2400人を募集〉
〈拓務省が府県主催の女子拓殖講習会へ助成を開始〉
3月13日昭和13年度第7次満洲信濃村建設先遣隊選考、会場飯田市役所範囲は上下伊那、応募者44名、内合格者41名。
分村移民全国で始めて、満洲大日向村建設を建設。
満洲天龍郷分郷計画喬木村ほか4村。
満洲国阿智郷分郷計画清内路村ほか4村。
3月22日中和鎮信濃村開拓団入植式
浜江省延寿県中和鎮送出母体長野県団長松村朝信（松尾村）
＊終戦時人数282戸1164人内下伊那51戸229人
3月23日義勇軍内原訓練所入所（先遣隊）祈願祭・壮行会ののち長野市中行進
県全体で510名飯田下伊那は城下グランドで壮行会
4月5日川路村村民大会で分村を決定（下伊那地方最初の分村決定）
4月15日松島移民団83名出発
5月7日千代村村会議員・区長・農会産業組合在郷・青年会を集め満洲移民について協議会を開く。
5月15日5月15日～6月7日下伊那町村会で満洲移民実況視察
7月泰阜村議会分村実施を可決
7月16日川路村先遣隊17名　敦賀港出発

1939（昭14）
1月8日〈拓務、農林、文部三省が協力して「大陸の花嫁」100万人計画を樹立〉
「長野県満洲分村実行要領」を県が発表

2月満蒙開拓女子修練所開催日
（満蒙開拓者の配偶者または将来成りたい人の修練所として下記で開催）
・上久堅小学校にて2月15日～21日・千代小学校にて2月17日～23日
・泰阜小学校にて2月19日～25日・川路小学校にて3月3日～9日
2月11日老石房川路村開拓団入植式　浜江省送出母体川路村
＊在籍人員134戸552人内下伊那75戸315人団長清水清
2月11日大八浪泰阜村開拓団入植式　三江省送出母体泰阜村を中心にした近くの村
＊終戦時219戸1067人内下伊那飯田216戸1054人団長倉沢大発智
2月11日大古洞下伊那郷開拓団入植式　三江省送出母体下伊那町村会
＊終戦時195戸970人内下伊那193戸961人団長大久保秦（上高井）
3月1日窪丹崗千代村開拓団入植式　三江省送出母体千代村
＊終戦時109戸465人内千代飯田108戸454人団長清水直夫（千代村）
3月3日新立屯上久堅村開拓団入植式　三江省送出母体上久堅村
＊終戦時169戸789人全員下伊那飯田団長島岡米男（上久堅）
3月4日3月4日～3月25日長野県分村移住村視察団への参加、清内路・泰阜・智里・浪合・千代・上久堅から参加。

4月10日「商工業労務者移民について」経済部下伊那出張所長より飯田市長、各村長に文書伝達

注：１９３９年における満洲小学校設立（　）内は16年現在の生徒数
・９月１日川路小学校（１０４人）・10月１日泰阜小学校（２２９人）
・12月１日下伊那郷小学校（１８６人）・12月１日上久堅小学校（１２２人）
・12月25日千代小学校（95人）

１９４０（昭15）
９月１日〈独軍ポーランド進撃、**第二次世界大戦始まる**〉
〈大陸の花嫁養成のための満洲最初の開拓女塾開設〉
12月〈満洲移民事業を「日満両国の一体的重要国策」と位置づけた「満洲開拓政策基本要領」日満両国の閣議で決定〉
満洲移民模範県として、勅令で山形、新潟、長野、廣島、熊本に拓務課を設置。
この頃政府内では満洲開拓政策の失策論がでる。労働力不足による食糧生産力が低下。
桔梗ヶ原女子拓務訓練所設立。
９月21日～９月23日上飯田小学校にて下伊那教育会卒業生指導部宿泊訓練講習会
11月27日11月27日～11月30日拓殖講習会下伊那農学校にて１８１名

１９４１（昭16）
４月13日**〈日ソ中立条約調印〉**
12月12月雑誌「信濃教育」12月号〈興亜教育〉特集号発行　例月の３倍頁
12月21日12月21日～26日、翌年１月５日～１月13日年末から年始に掛け、県開拓課長が下伊那郡の町村を満洲開拓の遊説・懇談会に巡回。
12月８日〈米、英に対して戦線布告、**太平洋戦争始まる**〉

〈経済統制政策による都市の失業者・転職者を「大陸帰農移民」として送出〉

12月31日〈満洲拓殖公社の「満洲拓殖5か年計画要領」閣議決定〉

1942（昭17）1月6日満洲開拓第2期5か年計画要綱発表（全国で開拓民22万戸、義勇隊13万人を計画）

送出計画数下伊那郡２２８０人飯田市４００人

5月12日義勇軍、原中隊祈願祭並に壮行会会場　飯田市城下グランド後、市内行進

城下グランド↓谷川線↓広小路↓知久町1↓飯田駅へ参加者５２００人

6月20日満洲建国十周年記念講演会並に映画会　会場飯田市大松座

8月18日国の開拓特別指導部の指定を下伊那郡が受ける。全国で12地域、下伊那郡送出

基準案作成

11月1日〈大東亜省創設。「満洲開拓女子拓殖事業対策」「女子拓殖指導者提要」発表〉

↓注参照

11月29日信濃海外協会下伊那支部結成式　飯田商業学校にて

1943（昭18）下伊那開拓館設立　江戸町　二県より2万円の補助

3月〈帝国議会貴族院にて「満蒙開拓女子義勇隊制度創設」に関する誓願〉

3月29日下伊那報国農場入植　東満総省送出母体下伊那町村長会

食料増産のための満洲建設勤労奉仕隊・第1次50人第2次28人

3月31日東横林南信郷開拓団入植式　東安省送出母体智里村他4か村分郷組合

＊終戦時１１３戸４７８人　団長水上福市（智里村）

4月12日天皇が地方長官会議で郡山長野県知事に「長野県民の満洲開拓移民の状況はどうか」と下問。

4月12日松尾村議会で「満洲開拓単村分村実施ノ件」を村長より提案。

〈更ニ猶調査ノ要アルヲ以ッテ一時保留ト致ス〉

4月30日濃々河飯田郷開拓団入植　三江省通河県新立屯（上久堅開拓団の隣）

送出母体飯田市商業者の失業対策として「転業帰農集合移民」の入植形態で入植。

翌年の1945年3月14日にも（二回目）19戸入植。
・送出母体飯田市（旧飯田市）入植地　三江省通河県新立屯（上久堅分村の隣）
・開拓移民送出日1943年4月30日1945年3月14日の2回（約8割が死亡）
人数26戸110人（内復員帰還22人未帰還4人死亡84人）
・勤労奉仕隊人数18人（内〈8・10〉出征5人を含む帰還4人死亡14人）
・入植形態転業帰農集合移民　出身地飯田市92人川路村2人鼎村12人松尾村4人
・団長島岡米男（上久堅団長兼務）副団長（経理指導）吉川宗治（箕瀬）
7月26日〈満映会社「開拓の花嫁」撮影のため、北安省埼玉村開拓団を訪問〉
8月10日〈大日本青少年団、大日本婦人会が協力して全国から慰問袋20万個を義勇隊に送る運動を始める〉
8月22日8月22日～ 松尾村主催満洲開拓調査視察団出発　18名内女性2名参加

1944（昭19）　1月16日松島親造葬儀飯田龍翔寺にて

3月1日〈満洲農地開拓公社設立〉
3月10日信濃海外協会を長野県開拓協会に改組事務所を県庁拓務課におく。役員の内、下伊那関係者参与吉川亮夫、中原謹司、理事遠山方景（飯田市長）、代田市郎（下伊那町村会長）
4月1日阿智郷開拓団入植式　東満総省送出母体 会地・伍和・山本（本隊入植は20・5・1）
＊終戦時65戸196人団長小笠原正賢（会地村）
7月8日〈学童の集団疎開を開始〉
7月30日第1回竜丘義勇軍父兄会　竜丘学校記念会
8月13日石碑嶺河野村嶺河開拓団入植式　新京分村移民送出母体　河野村
＊終戦時24戸95人団長筒井愛吉
12月12日結婚斡旋連絡協議会　飯田図書館にて
12月20日小出佐一長野県開拓協会を退任し飯田市助役に就任。

1945（昭20）

2月4日〈**ヤルタ会談**（米英ソ）対独戦後処理、ソ連参戦などが決定される〉
3月河野村嶺河開拓団家族招致完了24戸95人
3月10日〈**東京大空襲**〉
3月25日〈満洲国は一切の政策を決戦に自戦改正に転換の発表〉
4月5日〈**ソ連、日ソ中立条約不延長を通告**〉

5月1日阿智郷開拓団本隊母村を出発、舞鶴（伍和村）と下関（山本村、会地村）から乗船
5月8日〈**ドイツ降伏**〉
5月30日〈大本営「満鮮方面対ソ作戦計画要綱」発令、満洲の4分の3の放棄を決める〉
注：この方針を軍は開拓団に秘匿し続けた。
7月10日〈在満在郷軍人根こそぎ動員〉
注：満洲開拓移民は招集免除であったが、18歳以上45歳以下の男子が根こそぎ動員により招集され、開拓団の家には老人・女性・子供が残される。
7月26日〈**ポツダム宣言（米英中）**〉**日本に発せらる**。
8月6日〈**広島に原爆投下**〉
8月8日〈ソ連対日参戦通告〉
8月9日〈**ソ連軍満洲侵攻開始**午前零時を期し各方面から一斉に侵攻、新京、ハルピン等爆撃〉
8月9日〈**長崎に原爆投下**〉
8月10日〈大本営命令「朝鮮は保衛、満洲は全土放棄も可」〉各開拓団避難、死の逃避行のはじまる。
8月10日〈東安駅事件　関東軍が駅構内を爆破､避難中の開拓団婦女子700人余死亡〉
8月12日〈麻山事件　哈達河開拓団ソ連軍戦車に襲われ戦死、自決460人余〉

8月14日〈葛根廟事件ソ連軍戦車に襲われ開拓団婦女子等1000人以上が死亡〉
8月14日〈**ポツダム宣言受諾**〉〈外務省は三か国宣言受託に関する訓電「居留民はできる限り現地で定着させる方針」を発す〉
8月15日〈**日本無条件降伏、終戦**〉
8月16日河野村開拓団集団自決
9月2日〈**東京湾上の米戦艦ミズリー号で降伏文書に調印、日本敗戦が確定。**〉

（参考）
注：「女子拓殖指導者提要」では、以下のように明文化されている。
一、開拓政策遂行の一翼として、（イ）民族資源確保のため先ず開拓民の定着性を増強すること。（ロ）民族資源の量的確保と共に大和民族の純血を保持すること。（ハ）日本婦道を大陸に移植し満洲新文化を創建すること。（ニ）民族協和の達成上女子の協力とする部面の多いこと。
二、農村共同体における女性として（一）衣食住問題を解決し開拓地家庭文化を創造すること。
三、開拓農家における主婦として（一）開拓農民のよき助耕者であること。（二）開拓家庭のよき慰安者であること。（三）第二世のよき保育者であること。
注：「満蒙開拓青少年義勇軍」は、昭和13年度から開始16歳（中には12・4歳もいたという）から19歳の青少年を茨城県内原訓練所で約2か月訓練をして、満洲現地の訓練所で3か年の訓練を終えたものを、開拓民として定着させる。約8万5０００人を送出した。応召、軍需労務のため開拓民の送出は計画通り遂

行できない状況に立ち至り、対ソ戦防衛のためにも移民政策は中断できないので、一般開拓民のほかに満蒙開拓青少年義勇軍の送出が行われた。この過酷な状況に少年達を送り込むために、日本政府は精神性を付与し「鍬の戦士」と讃えた。「満蒙開拓青少年義勇軍」は、満洲国内では中国人の感情を刺激するとの理由で、「満蒙開拓青少年義勇隊」と名乗っていた。妻を必要とするまでには間があったが、昭和14年1月8日には、拓務省、農林省、文部省が協力して、「花嫁100万人」送出計画を発表した。

注:「武装移民団」は関東軍では「屯田兵移民」「在郷軍人屯墾部隊」と呼び、「対ソ作戦上後方の憂いをなくすため」吉林掃匪軍司令部として、「一朝、事あるときは、関東軍司令部の指揮下」で軍事行動を行うことと決めていた。

注:「土竜山事件」昭和9年3月、依蘭県第3区八虎力屯の保長兼自衛団長で大地主であった謝文東が農兵を率いて移民用地収奪反対の武装蜂起に立ち上がり、土竜山を根拠地にして弥栄村・千振村を襲った事件。

＊本年表をまとめる上で、以下の資料その他を参考にした。

① 長野県満洲開拓史（各編）② 国立総合研究大学院大学教育研究交流センター、藤沼俊子編「中国帰国者問題の歴史と援護施策の展開」。以上

（参考資料）

＊1 満洲開拓移民送出人数

終戦時、旧満洲に住んでいた日本人は、約155万人（外務省の調査）で内、開拓団関係は次の通り。

全国・一般開拓者24万2300人・義勇軍2万2800人・その他4900人　計27万人

長野県・一般開拓者2万6332人・義勇軍6942人・その他4577人　計3万3741人（全国の12・5％）

飯田下伊那・一般開拓者7696人・義勇軍797人・その他　計8493人（県内の25・2％）

＊2 長野県内開拓者の動向

終戦時の戸数6693戸

在籍人数2万6244人

1945年8月8日での死亡帰国者　874人

出征者　3567人

在団者数（差引）　2万1795人

前記の内引揚者　8822人

死　亡　1万1908人

（内女性6850人）

未帰還　810人

不　明　156人

（動向の数字は長野市女性史研究会による）

七章　大林作三『終戦の記』原本発見の意義

一　『終戦の記』原本発見の経緯

『信濃』第六五巻第三号の「満洲小特集」にあたって、「大林作三『終戦の記』―満洲大日向開拓団の崩壊―」と題する史料紹介を行った。大林作三氏は第七次四家房大日向村開拓団員として満洲に渡り、帰国後軽井沢高原に入植した人物である。一九四五（昭和二十）年八月八日から、母村大日向村に帰還する昭和二十一年九月十二日までの一年あまりの開拓団の様子が記録されていた。

その際、凡例にも記したが、翻刻に使用した史料は大林氏自身の所蔵しているものではなく、南佐久郡大日向村の役場職員だった小金沢孝造氏が作三氏の日記の一部を筆写したものであった。長野県立歴史館平成二十四年度春季企画展「長野県の満洲移民―三つの大日向をたどる―」の資料調査の過程で、平成二十二年夏、佐久穂町図書館に保管されていたものを発見し、翻刻した（以下、これを小金沢本とする）。小金沢本の表題は「大林作造氏ニヨル　昭和二十年八月ヨリ　終戦日誌」であり、大学ノート一七頁に及ぶ。

小金沢本が、大林氏が記した日記の忠実な写本ではないことは、史料紹介の中でも若干触れた。大林氏自身は日記を漢字とひらがなで記し、小金沢氏はこれを漢字とカタカナで筆写している点などである。『信濃』誌上で満洲小特集を組むにあたって、原本発見のための広報活動、情報収集に努めたが、発見に至らなかった。

大林作三氏のご子息博美氏からは、

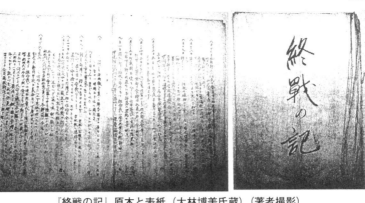

『終戦の記』原本と表紙（大林博美氏蔵）（著者撮影）

①日記の正式な名称は『終戦の記』だと聞いている。
②昭和二十二年ころ六〇部ほどガリ版刷りで作成したようだが、すでに手許には一冊も残っていない。

とのお話をいただいた。

昭和二十二年当時に作成されたとすれば、すでに六五年ほどが経つ。原本発見はきわめて困難と判断し、翻刻にあたっては、「大林作三『終戦の記』」と題しながら、実際には小金沢孝造氏の写本を採用した。ところが、『信濃』第六五巻第三号が発行される直前、大林博美氏から連絡をいただいた。大林家が以前住んでいた家の物置を片付けたところ、段ボールの箱の中から日記が見つかったとの連絡であった。箱の中に作三氏の妻のツマ子さんの手記・手紙・新聞切り抜きが入った封筒が二つあり、その中に『終戦の記』が完全な形で三冊、印刷の過程で出た刷り損じを束ねた冊子が一冊入っていたとのことであった。

日記が発見された旧宅は、長く貸家として使われており、住人が入れ替わるごとに物置に荷物が残され、手をつけることができなかったが、三月に漸く片付けに入ることができるようになったとのことであった。三月末に大林家に伺い、日記の保存状態と発見の経緯を調査させていただいた。

日記は毎日新聞社長野支局と讀賣新聞社の封筒に入れられており、ある時期にこの二社に貸し出されたものと思われる。その時期は封筒に同封されていた讀賣新聞の記事からすると一九七八（昭和四十三）年頃だったようである。讀賣新聞昭和四十三年五月二十四日の十一面「おかあさんの百年史78」が大林ツマ子さんの特集であり、この記事の切り抜きが封筒に同封されていたからである。讀賣新聞社ではこの記事を作成するために『終戦の記』を借りたと推測できる。博美氏は作三氏から「日記は一冊も手許にない」と聞いたというが、おそらくその通りだったのだろう。六〇部ほど作成した日記はいろいろな人の手に渡り、もし讀賣新聞社、あるいは毎日新聞社に貸し出された日記が戻ってこなければ、日記はすべてなくなっていたものと思われる。

　新聞社に貸し出したことで、日記は一旦はすべて手許からなくなったため、作三氏は「日記は一冊も残っていない」と思ったのであろう。

二　『終戦の記』（以下、「小金沢本」と対比する必要から「大林本」と略す）の形状など

「大林本」は、和紙と思われる用紙にガリ版印刷したものである。横一七《センチメートル》縦二四・五《センチメートル》。一四頁。和紙でできたひもで綴じられ、「終戦の記」と筆書きされた表紙が付いている。正確には、表紙付きのものが二冊、表紙のないものが一冊ある。

　表紙のない一冊は表紙が剥離したということではなく、もともと表紙が付けられていない。内容は同一だが他の二冊とは明らかに成立過程が異なるものである。例えば、表紙なしの『終戦の記』の末尾が「完」で終わるのに対し、表紙の付けられた二冊は末尾に「完OS生」と記されている。おそらく前者が最初に印刷されたもの。何らかの理由で追加印刷する事情が生じた時に、表紙と「OS生」が付記されたのである。

　しかし、印刷に使った原紙はまったく同じものなので、印刷の途中で、思い立って「OS生」という署名を書き込んだのかもしれない。

用紙は和紙と思われるが、比較的上質のものである。

三　小金沢本と大林本の関係

五で小金沢本と大林本を対比して紹介する。両者は共通している部分も多いが、まったく記述が異なる箇所も少なくない。

私は当初、小金沢氏は大林氏から日記を借用し、役場職員の立場で必要な部分を抜粋した、と考えていた。開拓団の引き揚げに関する村外からの問い合わせにも答えられるよう、基本的な情報を抜き出しておく必要があると思い、小金沢氏が作成したものが、「大林作造氏ニヨル　昭和二十年八月ヨリ　終戦日誌」だと考えた。

しかし、両者を丁寧に比較していくことで、この仮説は成り立たないことが判明した。大林本にない記事が小金沢本に記述されているからである。このことは、小金沢本が大林本の単純な筆写、あるいは抜粋でないことを示している。

小金沢氏が、大林本を写す過程で、自身が知っている情報を文中に書き足したと考えることももちろんできる。しかし、大林本になく小金沢本に記載された記事の内容は、いずれも開拓団員でなければ知り得ない性格の情報である。また、文体も大林本の文体と違和感がない。とすれば、考えられる可能性は一つしかない。大林本と小金沢本二つの日記のもとになる原稿（かりにこれを「原『終戦の記』」と呼ぶ。）があったということである。当然これはガリ版刷りのものではなく、手書きのものだったはずである。小金沢氏は原『終戦の記』の中から、職務に関わると思われる記事を抜粋し、公文書のルールであるカタカナ書きの文書を作成した。これが「大林作造氏ニヨル　昭和二十年八月ヨリ　終戦日誌」である。

一方、大林作三氏自身も、原『終戦の記』から記事を取捨選択し、大林本を作成したのである。大林本の記述は一九四六（昭和二十一）年十月十五日で終わっている。原『終戦の記』はその時期から翌年にかけて作成されたのではなかろうか。軽井沢への入植準備、あるいは入植作業が具体的に進む多忙な中での執筆は相当に大変だったと想像できる。ここで完成した手書き原稿（原『終戦の記』）を小金沢さんが閲覧し、大林さん自身も内容を見直し、印刷に取りかかったのだろう。

印刷の時期は、作三氏の妻ツマ子さんの記憶によれば、昭和二十二年、まだ子どもが生まれていない時だったという。軽井沢の大日向開拓団には、すでに謄写版とインクが揃っており、比較的上質な紙も役場から調達できたとのことである（大林博美氏談）。

四　大林本の特徴

今回、大林家旧宅で発見された『終戦の記』（本稿でよぶ大林本）の特色は、文章の書き出しと書き終わりで文体が随分変化していることである。書き出しの口調が硬質で、公式の記録文書であることを意識した文体であるのに対し、後半は、口語調のどちらかといえば女性言葉に近い文体になっている。特にこの傾向は、新京への避難が始まる九月二十二日ころから顕著になり、「である」調の断定形の硬い言い回しが徐々に姿を消していく。

一例上げてみる。例えば九月二十七日の記述。

空腹の身を新京駅に下す。子供等はふらふらで丁度に歩めない。駅員誘導で新京神社に集合し居留民会（同胞）の世話で粥を湯呑で一杯宛頂く。これで生き返った心地す。

今晩は民会の世話で元林産公社の中で宿ること、なった。

あるいは九月二十八日の記述。

団長さん達の交渉にて、西陽区菊水町元陸軍官舎三棟に難民生活をすること、なり、二十七日に使役にて掃除をして置いたので、朝より移動を開始す。各班毎に分宿。やっと我が家のやうな気がしてうれしく思った。食器としては何もないので、空罐や茶碗かけを拾ひ集めて来て食器とした。
我々と同様な姿となって当町へ続々と避難して来るのが通る。

このように、九月のこの時期を境に文体の変化が顕著になる。これは何を意味しているのだろうか。一つは、書き手が途中で変わったという可能性である。しかし、文末の署名は「OS生」であり、これは「大林作三」を示すであろうから、作三氏とまったくかかわりのない人物が日記を書き継いだとは考えられない。日記は基本的には作三氏が記述したと考えるべきだろう。
しかし、作三氏以外の可能性がまったくないわけではない。作三氏の妻のツマ子さんである。そもそも『終戦の記』の前半部分、九月初めまでの記述は、作三氏が現地召集を受け開拓団から離れていた時期のもので、この間の記憶はすべてツマ子さんのものである。
『終戦の記』が入っていた封筒には、ツマ子さんの手になる手記・手紙などが何点も同封されていた。ツマ子さんは、戦後、長野県の婦人会の役員を勤め、農村婦人としても活躍し、さまざまな機会に文章をしたため寄稿していたようである。大変筆まめな女性であった。決め手となる証拠が、あるわけではないのだが、『終戦の記』の大半は大林ツマ子さんが執筆したのではないだろうか。日本への引き揚げが決まり新京を去る日（七月七日）の記述は次のようなものである。

思えば、去る昨年九月六百六十余名当宿舎に入りて、一部奉天方面（三〇名）南下したるも、其の大半悪疫と闘って遂に内地帰還を夢見ずして、又帰還の声を聞き他界せる団長以下三百七十余名が、あの戦車壕に、あの防空壕に、日本人墓地に、自分の子供も四人共戦車壕に日本人墓地にそれぞれと埋葬されて居るのだ。同胞当市に来りて、死別も数萬人と聞く。敗戦と共に、こうして再起日本を祈りつゝ、我々の犠牲となったのであった。私共は哀心より哀悼の念を禁じ得なかった。涙なくして唯か之れを語らんや。又聞く人胸の熱するを覚えんや。家族構成は全く破壊され、一家全滅、数戸孤児二十四名、死亡者なき家庭は二戸と云ふ有様で、夫婦のみどうやら揃ったもの八戸であった。

思ひはそれからそれからと去っては又来、早くも南新京駅に到着。荷物の検査を終り、停車場へと暫らく休んで貨物車に乗車、奉天を経由錦縣へと汽車は走り出した。

女性、あるいは母としての視線が感じられる。『終戦の記』は大林作三・ツマ子夫妻の共作という位置づけで評価すべき作品である。小金沢氏はこの段階の日記（原『終戦の記』）を借り、書写した。そして大林夫妻は原『終戦の記』から、ガリ版印刷するための添削を行い『終戦の記』を完成させたのである。

しかし、夫妻だけで日記を作成したと考えるべきではない。日々の記録は非常に克明であり、夫婦の記憶だけで執筆できたとは到底思えない。軽井沢入植後、開拓団はしばらくの間共同生活を送っていた。この時期、折に触れて団員それぞれの満洲体験が語られ、大林夫妻はそれを自身の体験に重ね合わせまとめ上げる役割を果たしたのではないだろうか。とすれば、今回発見された『終戦の記』は、開拓団民それぞれの貴重な体験の「記憶の束」であると言える。そのようにとらえれば、『終戦の記』の史料的価値はさらに深まるし、原『終戦の記』復元作業の意義も生まれてくるのである。

そして何よりも、大林作三・ツマ子ご夫妻が歴史の中で果たした「語り部」としての役割を明らかにすることもできるのである。

その意味で、この日記は、満洲開拓団員が帰国後まもなく記した数少ない引き揚げ記録として貴重なだけでなく、夫妻の共同作業としても、また苦難の引き揚げ体験を引きずりながらも新たな開拓に立ち向かおうとする人々の思いをも包摂した貴重な歴史の証言ということになろう。

なお、今回発見された『終戦の記』の翻刻は大林博美さんご夫妻が行い、青木が校正を加えた。翻刻にあたっては出来るだけ原史料に忠実であることを意図した。明らかに誤字と思われるものもあるが、原文を尊重し、訂正しなかった。異字体・旧字体は通行の字体に直した。適宜、句読点を付した。

また、文末に、『終戦の記』とともに封筒に収められていた大林ツマ子さんの手記の中から二点を選び「参考資料」として付した。二つの手記とも表題がないため、仮題を付した。逃避行の中で四人の子供すべてを亡くした悲しみや、新たな開拓地で「土に生きる」人生を力強く歩む姿が描かれている。三つの大日向を生き抜いた一人の女性のライフ・ヒストリーを語る史料として、これらの手記が持つ意義は大きい。

（追記）「敗戦の記」は、長野県立歴史館に収蔵されている（近現代史資料G—12—5）

五　『終戦の記』（「大林本」）と『終戦日誌』（「小金沢本」）

二冊を日ごとに対照する形式をとった。明朝体が『終戦の記』であり、ゴシック体が『終戦日誌』である。

八月八日
　今朝未明より降雨激しく遠くに弾丸の落下の音らしきものを耳にす。夜明になりても音は一時間おき位に聞こえる。何事かあらんと案じられた。ふとエンヂンの音を聞きたるも飛行機は見えず音は普通の音とは異がふ。

八月八日
**　今朝未明ヨリ、雨激シク降リ、遠方ニ弾丸ノ落下スル音ラシキモノヲ耳ニスル。夜ガ明ケ放タレテモ音ハ依然トシテ止マズ。約一時間位ノ間隔ヲ置イテハ聞コエテ来ル。何事ガ起リント不安此ノ上モナク、又シテモエンジシノ音ガ耳ニ響ク。聞キ慣レナイ音デアル。不安ハ更ニ増ス許リデアル。**

八月九日
　朝より雨降り弾丸の音は止まず。吉林へ出張中の堀川源雄氏より情報を聞くに日ソ曾戦なりとし。吉林駅へ爆弾落下したるも運良く退避して命を拾ったとのこと。ホットした。

八月九日
**　今日モ雨ハ降リ続イテ陰欝ナ日デアル。弾丸落下ノ音ハ今日ニ至ルモ止マズ。吉林出張中ノ堀川源雄氏ヨリノ情報ニヨルト、遂ニ日ソハ開戦シ、ソ連飛行機ニヨル弾爆ハ吉林駅ニ**

投下セラレ、氏ハ運良ク避難シテ命拾ヒヲシタトノコト。安堵ノ胸ヲ撫デ下シタ。

八月十日

小雨はシトシトと引績き、畑の作物も全く元気を失ふ。

八月十日

雨ハ今日モ降リ続イテ、畑ノ作物ハ全ク生気ヲ失フニ至ル。

八月十五日

午後一時頃突如ラジオ報送にて停戦の詔下る。「我々日本民族は忍び難きを忍び耐へ難きを耐えよ」と宣せられ胸迫る思ひしばらく呆然たるものあり。我々の進むべき道は唯耐へ難きに耐へるのみ。全員涙に暮れる。本日夕方過ぎ、雨に曽ひ泥寧の中を避難せる団当地に到着。勃利縣羅圏河開拓団（大門村出身者開拓者）員なり。各部落に分宿していたわる。

八月十五日

午後一時頃、突如ラヂオ報送ニテ停戦ノ詔勅下ルヲ聞ク。「吾々日本民族ハ忍ビ難キヲ忍ビ、耐へ難キヲ耐へヨ」ト今後ノ進ムベキ途ヲ明示アラセラレタ。

吾等団員一同、呆然トシテ涙ニ暮レタノデアル。

夕刻ヲ梢々過ギル頃、雨降リ頻ル中、泥寧ノ途ヲ勃利羅圏河開拓団員三百数十名、見ルモ悲惨ナ姿ニテ当団ニ避難ス。各部落ニ分宿セシメテ叮重ニ労ハル。

八月十六日

盆祭なれども何物も手につかず。先祖に供へたものを用水に流して佛を送る。朝食後部落中央に集合あり。丁度中央は火の見櫻があるので、それを中心に集ひ寄る。組合長の小須田兵庫氏より情況報告あり。「大東亜戦の終戦に依り我々開拓民は今後ソ聯の命により行動するか、中国の命により開拓を續行するか未知なり。何れにせよ大命の通り忍び難きを忍び、そして日本民族として又開拓の一員として最後まで鍬を振ひ、食糧の確保に邁進し、以って最後をかざり、散るべき秋は全員櫻花と果てるべきである」と切望して報告を了る。全員萬感胸迫りすゝり泣き暫く止まず。

八月十六日

盆祭ノ日ナレドモ、何事モ手ニ着カズ。仏前ニ供ヘタ花ヤ供物ナドヲ涙ノ裡ニ流シタ。

朝食後、部落中央ノ火ノ見楼ノ下ニテ集会ガアリ、組合長小須田兵庫氏ヨリ「大東亜戦ノ終了ニ依リ、吾々開拓民ハ今後ソ連ノ命ニヨリ行動スルカ、又ハ中国ノ命ニ依リ開拓ヲ続行スルカ、未知ノ問題デハアルガ、何レニセヨ、大命ノ通リ忍ビ難キヲ忍バネバナラヌ。ソシテ日本民族トシテ、又開拓ノ戦士トシテ、最後マデ鍬ヲ揮ヒ食糧ノ増産ニ邁進シ、以テ最後ヲ飾ラレンコトヲ願フ」ト述ブルヤ、一同万感胸ニ迫リテ啜リ泣キノ聲、暫ラク止マズ。

八月十七日

今朝付近の住民の普通ならぬ態度にて歩行するを見る。住民の思想的悪化の兆しと見る。安危を憂慮し各部落毎に男女合体協力の下、不寝警備を設けて実施す。

正午、突然縣公署より警備銃の接収命令あり。団員皆武器の返納を了す。即ち武装解除である。

八月十七日

今朝、附近ノ満人住民ノ常ナラヌ態度ニテ歩行シツヽアルヲ見ル。是住民ノ思惑悪化ノ兆ト見ル。団

ニ於テハ、男女合同ニテ部落毎ニ不寝警備ニ付ク。
正午突然県ヨリ警備銃ノ引揚命令ニ接シ、団員皆武器ノ返納ヲナス。即チ、武装ノ解除デアル。

八月十八日
住民の思想悪化は日を追ふて加はりつゝある模様を呈し、情報を入れるに困難となる。

八月十八日
住民ノ思惑悪化ハ、日逐フテ悪化ノ一途ヲ辿リツヽアル模様ニテ、情報ヲ入レルコト困難デアル。

八月十九日
朝より気味悪く付近の様相にて案じ居る時、九時頃突然部落裏山（神社）より火焔上ると共に神社の姿は見えず。焼失されたものの如し。暴民のテロ行為ならんとて、消火は危険なりとて制す。
正午縣より大日向学校接収の命あり。中澤勇三校長と次席川上貞雄帯同事務一切の接収を了し、此處に於て満州大日向国民学校は抹消さる。
当日治安の維持をする為、公安隊（警察隊）我々の警備に就く。

八月十九日
朝ヨリ団附近ノ様相ハ薄気味悪サヲ覚エ、空ヲ仰ゲバ暗雲低迷シ、同時ニソ連ノモノカ中国機カハ分ラネド、飛行機一機飛来ス。
九時頃、裏山ノ大日向神社ヨリ火焔ノ立上ルヲ見ル。此ノ火焔ト共ニ神社ハ忽チ焼失シテシマツタ様子。此ノ間僅カニ四、五十分。附近暴民ノテロ行為ナラント思考シテ、消火行動ヲ制止ス。
本日大日向国民学校ヲ接収ストノ命アリ。中沢校長、川上氏帯同ノ上、事務一切ノ引渡ヲ完了ス。

夕刻、当地区ニテ組織セル公安隊ノ一小隊、我団警備ノ為メ来ル。

八月二十二日

本日より公安隊の態度不審なるものあり。我々に壓迫的且強要する如きものあり。憂慮に堪えず。

八月廿二日

此ノ頃ヨリ公安隊ノ態度不審ナルモノアリテ、吾ニ圧迫ヲ加ヘ、且ツ物資ヲ強要スル如キ態度トナル。

八月二十四日

本日、公安隊縣公署係官により団本部及倉庫の差押へあり。倉庫に封印さる団員全部の食糧は、此處に於て全く断たれたのである。

八月廿四日

団本部ノ倉庫差押ヘラレ、団全部ノ食糧ニ封印サル。

吾々ノ生命維持ノ食糧ハ、茲ニ全ク断タレタ訳デ、断腸ノ念、真ニ筆舌ニ盡シ難キモノアリ。

八月二十五日

村長周玉霖を介して公安隊長に交渉の結果、漸く二日分の食糧の出庫を許され、直ちに各部落に連絡の上分配す。

八月廿五日

村長周玉霖ヲサシ、公安隊長ニ交渉ノ結果、漸クニシテ二日分ノ食糧ノ出庫ヲ許サレ、直チニ各部落ニ連絡シテ分配スル。

九月一日
団本部の接収の命令あり。組合長小須田兵庫氏、幹部堀川正三郎・市川重光等と協力の下、無事に接収を了し、児童宿舎及炊事場の一隅に打合せ所を設けるも止むをなきに至る。各部落の情報悪し。又、此の頃より召集解除兵一人二人と帰るものあり。又、他縣からの兵も交じり避難者の一員として皆いたわる。

九月一日
団本部接収ノ命ニヨリ、当時在リシ幹部ニ依リ引渡ヲ了シ、児童宿舎及炊事場ノ一角ニ、合セ所ヲ設ケルノ止ムナキニ至ル。
各部落ノ情報悪ク、又此ノ頃ヨリ先ニ召集セラレタル解除兵一人二人帰宅シ初ム。又他県ノ兵モ当団ノ兵ニ交ザリ、避難者トシテ当団ニ身ヲ寄セル者アリ。当団ニテハ之等ノ人達ヲヨク労ハル。

九月五日
突知、第五部落に匪襲の報あり。銃器五十、土匪二百名からなる有力なるものにして、激闘二時間餘にして撃退す。此の時死傷者七名内一名の死者を出せり（小須田秋義）。敵に与へたるもの、殺傷と見らるべきもの数名と推定す。

九月五日
第五部落ニ土匪来襲ノ報アリ。銃器五十ヲ所持スル二百名カラナル有カナルモノナリ。
激戦二時間余ニ及ビ、遂ニ撃退ス。吾方ノ損害、死者一名傷者六名ニ及ビ、敵ニ与ヘタル損害、殺傷ト見做サルベキモノ数者ニ上レリ。我方ノ死者ハ小須田秋義ナリ。

九月六日
午前七時頃、第三部落の警鐘只ならぬ乱打、悲鳴さへ加はりて聞ゆ。すは匪襲ならんと思ふ。情報によると、戦斗一時間餘にして伊藤袈裟五郎氏外二戸に強賊乱入。物品の強奪され、此の時同氏の長女は、子供を負ひて戸口より避難せんとせるは鎗にて刺され、子供は惨死、長女は身に三十数ヶ所の傷を受く。半死半生となる。
治安は益々悪化の一途を辿りつゝあり。前途全く暗雲にとざされ憂欝にして悲壮な情況が刻々と迫って来る。

九月六日
午前七時頃、第三部落ノ警鐘ハ乱打サレ、女子供ノ悲鳴サヘ聞エテ、タゞナラヌ様相ヲ呈ス。又匪賊ノ来襲ナラント思ハル。戦闘約一時間余ニシテ止ミタルモノゝ如シ。

情報ニヨルト、伊藤袈裟五郎外二戸ニ強賊乱入シ、物品ヲ強奪シ去リシトノコト。其時同氏ノ長女ハ、子供ヲ背負ヒテ戸口ヨリ避難セントセシニ、後方ヨリ槍ニテ突刺サレ、子供ハ無惨ニモ死亡シ、長女ハ身ニ三十数ケ所ノ傷ヲ受ケタノデアル。

治安ハ益々悪化ノ一途ヲ辿リツゝアリ。吾方又此処ヲ最後ト、愈々防御ヲ固ム。

此ノ日、自分ハ第五部落ノ応援ヲ命ゼラレ、十時頃、一、二部落員数名ト共ニ出発、十二時頃五部落ニ到着シ、警備ノ場所ニ付ク。

九月七日
第五部落にて戦死の小須田秋義の死体運搬と警備後援の為、五部落に行き部落員の協力の下にて道中無事に目的を達す。

第三部落の婦女子の危険を案じて第二部落に集結を計画、本日無事に集結を了す。

此の日、舒蘭街にても日本人社宅に暴民襲ひ、掠奪蒙り而も日中堂々として彼等の手に帰したりと聞き驚く。

九月七日

遭難者小須田秋義ノ死体運搬ノ為メ、十二時頃出発シ、夕刻到着スル。本日ハ何事モナク、道路ノ悪イノニ閉ロスル。

第三部落ノ婦女子ヲ第二部落ニ集結スルコトニ決シ、無事集結ヲ了ス。

此ノ日舒蘭街ニ暴民ノ掠奪アリ。而モ白昼行ハレタト聞キ驚クノ外ナシ。

九月八日

前日の掠奪に會ひ、舒蘭街より満拓社員松本外藤川文夫・浦川眞田外三名命からがら当団に救ひを求む。本日、第五部落第二回目の匪襲に遭ひ、約六〇〇名の有力な土匪の為、衆寡敵せず。身一つを以って四散し、附近の草の中にと姿を隠くすに暇なし。全く悲惨の至りと云ふべく、此の為親は子、子は親を知る能はず。遂次追はれたるものは第四部落方面へ逃れたるものの如く、中島安六・佐塚貞道君達は遂に彼等の為に惨死を遂ぐ。五部落より川辺へ逃れた山口章三君は行方不明、戦死と推定す。桜井豊治君は危く頭部に傷を受け、命からがら第二部落に辿り着く。

かうした情報四部落に急報ありて、目前にかゝる事態に迫られては其の詮なしと意を決し、唯戦ひ花と散らんと部落全員水盃を取り合ふ。其の瞬時、一挙に抹殺すべくと迫り来る。武器としては唯混棒《ママ》あるのみ。如何ともならず。突撃せば唯犬死ににも劣ったものなり。じりじりと山に草むらに身をかくすべく、婦女子を避難さす。此の土匪は悪質極まる紅鎗匪にして、最も有力なり。

男子は傷つきたふれ、身に傷を負はぬものは一人もないまでにやらる。

婦女子は被服を取られ、麻袋をやうやくにしてまとふやうな惨憺たる状態となる。かかる事態なりては公安隊も抑へ難く、尚公安隊の中にも、之等暴民を作動して我々の物品生命を取らうと慾するもの大多数にして、事態は愈々急を告ぐ。情報によれば第一部落、第二部落の襲撃も既に決定の模様なり。

百計萬策此處につき、唯開拓の魂を此の地に埋めんと覚悟するのみ。団長幹部堀川源雄・堀川正三郎氏の交渉も此處に於て水泡に帰し、匪襲の時間は迫る。

九月八日

昨日ノ掠奪ニ遭遇シ、舒蘭街ヨリ命カラガラ当団ニ避難スルモノアリ。満拓社員杉本、藤川丈夫等数名。第五部落ニ二回目ノ匪賊来襲。其ノ数約六百名ノ有カナルモノ攻撃シ来リ、衆寡敵セズ、身一ツヲ以テ各自四散ス。全ク悲惨ノ限ト云フベク、此ノ戦闘ニテ中島安六、佐塚貞道戦死ス。

川辺方面ニテ山口章三行衛不明トナルモ戦死ト推定ス。

右五部落ノ情報ハ、四部落ニ急報アリ。四部落モ亦目前ニ五部落ノ如キ悲惨ナル情況ニナルヲ察知シ、一同意ヲ決シ、此処ガ最後ト部落民決別ノ盃ヲロニスル暇モアラバコソ、一挙ニ茲ヲ抹殺セントスル匪賊ノ来襲物凄ク、団員ノ持テル武器トシテハ、只棍棒ガアルノミデアル。歯切扼腕如何トモ為ス術ナク、是又詮方ナク一同叢ニ身ヲ隠スヨリ外ニ方途ナシ。

此ノ匪賊ハ悪質極ハル紅槍匪ニシテ、最モ強力ナルモノデアル。此ノ戦闘ニテ男子ハ一人トシテ身ニ傷ヲ負ハザルモノナク、婦女子ハ着物ト云フ着物ハ悉ク掠奪サレ裸体トナリ、麻袋ヲ漸ク纏フモノ其ノ数ヲ知ラザル状況ニテ、惨状眼モ当テラレズ。

斯ル事態トナリテハ、公安隊モ之ヲ制止スルコト不可能トナリ、反ツテ公安隊中ニモ、之等暴民ト策

動シテ日本人ノ物品ヲ掠奪シ、生命ヲ傷付ケントスルモノ数多ク、事態ハ愈々急迫スルニ至ル。第一、二部落ノ襲撃日時モ既ニ決定シ居ルモノゝ如キ情報入リ、百計万策全ク蓋キ、只此ノ地ニテ死シテ日本桜ノ最後ヲ飾ルノ覚悟ノ日ハ時間ノ問題トナツタノデアル。幹部ノ汎ユル交渉モ、茲ニ至リテ悉ク水泡ニ帰ス。

九月九日

昨夜より交渉を重れて呉れた堀川源雄・堀川正二郎氏も其の術もなく帰る。早朝より第一部落既に襲撃を受け、遂に第二部落に迫り、馬車を以って我々の家財一切を取り去る。部落民(私共)は身の危機を避くる為全員部落土塀外に退く。暴民六、〇〇〇人からなり馬車数百台を以って四、五時間を費して家財は無一物まで取り去りたり。

又、我々に迫りて金品被服も強要し、文字通りの着のみ着のまゝとなる。

掠奪を終了して一應引き上げたるも、第二部落民には身には一人も傷を受けずに不幸中の幸と言ひ度い。朝食もせず逃げて居たので空腹となり、既に陽は西に落ちんとして居る。引揚げたので我が家はと見れば、見る蔭もなく、入植九ヶ年間、血と汗で築いた家は蜂の巣をこわしたやうにばらばらとなり、然も家の中には物もないのである。終戦の日より其の日その日に生きて来たものが、又こうした惨状を見る時、誰か天あり地ありと思はんや。

自衛の為、正門四戸、滝上豊・岩井清勝・浅川政吉・山口久良人・小須田正宅に二部落員宿る事として、婦女子は掃除やら残存せる破壊せる食器を集め、初め男子は畠より包米(モロコシ)を取り、火を焚きモロコシで命をつなぐ。

昨日まで疊の上で寝たのであるが、今日は何んと土間の上。敷くものとては勿論ありません。寒むさと恐怖と空腹とで寝られず、交代に不寝番につく。
此の日、第一部落も同様なことになったので、団本部附近に全員の集結を了して夜を明かす。

九月九日

夜ノ明ケルト共ニ、襲匪ノ情報入ル。約六千名ヨリナル暴民、既ニ第一部落ニ侵入セシ模様ナリ。公安隊ノソ軍兵モ同行ナルモ、何等ノ用ヲモナサズ。一切ノ金品家財ハ瞬時ニシテ余スナク掠奪セラレ、第一部落ノ掠奪ヲ終ツタ匪賊ハ、更ニ雲霞ノ如ク勢ニ乗ジテ第二部落ニ押シ寄セ来ル。公安隊長ヤ、当時ノ村長モ居ルガ、何等施スベキ術モナク、只威嚇銃ヲ放ツテヲルノミ。身ノ危険ヲ避クル為、全員土塀ノ外ニ避難ス。

忽チ暴民等大挙押寄セ来ル。彼等ノ持来レル大車数千台、匪賊数千名ニ及ブ。四、五時間彼等ノ為スガ儘ニ任セタルニ、家財ノ悉クハ彼等ノ手ニ帰シ、尚吾々ニ迫リテ金品被服ヲ掠奪シ、文字通リ着ノミ着ノマヽトナル。

既ニ夕刻トモナリ、団員ハ朝ヨリ一食モセズ、皆落胆シ、只呆然自失ノ態ナリ。彼等ハ掠奪ヲ終リ、掠奪シタ品ヲ車ニ積込ミ、之ヲ馬ニ曳カセテ引揚ゲ行ク態ハ、憎々シキ限リデアル。後ニ残ツタモノハ団員ノミ。全家屋ハ破壊ニ破壊セラレテ、全ク見ル影モナキ状態デアル。公安隊ハ、吾々ノ部落内ニ帰ルヲ許ス。

吾々ハ防備其ノ他ノ都合上、殊ニ夕闇ガ迫リツヽアルノデ、正門四戸ニ集結シ一夜ヲ明カスコトニスル。男子ハ直チニ附近ノ畑ヨリ苞米（モロコシ）ヲ取リニ出カケ、婦女子ハ彼等ニ取残サレタ缺ケタ什器ヲ拾ヒ集メテ夕食ノ用意ヲスルト共ニ、又一方戦闘ノ準備モ調ヒ初メタ。
第一部落ノ団員ハ本部附近ノ部落ニ集結スル。

九月十日
無一物となった私共は強いもの。此れ以上恐しいものはない。全員の眼は愈々光り、一瞬異れば自決の意さへあった。
防備其の他について、協力且扶助の為、第一部落民の第二への集結を画し、各部落共集結すべく画せども、連絡に危険ありて方途なし。此の日早朝、安井作太郎氏宿りたりし家にて本人及家族全員頭を連ね自決せり。既に時間を過ぎ惨状を呈す。
第一部落員漸く夕方迄には第二へ集結を完了す。

九月十日
全力ヲ挙ゲテ防備ニ専念シ最後迄奮闘スルノ決意ハ団員一同ノ眉宇ニ伺ハレル。

防備ノ関係上、第二部落へ全部落民ヲ集結スベク議ヲ決シタルモ、各部落ヘノ連絡危険ニシテ、実現スルニ至ラズ。第一部落民ノミタ方迄ニハ全部集結ヲ完了ス。

此ノ日、安井作太郎一家自決ス。

尚、公安隊ヲ先頭ニ、吾ニ抗スル土匪約六百名来襲ス。各所ニ之ヲ駆逐シ、堀川源雄隊長ノ指揮ニヨル突撃敢行ニヨリ、之ヲ撃退ス。此ノ戦闘ニ於テ、土匪九名ヲ殺傷ス。

九月十一日
九時頃より公安隊を先頭に、武器三八式洋砲を持って我に抗し六〇〇名からなる土匪来襲。既に土塀内に侵入す。全員火の玉となって、混棒《ママ》を以って各所に駆逐せるも、彼等退かず。此の時情況急なりと察知した堀川源雄氏先頭に、後を続けと彼等の中に突撃す。彼等も之には不利と見てか全員退却し、再び我に帰った気がした。

此の戦斗で、我が方由井源亀モ、を打ち抜かれたるも生命異状なし。敵に与へたる損害、死傷九名。内一名軽傷外半死とす。

公安隊長よりかうした死体を引取りの申入れあり。堀川正三郎・堀川源雄氏数回に亘る交渉の結果、夕方九名の死体の引渡しを了して再び平穏となる。

九月十四日

あらゆる方途を構して各部落の連絡を得て第二部落へ集結を本日漸く完了し、五分間の自体防衛の編成を団長以下堀川源雄・小須田兵庫・堀川正三郎氏等でなし、食糧の蒐集と防禦とに当る。農具を集めて武器を造る。日夜を分たぬ防備と食糧の蒐集と冬越の準備に（土ピー子（土煉瓦）オンドルに使用するもの）造りに婦女子が之に当る。又、稲刈りも初む。天気は毎日續き初めたので、大分稲刈りも出来、土ピー子も出来た。附近の土匪も姿を消し、や、平穏な日が續いた。

九月十四日

此ノ日迄に、全部落団員ノ集結ヲ完了スルコトガ出来、防御編成ト食糧ノ蒐集ノ計画ヲ樹テ、何レモ之ニ協カヲ誓フ。

残存セル附近ノ土匪乱入スルノ憂アルニツキ、農具ヲ集メテ槍ヲ作製シ防御ニ当ル。日夜ヲ分タヌ防備ト、食糧ノ蒐集ニ専念スルト共ニ、又此処デ死スル覚悟デ冬越シノ準備トシテ土ピー子造リヲシタリ、稲刈リヲスル。

吾々一同最後マデ此処デ頑張ルベク、一同決意ヲ新ニスル。

九月廿一日

突然、蘇軍と中国人（通譯）帯同、当団の即時立退きを命ずるに至り、交渉の結果、二十四時間以内に五〇〇名立退きせよとの命を受け、彼等は帰る。我々は最後まで此の地を離れることが出来ない。又、離ざる意志ありしも、時此處に至りては日本民族として生き抜き、第二の天生をも思ひ返すべく、団長かゝる事情を全員に計る。そして明日出発の五〇〇名の希望を調べる。

市川修一郎氏宅の前畑の中にて集合協議の結果、羅圏河開拓団員及当団員其の他を合して四百数十名となり、明日の出発を決して炊事では別れのニギリ飯の準備で大童となって夜遅くまで掛ってと、のへる。

九月廿一日

此ノ日、ソ連兵、中国人通訳ヲ帯同ノ下ニ来リ、吾々ニ当団ノ退去ヲ命ズ。交渉ノ結果、期日ハ明日ト決定シ、退去人員ハ当団人員ノ半数ヲ退去セシムルコトヲ約ス。

秋此処ニ到リテハ日本民族ハ最後迄生キ抜カナケレバナラナイ。全ク断腸ノ思ヒニテ、明日ハ団員ノ半分ガハルピンへ出発スルノデアル。

市川修一郎宅ノ前ノ畑ニ全員ヲ集メ、残ル者ト、ハルピン行希望者トヲ募リタルニ、約六百名ノ希望者ガ決定スル。

今夜ハ夜遅クマデ出発者ノ食糧デアル握飯造リニ、一同大挙デ全力ヲ盡シタ。

九月二十二日

早朝、出発者は集合して私共と別れを惜み途につく。私共は半数になったので、全員協力再び防備を厳にす。

九月廿二日

今朝ハ愈々ハルピン行六〇〇名ヲ涙ノ裡ニ見送ル。

一同ヲ送ツテホットスル。是カラハ人員モ半減サレタルニヨリ、一層防備ヲ厳重ニスル。

九月二十三日

夜明と同時に、再び蘇軍一ヶ小隊中央軍二ヶ中隊の兵力を以って、又も即時立退きを命ぜられ、懇請せるも遂に交渉の途地を見ず。二時間の猶予を得たるのみにて、どうすることも出来ず。

団長事態を憂慮して、生き抜き再び天運を待たんと全員に出発の準備を令す。

あまりの急の為、朝食はなさず、携行とても何もなし。暗雲の中に突込ました飛行機と同様、エンヂンの動くに委せ、唯命ずるまゝに進むまでのはかない有様である。

出発の時間は来た。全員整揃ひして身体検査され、金品貴重品は全部取られ、ほんとうに生きた人形同様である。

かくして入植以来一〇ヶ年間、第二の故郷として、朝に夕に神社山を拝し、土塀の畑を耕し、山川草木と頭の中は現在迄のことが一瞬時かけめぐり去りては又浮かぶ。

一同涙の中に別れ初めた。一同の眼は雲って居る。天も地も泣いて呉れるのであらう。朝より雨を催して居る。粛々と舒蘭駅へと護送さる。道中舒蘭駅迄警備されたので無事に着いた。

一路汽車にて哈爾浜（ハルピン）へと向ふ。夕刻、三棵樹（ハルピンの手前の駅）にて下車。日本人の駅員のおかげで駅の倉庫二棟に分宿して憂の一夜明かした。舒蘭駅に居た穂刈氏も居た。明日七時頃新京（長春）行の貨車あると聞き、一路新京へ落ち着く事にして貨車を待つことにす。

九月廿三日

早朝、突如露軍一ケ小隊、中央軍二ケ中隊カラナル兵力ヲ以テ、即時全員ノ立退キヲ命ゼラル。事態斯クナリテハ、全ク交渉ノ余地ナク、漸クニ懇願シテ、二時間以内ノ猶予ヲ許サレタルノミ。急ギ出発

準備ニ取りカカルモ、余リニ急ナル為、携行品ノ用意サイ間ニ合ハズ、全ク暗澹タルモノデアツタ。デモ許サレタ時間内ニ全員総揃ヲナシタルニ、武器ラシキモノ及ビ金銭ハ、彼等ノ身体検査ニヨリ悉ク没収サレ、全クノ裸一貫ノ姿トナル。

入植以来十ヶ年間、永住ノ覚悟デ渡満シテ以来、住ミナレタ此ノ地此ノ家、懐シミ深イ四辺ノ山川草木ト涙ト共ニ別レナケレバナラヌ時ハ来タノデアル。

皆ノ眼ハ一様ニ涙ニ濡レ、天亦此ノ惨状ヲアワレンデカ、雨ヲサヘ伴フ。

進マヌ足ヲ自分デ力付ケツヽ雨ニヌカツタ悪イ路ヲ、停車場サシテ黙々トシテ一同ハ歩イタ。

舒蘭駅迄警備兵ガ備警ニ当ル。

停車場ニ着イテ、暫ク待ツ程ニ、汽車ハ駅ノ構内ニ滑リ込ンダ。汽車ハ一同ヲ乗セテ、一路ハルピンヘ、ハルピンヘ。吾等ハ護送サレタノデアル。

夕刻三棵樹着。下車。日本人駅員ノ厚意ニヨリ、駅ノ倉庫ニテ一夜ヲ明ス。連絡シタルニ、長春行ノ列車(貨車)アルトノコトニ付、直チニ長春ヘ避難ノコトニ計画ス。

九月二十四日

貨車の出発は遅れて十時頃出発となり、人員を調べ団員の小使銭を集めてマントウ（マンヂウ）を一人一個宛分配して貨車に乗る。

途中暴民の襲撃に遭ふも、人命には何事もなかった。

空腹と水がないので、子供と大人と云はず血色なし。夜湖水の水を汲み、ふりかへって見れば死体が浮いて居た。けれどものどが渇して仕方なく吸む体には何んともない。

汽車の中で二日の夜は明けた。夜は無蓋車なので寒むくてたまらない。

九月廿四日

貨車ノ手配ハ出来タ。駅員ノ案内デ乗車スル。

途中暴民ノ掠奪ニ遭フコト数回ニ及ビタルモ、人命ニハ何事モナカツタ。

然シ食糧ノ携行ナク、金銭ナキ為メ、ホンニ僅カナ金ガアツタダケナノデ、一日ニマントウ僅カニ一ケデ過ス日ガ二日モ続キ、子供達モ顔ニ生色ナク、大人モ疲弊困憊ノ極ニ達シタ。

九月二十六日

空腹の身を新京駅に下す。子供等はふらふらで丁度に歩めない。駅員誘導で新京神社に集合し居留民会（同胞）の世話で粥を湯呑で一杯宛頂く。これで生き返った心地す。今晩は民会の世話で元林産公社の中で宿ること丶なった。

九月廿六日

空腹ノ身ヲ新京駅ニ下車。駅員ノ誘導ニヨリ新京神社ニ集合。居留民会ノ世話ヲ受ク。神社ニテ一杯宛ノ粥ヲ戴キ、漸ク生心地ニ返ツタ。尚、民会ノ世話デ、元林産公社ノ中デ宿泊スルコトガ出来タ。

九月二十八日

団長さん達の交渉にて、西陽区菊水町元陸軍官舎三棟に難民生活をすること丶なり、二十七日に使役にて掃除をして置いたので、朝より移動を開始す。各班毎に分宿。やっと我が家のやうな気がしてうれしく思った。食器としては何もないので、空鑵や茶碗かけを拾ひ集めて来て食器とした。

我々と同様な姿となって当町へ続々と避難して来るのが通る。

九月廿八日

幹部ノ交渉ノ結果、本朝西陽区ノ一角、菊水町ノ元陸軍官舎三棟ニ、避難民トシテ避民生活ノ第一歩ヲ踏出スコトヽナツタ。前日ノ使役ニ清掃サレテアツタノデ、皆大喜ビデ宿舎ニ入ル。

吾々ト同様ナ難民ガ続々ト長春ニ下ルモノガ日ニ増シ、増加ノ有様トノコトナリ。

九月二十九日　以降

愈々、自体生活により生き抜かねばならないので、皆眞剣である。

而し乍ら物価の騰貴に反比例して賃金収はなく、又僅少にして収支賄ひ難く、婦女子が多く、男一人に付き八人の割合で全く経済上に苦しむ。

我々の入った宿舎は、前にソ軍の兵舎ありて、これが又悪質な兵にて、言葉とて分からず、毎日使役に使はれ閉口の日の連続である。

仕事に出掛ける途中で金は取られ、使役は取られ、敗戦日本人として悲しさ日に増し、外地日本人は皆こうした生活と憂き目に会って居るのであると、つくづく我が身のはかなさを思ふ。

十月となり、満州の寒むさは早くも身につたへるやうになって来た。

急激な食糧と労働の過労とにより、大人の就寝あり。労力の低下は言ふまでもなく、そこれ栄養を考へ豆腐工場の設立を計画、成功したので実行することにし、これにより営《(ママ)》養を取ることにして、子供等には豆乳を呑ますやうにした。然るに畳一畳に二人半と言う豚同様の生活の為か、又飲料水の為か、子供にはハシカが流行して来、又赤痢（アメーバー）其の他悪疫に冒され、子供の死亡続出、加ふるに大人までが之等の病の為斃るゝに至る。

団としては、醫師としては無く、僅かな経験者手塚駿一氏と中島たき看護婦あり。協力の下、晝夜の努力を以って治療につくされたるも、手塚氏病に伏し、又中島看護婦も遂に病のため他界す。精神的に、経済的に、人生にドン底とは全くこの事と思ふ。十二月初旬、義和分会より当地区の救済を願ふことになり、やうやく援助の道開かれるに至りたるも、全員殆んど病床に伏し、死亡者日を追ふて増すばかり。厳寒の冬となり、むしろ一枚が貴重な防寒服代用又蒲団の代わりをなし、草一本が燃料として暖房の役をなすのである。

全く生き地獄の世界に落下したものの如く、十二月下旬、遂に九九％の病床生活者を見るに至る。そして一日平均三人の死亡者を出し、死亡者の処理さへ全く出来ない有様で、畠山徳三郎外坂本鉄平氏等協力して、近くの戦車壕に雪埋めと止むなきに至れり。

九月廿九日

愈々吾々ハ、自力ニ依ツテ生キ抜カネバナラヌ生活ガ初メラレタノデアル。全員ガ総力ヲ挙ゲテ生キ抜ク為メニ働キ初メタ。然シ物価ノ高騰ニ反比例シテ、賃金収入ハ極メテ少ク、生キ抜ク為メニ頭ヲ悩マサレルコト一方ナラズ。男一名ニ付キ婦女子八名ノ生命ヲ維持セネバナラヌ苦境ニ陥ツタノデアル。

吾々ノ入ツタ宿舎ノ前ハ、ソ軍ノ駐屯宿舎トナツテ居リ、此ノ中ニ悪質ノ者モアリ。言葉ハ分ラズ、ホトホト閉口ノ毎日ヲ過シ、夜ナドハ宿舎ニ乱入スルコトガシバシバアリ。一日モ早ク此処ヲ離レルコトヲ念願シタガ、思ウ様ニナラズ、其ノ上仕事ニ出カケルト、金ヲ取ラレタリ、使役ニ使ハレタリスルコトガ続出シ、敗戦日本ノ悲シサハ日ヲ逐フテ募ルバカリデアツタ。

斯ニ十日ノ連続デ酷寒ガヤツテ来タノダ。着ノミ着ノ儘ノ吾々ニハ、一枚ノ筵モ貴重ナ防寒具デアリ、燃エル一本ノ草モ暖房ノ一ツトナツテ来タ。民会ヨリ僅カナ灯明燃料ガ配給ハアツテモ、ドコニモ足リヌ。

水道ハ皆凍結シテ、一水モ出ナクナリ、幸ニ井戸ガアツテ之ヲ利用シテ水ノ不足ハ補フコトガ出来タ。

斯ルウチニ、労働ノ過労ト食糧ノ激変トニヨリ、栄養ノ低下、雑居生活ノ不衛生等ノ原因カ、赤痢其

ノ他悪疫発生シ初メ、先ヅ子供ノ死亡ヲ見、団員ノ労働ハ減少シ、一方団員ノ死亡スル者、日ヲ追フテ増加シ、十一月下旬頃ヨリ全ク収入ヲ見ザル状況トナリ、幸ニ特志者ヨリノ借入金ニヨリ食糧ノ購入ヲナシ、以テ生活ヲ続ケタルモ、之モ残リ少ナニナリ、全クノドン底ニ陥ル。

十二月初旬頃ヨリ、義和分会ノ「リンク」制ガ成リ、幸ニ援助ノ途開カレタルモ、幹部以下九十九％ガ病床ニ横ハリ、死亡者毎日平均三名強ト云フ生地獄ノ惨状ヲ現出シタノデアル。

自分モ、十二月中旬ヨリ前後不覚トナリテ病床ニ臥スコト一ヶ月、漸ク一月十四日ヨリ事務所出勤スル。出勤シテ見レバ、昨日ノ友ハ既ニ別レテ居ラズ、死ス者日ヲ経ルニ従ヒテ数ヲ増シ、団長モ一月初旬ヨリ病臥。此頃ハ大分元気ヨカツタ。

何分ニモ人手不足ノ為メニ無理モ多ク、二月二日ヨリ自分ハ又モ病床ニ伏スノ止ムナキニ至リ、二十日目ニ離床シタルモ、未ダニ体ニ力ナク、フラフラシテ他人ノ体ノ様デアツタ。

自分ノ病床ニアル中ニ、十ヶ年間ノ長イ間苦楽ヲ共ニシタ団長ト死別セネバナラナカツタノデアル。嗚呼共ニ困リ共ニ語ツタ団長ハ永遠ニ此ノ世ヲ去ラレタノデアル。悲シイ極ミト云ハネバナラナイ。

堀川源雄氏、予ネテヨリ団長補佐役トシテ外交方面ニ活躍シツヽアリシニ、団長死亡ニヨリ一段ト責任ハ重加セラレ、毎日東奔西走シタル為カ遂ニ病魔ニ冒サル。

団ニハ医師ナキ為、経験アル手塚駿一氏ト中島氏（看護婦）担当トナリ医療ニ当ルモ、病人ハ続出シ、昼夜ヲ分タヌ努力モ甲斐ナシ。元組合長小須田兵庫氏一家ハ死亡シ、働キ盛リノ若人モ次々ニ死亡シ、看護婦迄モ病ニ倒ルヽニ至ル。

十二月

医療施設トシテハ、団ノ医療係ヨリ治療ヲ受ケルニ止マリ、医薬モ経済ガ許サズ。死亡者ノ処置モ戦車壕ニ雪埋メニスルト云フ不完全極マルモノデアル。

事業トシテハ、栄養方面ヲ考へ、豆腐製造ニ着手、成功ノ域ニ達シテ、売行キモ頗ル良好ナリシモ、之ガ作業従事者ハ殆ンド病床ニ伏シ、事業ハ停止状態トナル。民会ノ救済トシテ、病人ニ白米ノ給与アリタルモ、栄養失調ハ更ニ其ノ効ナシ。

一月初旬より団長病に伏し、一時は小康を得たるも、一月十六日遂に死亡の報を聞く。我等十ヶ年起居を共にし、又避難以来苦闘を共にし、再び内地に帰った時は再拓して静岡の暖い所へ入植だと既に計画は有った様子。今此處にて別れるのはと、断腸の思新たなるものあり。

避難以来、団長の補佐をして来た堀川源雄氏当班の班長となり、又団長として、其の重荷を負ふことになりたり。

十七日、団長の葬儀をさゝやかな玄関で行ふことになり、涙ながらに取り行ふことが出来た。

私は此の時病床に伏し、小康を得たばかりであった。

日の過ぐるは早いもの。早くも二月の月となって来た。なれども死亡者續出し、既に二月中迄に三〇〇余名の死亡者となった。

二月下旬よりぼつぼつ小康を得、幹部も事務の整理に出勤を見、死亡者の届出等の多忙な日が続いた。不眠の努力がやうやく甲斐あり。整理も出来たけれども、宿舎内外の不潔は言ふまでもなく、警察当局よりは矢のやうな命令厳達あり。立ち上れるものは全員して清掃に当り、又死亡者の處理に当り、毎日こうした日が続いた。

また近くの兵舎に福島開拓団居り、其の保険醫の岩野松太郎氏の同情を得まして患者の診察治療を受け、患者も死を免かるゝに至り、死亡率も減少するに至り、光明の世の中となり初めた。

月日は流れ三月となな、暖さ寒むさも彼岸までとか雪も溶け初め、皆も大分元気を取り戻し、一時中止の豆腐加工事業も、又マントウ、菓子等も活発に初め、賣れ行も良く、こうした収入でどうやら病人の営養(ママ)も償ひさうになり、本年の冬越し等を考へ、諸準備計画等を練る。

私共の頭からは、最低生活をして居る以上、農業をはなれては存在出来ない信念に燃え、温床、畑作付等、婦女子の力で一町歩程作付準備をした。かうして春の準備と都市の疏菜不足を補ふことにしたのである。裏に二月頃よりソ軍逐次物資の輸送を終了し、撤兵をし、之に代り中央軍戦備を整へ初めた。何か不安がありそうに思はる。

毎日のやうに、日本人会より使役出勤が傳達され、各班より男子は割當にて使はれた。

昭和二十一年二月

ソ軍ハ一月初旬ヨリ撤兵ヲ開始シ、一月頃ニハ此ノ附近ノソ軍ハ大体引揚ヲ終了シ、漸ク安心セルモ、中国軍之ニ代リ、公安隊ヲ通ジテ連日使役ヲ命ジ来タル有様デアル。

三月初旬

中央軍モ戦備ヲ整へ、八路軍ノ侵入ヲ防止スベキ態勢ヲ示シ、其ノ防備工作ノ為メニ、毎日ノ様ニ人夫供出ノ割当デアル。

二月廿五日

病ニ臥サゞル者ハ北原氏一人ノミトナリ、多忙ナ日ヲ送ツテヲル。此ノ頃ヨリ、漸次幹部モ小康ヲ得テ出勤ヲ見ル様ニナリ、死亡者ノ事務整理等モ可能トナツタ。

宿舎内外ノ不潔ハ、口ニ現スコトモ出来ヌ位ノモノデ、警察当局ヨリハ、毎日清掃ノ厳重ナル達シガアリ、全ク閉口極ハル。立上レル者ハ全員デ、毎日清掃ト死亡者ノ埋葬ニ日ヲ送ルト云フ有様。誰モガ之コソホントノ生地獄ダラウト思ツタコトデアラウ。

三月十日

此ノ頃ヨリ民会ノ医療救済ハ相当強化サレ、オ陰デ一同モ、風ノナキ日ニハ外ニ出テ日向ボツコガ出来ル様ニナリ、死亡者モ日増シニ減少スル様ニナツタ。然シ胸部疾患者ハ相変ラズ倒レル一方デアル。是等ノ胸部疾患者ハ伝染病舎ニ入レル手配ヲシテ、収容ノ病室モ設置シ、何トカ生キル途ヲ講ゼラレ、漸クニシテ人間ノ世界カト思ハレル様ニナリ出シタ。

三月十五日

雪モ漸ク解ケ初メ、事業ノ豆腐製造、マントウ製造等モ活発トナリ、売行モ良ク、病人ノ救済費ノ助ケニナル様ニナツタ。

三月廿日

毎日ノ好天気ハ続キ、宿舎付近モ大分清潔トナリ、男女共大分元気ヲ恢復シタガ、栄養不足ノ為、力作業ハ一ヶ月位ハ不可能デアル。

農業本位ノ吾々デアルカラ、本年冬越ヲ考ヘ、温床経営ト農耕作付ヲ計画シ、婦女子ニヨル畑ノ作付七反歩、温床苗四万本育成計画ニ着手スル。

四月十四日

風雲急を告げ、各道路上に防塞を築くべく、警察、中央軍方面より命令あり。銃弾の音も聞えて来た。中央軍と八路軍の交戦と報ぜらる。既に市内に侵入の模様なり。

明くれば十五日、暗黒な夜を破りて我々の宿舎附近に迫撃砲弾の落下を耳にす。これは一大事となった。どうなるやらと皆不安に覆はれた。忽ち大市街戦闘となり、八路軍優勢に当宿舎に本醸を構へ、重機を備へ、物すごい發射振りを見せる。我々に対しては何にもせず戦闘を續け、夕刻迄には全市内を占醸した模様であった。

　この日、共同炊事の関係、炊事場は一ヶ所で、而も飛び来る弾ははげしく、一歩も外へは出られない。此の時の炊事班長斉藤藤一郎良く責任を以って其の任務を完了した。炊事場にも飛弾の数十ヶ所の傷を見る。感謝の外なかった。

　こうして八路軍の軍政下となり、東北自治軍と名命せられ、一瞬にして変わった政治下に入る。軍票も発行せられ、物價も変って来た。我々に対しては非常に民主化してやり良くなって来た。

四月十四日
　夕刻ニ到リ風雲急ヲ告ゲ、各道路ニ防塞構築スル様、警察並に軍団ヨリ命令アリ。銃弾ノ音耳ニ響キ、八路軍トノ交戦既ニ間近ニ迫ルヲ覚ユ。

四月十五日
　早朝、未ダ真ツ暗ナ吾々ノ宿舎付近ニ、旺ニ銃弾ノ音ヤ迫撃砲ノサク烈スル音ガ聞エル裡ニ、早吾々ノ宿舎ニ兵士ノ侵入スルヲ見ル。一時一同恐怖ノ念ニカラレタルモ、何等危害ヲ加フル様子モ見エズ。既ニ戦闘ハ開始サレテイタノデアル。鉄道ヲ境ニ激シイ市街戦ガ展開サレ、八路軍ハ重機ニヨリ、ナカナカ優勢デアル。此ノ戦闘ニ於テ、可成ノ死傷者ガ出タ模様デハアルガ、吾々ハ高見ノ見物ガ出来タ。夕刻迄ニハ八路軍ガ遂ニ市内ヲ完全ニ占領シ、市内ノ掃湯ガ行ハレテイルラシイ。然シ吾々ニハ何等ノ危害モナカツタノデ、安堵ノ胸ヲ撫デ下シタ。

　然シナガラ、此ノ間ノ食事ノ分配ニハ困難ヲ来シタ。何分ニモ弾丸ガ飛ンデ来ルノデ、一歩モ外ニ出ルコトガ出来ヌ。

　此ノ中ヲ、共同炊事ノ責任者デアル斉藤藤太郎外、係協力ノ下ニ炊事ノ用意ナシ、情況ヲ見ツヽ分配ニ当リタルハ、良ク其ノ責任ヲ完フシタルモノニシテ、感激ノ至リデアル。斯ル裡ニ、忽チニシテ八路

軍ノ政治下ニナリ、吾等自治軍ナリト旺ニ喧伝セラル。

四月下旬より八路軍四平方面に進出し戦斗中にして、其の輸送方面は日本人を使用し、我々の班でも市川修一郎外十数名の出役の止むなきに至り、致し方なく之に應じたのであった。

而るにこの方面の戦闘は重慶軍の有力な交戦にして、八路軍遂に後退の止むなきに至り、遂には長春市も撤兵の止むなきに至り、二十二日総退却を初め、ハルピン方面へ逃走せり。

此の戦闘にて逃走中、鉄橋と云ふ鉄橋は悉く破壊されてしまった。

二十四日中央軍部隊の先峰隊は無血入城となり、政治に経済に一変し、破壊せられた鉄橋の修理に日本人の出役を要請され、再び使役の割当あり。

嚢に八路軍の使役出勤者は、彼等の敗走と共に非常な労苦と死線を越えて遂次帰り、全員無事帰班せり。

鉄橋修復工事も意の如く進み、此の頃より内地帰還の問題もあったので、一ヶ月余にして修復完了せり。

五月中旬より団の方針を変へ、労力の限り自由に収入を得べくなし。不労力者は共同の力で救済の道を講じて早急に病人の快復を図った。

而れども胸部失患者は相当数に上り、容易ではなかった。之等の患者は民会の世話を受け全部入院することとした。

五月初旬

本月に入リ、八路軍四手方面ニ進出シ、中央軍ト戦闘続行中ニテ、之ガ食糧運搬其ノ他ノ使役ニ日本人出動方命令アリ。第一、二、三日共、吾団ニ使役者出動ノ命ニ接シ、出動ノ止ムナキニ至ル。

四手方面ニハ、重慶直系ノ有力ナル中央軍トノ交戦ニ、八路軍遂ニ後退ノ止ムナキ状況トナリ、散々バラバラトナリ総崩レトナル。二十日頃、当長春ニハ飛行器ヲ以テ宣傳ビラヲ散布シ、或ハ落下傘降下

等アリ、見事ナモノデアル。八路軍ハ愈々敗退顕著トナリ、毎日ハルピン方面ニ逃走ヲ初メ、四手、公主嶺トモ中央軍ノ占領スル処トナル。

更ニ愈々長春ニ迫リ、二十四日ニ至リ、先頭部隊ハ無血長春ニ入城ス。八路軍ノ敗退ニ当リ鉄橋其他ニ相当大ナル損害アリ。而シ各方面ノ日本避難民ガ鉄道修理工事ニ出動シタル為メ、大体一ヶ月ニシテ鉄道ノ修理ハ完了セラレタ。

今月初旬ニハ、民会ノ救済モ先ガ見エル様ニナツタ為メ、救済打切リノ状態トナリタルニヨリ、各中隊長協議ノ結果、共同炊事ヲシテ、食券制実施ノヤムナキニ至ル。即チ個人経済ノ団体行動ト云ツタ方法デアル。ソコデ救済スベキモノト、救済ヲ要セザル者トニ、二分シテ中隊編成ヲナシ、五月十一日ヨリ二十日間ハ団ノ経済ニヨリ賄ヒ、六月初メヨリ大人ハ一日七円、子供ハ三円五十銭ト決定シ、食券制実施ニ決定ス。

五月十一日

本日ヨリ団員ノ全部ガ家ニ居ルモノナク皆働キニ出初ム。石炭ガラ（コークス）拾ヒヤ、中国人ノ処へ出カケルノデアルガ、二十日間ノ収入ハ全部個人収入ニナルノデ、其ノ働キ振リハ目覚マシイモノガアツタ。

病床ニアルモノニハ、特ニ受配ノ野菜其ノ他ヲ特配シ、以テ一日モ早ク全快スル様、営養ニ考慮ヲ払ツタ。

六月初旬奉天方面より遂次帰還が開始され、我々の内地帰還は本年中との報あり。我々の歓喜は一通りではなかった。

豆腐マノトウ事業は一層活發にして、収入を得べく努力したので、全員相当の貯へと元気とが見えて来たので、団の経済も一應見通しがつき、非常に非常にうれしかった。

六月五日

温床ノ甘藍、茄子、トマトモ大分伸ビテ来タガ、畑ハ旱天続キデ、発芽歩合極メテ不良ニハ閉口スル。之等ノ苗ヲ移植シテモ活着思ハシカラズ、何度ヲ補植ヲセネバナラナカツタ。

一同毎日元気ヨク働クノデ、経済方面モ稍々好転シテ、ドウヤラ高梁飯ヲ腹一杯食ベラレル様ニナツタ。本年引揚ゲラレルカ越冬スルカガ、吾等ノ悩ミノ種トナル。

六月十日

奉天方面ノ避難民ハ南下スルコトヲ耳ニスル。

稍々、待チニ待ツタ吾等ノ南下引揚モ近クニ迫ツタコトヲ知リ、一同ノ喜ビハ譬ヘ様モナク、総力ヲ挙ゲテ旅費ノ準備ニ不休ノ働キヲシ初メタ。

六月下旬愈々引揚の準備の命令が民会支部よりあり、大隊中隊小隊の編成にと進展し、堀川班長達の不眠の努力により、編成の完了を見るに至り、こうした努力には全く感謝の外はなかった。

六月下旬

愈々引揚ノ準備トシテ、大隊中隊小隊ノ編成ヲ初メル。幹部ハ不眠不休デ編成ニ忙殺サレ、何度モ折角ノ編成ヲ換ヘナケレバナラヌ破目ニアツタ。其ノ労苦ハ感謝ノ外ナシ。

七月十日

編成に編成、変更に変更を重ね、あらゆる諸準備が整ひ、本日当地区（西陽区菊水町）の団即ち第十二団第二十四大隊約一五〇〇名は、来る十七日の出発と決定せり。
入院患者も又孤児も皆元気となり、班に皆帰るを得たり。十五日には事業も皆停止、宿舎内外の整頓清掃を了し、出発の準備を怠らなかった。
「立つ鳥跡を濁すな」とか。長き十ヶ月、そして又こうした人類として生まれつつてない一ヶ年の体験、思へば長くあり短くもあった。

七月十日

編成及南下ノ日程ガ西陽区ニ入ツテ来タ。吾々ハ十二団第二十四大隊ニ編成、十七日出発ニ決定スル。毎日庭ニテ点呼、其ノ他ハ伝達ガアツタ。一同ノ元気モ全ク天ヲ衝ク勢ヲ盛返シ、大隊長ハ堀川源雄氏ト決定ス。入院中ノ者モ退院シテ、病床ニ臥ス者ハ殆ンドナクナツタ。

七月十六日
義和分会より同情下さいて、身廻り被服等を配給して下され、ボロの姿をどうやらかくすことが出来、有難く感じた。

七月十六日

出発ハ愈々明日トナリ、夜ハ不眠ノ準備ニ依リ、皆「リュックサック」ガ食糧ヲ詰メ込ンデ大キク膨ラム。尚、義和分会ヨリ準備用被服ノ配給ガアリ、全ク有難ク思フ。為メニ内地ヘノボロノ姿ヲ隠スコトガ出来タ。

七月十七日
愈々出発の日が近づいた。刻々と準備も整ひ、早朝より整列して、荷物は馬車に積まれて、病弱者も馬車に乗ることとなった。我々の大隊は、堀川源雄氏が大隊長として其の指揮を取ることになり、足の運びも軽く南新京駅へと出発した。
　思えば、去る昨年九月六百六十余名当宿舎に入りて、一部奉天方面（三〇名）南下したるも、其の大半悪疫と闘って遂に内地帰還を夢見ずして、又帰還の声を聞き他界せる団長以下三百七十余名が、あの戦車壕に、あの防空壕に、日本人墓地に、自分の子供も四人共戦車壕に日本人墓地にそれぞれと埋葬されて居るのだ。同胞当市に来りて、死別も数萬人と聞く。敗戦と共に、こうして再起日本を祈りつ、我々の犠牲となったのであった。私共は哀心より哀悼の念を禁じ得なかった。涙なくして唯か之れを語らんや。又聞く人胸の熱するを覚えんや。家族構成は全く破壊され、一家全滅、数戸孤児二十四名、死亡者なき家庭は二戸と云ふ有様で、夫婦のみどうやら揃ったもの八戸であった。
　思ひはそれからそれからと去っては又来、早くも南新京駅に到着。荷物の検査を終り、停車場へと暫らく休んで貨物車に乗車、奉天を経由錦縣へと汽車は走り出した。

七月十七日
　愈々晴レノ引揚ノ日ガ来タ。此ノ日ヲ一同ガ如何ニ待タレタコトダラウ。早朝ノ集合デアルガ、皆元気デ誰ノ顔ニモ喜ビガ嬉シサガ充チ充チ充チテイル。
　病人ト荷物ハ馬車ニ依ツテ出発スル。義和分会ヨリノ別レノ辞ニ亜ギ、団長、大隊長ノ訓辞アリ。之ガ終レバ愈々南新京駅へ出発スル。足ノ運ビモ軽ク、早クモ駅前広場ニ到着。荷物ノ検査ガ行ハレ、吾等ハ貨車ノ中ニ鮨詰メニナツテ乗レバ、列車ハ一路奉天錦縣ヘト爆進スル。避難以来、一ケ年ノ長春生活ニ別レヲ告ゲタノデアル。列車中ニテ二泊。

七月十九日
　途中、無事故で錦縣に到着。こゝにて乗船の手配等で各宿舎に分かれ、二、三日滞在す。

此處にて五日間、共同炊事で乗船準備を終り、二十四日当地を出発、コロ島より乗船することになり、この間汽車で二時間程でコロ島に着いた。

荷物の検査、人員点呼、検疫等を終り、当日午後VO二七号の輸送船に乗ることになった。

午後八時頃舟は出航した。舟中は日本人のみである。今迄は全部中国人の監視下にありしが、やうやく日本に来たやうな気持がした。本船は舞鶴港へと波を蹴って入港せり。

七月十九日

途中無事ニ錦縣ニ着。此処ニテ下車。別列車ニ依リ宿舎ニ分宿シ滞在トナル。之ハ乗船手配ノ関係ト防疫其ノ他ノ準備ノ為デアル。

五日間ヲ共同炊事デ滞在。乗船命令ハ来ルニ十四日ト決定スル。

七月廿四日

錦縣出發。胡蘆島行ノ列車ニ乗ズレバ、二時間半ニシテ胡蘆島着。荷物検査、人員点呼、検疫等行ハレ、午后Vニ七号ノ輸送船ニ乗船、八時頃出帆、一路船ハ舞鶴港ニ進ム。

七月二十八日

直ちに上陸かと思へば、コレラの検疫を開始した。其の結果、コレラ患者の疑似あり。上陸禁止となってしまった。

七月廿八日

舞鶴港ノ沖合ニ碇泊。検診、検便ヲ直チニ実施シタルニ、コレラ患者ノ疑似症者発生ノ報ニ接シ、遂ニ待チニ待ツタ内地上陸ハ不能トナル。内地ノ山河ヲ眼ノ前ニ見乍ラ、残念デナラナイ。

七月三十一日
　そして本船は佐世保港へと廻航の止むなきに至り、船はイカリを上げ、再び船首を廻した。二日目佐世保沖合に碇泊。更に又検疫を実施すること三回、十数日を経た。
　懐かしの内地の山野を沖合に見乍ら上陸出来ず、暑い船中生活を無理せねばならなかった。船員まで気を腐らして居るのも無理もなかった。

七月卅一日
船ハ佐世保行ト決定シタ。何時上陸ガ出来ルコトヤラ。皆ノ顔ニハ絶望ノ色ガ浮ビ、暗黒ナ日ガ明ケテハ暮レテ、二日目ニ佐世保ノ沖合ニ到着スル。

コレラ発生ニヨリ隔離セラレテイル船ガ、幾艘モ既ニ此処ニ碇泊中デアル。内地ノ見エヌ処ナラ兎モ角、内地ノ自動車ノ疾駆サヘ見ラレル此処ニ、幾日カヲ過ス皆ノ苦衷ハ、察スルニ余リアルモノガアル。皆ノ気持ハ今迄ノ張切ツタノニ較ベテ、腐レテ了ツタ。無味乾燥ナ舟中生活デアル。

ソコデ輸送本部デハ、慰安トシテ各人ノ素人演芸ヲ思立チ、各船鎗毎ニ演芸会ヲ開キ、漸ク一同ノ元気ヲ取戻スコトガ出来タ。

併シ高粱飯デ腹ヲ大キクシテイル開拓民ナノデ、一日ニ食ノ、茶碗ニ軽ク一杯デハ、全ク閉口。一日中寝テイル者ガ殆ンドト云フ有様デアツタ。

日ガ経過スルニ達シ、腹モソレニナラヒ、ドウヤラ何ントカ生キラレ様ニナツテ来タ。

八月十六日
　本日第五回目の検査、皆緊張して居る。

八月十六日
二回ノ検便ハ皆不合格、三回目ハ無事合格、今日ハ五回目デアルガ合格スル。

八月十八日
五回目合格。本日は最後の上陸決定の検査。神に祈った。
然るに、
八月十八日
最後ノ検便日デアル。一ヶ月ノ船中生活ニ飽キテ、上陸出来ルコトヲ神ニ祈ル。結果ハ保菌者アリ。上陸見合セノ報ニ接シ、一同落胆ス。
防疫ノ手ヲ愈々厳ニス。
引続キ検便検査。三回出ナケレバ上陸可能ナノデアル。

八月二十一日
検査の結果は保菌者あり、上陸見合せの報告あり。愈々全員失望して気は益々腐ってしまった。防疫の手は益々緊張して実施し、又船内娯楽等を考へ演藝会等をして気を取り戻した。
引續き検疫三回実施し、陰性であれば上陸と云ふことである。こうした報により、元村の畠山重正村長さん・畠山玄二郎さんが見舞に来られたけれども、面会も許されないので残念乍ら帰られた。

九月四日
一回目最後の報告来る。「VO二七ゴウケンベノケッカインセイナリアンシンセラレタシ」。一同其の嬉びは云ひやうがなかった。

上陸日は九月九日と決定した。船中は歓喜にみなぎって居る。各所で演藝会が催されて居る。

九月四日

三回目検便結果報告来ル。即チＶＯ二七号ハ陰性ニツキ安心セラレ度キ旨ヲ報ズ。一同ノ喜ビハ想像以上デアル。上陸日ハ九月九日ト決定ス。

九月九日

上陸が開始された。上陸地点で荷物の検査、コレラ其の他の予防接種が行はれ、歩行一時間程にして小舟に乗り、元海兵団宿舎へと入宿す。此處にて被服洗濯其の他の手続きで不眠不休、三日経ぎた。

九月九日

小舟ニ分乗浦頭港桟橋ニ上陸、荷物検査、予防接種アリ。更ニ小舟ニ分乗、元海兵団宿舎第二号舎ニ入ル。手続其他ノ関係ニテ二日間宿泊。被服其ノ他ノ給与ヲ受ク。

九月十一日

午後三時より、愈々帰郷の途につくべく南風崎駅へと出発。此の駅より乗車。早くも汽車は発車す。見る人達は皆私共を迎へて呉れうれしかった。

列車は門司を経、鹿島に来た。此の辺はＢ二九の為非常な変った姿。見る蔭もなかった。大坂も過ぎ名古屋に到着。中央線に乗換へ、早くも長野駅に来た。

母村の元村長の浅川武麿さんが迎へに来て居り、村長さん外縣当局の種々な同情を涙ながら受け感激の外はなかった。

九月十一日

二時頃ヨリ宿舎ノ庭ニ整列。縣別ニ集合。南風崎駅へ徒歩、此駅ヨリ出発スル。

九月十三日

下車駅の羽黒下に着。母村の方々、郡下の方々の歓迎により二百四十九名無事入村しました。直ちに村主催の歓迎会が催され、母村の方々のかくも我々に対して心からなる迎へに、私共は永久忘れられない。

そして同情により、あらゆる方面より救済して貰ふことになった。

九月十三日

早クモ長野着。母村、母縣ノ方々ノオ迎へヲ受ケ、手厚イモテナシニ感極リ、胸迫ル思ヒアリ。長野駅発、羽黒下駅ニ到着スレバ、母村ノ方々ノ出迎へ、キネマニテノ歓迎会、感泣ノ外ナク、唯母村ノ方々ノ有難サ、幹部ノ方々ノ斯様ナ催シニ対シ、謝意ヲ表シタノデアル。

十月十五日

今日、我々の同胞満州にて終戦後死没者三百七十二名、団長以下の霊に対して村葬をして下さいました。霊はさぞ喜び上天したこと、思った。

私共は一致団結、再び日本の建立に邁進すべく覺悟新にして再開拓の実を挙る準備に入る。団長堀川源雄さんを中心として其の歩を進むるに至った。

完

ＯＳ生

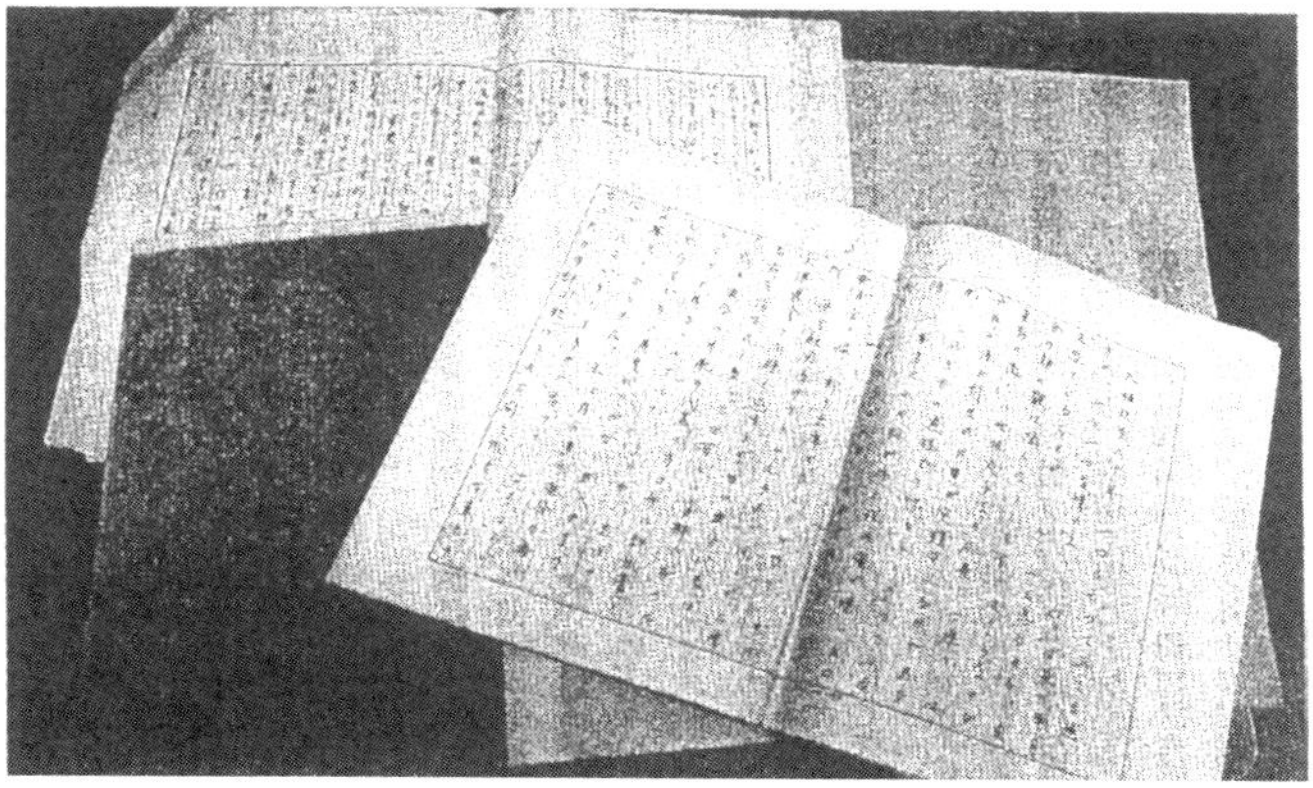

大林ツマ子の手記（著者撮影）

【参考資料】

「敗戦体験を語る」（青木仮題）

大陸の盛夏の酷暑はきびしい。八月八日の晩、むし暑く眠れぬま、子供と十時すぎまで庭で涼んでいたとき、なれない何か重苦しい爆音が北から南へすぎて行った。夜間で飛行機の姿はみえないが、何となく、不安と不吉な予感におそわれた。次の日、丁度吉林に出張中の団幹部の方が帰られてのお話しに昨夜は、吉林がソ聯機に空襲を受け爆弾投下されたとの事、不可侵條約が結ばれているのにと思ったが、それから毎日遠くの方からドーンと音が聞えて来る。新聞も、それ以后は送附されて来ないので、ラジオが唯一の報道機関であるが委しいことは解らない。例年になく毎日が雨降りの連続になっていた。

ソ聯機が吉林を空襲してから、満系の公安隊なる者が各部落へ、七、八名配属されて戸毎に廻って来る。平素と違って日本人をおそれる様子がみえないで、守るとみせかけて偵察に来ているように思はれた。十四日に明日正午に何か重大放送が有る旨が伝わった。

十五日正午ラジオを聞き、雑音が交じり聞き取りにくゝ、はっきりを全容をつかめなかったけれども、戦争は終ったことが大体解った。これからどうなるのか、さっぱり解らない。又どうして戦争は終ったのか。負けたことは疑う余地もない。近所の人達と話し合っていると、部落の火の見ヤグラの下に集まるように連絡が有り全員集合。小雨の中火の見の下に一人の主婦が、三人、二人と、子供の手を引いて集まった。ぐるりと輪になってみて驚いた。四八戸の先遣隊の部落に、四五才以上の男子が六名、後は中小学年の男子若干、後は婦人、子供ばかり。現地召集を受けて青壮年は征って了っていない。小雨の中組合長さんが、皆さん御存じの様に戦争は終りましたが外地にいる我々日本人は、これからはソ聯軍か、中國軍かの命令に従って行かなければならなくなるでしょうが、みる通り婦女子と老人ばかりの部落なので、しっかりした心がまへで日々を送ってもらいたい。戦争は原子爆弾と云う恐しい兵器を使われて、日本人が皆殺しにされて了う前に止めたとの由。又広島と長崎では大分悲惨な模様とのことのお話がされた。日本始まって以来負けたことのない日本人が、祖国の力によって栄えていた外地の私達は、これから先どうなることか途方にくれ近所隣同志集まっては心配していた。十五日以后部落へ現地人が大手を振って入って来て、今までとは打って替って、日本は戦に負けたと、あたかも彼等が直接勝った様な偉張り方であった。十七日には武装解除。今まで各戸に置かれて年二三回きびしい検閲を受け大切に保管されていた、三八銃、弾薬、日本刀、拳銃等を接収された。武装解除された後の現地人は神社を焼き小学校のトタン屋根をはぎ、日に日に治安が乱されていった。二四日には団の食糧倉庫が接収され、今后の生計の糧を断たれてしまった。此の間、八日以来の地を伝はってくる何かの爆発音は昼夜に渡って断続的に聞こえて来る。ボツリ（勃利）の少年義勇隊三十名位が、南下途中我団で一泊、北方の悲惨な状況が伝へられて、人毎とは思へない。日々一時も不安が断えないのみか探酷になって来た。この人達はどんなことが有っても白頭山をこえて朝鮮を通って内地へ帰り、このことを内地へ伝へて何とか日本人を救う道を聞きたいといって又南下して行った。日夜不安の募る婦女子と老人ばかりの我が団に、この頃一人帰り二人帰りと現地召集を受けて近い所へ行っていた人達が帰って来たことであった。又ラケンガに入植していた大門村の開拓者も我が団に救いを求めて一五〇名程入って来た。皆各戸に分宿していた。外部の人達が入って来る度に険悪な情報が伝わった。又各五つの部落にも小規模な襲激《（ママ）》が有り団員が殺され又家族が槍等で刺されるとの報しきりに入る。日夜を問はず警備を厳重にせしも武器のない悲しさ、如何ともなしがたい状況である。

　このような現状では、各部落間の連絡も取れず、或る部落は匪襲を受け全員、逃げまどう等、いたましい報せが入り、全部落を、我が部落に集結することになり各部落より現地人の服装で連絡に来る報せは、七生報国を信じる紅槍隊の指揮する土匪で悪質極まるもので、殺戮掠奪をほしいまゝにして一糸まとはぬ婦人も有ったと聞く。身一つで四散し附近の草むらに身を隠すも各人の連絡とれず、或は殺され傷を受け又行方不明等悲惨極まりない模様。又先頃まで部落警備に巡廻した公安隊も暴徒を扇動して金品を掠奪、事態は愈々急を告ぐ。九月八日の夜、秘かに現地人の一人より、明朝先遣隊であり団の中心たる我が部落の匪襲有る由伝へらる。他部落の模様を聞き知るので一晩中眠れず、履き物もない幼児三人、敗戦后の一九日に出生せし赤子を眠らせ、現地召集より帰り病床に伏す夫を看とり乍ら、明朝の匪襲を知らせてくれた現地人の大人に、幼児の靴の形を作ってもらい、彼女等の使う麻糸をもらい、鹿の皮で靴を縫う。三足縫い終り夜がしらじらと明けるころ警鐘が鳴った。眠っている子供を起こし、常に言い含めて泣かないようにして支度をし、夫も、ラケンガより又他部落より来て泊まっている人達と家を出て、全員で部落の二、三ケ所に集まり、土塀外に難をのがれる。紅槍隊・公安隊を含めて六〇〇〇名と推定される暴民、馬車数百台を持って家財一切、家畜・農具の類まで悉く一、二時間の中に掠奪し家はこわして土塀外に避難せし我々に拳銃をつきつけ、又日本刀でおどして金品を掠奪してしまった。午后匪襲の終った部落に入ってみれば、九年間築いた生活の礎は皆無、終戦の日より不安と恐怖の連続だっただけに、此の惨状を目撃し遂に覚悟した上にも覚悟すること余儀なくされたが、とり合へず部落全戸に散っていては警備が大変なので全員正門の四戸に集まって一夜を明かす。男子は夕方包米（トウモロコシ）を畑に取りに行き婦女子は焼き、ゆでて一人一本でようやく一日中始めての食物を口に入れた。この夜はこれから、どうなるものかと語り合い不安の一夜をすごし、次の日、また一部落の集結がなされて全部落集まった。中には親子七名、手の中に入るナイフで頚動脈を切って自決した人、病気で動けない妹を、姉と兄が、しめて死なせる。動けない老母もと皆本人に頼まれて涙乍らに肉親を手にかけた人、又子供に毒の呑ませて自分も呑んだ母親、でも母親だけは発見が早く助かった人、縊死しようとした人等続出したので、団長さんが、全員を集めて、死ぬことは何時でも出来るから、又死ねない時は、出さないでおいた日本刀で死なせてくれるから以后は絶体に死ぬことは許さぬと強く言い渡された。死ぬ時は皆一緒と全員決まった。一緒に死ぬことが決まり無一つ物になった我々は強くなった。が、こういう時は流言がたちまち広がって、皆惑うこともあった。

匪襲を受けて無一物の我々は、男子は、畑から、カボチャ・包米、等取りに行き婦女子は部落に残った食糧集めて、警備に当る人、又全員の食事の用意に大変となっていた。全員共同作業共同炊事であった。

そんな折に又、小数の暴徒が部落の塀を乗りこえて物取りに来た。もうこれ以上は堪えることは出来ない。男も女も棒を振って入って来る暴民と戦った。九名を殺し若干の負傷者を出して追い返した。我が方には、一人の負傷者もなかった。この時、戦った婦女子は白はち巻きで棒をふり上げ女と思へない姿であった。

次の日、公安隊より死体引き取りに来た。死体の顔をきれいに洗って渡してやった。この時は公安隊を先頭に三・八式の我等より押収した武器、また拳銃を持ち、軽機関銃二十丁を正門にすらり並べて来た。団幹部と公安隊の接渉中に小数の者が物取りに入ったのだった。又或る婦人は、吾が子を抱いて二十丁の軽機関銃の並んでいる中へ交渉に単独で入って行ったが、地方語と北京語で通じないのを幸に、筆談し時をかせぎ、筆談になれば彼等の方が困ったとの事。こんなことが有ってしばらく平穏な日が続いたが、食糧の確保と、越冬準備のため、天気も続いたので探し集めた農具で稲刈りを始め、又土を練り、トウピーズ（土煉瓦）を作り等していた。身軽な婦人も全部参加していた。土に生きた私達は、最后まで土に生きる覚悟が誰も持っていた。この頃には、各地から、団以外の軍籍に有った人も難をのがれて入ってこられて、男手も大分強力になっていた。でもあちこちの日本人の悲惨な最后が刻々知らされて、前途は暗澹としていた。

こんな混乱の中へ、身の危険をおかして一人の朝鮮の青年が私に面会を求めて来たと、門を守る人から知らせを受けて逢った。彼は私をみるなりワッと涙を出して泣いて了った。私も共に彼は、奥さんほんとにお気の毒です。大変御世話になり乍ら何の恩返しも出来ないですみませんと泣いて詫びている。私は彼に、貴方は今の私達をたずねることは、現地人にみられても、又貴方を知らない日本人からも怪しまれて身の危険が心配されるので、お志ざしは嬉しいし有難が、もうこないでほしいと云うと、もう一度どんなことをしても来ますが、何か入用なものが有ったら持って参りますという。私は、どうせ長く生きている心算はさらさらない、皆死ぬ覚悟でいるから、何も要らないという。彼は、泣き乍ら、奥さんそんな死ぬことはいけない、私の子供の名をいって、皆元気で内地へ帰って幸に暮らして下さいと一生県命励めてくれる。替るがはる子供を抱いては泣いて、持って来てくれたお餅をくれて、もう一度、是非来ますから何か持って来ます、といってくれる。折角なので、では私も四人の子供をかゝへて死ぬにも生きるにも、着たきりな体ではあるが、ほころび位は、繕はなければならないと思っていたので、ではもし来れたら、白、黒の糸と針をほしいとい〻、彼はきっと持って参りますと泣き乍ら帰って行った。二日して、彼は果して又来てくれた。糸と針とお餅を持って又今と同じに泣いて語り、どうしても死なゝいでくれと、又近村の現地人も朝鮮の人も皆さんには同情している、もうしばらく我慢していて下さい。私はもう絶体に来てくれないように云って別かれた。大勢の現地人朝鮮の人につき合って来たが、この人は命の危険までおかして来てくれた。

もっと平素、良くして上げておけばよかった。大切なものを沢山上げておけばよかった。皆掠奪されて何もなくなってから始めて知った。国籍を異にした、それもまだ若い人の命をかけての情に接し、異国の人に今まで持っていなかった心の和ぐのを感じさせられた。団内で、幹部役の任務を持っていた他村人で指導的立場に有った人達は、お金を貯へて持っていて、我々と一緒では、玉砕が見透されてか、満人をたよってこっそり出て行った人達、二家族の人を彼等の中においては危いと夜にまぎれ現地人部落へ特別任務で女性二人男子数名で、田んぼをはい、畑を抜けて呼びに行ったが、彼等の部落も夜警がきびしく連絡が取れず、彼等は気付かれて大声でその人達の名を呼んで引き返して来た。二、三日してから、その人達をかくまうことによって現地人も他の現地人から、漢奸と云われるこわさに遂いに置いてくれなくなって、今までの指導者の人達が、再び行を共にするからと、頭を下げて入って来られた。男は昼夜を分かたない部落警備、身軽な婦人もおなじ。

羅圏河から南下して来た人、召集で征き北満の現地へ行ってどうなったか解らないで吾が団に入って来た人等で相当の大部隊になっていた。皆に呼びかけて手持ちのお金を出してもらい食糧を買っていたが、中々誰も全部がお金を出してしまはない。私は有り金全部を出してしまった。どうせ長らへる身でないのに、お金は要らないと思った（このために後で悲しい思いをしたのに）。

夜毎に各現地人の部落の警備のための焚火、又ホラ貝をふいての合づ、たまたま、威嚇発砲するピーンと飛ぶ弾丸の音、覚語を決めた大人よりも幼い子供達が泣いてはいけないといへば泣かないで、こわいとも云わないでいたけれども、今までと違って、何から何まで不自由な暮らしの中で、父は病をおして正門の警備につき一ヶ月間に二度位しか見かけなかった。スープと重湯で病床に高熱で苦しんでいた人が、掠奪に逢って悪い條件の中で不摂生な生活している中に、何時しらずに快っていたとはどうしたことと不思議に思はれた。婦人の炊き出しの食事も充分とはいかなかったのに、襲撃されてより十三日目、突然ソ聯兵が中国人の通訳をつれて来団、即時立退きを命じられる。子供を抱いて公安隊へ交渉に行った婦人を含めて幹部の方々と交渉の結果、五〇〇名は二十四時間以内に立退くようとのこと。全員集合して協議の結果、羅圏河の人及び当団其の他の人四百数十名、希望者あり。明朝の出発のため、ニギリ飯を大量に作り夜おそくまで準備で大童であった。早朝にソ聯軍二十数名護衛のために来団。早速出発、駅まで約一時間、無事に気車に乗れたらハンカチを振ってと名残を惜しんで別れた。出発して約二時間、土塀の上より見ていると、気車の窓からハンカチ手拭を振っていた。約半数の人員となり、この人達は、此の地に骨を埋める覚語の人ばかり、何としても此の地は離れない最悪の場合は玉砕と決めていた。ところが次の日早朝、食前に又々ソ聯兵約三十名位来団、即時、立退きを命ぜられる。如何に交渉しても聞き入れないとのこと。気車の用意までしてあって絶体に変更は出来ないと云われる。この地を離れるなら玉砕と決めていた全員は、団長の言葉に、この地を離れるのは死ぬより辛いけれども、玉砕もならず、ソ聯軍の命に服さないわけには行かないので、これからは何が何でも強く生き抜き世の中の変遷を良くこの目で確め、経験して第二の人生に向って生きてゆこうと言われ、ソ聯軍に二時間の猶予を得て、出発準備といっても豆いりを作る位、昨日の人達にはおにぎり迄用意してやれたのに、自分達は、何も出来ない。

こんなに時間の早く経ぎたことはない。やがて全員整列。身体検査。貴重品は取り上げられ、刃物は一切禁止でソ聯兵に護衛されて舒蘭駅へと向かった。入植以来九ヶ年、第二の故里として楽しさも苦しさも肉親の死も生も又自身の骨を埋めるべき地に別れ、振り返れば涙にかすむ我が部落。往時の繁栄の中心たる団本部の煉瓦二階建の事務所、病院、学校と、田に畑に野に山に一木一草にまで別離の涙とゞめるを知らず。声もなく粛々と進む。全員より漏れるは唯嗚咽のみ。誰が今日を予想して入植した者があろうか。すべては終った。やがて一行は舒蘭駅へ着き気車に乗せられて哈爾浜へと送られる。駅を出て二十分は団の中を気車が走る。気窓より又、団本部我部落に肉親の墓の方角に合掌し永遠の別離の涙にくれた。はや吾が団をすぎようとした頃、終戦后の十九日に生まれた女子、名前をつけて届け出をしたが、行き場所がないまゝ、又日々の混乱の中で赤ちゃんとのみ呼んでいたが、運よく生長したら、又運悪い時もこの子が二葉の時のことは終生忘れられないだらうと、二葉と命名、親の心配をよそに丸々と太ってよく眠っていた。新京に着いて難民生活から内地帰還までのことは又の折に譲りこの稿をとじたい。

「軽井沢開拓の様子」（青木仮題）

昭和一二年満洲より引揚げ二二年に現住所に開拓者として入植開墾を始めた。四十年生の落葉松を伐採し、一鍬一鍬唐鍬で土地を開墾していた。生活は、苦しいの一語につき、政府の融資金、生活保護、営林農の労賃が主なもの。

食糧難の折、畑を作り食糧の確保を、又村づくりにと何とか生きるために毎日が酷しい開墾に耕作に、又家の建築のための製材作業にと、全部共同作業で、七十戸建設の意欲にもえて、丸太建てむしろ壁の長屋十二部屋に所帯持ちは一室、一人者は一二人で一室で四班に分れて班毎の共同作業であった。作業は男女の区別なく行われていた。配給のとぼしい石油ランプの光で馬鈴薯と大根をきざみ野草を混ぜての食事で仕事は重労働、耕すも運ぶも全部自力であった。家族構成は悪く、七十戸で夫婦揃った者は七組、夫を亡くした母子、妻を亡くした父子、未帰還の夫を待つ妻、両親に死別した孤児等の弱体な集りであったが、皆同じ目標に向って腹の底から打ち融け合って働いていた。五年間は完全な共同作業、一応落ち付き再婚したり、夫が帰還したり、孤児も青年になって一人立ち出来る態勢になり、個人経営に切り替えられた。

浅間山麓を開拓する大日向村開拓民と子どもたち（昭和28年秋）

家畜も徐々に資金を借りて導入し、耕作面積もふえて来たが、何といっても浅間山麓一一五〇米の高冷地の火山灰土の一毛作しか出来ないやせ地では、農業だけの収入では生活ができない。政府から、又関係当局から借金又借金で生活は少しも楽にならない。加えて災害が相次いだ。干害、冷害、晩霜害、早霜害、雹害に尚浅間の噴火で出荷期の野菜が全滅と、毎年のように何かしら天災とあきらめられない辛く苦しい生活の明け暮れ。来年は今年は少しは良いだろうと十八年を経て、借り入れ金の返済、高度経済成長の波にもまれ換金作物も価格の変動、不安定、酪農も飼料高に乳価が比例せず採算が取れない。農作業の外に出稼ぎもして苦しい生活の果てに、相談に相談を重ねた結果、汗と苦しみで開墾した土地の一部を或る会社に売却することになった。百性が土地を手離すことの悲しさはたとえようもないが、外に方法はなかった。売却したお金で借金を全部返済し、気分転換して営農に、又そのお金で転業する人にと大きく変った。老朽した家屋の補修した人、又新築した人、営農のための各農器具も購入された。今まで押えに押えて来た生活必需品も種々買入れテレビも全戸に入り、農業用に通勤用にと自動車も二十台位入った。子供も高校進学出来るようになり、何とか、世間並の生活が出来るようになった。けれども果たしてこれでよいであろうか。

一足出れば、観光地、別荘地が、住宅団地が、耕地が並び、農作業の畑の私達の姿と、その人達の姿との相違、人はそれぞれ道が違うと親はすごせるが、若い人は農業を嫌って皆働きに出、土地を売った代金で買った車で通勤している。お店も三軒も出来て、日用品にはこと欠かないし、車で業者がどんどん入って来る。台所が改善され、生活の水準が上って、営農も機械化され作業が楽になって来たにもかかわらず、「合理的な文化生活が開拓者の私達に出来るようになって」四十才以上の婦人が体の不調を訴える人の%の高いことは、今までの生活の苦労を物語っていることだろうが、「表面」合理化されて文化的生活が出来るようになったと思われていても、それは地に深く根を張ったものでなく、表面だけのものではないだろうか。今の所農業の後継者の造れない生活。これは我が開拓地だけの問題ではない。大きな社会問題だと思う。開拓根性等と親が思っても子供はついてこない。私は土をはなれて生活はない。借金の苦痛からはのがれられても、土に生きる私達の安定した自信と誇を持った営農の姿、それはどんな姿に変って行くことだろう。そして何時の日、何人の子供達が喜んで親について来る日があるだろう。それを見つけて実現して行くために、まだまだ努力と研究の積重ねが必要であると常に思いつゞける。

八章　「満洲事変」オンライン講座

一　満洲事変――「ルビコン川」はどこにあったのか

皆さんこんにちは。満蒙開拓平和記念館特別展「満洲事変」オンライン講座第七講です。今日は「満洲事変――「ルビコン川」はどこにあったのか」というお話です。

まず、演題にした「ルビコン川」の意味からお話しましょう。世界史の中のエピソードですが、ローマ時代の故事です。紀元前四九年、軍人カエサルがローマに反旗をひるがえした時、イタリア本土と属州の境界を流れる「ルビコン」という名前の川を渡って攻め込みます。この川を渡ってローマに侵攻することは、法にそむく行為で、死罪に値するとされていましたから、彼は二度と後戻りできない決断をしたことになります。そこで、「二度と引き返せない道に踏み入れること」を「ルビコン川を渡る」（Cross the Rubicon）というようになりました。

今日は、満洲へ向かっていく日本の近代史の中で、「ルビコン川」はどこにあったのか、探っていきたいと思います。

第一次世界大戦は、日本にとっては「天佑」でした。天佑とは「予期せぬ天の助け」という意味です。これ日本は、ヨーロッパで勃発した大戦に便乗し、棚ぼた式にアジアにあったドイツ領を獲得しました。これにより、中国あるいは朝鮮への進出の足がかりが、一歩進んだわけです。

しかし、この戦争は、勃興しつつあった中国や朝鮮の民族運動、あるいはロシアの共産主義運動を刺激しました。「戦勝国日本」は、今度は、こうした問題と対峙しなければならなくなりました。戦争というのは、憎しみを生みだし、それがまた次の戦争を産んでいきます。

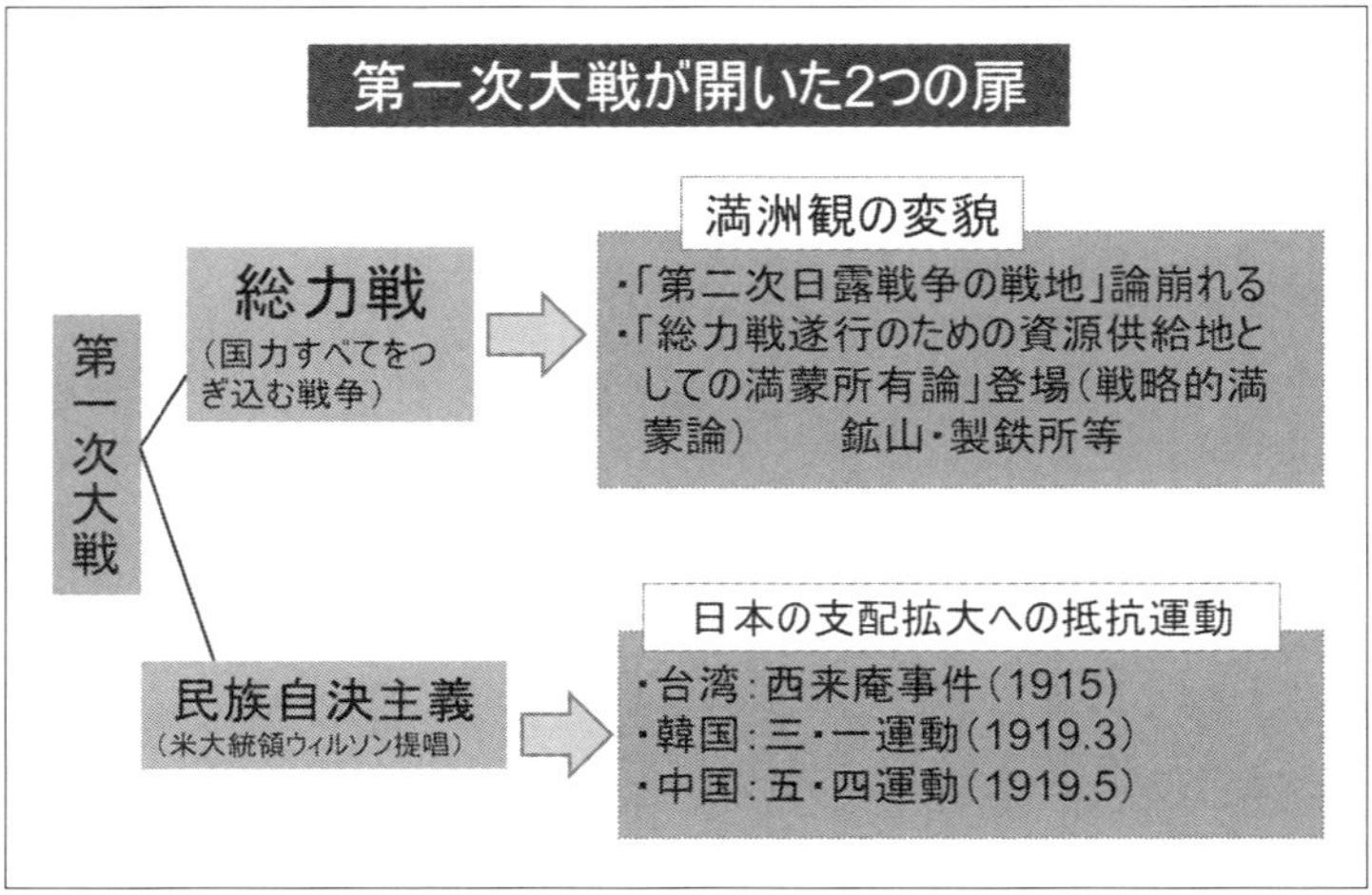

第六講を振り返ってみましょう。「第一次世界大戦が開いた二つの扉」というお話をしました。「総力戦」と「民族自決」の扉です。「民族自決」については、朝鮮の三・一運動、中国の五・四運動を紹介しました。ここにロシアから共産主義思想が流入すれば、大変なことになります。「満洲を共産主義流入の防波堤にしたい」という思惑が出てきました。

「総力戦」という面では、軍部の満洲観が大きく変わっていくことに注目しました。この頃にはすでに、「日本はいずれアメリカと戦争することになるだろう」という考え方が軍部の中で出てきていました。そうすると、「あれだけの大国と戦うためには資源に恵まれた満洲を領有するしかない」ということになります。特に、満洲に支配の拠点を築いてきた関東軍では、「できるだけ早く満洲を領有して総力戦に備えたい」という要求が強まってきました。

というわけで、「総力戦」と「民族自決」の二つの扉の向こうには、

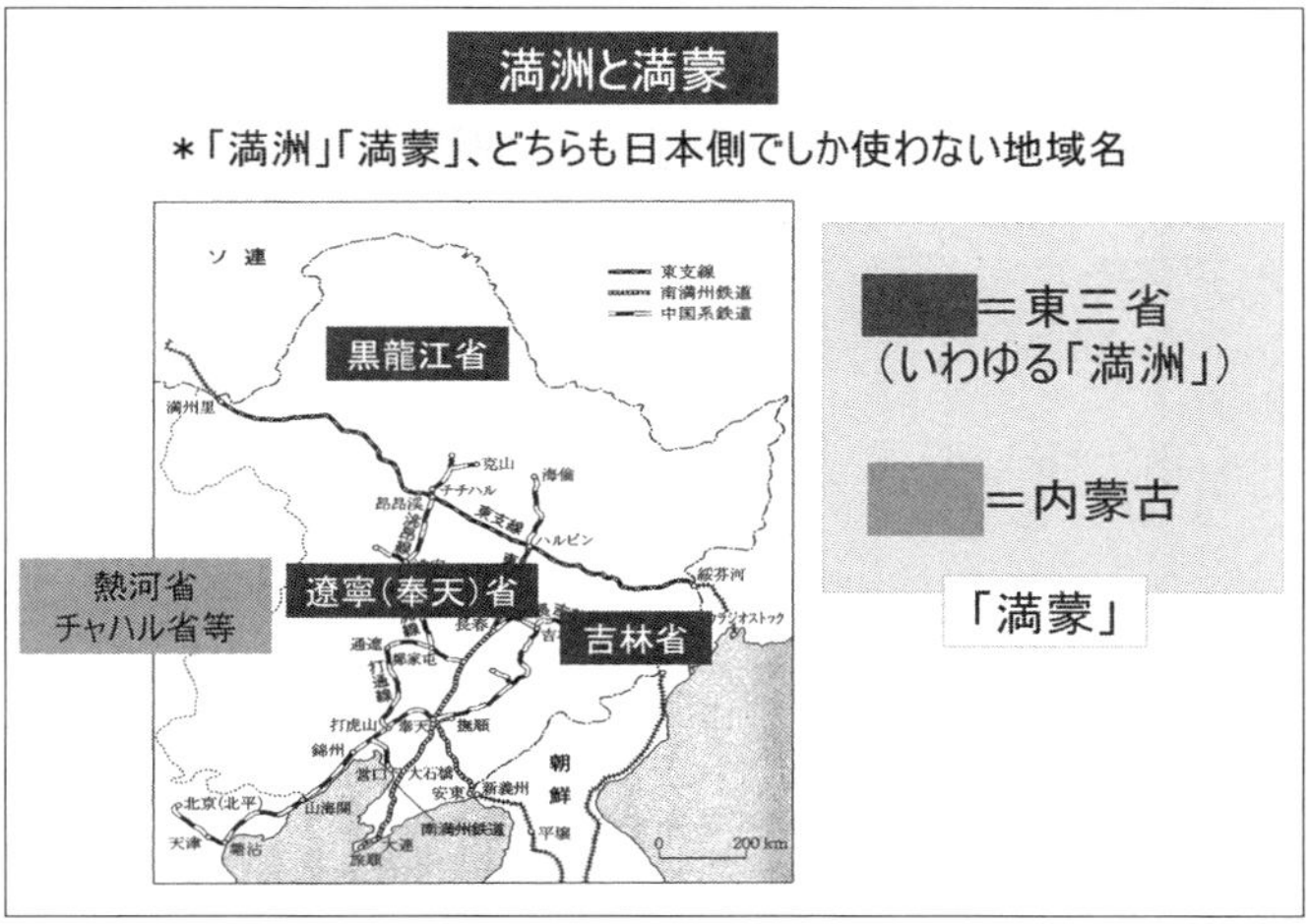

やはり満洲があります。満洲が最後の争いの場所になってきます。

ところで、これまでの講義では、「満洲」とか「満蒙」という言葉をしっかり定義していませんでした。最初に、言葉のスタートラインを揃えておきましょう。諸説あるので、その中の一つくらいに考えていただければよいのですが、一応定義しておきます。

まず、「満州」と「満洲」。さんずい（氵）のあるなしです。

今は一般にさんずいのない満州を使いますが、正式な呼び方は、さんずいをつける満洲だと思います。もともと「満洲」という名前は、地名ではなく民族名でした。この民族は女真族ですが、知恵の仏である満珠菩薩を信仰していました。そこで、中国人は彼らを指して「まんしゅう」、「まんしゅ」と呼んだようです。これが満洲（まんしゅう）という言葉の語源です。

さんずいがつくかどうかは、中国の王朝交代史観と関わっています。中国では王朝が変わると、旧王朝を倒した新王朝は、「俺たちが王座につくのは正しい」（支配の正当性）ということを必ずアピールしなければいけませんでした。そのときに使われる考え方が、木火土金水で構成される「陰陽五行説」です。「木は火に負けて、水は火に勝つ」というような考え方です。

では、満洲の場合はどうか。満洲に根を張った女真族（満洲人）が、やがて明という国を滅ぼして中国を統一し、清を名乗ります。

一六四五年です。江戸幕府成立の頃です。明という王朝は、「火の徳を備えた王朝」だと言われていましたから、その王朝を破った清は、「火に勝つ水の徳を持っている王朝」ということになるわけです。水に縁がある。そこで、国名の清も、民族名の満洲も、さんずいをつけるのが正しいのです。

さて、次は「満洲」と「満蒙」です。

この講座を行っている施設は「満蒙開拓平和記念館」ですね。「満洲」ではなく、「満蒙」という地名を採用しています。この二つの地名、なかなか区別がつきにくいのですが、「満洲」という言葉も「満蒙」という言葉も日本でしか使わない地名です。中国では、東北部のこの地域を「東三省」と呼んでいます。黒竜江省、吉林省、そして遼寧省（ときに奉天省と呼ばれた）です。「満洲」とは言いません。

日本は東三省地域、日本でいう「満洲」に関心を持ちますが、鉄道の関係などから、その西側にある地域にも関心を示しました。ここは熱河とかチャハルと呼ばれた場所で、内モンゴルの領域です。そこで、東三省に内モンゴル一帯を加えて「満蒙」という地名ができたわけです。「満洲開拓」と「満蒙開拓」。言葉の使い方にあまり神経質にならなくてもよいとは思いますが、正しくはこの施設名のように「満蒙」でしょう。ただ、この講座の中では、使い慣れている「満洲」と言う地名を使う場合が多いと思います。いずれにせよ、総力戦のための資源確保地として日本が期待する場所です。関東軍は軍事的占領を目指しました。「満蒙領有論」と言います。

改めて、満洲（もちろん「満蒙」でも結構ですが）地域の課題を整理してみましょう。二点あります。

一つ目は、日本にとってこの地域が、ソ連と中国どちらに対しても国境を接する場所だったということです。国境線をめぐる緊張関係が生まれる場所です。まずこのことに皆さん驚いてください。

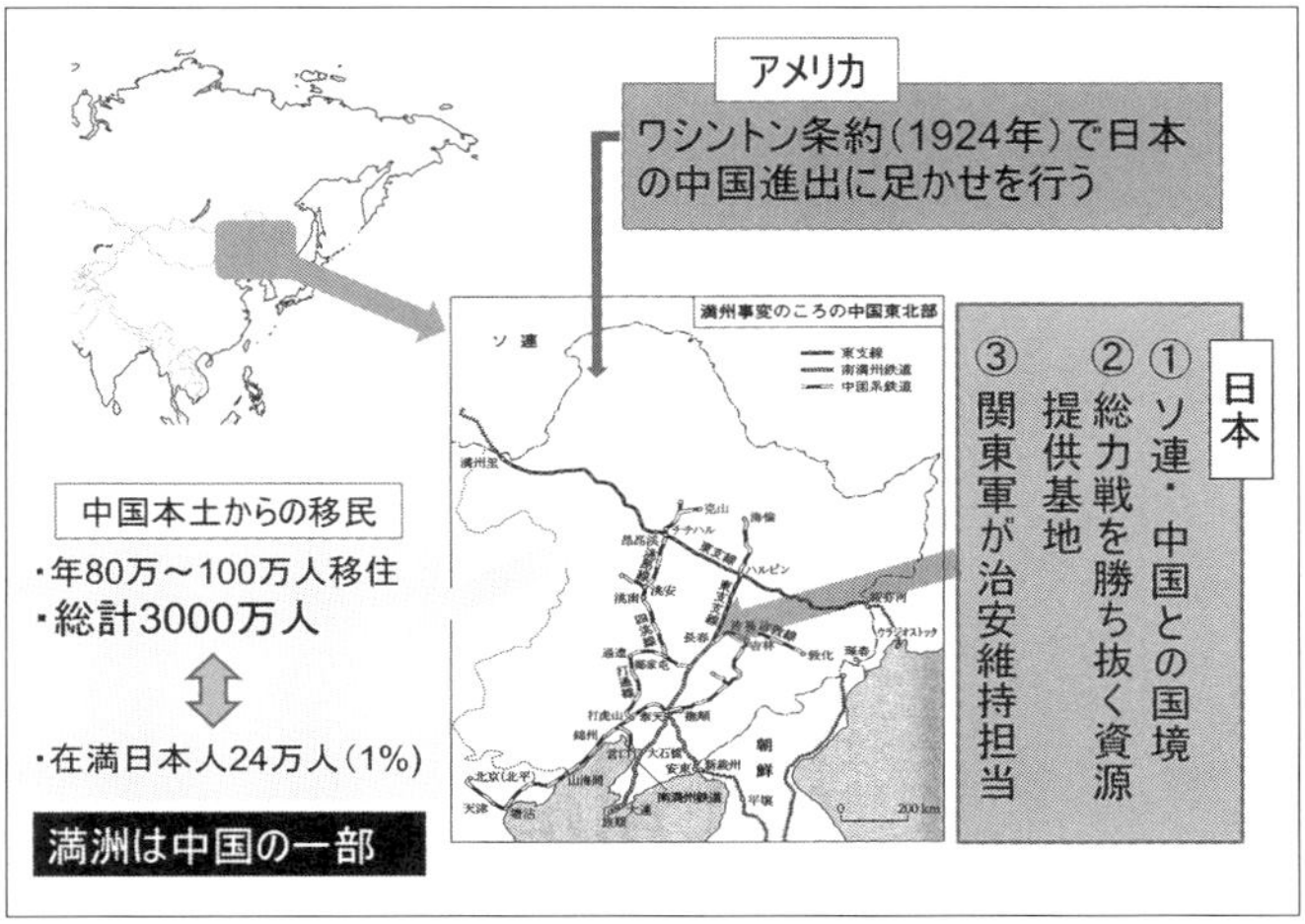

「日本がソ連や中国と国境を接しているの？」

現在でも、北方領土や尖閣諸島のように、ロシアや中国との間に領土問題を抱えている場所はあります。ただ、当時の国境問題は一層深刻でした。朝鮮半島が日本の植民地だったからです。朝鮮半島の北部西部一帯は、ソ連や中国と接していました。「国境が陸続き」という感覚は、島国日本に住んでいるとあまりピンと来ませんが、絶えず軍事的緊張が高まっていたということです。

もう一つは、何度もお話する通り、総力戦のための資源供給地として重要だったという点です。日本という国家が生き残るために、欠かせない場所と考えられていました。

ただ、これらは日本の勝手な言い分です。満洲は、無人の土地ではないからです。万里の長城を越えて中国人がどんどん北へ移住していました。一年間に八〇万から一一〇万人近い中国人が入り込んでいたようです。総計で約三〇〇〇万人が住んでいました。

それに対して、この地域に住む日本人はわずか二四万人。中国人の一《パーセント》に過ぎません。日本人は、この土地を「満洲」と呼び、自分たちの土地のように振る舞おうとしましたが、実際は中国の一部とみる方が自然なのです。また、世界もそのように考えていたはずです。少数民族である日本人が自由に振る舞おうとすれば、当然、あちらこちらで大きな軋轢を生みます。

満洲でもう一つ重要なのは、アメリカの存在です。アメリカは、中国、特に東北部に日本が進出することを、将来起こるかもしれない戦争との絡みで、非常に警戒していました。第一次大戦後に調印されたワシントン軍縮条約の中で、日本の中国進出に足かせをはめるような動きをとりました。

というわけで、「満洲」と呼ばれる地域は、実は「紛争のゆりかご」とさえ言ってよいほどの場所だったのです。小さないざこざでも、大きな事件に展開する可能性が非常に高い場所だったといえます。松岡洋右（松岡については「国際連盟脱退」のところで紹介します。戦前の日本の外交をミスリードした人物です）が、早い時期に「満洲＝日本の生命線」という言葉を使っています。今私がお話ししたような意味での満洲を表現した言葉でしょう。かつて山県有朋は「満洲＝日本の利益線」と言いましたが、もうそのレベルではなくなっているのです。利益を生む土地ではなく、生命のかかる土地だということです。

さて、その生命線の維持のために設置されたのが関東軍です。関東州全体の防衛、それから南満洲鉄道沿線の保護・警備が目的でした。司令部は旅順→奉天→新疆と、どんどん北へ、つまり満洲の奥地へ移動していきました。そして、満洲国が建国された後は、満洲全土を日本が軍事的に制圧していく中核となります。

一方、関東軍設置に対し中国は黙っていません。中国のナショナリズム（民族自決）運動は、ますます激しさを増していきます。「アヘン戦争の敗北以来、西洋列強にボロボロにされた祖国を、もう一度統一しよう」という主張です。「自分たちの力で自分たちの国を作っていこう」という運動が中国各地で急速に盛り上がってきました。この動きが、やがて「北伐」という事件になります。

地図をご覧ください。一九一一年の辛亥革命から、第一世界大戦を経て、五・四運動へと中国の民衆運動は広がっていきますが、その動きは、すぐには「中国統一」に向かいません。北の方には軍閥、日本でいうと戦国大名みたいなものが群雄割拠状態にありました。その代表が張作霖です。

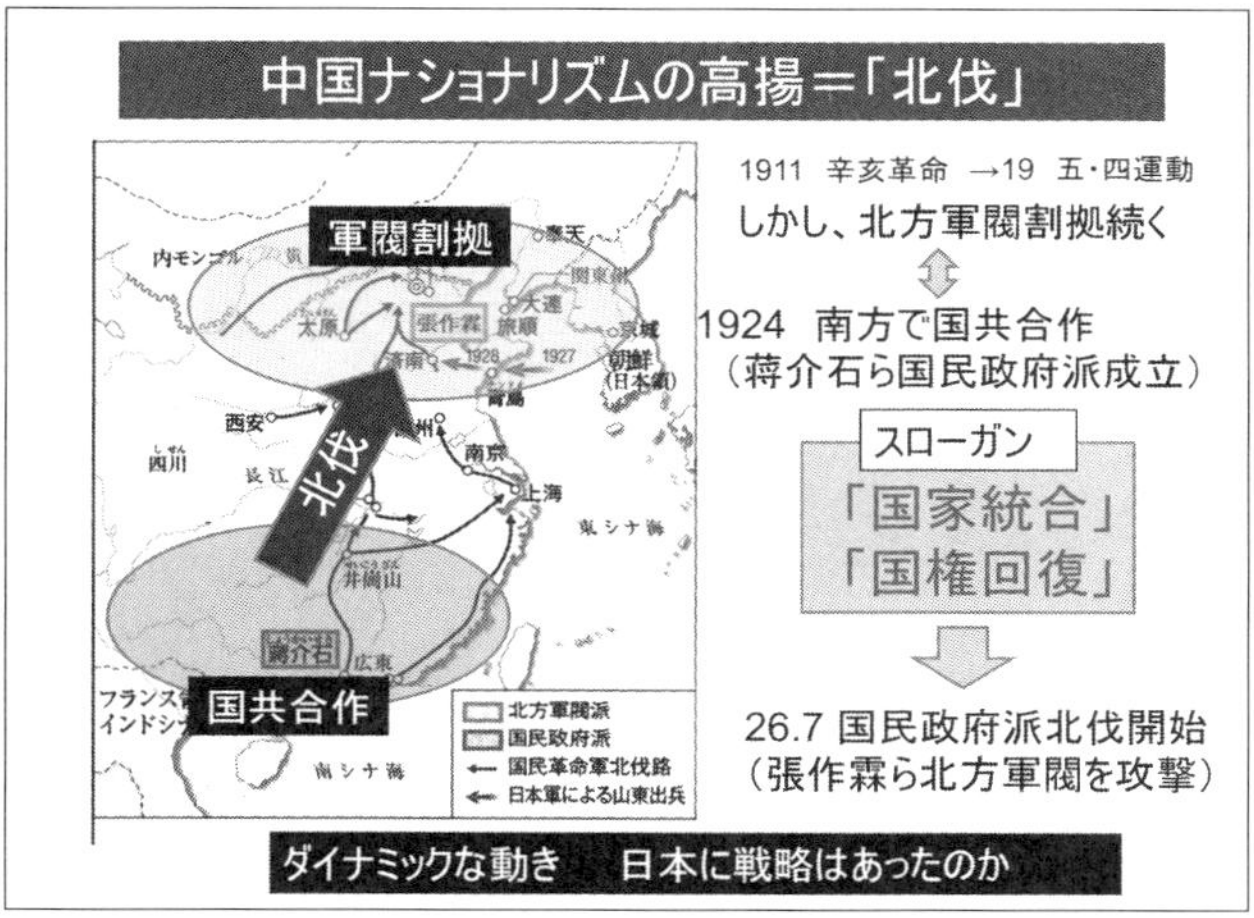

一方、南の地域は、今お話したようなナショナリズムの盛り上がりのなかで、敵対していた国民党と共産党が手を取り合うことになりました。蒋介石という人物が中心となります。「とにかく国を一つにしていこう、とにかくまとまっていこう。そして、不平等条約を押しつけられている今の状態をなくしていこう」という動きです。これを「国共合作」と言います。大きなひとかたまりの勢力にまとまっていく状況でした。中国の南北で、大きな違いがあったわけです。

こうした情勢の中で起こったのが「北伐」です。北伐というのは、南で成立した国共合作の国民政府派の勢力が、北に向かって進軍し、軍閥を攻撃しようとした事件です。一九二六年頃に始まります。ちょうど日本は関東軍司令部を設置し、満洲に睨みを利かせようとしている時でした。満洲侵略を進める上で、北伐に象徴される中国の民族運動にどう立ち向かうか、どんな戦略を立てるべきか、考えざるを得ない状況になりました。

ところで、「戦術」と「戦略」というよく似た言葉があります。何が違うと思われますか。「戦術」は一般に、短期的・詳細的・特定的・手段というような意味で使われます。「小手先の作戦」というと語弊を招きますが、やや近視眼的な対応です。それに対して、「戦略」は、長期的・全体的・普遍的というニュアンスがあります。「グランド・ビジョン」と言い換えてよいかも知れません。「長期にわたる困難を乗り越えてでも実現しなければならない大きな目標を実現する方途」ともいえるでしょうか。今お話した「北伐」の場合が、それに当たると思います。

では、国共合作を進めたリーダーたちが持っていた戦略に対して、日本にはどんな大陸戦略があったのか考えてみましょう。

第一次世界大戦後の、一九二〇年代の日本は、政党政治がある程度発達していました。制限があるとはいえ選挙も始まります。「大正デモクラシー」と呼ばれる自由主義的な風潮が国内には流れていました。

一方、外交面では、大きくは二つの方針がありました。そして、政権が変わるごとに交互にそれらの方針が採用されているような感じがします。一つの考え方は、「軟弱外交」とも表現をされますが、国際共存を軸とする平和主義的な外交です。もう一つは、「強硬外交」と言います。西欧諸国ががむしゃらに推進する帝国主義的な侵略に対抗するには、国家の独立を保ちながら、アジア諸国への武力進出を目指さなければならないという考え方です。前者は幣原喜重郎という人物、後者は田中義一という人物に代表されます。

二つの外交方針は、満洲に対する考え方が大きく違います。平和主義的な外交の特徴は、「満洲は中国の一部だ」と認めるところからスタートします。先ほどお話した通り、現地では中国人が圧倒的に多いわけですから、「中国の一部と考えて付き合うしかない」というスタンスです。

一方、強硬外交派は、「満洲が中国の一部であることはわかるが、それをいかに分離させ、日本に近づけていくかがポイントだ」と考えています。現状を容認するのではなく、武力によって現状を積極的に作り替えていく発想です。

ただ、この両者の考え方が、根本的に相容れないものかというと、実はそうではありません。国際社会に対して発言するスタンスは、それぞれ微妙に違いますが、「いきなり満洲に攻め込んでいこう」とは、さすがの強硬外交派も言いません。「戦争を仕掛けることは、現時点ではとてもできない」という認識は一致しています。「まあ、この程度までの要求が通せればよい」という落としどころは、両者だいたい同じでした。つまり、

①　国共合作で出来上がった国民政府派の勢力が、必要以上に北に北に向かっていかないこと。

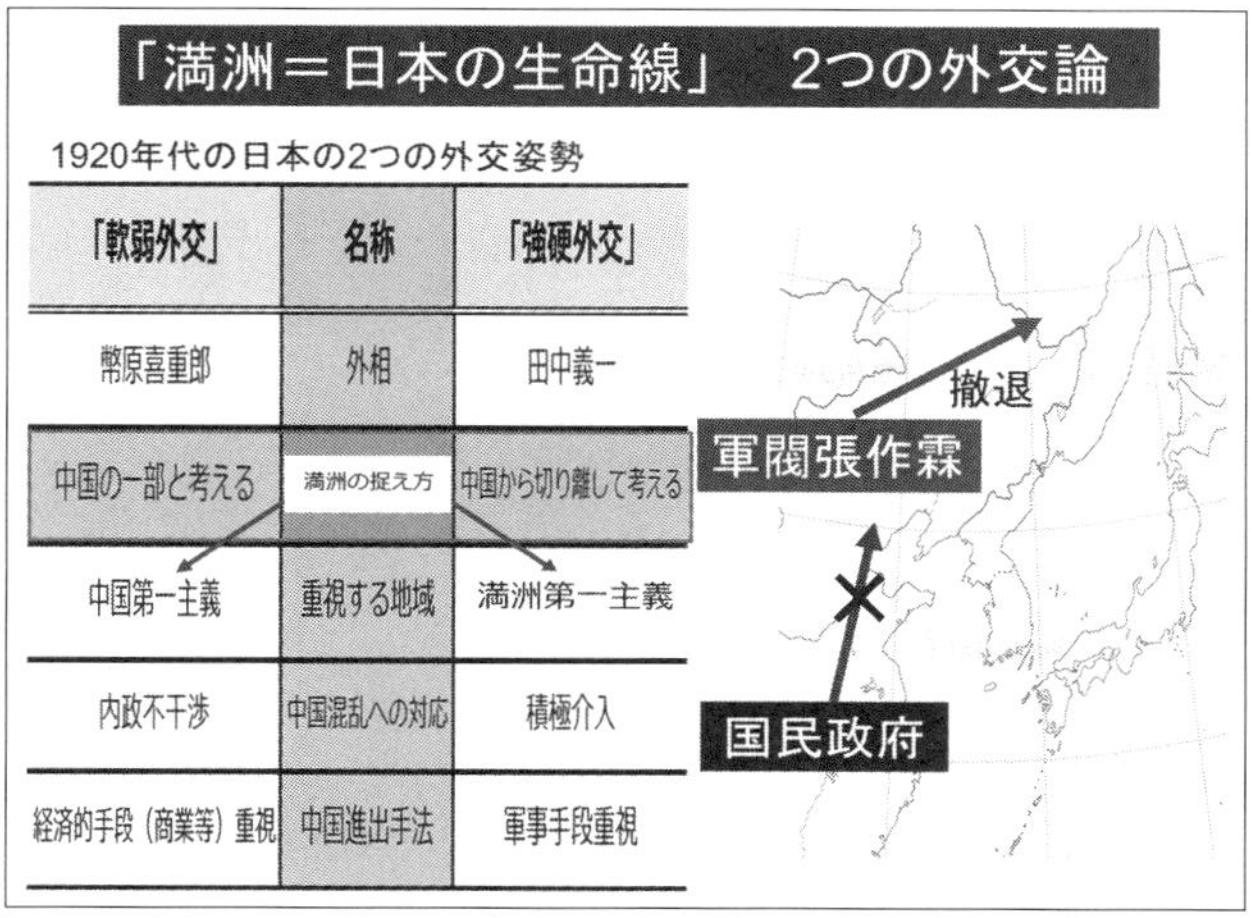

「軟弱外交」	名称	「強硬外交」
幣原喜重郎	外相	田中義一
中国の一部と考える	満洲の捉え方	中国から切り離して考える
中国第一主義	重視する地域	満洲第一主義
内政不干渉	中国混乱への対応	積極介入
経済的手段（商業等）重視	中国進出手法	軍事手段重視

②　軍閥・張作霖を、北の方へと押しやり、北上する国民政府派との間に線を引き、二つの中国を作る。

北に群雄割拠している軍閥の中で、一番力があったのは張作霖ですが、彼は、日本の支持を得ているというふうに言いながら、実は、中国南部へ勢力を広げていこうとしていました。彼の動きは、中国だけではなく日本にとっても、邪魔になりつつあったのです。

これが、落としどころです。

田中義一は北伐に対して、二十七年から三度にわたり「山東出兵」と呼ばれる武力干渉を行いますが、「これ以上やれば国際社会が黙っていない」という、落としどころはわきまえていました。これが、日本が当時置かれていた国際社会での立場でした。

余談になりますが、今私がお話ししている時期は一九二六年で

す。北伐が始まるのが十二月二十日。皆さん、この時期に何が起こったかご存知ですか。時代はここで大きな転換点を迎えます。

「百姓昭明・万邦協和」と言えば、もうおわかりですね。一九二六年十二月二十六日は、「昭和」がスタートした日です。元号「昭和」の語源は、中国の古典（「書経」）だそうです。「百姓昭明にして、萬邦を協和す」。つまり、「人々が徳をもてば、すべての国が仲良くする」という意味です。皮肉ですね。世界全体が総力戦時代に突入するときに、日本はそういう意味の言葉を、国の〈顔〉として選び取ったのですから。もう一つ言えば、翌年の一九二七年七月、一通の遺書が新聞に載りました。芥川龍之介の遺書です。友人に宛てたものです。こんなことが書かれていました。

「自殺の動機は少なくとも僕の場合はぼんやりとした不安だ。・・・僕がなぜこう思ったかって、ただ何かとにかくわからんがぼんやりとした不安が自分の将来にある」

芥川の自死は、極めて個人的な、彼自身の自分の将来に対する「ぼんやりとした不安」だったのでしょうが、おそらくそこには、「昭和」という時代の始まりの不安がオーバーラップしていたのだろうと思います。恐慌が始まっていました。「大正デモクラシー」の風潮を謳歌するのは、ごく僅かの都市生活者だけでした。農村の疲弊は深刻さを増していました。この国はどこへ向かって進んでいくか、みんなが不安を抱いていたのです。「昭和」という言葉を、誰もが素直に喜んで受けいれられませんでした。ぼんやりとした芥川の不安は、時代を象徴する心性だったのです。そして、この不安を切り裂いていったのが軍靴でした。

昭和の始まりとともに、「満蒙領有論」が離陸していきます。

国内ではまだ、国際社会との協調という大きな方針は守られていました。強硬外交であろうが軟弱外交であろうが、「これ以上満洲に立ちることはできない」という形で、政府が軍部の行動を抑制していました。

ところが、海の向こうの満洲では、関東軍が、「これ以上日本政府の軟弱な姿勢に付き合うことはできない。総力戦に向けて、満洲領有しかない」という動きを見せていきます。

関東軍の動きを見ていきましょう。

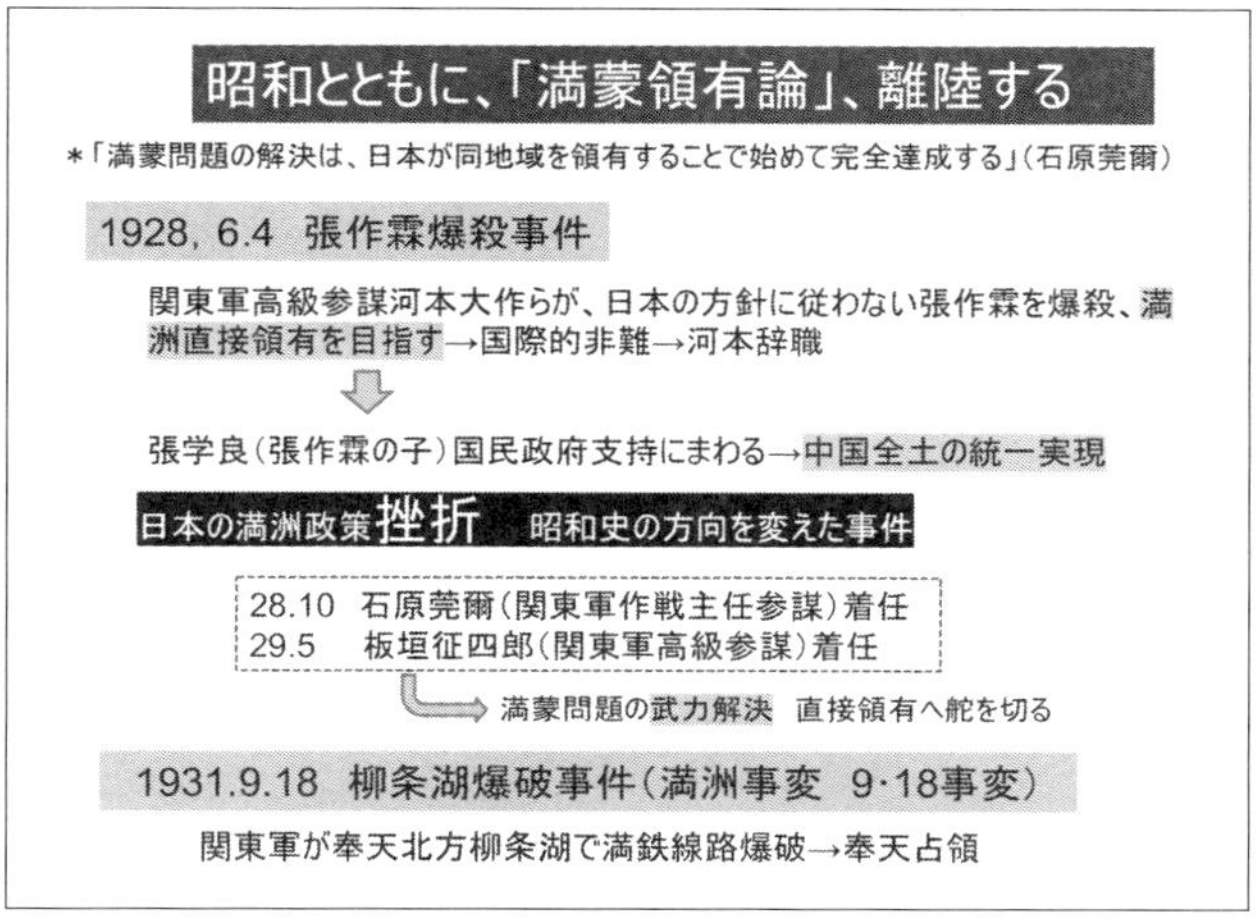
昭和とともに、「満蒙領有論」、離陸する
＊「満蒙問題の解決は、日本が同地域を領有することで始めて完全達成する」（石原莞爾）
1928, 6.4　張作霖爆殺事件
関東軍高級参謀河本大作らが、日本の方針に従わない張作霖を爆殺、満洲直接領有を目指す→国際的非難→河本辞職
張学良（張作霖の子）国民政府支持にまわる→中国全土の統一実現
日本の満洲政策挫折　昭和史の方向を変えた事件
28.10　石原莞爾（関東軍作戦主任参謀）着任
29.5　板垣征四郎（関東軍高級参謀）着任
満蒙問題の武力解決　直接領有へ舵を切る
1931.9.18　柳条湖爆破事件（満洲事変　9·18事変）
関東軍が奉天北方柳条湖で満鉄線路爆破→奉天占領

先ほども述べましたように、一九二八年に入ると、日本勢に従って北方で活動していた張作霖が、日本の指示を無視し、北京、あるいは南に向けて支配を広げようとしはじめました。日本にとって、非常に扱いにくい人物になってきたわけです。六月、当時の関東軍総司令官の河本大作らは張作霖を爆殺します（「張作霖爆殺事件」）。日本に都合の悪い人物を殺し、一気に満洲領有に進んでいこうとしたのです。

この事件は、当時は「満洲某重大事件」と呼ばれました。事件を契機に満洲では「満洲領有論」が一気に勢力を持つようになりますが、国際連盟は、ものすごく強い批判を行いました。日本政府も、一旦はこの問題の幕引きを図らざるを得なくなります。明らかに、関東軍の暴走でした。

同時に、張作霖爆殺事件は、関東軍が考えたのとは逆の形で、大きく歴史を動かす役割を果たしてしまいました。張作霖の息子の張学良が、この事件をきっかけに、国民政府側、つまり北伐をしている側に歩み寄ってしまったからです。彼が北の勢力をごっそり国民政府派に移したことで、日本が警戒している国民政府が勢いづいてしまいました。国民政府軍は、一挙に中国東北部に入り込み、間もなくここに国民政府の旗が翻りました。中国東北部、満洲は国民政府軍の手におちたということです。満洲領有のために起こした事件が、結果的には満洲東北部を国民政府の色に染めることになってしまったわけです。関東軍の完全な失敗ですね。日本の満洲政策は、ここでまずとんでもない挫折をしました。

張作霖爆殺事件の失敗を受けて、その立て直しのために派遣されたのが石原莞爾です。ご存知の方は多いでしょう。この講座でも、この先、石原莞爾の名前は何度も出てきます。彼は特異な終末論を持っていたといわれています。「世界の最終戦争は日本とアメリカによって行われる」というものです。日蓮宗を信奉した人物で、その独自の世界観と人柄は、今でも人気があります。ただ、彼が満洲で打ち込んだことは、一言で言えば、侵略です。

それから、彼と一体になって行動する板垣征四郎が高級参謀として赴任してきました。彼らが満洲に着任したところで、満洲領有の方向へと、もう一度、しかも今度は急進的に舵を取ることになりました。そのためには、何を置いても、満洲に広がった国民政府の力をそぎ落とさなければなりません。

かくして彼らは、一九三一年九月十八日、「柳条湖事件」（中国では「九・一八事変」と呼ばれる事件）を起こしました。柳条湖付近を通る南満洲鉄道の線路を爆破した事件です。これが、いわゆる「満洲事変」の発端です。そして、関東軍はこの爆破事件を中国軍の仕業だと偽り、満洲の北方、奉天方面に向けて、一気に軍隊を展開していきました。

追い込まれ追い込まれて、状況を一気に打開するために行った作戦でした。昔、一世を風靡した革命言葉を使えば、「一点突破全面展開」です。張作霖爆殺によって大きく変わった満洲情勢を、武力によって根本的に転換させたのが石原であり板垣であり、この柳条湖爆破事件、つまり、今回のこの特別展のテーマとなっている「満洲事変」です。

さて「ルビコン川はどこにあったのか」。

今日の宿題はこれでした。多分、いろんな場所・場面に「ルビコン川」はあったのでしょうが、「張作霖爆殺事件」が大変重要だと思います。日本はここで、いくつか引き返せないポイントを越えた気がするからです。関東軍、天皇、国内の軍部（とりわけ陸軍）の動きを追いかけてみましょう。

二十八年六月四日、爆殺事件が起こりますが、ときの首相は田中義一です。田中は陸軍出身ですが、国内外の世論を踏まえ、慎重な対応を指示します。天皇に対しても、「厳密に調査をして処罰します」という報告を直ちに上奏しました。田中は早い段階で事件の真相を察知していました。

一方、陸軍は田中の「厳罰に処する」という方針に猛烈に反発しました。陸軍も爆殺事件が関東軍の仕業だとわかっていますから、調査を阻止するためにものすごい圧力をかけます。その結果、なかなか調査は進展しません。

十二月。田中は天皇に対して、「十分に調査をし、もし調査の結果関東軍が関わっていれば厳密に処罰をする」と言いました。天皇は爆殺事件に強い関心を抱いており、ずっと報告がないことに苛立っていました。田中に対し、真相解明を期待するメッセージを出しています。

ところが、なお陸軍は圧力をかけ続けます。天皇は非常に苛立ちながら報告を待つのですが、出ません。ようやく翌年の五月、田中は天皇に報告をします。「関東軍は一切関わっていませんでした。軽い処罰で済ませたいと思います」という内容でした。天皇は激怒したといいます。「話が違うじゃないか、辞任したらどうか」とまで述べたと言われています。

さらに天皇は、六月にも同じようなことを述べたようです。かくして、この「辞任したらどうか」という言葉を受けて、田中は七月二日辞任し、まもなく亡くなります。死因も不審で、「自殺ではないか」との憶測も流れています。

明らかなことは、国内外に極めて大きな衝撃を与えた事件に対して、真相究明や、首謀者を裁く軍法会議が行われなかったということです。天皇の危惧もないがしろにされ、事件に関わった人物の処罰は非常に軽微なものでした。

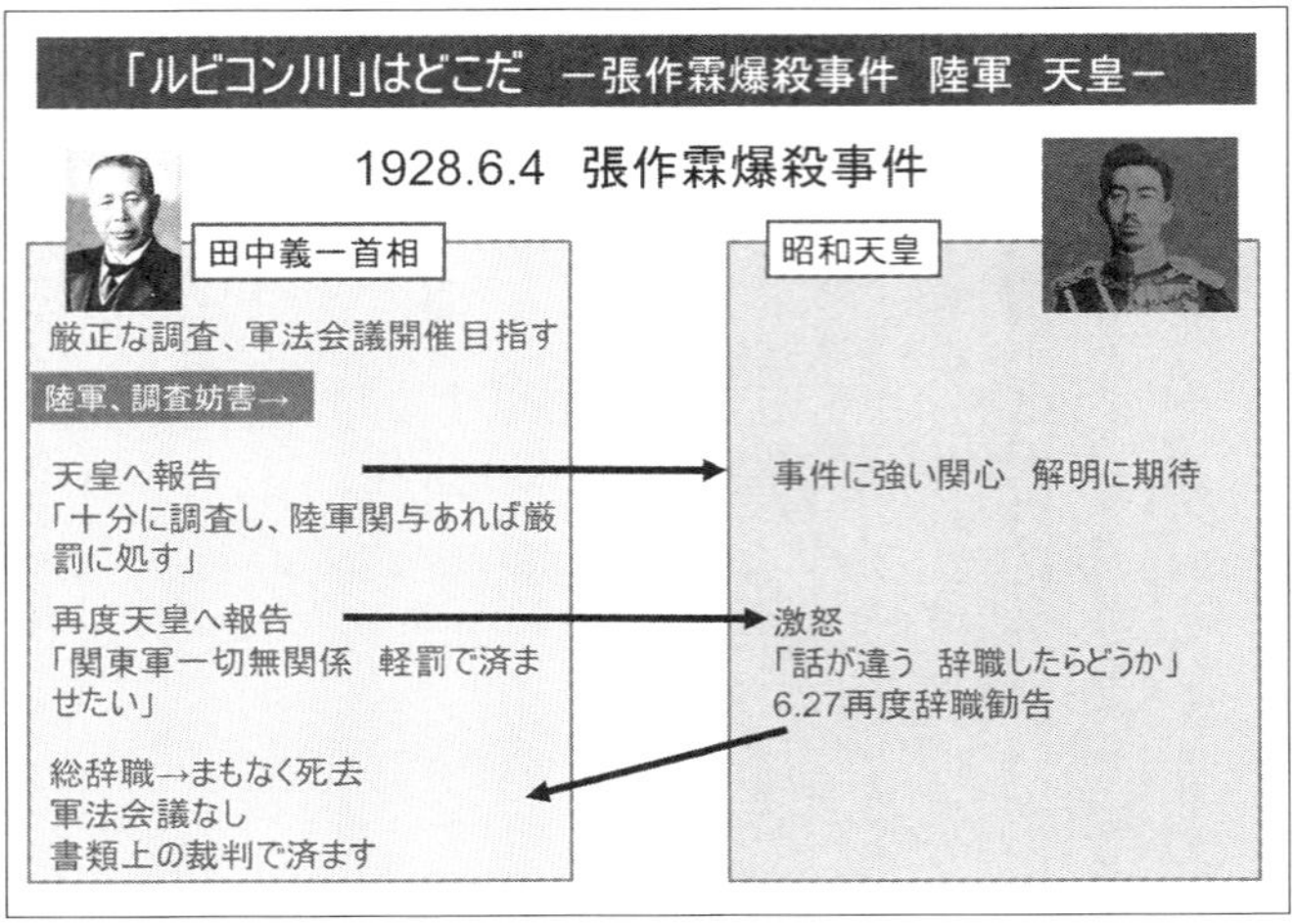
「ルビコン川」はどこだ　ー張作霖爆殺事件　陸軍　天皇ー
1928.6.4　張作霖爆殺事件
田中義一首相
厳正な調査、軍法会議開催目指す
陸軍、調査妨害→
天皇へ報告
「十分に調査し、陸軍関与あれば厳罰に処す」
再度天皇へ報告
「関東軍一切無関係　軽罰で済ませたい」
総辞職→まもなく死去
軍法会議なし
書類上の裁判で済ます
昭和天皇
事件に強い関心　解明に期待
激怒
「話が違う　辞職したらどうか」
6.27再度辞職勧告

昭和史研究に大きな足跡を残した半藤一利さんは、上記のような事件処理の過程で、非常に重要なスタイルが生まれてきたと指摘します。「沈黙の天皇の誕生」です。

天皇は、今お話したように、田中義一に「お前は話が違うから辞めたらどうか」と言いました。その結果、田中が辞めた。天皇の発言で、内閣が辞職したわけです。この時、天皇は明らかに政治に関わったのです。昭和天皇は後の回顧録の中で、「この一件があってから私は、自分の反対するようなそういう話が上奏（報告）されてきても、それに自分が反対であっても、これからはそれを追認する形に回った」と述べています。

「私が何か言えば、これだけのことが起こってしまう。」

天皇は、この時、「私はどんなに反対でも、これを追認する立場に立つ」と決断したというわけです。「これから以後は、上奏するものについて、それをストップする役割を果たさない」ことを自ら課したというわけです。半藤さんが言う「沈黙の天皇の誕生」の瞬間です。

一方、軍部の立場からすれば、事実上の無罪判決を勝ち取ったということです。作戦遂行に関わった関東軍の主な人物たちに大きな処罰がなかったわけですから、「圧力をかければみな黙り込む」という手前勝手な「教訓」を得たことになります。この事件は、軍部の暴走が常態化していくきっかけになりました。「あれだけのことをやっても、この程度で済む」という感覚です。

もう一つ大きな発想の転換が起きました。軍部に不都合な情報を天皇に伝える者（おそらく田中のことが念頭にあるのでしょう。こうした者たちを「君側《くんそく》の奸」と言います）をターゲット（標的）にしたテロが始まったことです。「君側の奸」を殺害し、天皇にできるだけ不都合な情報が伝わらないようにしよう、という発想です。青年将校たちが満洲国承認を拒む犬養毅首相を暗殺した一九三二年五月の五・一五事件までは、もうすぐです。

ただ、今の話の中で、言い改めなければならないことがあります。半藤さんが言った「天皇の沈黙」についてです。最近の研究では、天皇のこの証言を鵜呑みにはできないようです。天皇はこの事件の後も、時々政治的な発言をしています。「私はもう何も言わないことにした」というのは事実ではありません。ただ爆殺事件後、「天皇という重石（抑止力）」がなくなったことは確かです。

かくして張作霖爆殺事件後、政局を支配する諸勢力のバランスは大きくかわりました。軍部は「これだけのことをやっても処罰は軽い」と増長し、天皇は発言をしなくなり、政治家はテロに恐れをなす。軍部の暴走を止める力は働かなくなってくるわけです。私はここに「ルビコン川」があったと思います。

暴走する軍部、それを追認する天皇と政府。そして、事件の処理に象徴されるように、最終的には誰も明確な責任を取らない風潮が生まれました。丸山真男が指摘したように、この「無責任体制」が一九四五年八月の破局を生みます。

二　国際連盟脱退―巨大な滝に向かい船をこぐ

特別展「満洲事変」オンライン講座、第八講です。

今日は、「国際連盟脱退」を取り上げます。

「巨大な滝に向かって船をこぐ」という言葉は、絶望的な状況に向かって突き進んでいく、そんな日本の姿を象徴します。

「張作霖爆殺事件をきっかけに、天皇も軍隊も政治家も、後戻りできない道へと進んでいった」と、前回お話しました。もう一度、「満蒙領有論」という言葉を含めて、復習してみましょう。

事件は一九二八年の六月に起きました。日本の意のままにならない北方軍閥の張作霖を爆殺した事件です。しかし、この事件は関東軍の意図とは逆に、中国民衆の団結を強めることになりました。同時に、息子の張学良が国民政府支援に回ることで、東北の三省辺りにも国民政府の勢力が入ることになりました。つまり、事件は関東軍の目論見とは正反対の結果をもたらしたわけです。

立て直しのために、板垣征四郎あるいは石原完爾という、非常に優れた軍事的才能を持つ人物たちが満洲や関東軍に送り込まれていきます（もちろん、「優れた」ということがイコール政治家として優れているということにはなりませんが）。そして、彼らは、武力によって一気に戦況を打開しようとするわけです。もつれた糸をばしっと切り、閉塞した状況を打破していこうとしました。それが一九三一年九月の柳条湖事件です。中国では「九・一八事変」と言います。

事件のあらましを簡単に説明しましょう。

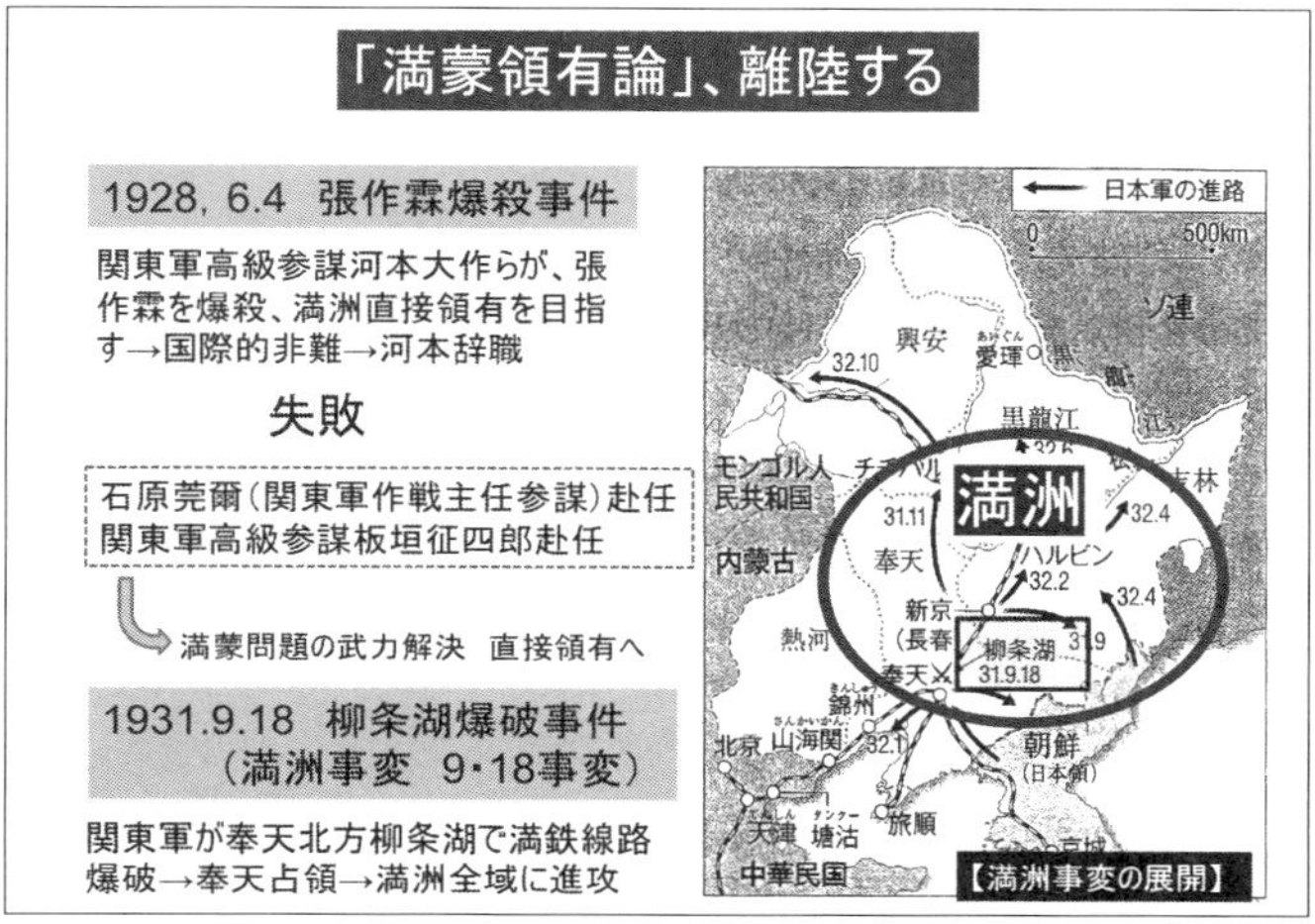

九月十八日のことです。この日、関東軍は奉天の北方面、柳条湖付近で南満洲鉄道を爆破しました。そして、それを中国の仕業だとして、一気に中国東北部、つまり日本でいう満洲に侵攻した事件です。地図で見ますと、ここが柳条湖。満洲の入口です。ここから一気に東北あるいは北の方に向かって軍隊が動いていく様子がわかると思います。これが「満洲事変」の発端です。

さて、「巨大な滝に向かって船を漕ぎ出す」とは、具体的にはどういう状況か。事件が勃発した一九三一年九月から三三年三月までの時期を、もう少し詳しく見ていきましょう。これまでの講義では、ざっくり「満洲事変」という言葉を使ってきましたが、実際にはあまり詳しく見ていません。年表を使いながら進めていきます。

政治の動きは、大きくは二つのステージに分かれると思います。三一年の段階と、三二年・三三年の段階です。それから、歴史全体を把握するためには、関東軍の思惑、日本国内の対応、国際社会の反応というように、三つの観点に分けて見るのが有効だと思います。

満洲事変（柳条湖事件）の勃発は三一年の九月十八日でした。これに対して国内はどう動いたか。

陸軍は直ちに関東軍を支持しました。

政府は真逆でした。直ちに、「絶対認められない。軍事行動を拡大してはいかん」という、自制を求めるメッセージを出しました。「これをやれば国際社会で孤立だ」という危機感があったからです。政府は関東軍の動きに対して不拡大を宣言して、止めにかかりました。

関東軍は反発します。二十一日には朝鮮に置かれていた関東軍の一派（朝鮮軍）を強引に越境させ、満洲に送り込みます。関東軍だけでは兵力が足らなかったのです。後でお話しますが、朝鮮軍の越境は、とんでもない国際ルール違反でした。同時に、国内法規にも違反する行動でした。

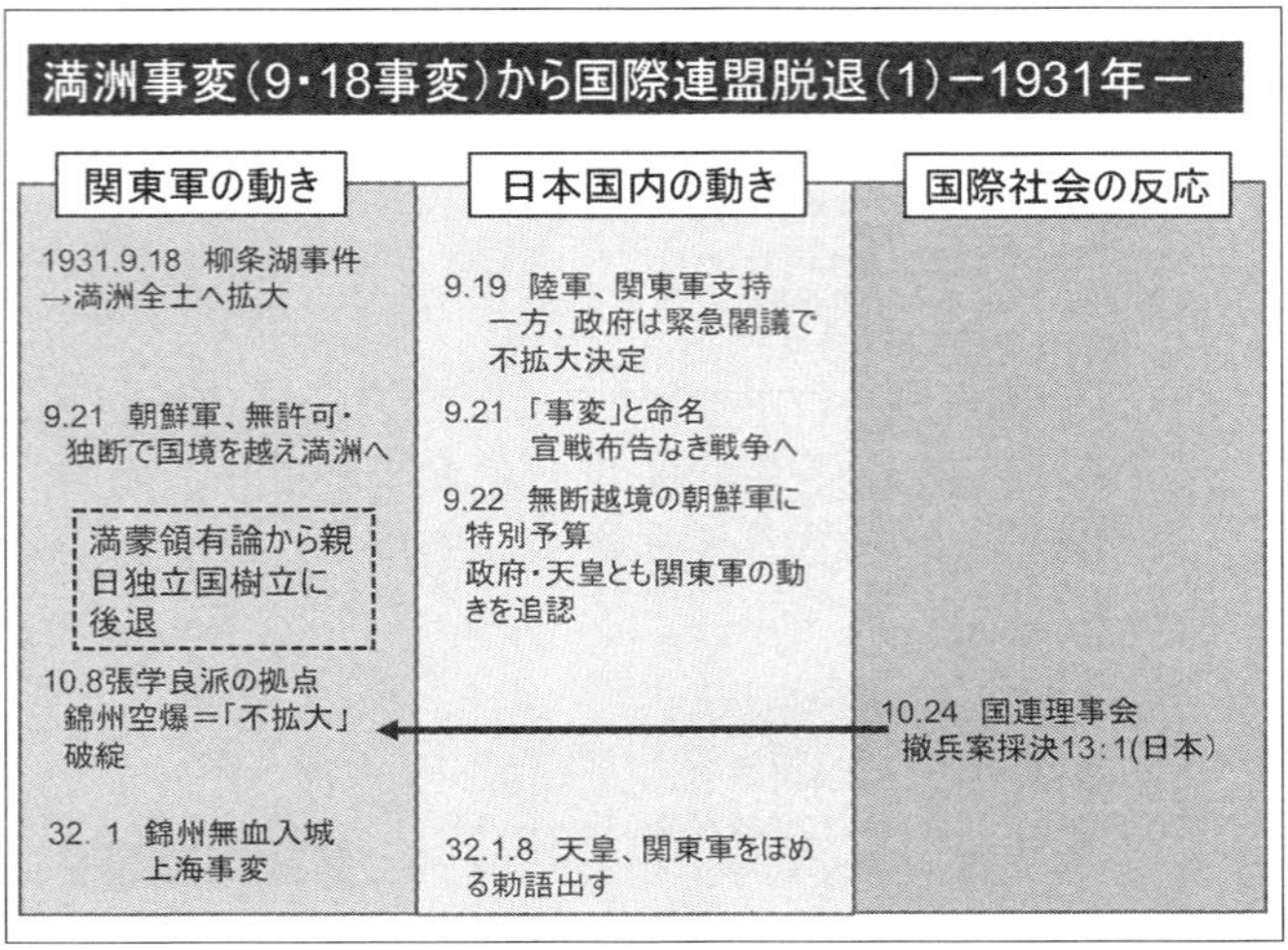
満洲事変（9・18事変）から国際連盟脱退（1）ー1931年ー
関東軍の動き
日本国内の動き
国際社会の反応
1931.9.18 柳条湖事件
→満洲全土へ拡大
9.19 陸軍、関東軍支持
一方、政府は緊急閣議で
不拡大決定
9.21 朝鮮軍、無許可・
独断で国境を越え満洲へ
9.21 「事変」と命名
宣戦布告なき戦争へ
9.22 無断越境の朝鮮軍に
特別予算
政府・天皇とも関東軍の動
きを追認
満蒙領有論から親
日独立国樹立に
後退
10.8張学良派の拠点
錦州空爆＝「不拡大」
破綻
10.24 国連理事会
撤兵案採決13：1(日本)
32. 1 錦州無血入城
上海事変
32.1.8 天皇、関東軍をほめ
る勅語出す

矢継ぎ早に進められた軍部の行動に対し、政府の対応はあいまいでした。「不拡大の方針」を打ち出しているのに、突然、「これは事変である」と言いはじめました。少しわかりにくいですが、「戦争ではない、アクシデント（事変）にすぎない」といいたかったのです。「戦争を布告する」というと国際世論が猛反発します。事変、つまり「ちょっとしたトラブル」として対処することで、事件の重大性を矮小化したのです。しかし、これは結局、軍部の暴走に理解を示してしまったということになります。

余談ですが、私が松本の高校で歴史を教えていたとき、アメリカの留学生が授業に参加していました。ちょうど湾岸戦争が起こった頃でした。日本がアメリカに対して、直接的な軍事支援を行わないことに彼はとても不満を持っていました。「敗戦体験と平和憲法が日本の原点だから、他国に軍隊を派遣することはできないのだ」と話してても、なかなか納得してもらえません。彼は、「アメリカ人は血を流し、世界の平和を守っている」と言います。そこで私は、「アメリカもベトナム戦争で負けたじゃないか。戦争の痛みはわかるだろう」と言ったのですが、彼は一言、「ベトナムで起こったことは、戦争ではなく事変（アクシデント）だった」と。私たちが知っている「ベトナム戦争」は、アメリカ人にとっては「ベトナム事変」なのです。

なぜ「事変」という言葉に彼がこだわったのか。そうです。「アメリカは、建国以来一度も戦争に負けたことがない国だ」と言いたいからです。それがアメリカ人をアメリカ人たらしめている原点なのです。「史上、一度として敗北したことのない国」という誇りです。

それにしても、「不敗神話に支えられている国」と、「八〇年前の戦争で徹底的に叩きのめされた国」が、パートナーとして本当に協力しあえるものでしょうか。彼の言葉を聞きながら、私は真剣に考え込んでしまいました。

話を戻します。

九月二十三日になると、事態は大きく変わります。政府は、朝鮮軍が越境したことと、関東軍のこの行動に対して、「不拡大の方針ではあるが、やってしまったことについては追認をする」と言い出しました。さらに、朝鮮軍の越境に対し、追加予算も認めることにしました。天皇も軍部の動きを追認しました。詳しい経緯は分かりませんが、九月二十二日には反発に遭っていた軍部の動きが、いつの間にか認知・承認されることになったわけです。事件の評価が一夜にして一八〇度変わってしまいました。

ただ、「事変後の満洲をどう経営するか」ということについては、政府・軍部・関東軍の間で見解が一致していたわけではありません。関東軍は満蒙領有論を強く主張する。政府はそれを認めない立場を固持します。対案として、「日本に親しい国を満洲に作る方針でいこう」という指示を出してきます。これでは関東軍は納得しません。政府の不拡大の方針を振り切るように、張学良の拠点となっていった地域の爆撃を開始します。満洲占領という事実を、いち早く作った方が勝ちなのです。

ここに至って、ようやく国際社会も反応します。国際連盟が「日本の行為は認められない」との決議を出します。決議に反対した国は一つだけ。日本です。かくして国際社会も、ここまで来てようやく日本の満洲政策にストップをかけようと、本気になりだしたのです。

関東軍は、満洲に軍隊を次々に展開している状況から国際社会の目をそらそうとしました。三十二年一月から三月の上海事変がそれです。「男装の麗人」「東洋のマタハリ」と言われた川島芳子が関わったとされる事件です。

同時に、関東軍は張学良の拠点だった錦州にも進攻していきます。「不拡大の方針で何とか凌ごう」としていた日本政府の思惑を踏みにじるように、事変をどんどん拡大していくわけです。

天皇について言えば、三十二年一月、ここまでの関東軍の動きに対して「よくやった」というメッセージを出しています。作戦を賞賛したということです。天皇のこの発言で、本来は非合法で処罰されるべきはずの関東軍の行動が、お墨付きを得た格好になりました。

三十二年に入ると、関東軍の方針が変わります。軍事行動によって満洲を占領する満蒙領有論が、国際的には容易に認められないことが明らかになったからです。領有論に代わって登場したのが、日本のいいなりになる国、いわゆる傀儡《かいらい》国家を建てる方向です。これが「満洲国」です。建国は三月一日でした。

ちなみに、柳条湖事件の真相を解明するために国連が組織したリットン調査団が、一月に来日しました。報告書は、「柳条湖事件は関東軍の仕業である」という内容になることが予想されており、報告書が公表

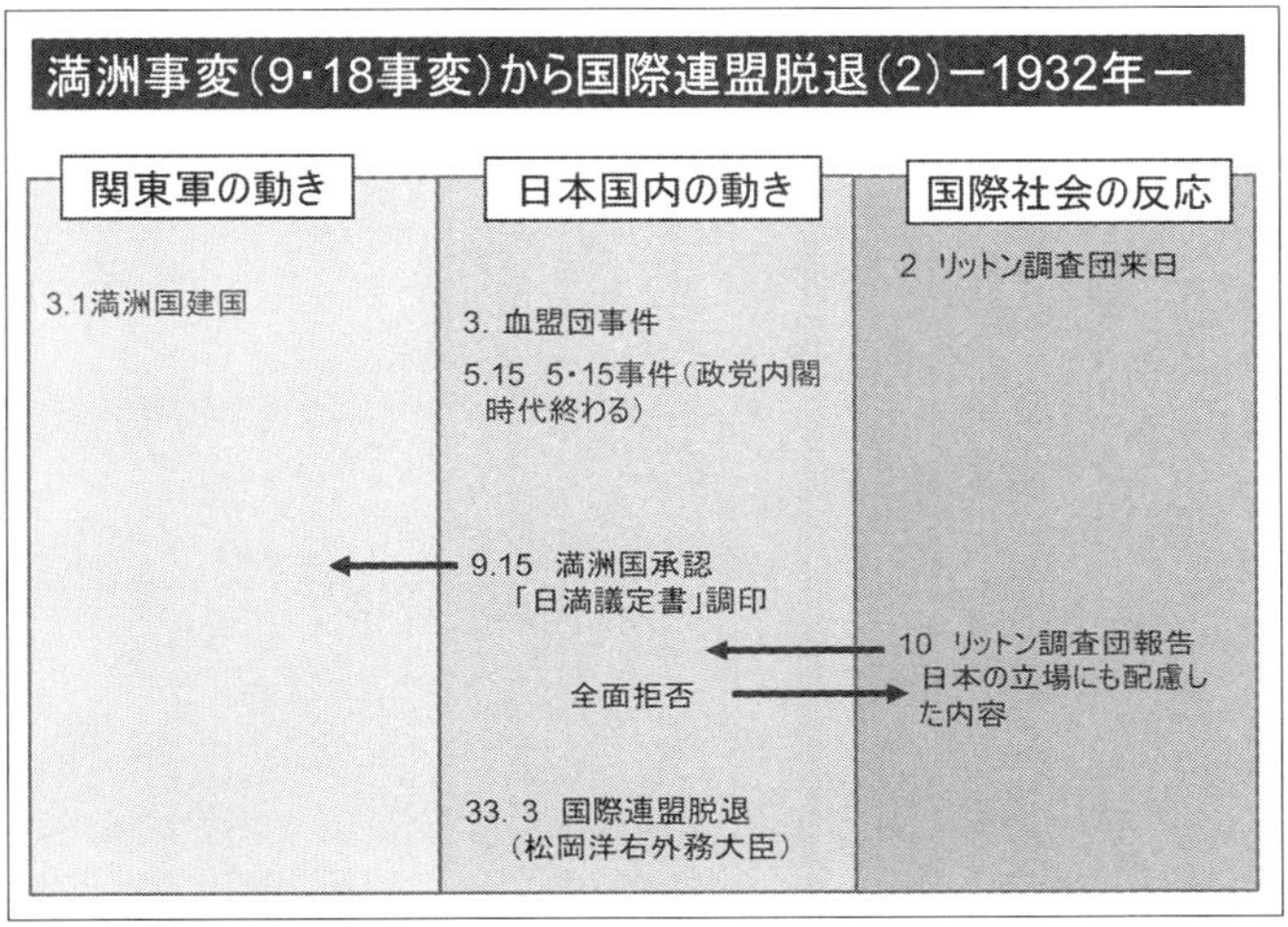

されれば、国際社会の対日批判は一層強まります。関東軍はリットン調査団の動向を注視しながら、先手を打つように満洲国を建てることにしたわけです。

日本国内に目を向けてみましょう。軍部の暴走を象徴する出来事が続発していました。テロ事件です。血盟団事件、それから五・一五事件です。犬養毅首相は、満洲国承認を渋って殺害されました。この結果、九月、斎藤実内閣は満洲国を承認しました。満洲国は、テロによって生まれた国といってよいでしょう。

満洲国承認を九月としたのは、リットン調査団報告が十月に国連に提出されることになっていたからです。満洲国を認めない報告になるはずですから、その前に急いで承認し、既成事実を作ろうとしたわけです。満洲国承認の際に作られたのが、「日満議定書」です。内容は後ほどお話しします。

かくして海の向こうに日本の傀儡国家満洲国が誕生しました。そして日本は、リットン調査団報告を拒否し、国連から脱退する選択をしました。実は、この満洲事変から始まった戦争の終着点が一九四五年八月の原爆投下であり、敗戦です。この間約一五年。長く、暗い戦争の時代に突入しました。

一五年にわたる戦争の「始まりの場所」に立ってみましょう。写真を見てください。この写真は今回展

15年続く、長い「戦争の時代」のはじまりの場所に立とう（満蒙平和開拓記念館）

示されていますが、ここが柳条湖です。この付近の南満洲鉄道が爆破されました。そして満洲事変が始まり、国連脱退があり、日中戦争、太平洋戦争、敗戦へと向かっていくわけです。そのスタートの景色がこれです。

柳条湖事件について、ざっくりと経過だけお話しました。そもそもどのような事件だったのか、真相はどうなのか、気になりますね。もう少しだけ確認しておきましょう。

事件の被害を過大に発表し、「中国側の重大な犯罪だ」という印象を作りだそうとしたことは、以前からよく言われていますが、最近の研究でも、その点は裏付けられています。線路の爆破自体は非常に小規模だったようです。「八〇センチほど線路が移動したぐらいじゃないか」という意見もあります。爆破の後、すぐ列車が通過していることからも、その可能性は高いでしょう。爆破音に驚いて中国兵が飛び出してきたところを殺害し、まるで爆破現場から逃げていくような形に遺体を置いたという証言もあります。そう考えると、この事件の場合、鉄道そのものの爆破ではなくて、爆発する音さえあればよかったようにも思えます。戦争を始めるきっかけさえあればよかったのでしょう。これがおそらく満洲事変の発端となった柳条湖事件の真相です。

それにしても、とすれば、爆破音だけで一五年に及ぶ戦争が始まったということになります。最終的には二〇〇〇万人もの死者を生むような戦争は、本当に避けられなかったのでしょうか。

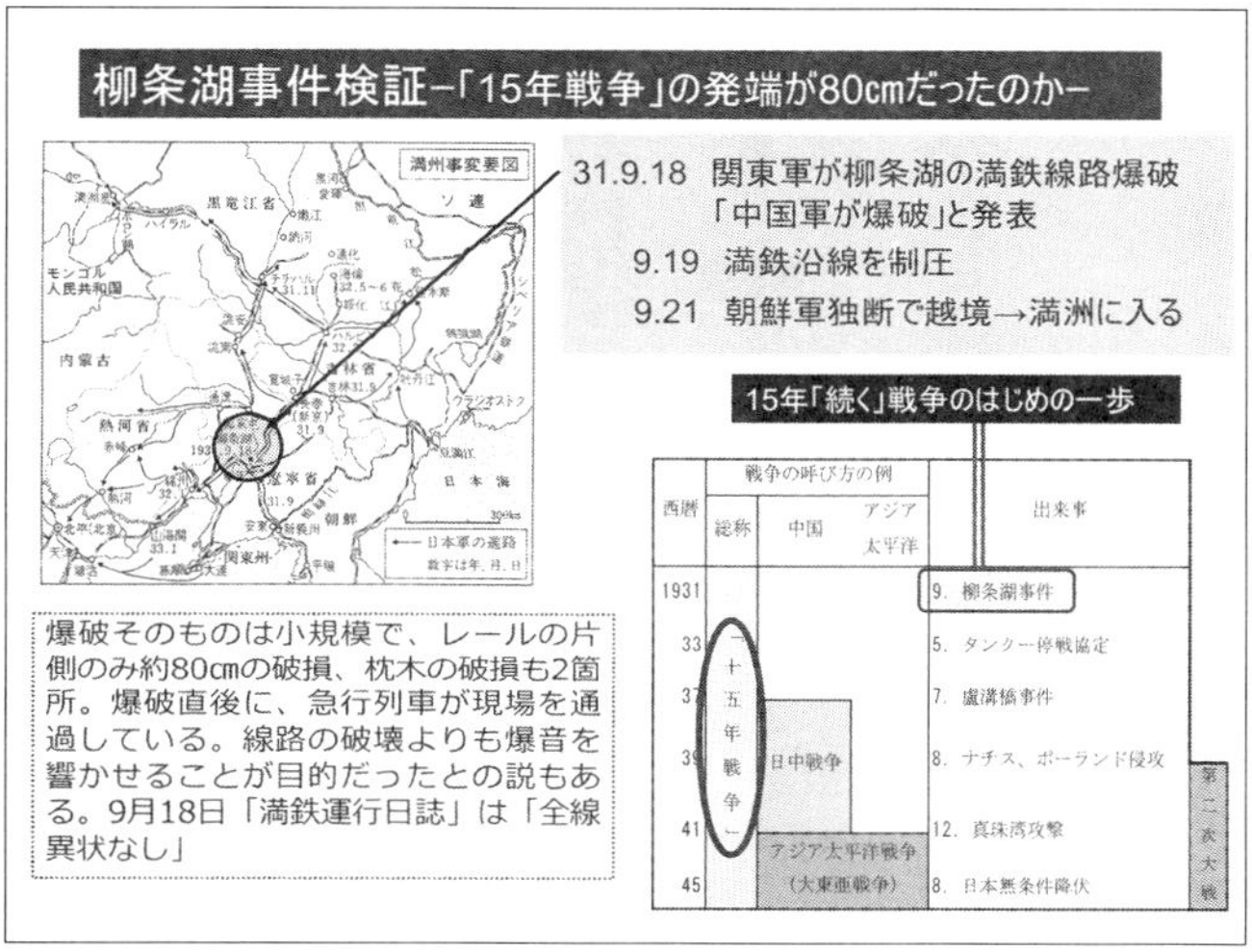

西暦	戦争の呼び方の例			出来事	
	総称	中国	アジア太平洋		
1931				9．柳条湖事件	
33	「十五年戦争」			5．タンクー停戦協定	
37		日中戦争		7．盧溝橋事件	
39				8．ナチス、ポーランド侵攻	第二次大戦
41		アジア太平洋戦争（大東亜戦争）		12．真珠湾攻撃	
45				8．日本無条件降伏	

時間を少し戻してみましょう。九月二十一日の朝鮮軍独断越境についてお話しします。「重大な違法行為だ」といいました。もう少し説明しましょう。

東三省を治める中華民国と、日本が支配していた朝鮮は、別々の国だからです。朝鮮軍の行動は、「国境を越えて軍隊を動かした」と見なされます。国境を越えて軍隊が動くときには、当時の日本には二つの取り決めがありました。一つは、天皇が必ず許可をしなければいけないという決まり。軍隊は、統帥権を有する天皇の命令なくして勝手に動いてはいけないのです。

そしてもう一つは、国境を越えて軍隊が動くときには、軍隊に対して国会・閣議が予算支出を了解しなければいけないという決まりです。この二つの条件が揃ったところで初めて、軍隊は国境を越えて移動できるのです。

ですが、朝鮮軍が国境を越えた時、天皇はそれを知らされていませんでした。内閣も知らなかった。関東軍は、全く独断で越境を指示したわけです。これは明確な違法行為です。

ところが、繰り返しになりますが、二十二日になると、この明白な違反行為に対して、内閣総理大臣が「もう出たものは仕方がないだろう」と述べ、軍の暴走を追認しました。天皇も越境予算をつけることを認めました。さらに、軍隊が移動した後ではありますが、天皇名による越境命令を出しました。かくして、九

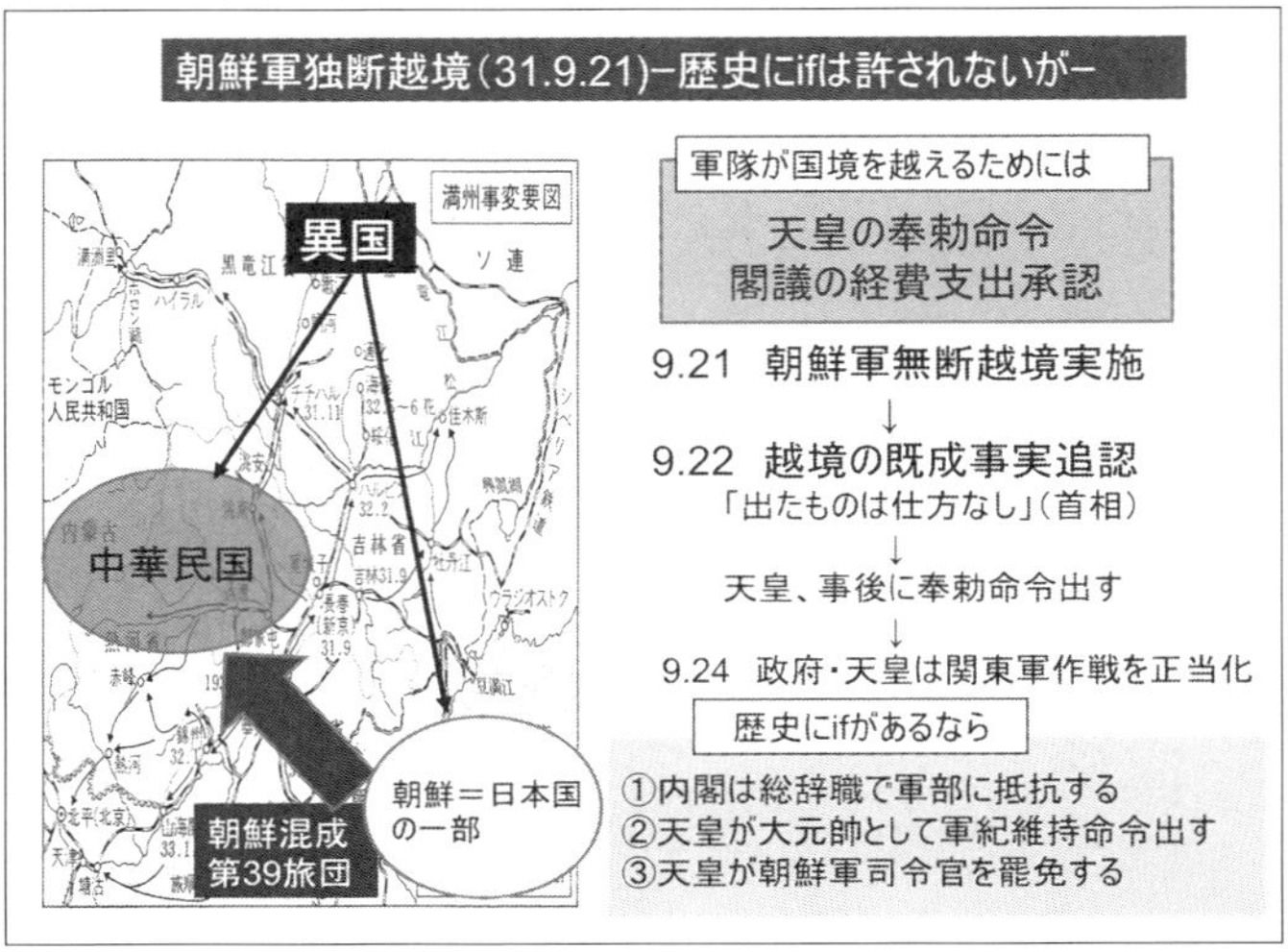
朝鮮軍独断越境（31.9.21）ー歴史にifは許されないがー
満州事変要図
異国
ソ連
黒竜江
モンゴル
人民共和国
中華民国
朝鮮混成
第39旅団
朝鮮＝日本国
の一部
軍隊が国境を越えるためには
天皇の奉勅命令
閣議の経費支出承認
9.21　朝鮮軍無断越境実施
↓
9.22　越境の既成事実追認
「出たものは仕方なし」（首相）
↓
天皇、事後に奉勅命令出す
↓
9.24　政府・天皇は関東軍作戦を正当化
歴史にifがあるなら
①内閣は総辞職で軍部に抵抗する
②天皇が大元帥として軍紀維持命令出す
③天皇が朝鮮軍司令官を罷免する

月二十四日。政府も天皇も、関東軍の動きや、朝鮮軍の無断越境行為すべてを認定してしまったのです。

さて、私がこだわりたかったのはここです。張作霖爆殺事件も、「ルビコン川」だったのですが、この越境行為も、もう一つの大きな「ルビコン川」だったと思うのです。当時の国内外のルールをすべて踏みにじりながら、しかし終わってみれば首謀者にはたいした処罰もない。不法行為が追認され、既成事実化していきます。張作霖事件で「まあ、この程度なら許そう」、柳条湖事件でも「まあ、この程度なら許そう」。当事者にとっては小さな譲歩、小さな「ルビコン川」かもしれません。しかし、その一つひとつが、二度と引き返せない地点だったと思います。

歴史にif（もしも）はありません。過去は繰り返さないし、やり直すことはできないからです。けれど、「もしあの時、こうすればよかった」とか、「もしあの時、こうしなければよかった」を考えることはとても大切です。古くから、人々は歴史のことを「鑑《かがみ》」と呼びならわしてきました。己を正しく映し、己の行動をただす手本という意味です。私たちはつねに歴史を見つめ、学ぶ姿勢を持ち続けなければなりません。その一番よい方法が、ifという発問です。

九月二十二日から二十四日にかけ、もし内閣が沈黙しなかったとしたら、どうでしょう。軍部に追従せず、歯止めをかける手立てを全力で打つことはできなかったでしょうか。例えば、内閣総辞職という形で、越境予算承認を拒絶する方法もありました。本気で止めようと思ったら、その選択肢もあったはずです。天皇にもifはあります。天皇は大元帥でした。軍隊を全部統率できるただ一人の人物です。「軍紀を粛清して、自分の言うことを聞く軍隊に作り変える」という意志を強く打ち出していたら、どうなっていたでしょう。そういった命令を出して行動をとれば、さしもの関東軍でも止めることができたかもしれません。例えば、天皇が、天皇の名で作戦を実行した関東軍の司令官たちを直接に処罰すればよかったですね。そうすれば、第二の「朝鮮軍越境」は防げたと思います。

もちろん、歴史についてはifということをいくら考えても仕方がありません。過去はやりなおすことが出来ないからです。「あの状況の中では、それは到底できないことだった」との反論も、当然ありえます。ただ、止めることのできる権限をもつ者たちが、本気になって行動しなければいけない地点だったと思います。「ルビコン川」は目の前にありました。この国のリーダーたちには、「ルビコン川」を見極める眼力、踏ん張る勇気が欠けていました。

国民はどうでしょう。

残念ながら、軍隊が暴走していく様子を、多くの国民が熱烈に支持しました。不況が醸し出す閉塞状況も大きな原因でしょうが、メディアの果たした役割も大きいと思います。いくつか気づいたことを述べてみます。

まず、満洲事変に関しては、報道雑誌がいっぱい発行されたことが特徴です。写真を多数掲載した『朝日グラフ』がよく知られています。メディアは満洲事変を、ものすごく大々的に報道したのです（次頁参照）。

もう一つの特徴は、報道の内容が九月二十日の前と後ではっきり変わることです。九月十九日までは、

『アサヒグラフ　臨時増刊号』(昭和７年　朝日新聞社　飯田市美術博物館提供)

馬賊追討

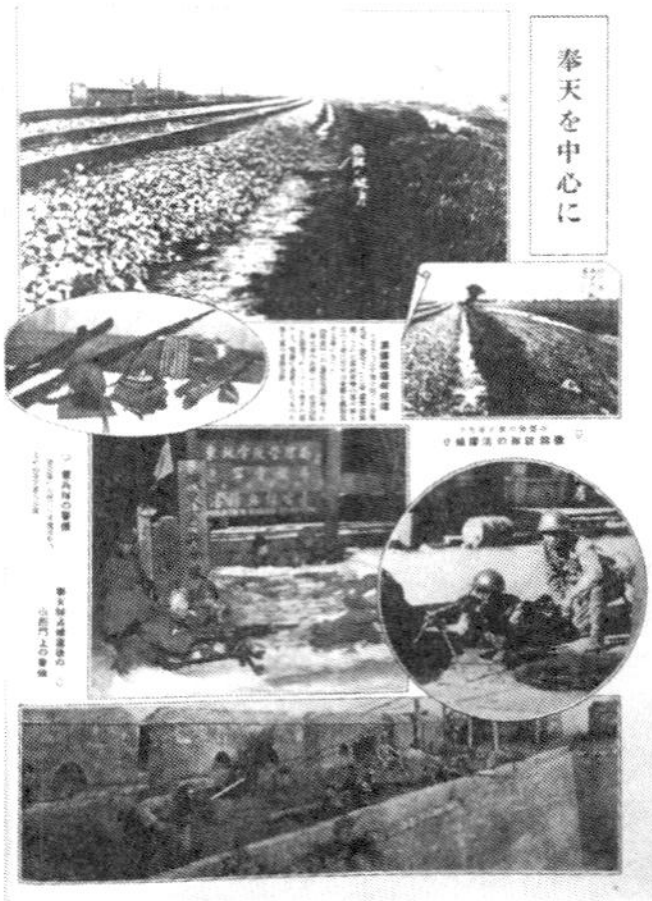

奉天付近の様子

アサヒグラフ臨時増刊　満洲事変写真全輯表紙

『新満洲国要覧』(飯田市美術博物館提供)

『新満洲国要覧』

錦州城内への侵攻の様子

大満洲国鳥瞰図（『新満洲国要覧』）

メディアは関東軍の動きや満洲の動きにかなり批判的で、「危険だ」と言っています。ところが二十日に柳条湖事件が起こると、論調は一変して、「いけいけ」口調になります。一晩で立ち位置が一八〇度変わった感じです。外部から強い圧力がかかったのかもしれませんが、むしろマスコミ自身が積極的に軍部や政府にすり寄っていった感じがします。「真珠湾攻撃報道」そっくりです。

メディアが熱狂を創り出す ―9/20朝刊で論調は一変した―

【新聞・ラジオの普及】

	1931.9 ➡	1932.3
新聞発行部数	400万部	800万部
ラジオ契約者数	65万人	105万6000人

【朝日新聞の満州事変から満州国までの6ケ月】

飛行機参加	8機
航空回数	189回
自社作成映画公開場所	1500
公開回数	4024回
観衆	1000万人
号外発行度数	131回
臨時費	100万円

＊100万円は現在の金で2億3000万円ほど
（半藤一利『昭和史』より）

国連脱退をメディアはどう報じたか

松岡＝「今日これほどの英雄はいない」

「連盟脱退は私の失敗である。故郷に引き上げ謹慎するつもりだ」
（ニューヨークでの松岡の談話）

★日本のメディアは松岡のこの言葉を取り上げなかった

新聞の発行部数、ラジオの普及率に顕著な変化が現れるのも特徴です。満洲事変から満洲国成立の時期に発行部数も普及率も倍増します。いつの世もそうですが、戦争はメディアにとって儲かるものなのです。これは半藤さんの資料ですけれども、朝日新聞は、満洲事変関係の号外を次々に出します。飛行機をチャーターし、大金をつぎ込んで記者を派遣し、売り上げを伸ばしていきます。

マスコミの強大化は、マスコミによる世論操作の可能性を生み出しました。ひとつ例を上げてみたいと思います。少し後の話ですけれども、日本が国際連盟を脱退するときの報道です。皆さん、学校の授業で習いませんでしたか。松岡洋右が、「国連よさらば！」と言いながら、堂々と会場をあとにしたという場面です。写真と記事が実に印象的です。教科書や資料集は、かならずといってよいほどこの新聞記事を写真で掲載しています。覚えておられる方も多いのでは。

改めてこの記事を見直してみました。メディアの口調は、国際連盟を脱退する松岡洋右を英雄のように描いています。国際連盟の面々に対して、松岡は敢然と言い放ったと記されています。

「『満洲事変は日本のやらせだ』というリットン調査報告書を、私は断固拒否する。日本は国際連盟を脱退し、孤立の道を歩んでいく覚悟だ」

ところが、この場面については、まったく違ったエピソードが残されています。松岡洋右自身は、「国際連盟脱退の決断はとんでもない外交戦略上のミスだった」と思っていたらしいのです。松岡は後に、「国際連盟脱退は私の失敗であって、やっちゃいけなかったのだ」とアメリカのメディアに語ったそうです。「やっぱりやっちゃいけなかったミスなのだ。国際連盟脱退という選択をした外務大臣である私は、もう日本に帰れない」とも語ったようです。

ところが、日本のメディアはこの松岡の本音を一切取り上げることなく、英雄像を作り上げてしまいました。メディアが戦争の一翼を担ぐ存在になったことを示す、象徴的な出来事です。

さて、柳条湖事件に端を発した満洲事変とは何だったのでしょうか。

いろいろな視点から考えることができますが、この事変で中心的な役割を果たした人物たちを取り上げて考えてみましょう。

まず本庄繁。関東軍の司令官だった人物です。満洲事変に深く関わった軍人ですが、日本に戻ると、宮内庁に入ります。侍従として天皇の近くに仕え、後には男爵になります。満洲事変の責任を問われることなく、天皇の近くに仕えたわけです。

作戦実行の中心となったのが石原莞爾です。彼はその後日本に一度戻りますが、関東軍の作戦部長として再び中国に入ります。彼も、たいした処罰を受けず、復活したわけです。

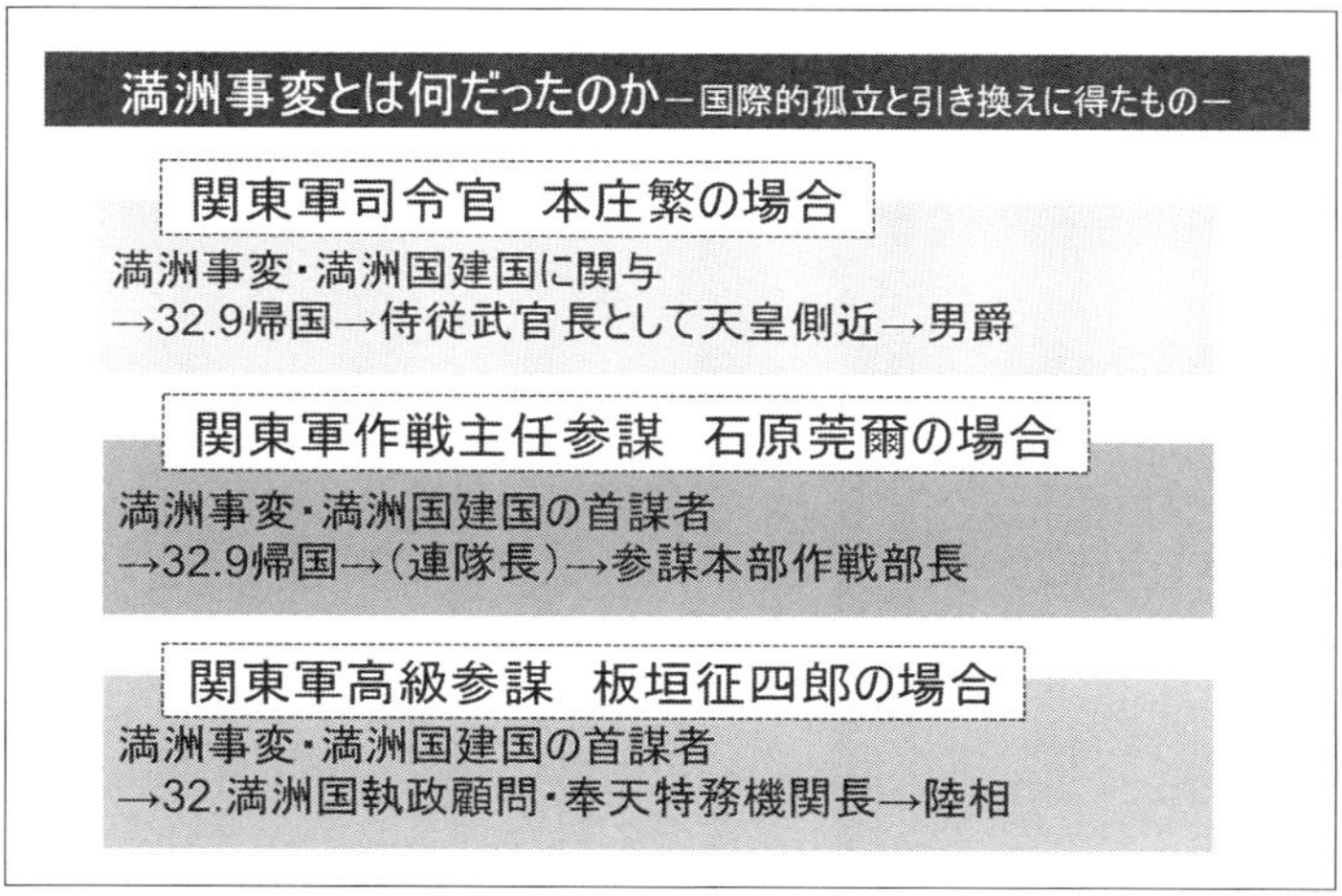
満洲事変とは何だったのか－国際的孤立と引き換えに得たもの－
関東軍司令官　本庄繁の場合
満洲事変・満洲国建国に関与
→32.9帰国→侍従武官長として天皇側近→男爵
関東軍作戦主任参謀　石原莞爾の場合
満洲事変・満洲国建国の首謀者
→32.9帰国→（連隊長）→参謀本部作戦部長
関東軍高級参謀　板垣征四郎の場合
満洲事変・満洲国建国の首謀者
→32.満洲国執政顧問・奉天特務機関長→陸相

石原とともに中心人物だった板垣征四郎は、そのまま満洲に残り、いくつもの作戦を指揮した後、日本に戻り、陸軍大臣を務めています。

日本の軍部の場合、ノモンハン事件の辻政信のように、無謀な作戦を実施し多くの部下を死傷させたにも関わらず、たいした処罰も受けずに返り咲く事例がいくつもありました。満洲事変に関わった人物たちの復活劇は、そのさきがけ、悪しき先例を作ったものだったといえるでしょう。

作戦に失敗した者、あるいは大きな非法行為を起こした者たちが、処罰されることなく、つまり反省することなく再び返り咲き、巨大な滝に向かって非常に危険な川を漕いでいく。そんな光景が浮かびます。国際社会から孤立し、たった一人で滝に向かって船を漕ぐ日本という国の、異様な姿が見えるようです。そんな光景を作りだしたのが、満洲事変でした。

さて、満洲事変の話は、今回の講座で終了してもよいのですが、どうしてもこだわりたいテーマが一つあります。それは一九三二年の九月十八日から九月二十二日までの四日間です。この短い時間に、二つの満洲のイメージ（満洲観）が登場し、一つが消え一つが残ったと思うからです。満洲を巡る二つのイメージが、相克し、押し問答をする時期が、わずか四日間ではありますが、日本の歴史のなかに存在したことを、ぜひ最後にお話して、第九講に繋げたいと思います。

二つの満洲観というのは、「満蒙領有論」と「建国論」です。ざっくり時系列でたどっておくと、満洲事変が起こったのが一九三一年九月十八日。この時、満蒙領有論が関東軍を中心に語られていました。「日本が武力で満洲（中国東北部）を領有し、ここを総力戦のための資源基地にする。それしか日本が生き延びる方途はない」という考え方です。関東軍は、この方向で柳条湖事件を起こしましたから、作戦が成功すると、直ちに武力占領に移っていくことになりました。

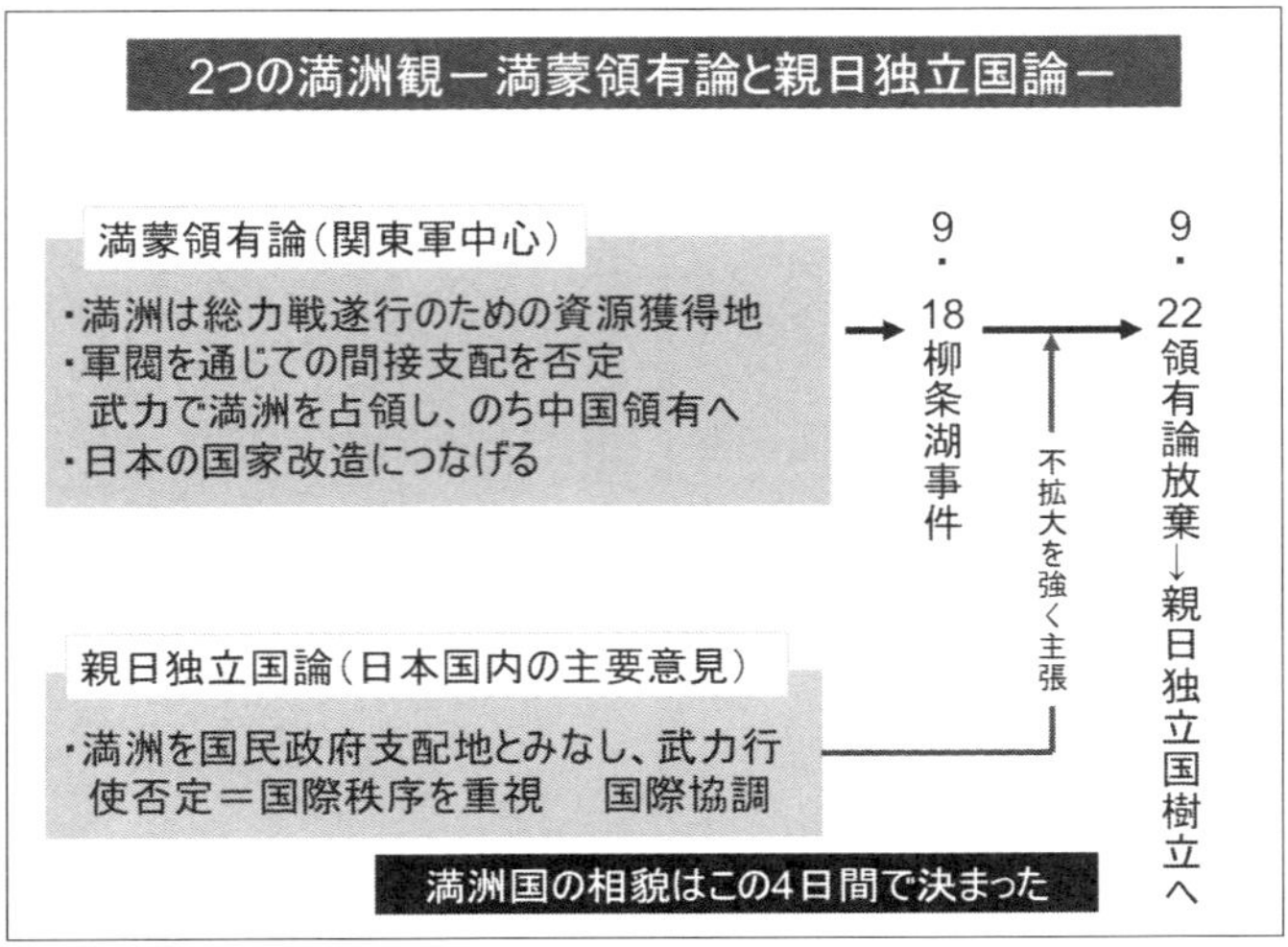
2つの満洲観ー満蒙領有論と親日独立国論ー
満蒙領有論（関東軍中心）
・満洲は総力戦遂行のための資源獲得地
・軍閥を通じての間接支配を否定
武力で満洲を占領し、のち中国領有へ
・日本の国家改造につなげる
9・18 柳条湖事件
9・22 領有論放棄→親日独立国樹立へ
不拡大を強く主張
親日独立国論（日本国内の主要意見）
・満洲を国民政府支配地とみなし、武力行使否定＝国際秩序を重視　国際協調
満洲国の相貌はこの4日間で決まった

ところが日本国内では、政府も、陸軍の中心部も、「満蒙領有論は無理だ」と考えていました。「武力占領を国際社会が承認するはずはない」という見方です。「今できることは、この地域に日本の言いなりになる国を建て、国際社会の非難をすり抜けながら、やがてこの地域を日本が自由に作戦展開できる地域に変えていくのが現実的」という考えです。

こうした判断の根拠は、中国人がすでにこの地域に多数入り込んでいるという認識です。「もう三〇〇〇万の中国人が住んでいる。全くの無人の沃野を占領するわけではないのだ」という考えです。ということで、関東軍が満蒙領有論に一気に傾いたときに、日本の国内では、国際世論と満洲の現実に鑑みて、「親日的な国を建てつつ進む」という発想が主流を占めていました。彼らは柳条湖事件以降の関東軍の行動を、追認はしつつも、「とにかく不拡大だ、これ以上の武力行使は止めろ」と強く主張しました。

その結果は、関東軍が折れることになりました。二十二日、満蒙領有論は捨てられることになりました。陸軍も、政治家も天皇も、やはりそこまで危険な領域には踏み込めなかったのです。

というわけで、「これから満洲をどうしていくか」という重要な問題に関して、わずか四日間ではありましたが、二つの満洲観がせめぎ合い、結論を出していったわけです。三二年三月生まれる満洲国の〈顔〉は、この四日間でまず決まりました。「武力による領有から国作り」へ。

ただ、「親日的な国を建てる」ということは、「植民地を作る」こととはまったく違う行為です。日本は朝鮮や台湾などを植民地にしてきましたが、宗主国という立場でこうした地域を従属させました。「庇護する義務を持つ親と、庇護される子」の関係です。子には独立した人格が認められません。

一方、「国を建てる」ということは、自分とは別個の、もう一つの人格をこの世の中に作り出すことです。その国がどれほど日本に従属していようが、国際社会で「国家」と認知されるためには、独立した代表者、機構、法律等を有しなければなりません。その国の制度や文化を支持する「国民」というまとまりも創り出さなければなりません。植民地作りとはまったく違う性質の壁が立ちはだかります。

中国東北部は、中国人の他、満州人、蒙古人、朝鮮人など、いくつもの民族が居住していました。日本人を含めて「五族」といわれます。多民族社会、多文化社会です。しかも、日本人は全人口の一パーセント弱。そんな場所に、「国を建てる」などということが簡単にできるはずはないのです。ちょうど、他人の体の中から、もう一個のまったく別の性格を有する体を産み出していくようなものです。

領有から建国へ。その変更は、当事者にとっては、「武力占領が駄目そうだから、国でも作るか」という安易な判断だったかもしれません。まもなくそれが、途方もない事業だということに気づくことになります。植民地のような一方的な武力行使では成就しない事業です。なぜなら、「国を建てる」ためには、「なぜそこに国を建てなければならないのか」、「その国は世界の中でどんな役割を担うべきなのか」、「国民はどんな理念を持ち、何を成し遂げるために団結するのか」、「国民が、自ら進んで国のために働き、命を捧げるようになるためには、彼らにどんな夢を与えればよいのか」などなどの理念が必要だからです。それは、哲学です。哲学なき建国論はあり得ません。そこに住む人々に、あるいはそこに向かって日本を飛び出そうとする者たちに、一瞬でも「国を作る夢」を見させるような哲学を備えなければなりません。

二十世紀は帝国主義の時代、民族自決の時代です。遅れてやってきた日本は、ただやみくもに侵略することでは、国際社会の支持を得ることは到底できませんでした。まるで新しい国・新しい世界を創り出そうとしているかのようなポーズをとらざるを得ませんでした。そうしなければ、おそらく何一つ解決できない時代が到来していたのです。ナショナリズム・社会主義の嵐が世界中で吹き荒れる時代のまっただ中で、日本は、そうした世界や民衆の動向に立ち向かうことのできる哲学・理念を創り出さなければならない場所に至ったのだと考えます。明治維新以後、「脱亜入欧」だけをただ一つのよりどころにしてきた日本人が、世界の中での自らの立ち位置や使命を問いながら行動しなければならない、かつて経験したことのない領域に足を踏み入れたのです。その舞台が、満洲でした。

次回は最終講義です。「満洲は豊かだったのか」と題してお話をします。この二つの満洲像の相克の中から国を生み出していく過程をたどることになります。そこにはどんな夢があり、どんな挫折があったのか。そして、その結果として生まれた満洲国はどのような性格を刻印されたのか、考えてみます。それは、私たちの今を考える大きな手がかりになります。

三　満洲は豊かだったか——さまざまな王道楽土

特別展「満洲事変」オンライン講座第九回、いよいよ最終講義です。

今回は、「満洲は豊かだったか」というテーマを立てました。満洲国建国へ至る道を検証しながら、満洲国あるいは満洲という地域が、今私たちに何を問いかけようとしているのか、考えていきます。とりわけ、「王道楽土」という言葉にこだわりたいと思います。この言葉は、満洲国建国の際だけでなく、満洲移民の送出にあたってもさかんに使われた言葉です。「いろいろな民族が和気あいあいと集って、理想的な国を作る」そんな夢を表すスローガンでしたが、本当に意味通りだったのでしょうか。

前回のおさらいをします。満洲事変に視点をあて、一五年にわたる長い戦争の始まりを見つめてみました。最初は、小さな爆発音なのです。それが一五年、引き返すことができない戦争の始まりでした。「初期消火」という言葉がありますが、ただちに手を打てばボヤで済ませることができたはずです。私たちは歴史を学びながら、そういう教訓を見つけ出し、活かしていかなければいけないと思います。

もう一度、一九三一年九月十八日、柳条湖事件の場面から歩き出してみましょう。スライドを見てください。ここが柳条湖事件の現場。日本政府は、この事件に対して不拡大方針を出す。そして朝鮮軍が無断越境する。これが非常に重要な意味をもつことは、前回お話ししました。

国際社会は、「不拡大方針」を無視した関東軍の動きに対し勧告を出しますが、これも無視されます。そして、満洲で起こることから目をそらすために軍部が画策したのが上海事変。そして天皇が、関東軍の行動を賞賛するという形で、軍部の暴走を追認していきます。

翌年になって満洲国が建国されます。そして、リットン報告書が国連に出される前に、既成事実を作るために、日本政府は満洲国を承認しました。自分が作った国を自分が承認するのもおかしなことですが、そういう形で満洲国は国際社会に産み出されました。満洲国承認のために作成されたのが「日満議定書」。これは後ほどお話しします。

十月、いよいよリットン調査団報告が出ます。日本はそれを拒否して、国際連盟を脱退しました。

ただ、リットン報告書、あるいは国際連盟脱退に関しては、もう少しちゃんと見ておきたいと思います。ここでもやはりif、つまり、「もしかしたら、こうでなくともよかったのではないか」ということが考えられるからです。

リットン調査団報告は、近年研究が進んできた分野です。新しく明らかになったことは、日本をすべて悪者に仕立てようとしたわけではないということです。「徹底して関東軍の行動を非難した文書」というイメージが学校の授業などで定着していますが、どうやら、落としどころを探るところにこの報告書の主眼があったようです。

確かに、この報告書には日本に対し強硬な内容が盛り込まれています。

「満洲事変は日本の仕組んだ事件で、日本の仕業だと弾劾する。満洲国も、そういう意味で言えばこれは自主性を持った本当の国家ではない。あくまでも日本の傀儡であって認められない」

ここでは、日本に対し非常に厳しい要求を突きつけています。ただ、この部分だけが強調されすぎたようです。

実は報告書には、妥協、落としどころ、つまり「これなら日本も呑めるだろう」という提案が盛り込まれていたからです。例えば、満洲は基本的には中国の土地です。国民政府がそこに国旗を立て自国の一部だと宣言しているわけですから。ただ、調査団が、その現実をそのまま公認して、「満洲は中国だ」と言い切ってしまえば、大混乱になります。そこで、報告書は、「満洲は中国でもない」というあいまいな言い方で妥協の余地を残す工夫がなされています。そして、「この地域の統治は日本が中心となって、列強で一緒にやろうじゃないか」とも提案します。日本の行動を頭ごなしに全否定するのではなく、といって中国の言い分を全部認めるわけではなく、「日本には、中心となってまとめていく役割・責任もあるよ」というわけです。これなら「とりあえず話し合いのテーブルには着いてみるか」ということになります。国際連盟は、それを期待したのでしょう。

ところが、日本政府の対応は頑なものでした。「日本が焼け野原になっても、何が何でも戦い抜く」というメッセージを出してしまったのです。せっかく妥協の余地を残してくれているのですから、柔軟な対応をとるべきでした。なのに、「焼け野原になっても一歩も譲らない」というような、強いメッセージを出せば、交渉のテーブルすら作れません。

少し抽象的な言い方ですが、おそらく、本当の意味での「外交」が機能しなかったのです。戦争も外交の一部でしょうが、本来の外交は、異なる価値観・利害をもつもの同士が、できる限り武力に訴えずに共存するための技術、マネジメントだと思います。もともと島国で、他国・多民族との日常的な接触が少なく、しかも長い間国を閉ざしていた日本人は外交が苦手といわれますが、その短所がここではっきり出てしまいました。

かくして三十三年三月、国際連盟脱退。前回お話しした通り、松岡洋右は英雄ではありません。彼は「ここ(脱退)に至ったことを、自分は日本に帰って責められるだろう」と悩んだのですから。マスコミが、強気な日本政府の姿勢を、松岡を英雄に仕立て上げながら、一方的に報道したのです。

国連で長く活躍された緒方貞子さんが、満洲事変について研究論文を書かれています。リットン調査団報告に対する日本政府の対応の中に、日本の外交・政治の本質的な問題があると書いておられます。読ん

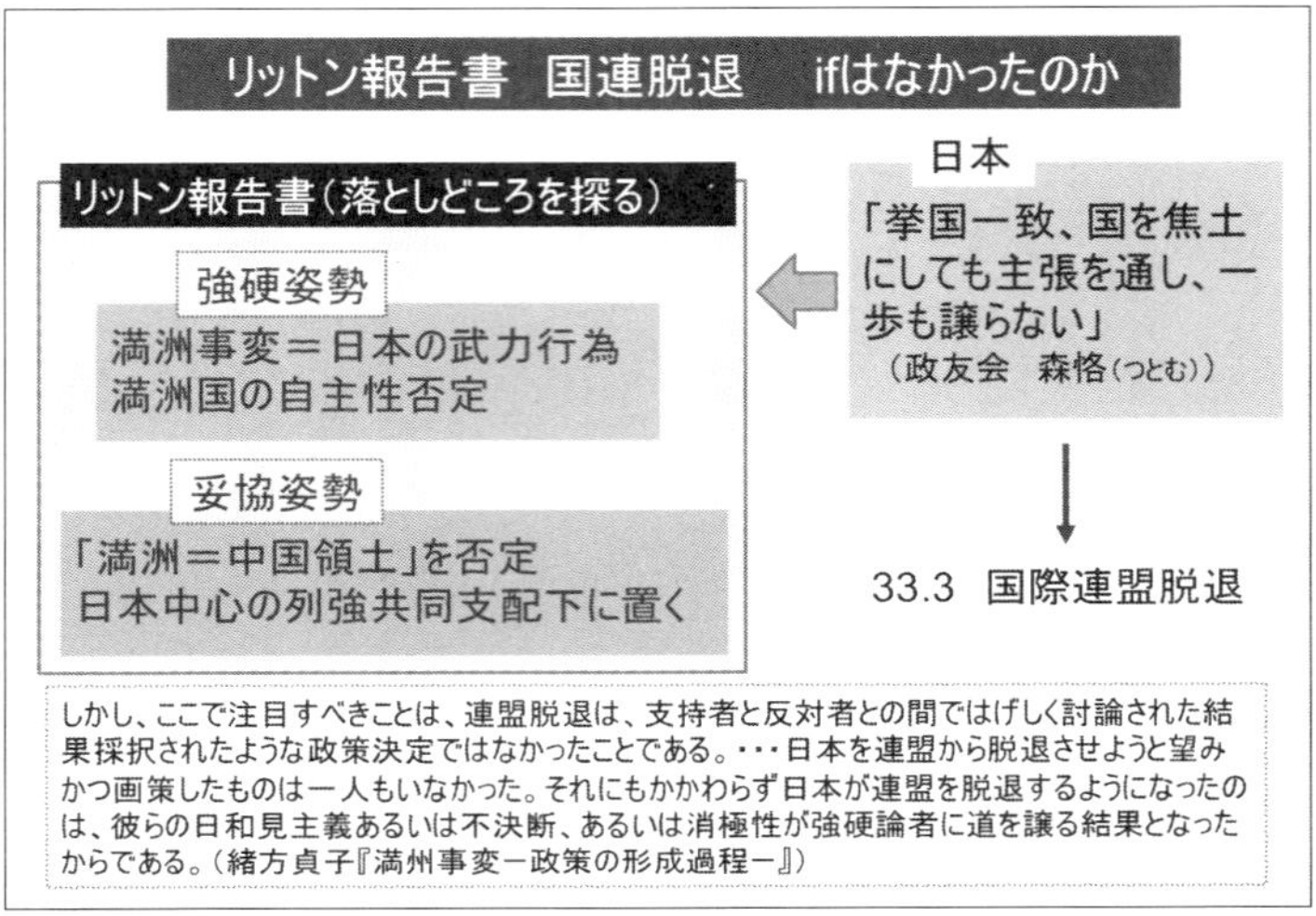
リットン報告書　国連脱退　ifはなかったのか
リットン報告書（落としどころを探る）
強硬姿勢
満洲事変＝日本の武力行為
満洲国の自主性否定
妥協姿勢
「満洲＝中国領土」を否定
日本中心の列強共同支配下に置く
日本
「挙国一致、国を焦土にしても主張を通し、一歩も譲らない」
（政友会　森恪（つとむ））
33.3　国際連盟脱退
しかし、ここで注目すべきことは、連盟脱退は、支持者と反対者との間ではげしく討論された結果採択されたような政策決定ではなかったことである。・・・日本を連盟から脱退させようと望みかつ画策したものは一人もいなかった。それにもかかわらず日本が連盟を脱退するようになったのは、彼らの日和見主義あるいは不決断、あるいは消極性が強硬論者に道を譲る結果となったからである。（緒方貞子『満州事変－政策の形成過程－』）

でみましょう。

「しかしここで注目すべきことは、連盟の脱退が支持者と反対者との間で激しく討論された結果ではないということだった。日本を連盟から脱退させようと望み、かつそれを画策したのは実は本当の意味では一人もいなかった。それにもかかわらず日本が連盟を脱退することになったのは、結果的に言うと、要するに彼らの日和見主義的な、あるいは不決断、あるいは消極的な対応が、結局、積極論者に対して道を譲る、そういった結果になったのだ」

ずいぶん前に書かれた論文ですが、今の日本にも通用します。脱退に関して、実は誰も積極的にそれに賛成しなかった。だが、まさに「空気」であったり、「何となく」であったりの形で、声の大きい方向に引きずられていったのです。

リットン調査団報告。歴史にifはあり得ないわけですが、もしこの段階で、より冷静に問題を捉える人が日本の中にいれば、歴史は変わっていたかもしれません。まさに「外交の不在」、「外交の貧困」と言うべきです。

ただ、日本に本当の意味での優れた外交官がいなかったというわけではありません。余談ですが、一言言わせていただくと、雨森芳洲《あめのもりほうしゅう》という人がいました。江戸時代、対馬に住み、朝鮮・中国、あるいは徳川幕府との間に入り、いざこざを起こさせないよう、必死で努力した人物です。今言う外交官です。各国のプライドのぶつかり合いを収めるために、様々な手段を講じています。時には「国書の偽造」ともみなされそうな危ない手法も用いています。すべて、無意味な戦争を回避するためです。こういう優れた外交官が日本にいたこともまた、ここでお話をしておきたいと思います。

外交というのは（これは雨森芳洲が述べていることなのですが）、価値観の異なる他者と共存するための政策なのです。そのための作戦なのです。時には頭下げたりしながらやっていくものなのです。日本人は海の彼方に、満洲事変を通じて、一体何を築こうとしていたのでしょうか。そこに大きな意味での外交が実は欠けていたのではないでしょうか。私は強くそのように感じます。

閑話休題。

一九三一年九月から三二年三月までの、「建国のための半年」に話題を移します。私たち日本人は、遠い海の彼方に、何を作ろうとしたのでしょうか。

「万斛《ばんこく》の涙を以て満蒙独立国家論に後退していく」と、石原莞爾は語っています。満蒙領有論を掲げて事変を起こしてからわずか四日後です。前回お話した「領有から建国へ」です。

実は、満洲事変直後は、満洲にどんな国を作るかというビジョンが、日本政府にも軍部にも全くありませんでした。武力占領しか考えていなかったのです。ところが、三二年三月には満洲国ができるわけです。つまり、この半年間は、日本人が、「海の向こうに国家を作る」という事業と、（どこまで本気だったかはわかりませんが）向き合った期間だったということです。

何度もお話しましたが、満洲は、「無人の沃野」ではないのです。たくさんの中国人が住んでいました。

中国人以外にも、モンゴル人や朝鮮人も住んでいました。多民族地域です。そして国際関係の利害も集中している場所です。国際ルールが複雑に張りめぐらされている場所ですから、このようなところで好き勝手な建国はできません。しかも、ここはすでに国民政府が領有してるわけですから、国民政府という箱の中から、別の姿をした国を産み出さなければいけないわけです。これは大変な事業です。大変な難問です。さらに大変なことは、中国東北部に日本人はわずか一《パーセント》しかいなかったことです。「たった一《パーセント》の民族が、この広大な土地の中に国家を作る」、そんなことは普通に考えれば到底できないことです。多くの民族の協力を取り付けなければなりません。

三十一年九月から三十二年三月までの半年間こそは、日本人が海の向こうに新しい国を作るという、歴史上初めての挑戦をした時期だったと言えるでしょう。

とすると、問題は結局、「国作りに協力する人々をどうやって作り出すか」ということになります。わずか一《パーセント》の日本人では国家は作れないから、現地にいる人たちの中で、日本の国作りに協力する人たちを作り出さなければいけないわけです。人間というのは、恐怖だけでは、例えば銃を突きつけられるだけでは動きません。夢とか理想とか理念とか主義とか信仰とか、そういったものが人間を動かします。そうした〈想い〉が、人生を振り返ったときに自分が生きた証となって、その人を支えるわけです。

満洲国は誕生しました。ということは、一九三二年九月からの半年間は、それがどういう形のものであれ、何かしらの夢や理想の種をまく人たちが、満洲にいたということです。この問題を考えてみましょう。そこから、満洲移民政策に繋げていきたいと思います。

問題は「どうやって国を作るのか」ということです。図で示してみます。

図の左下、これが先ほどから言っている張学良たちが治めている国民政府、中華民国国民政府です。た

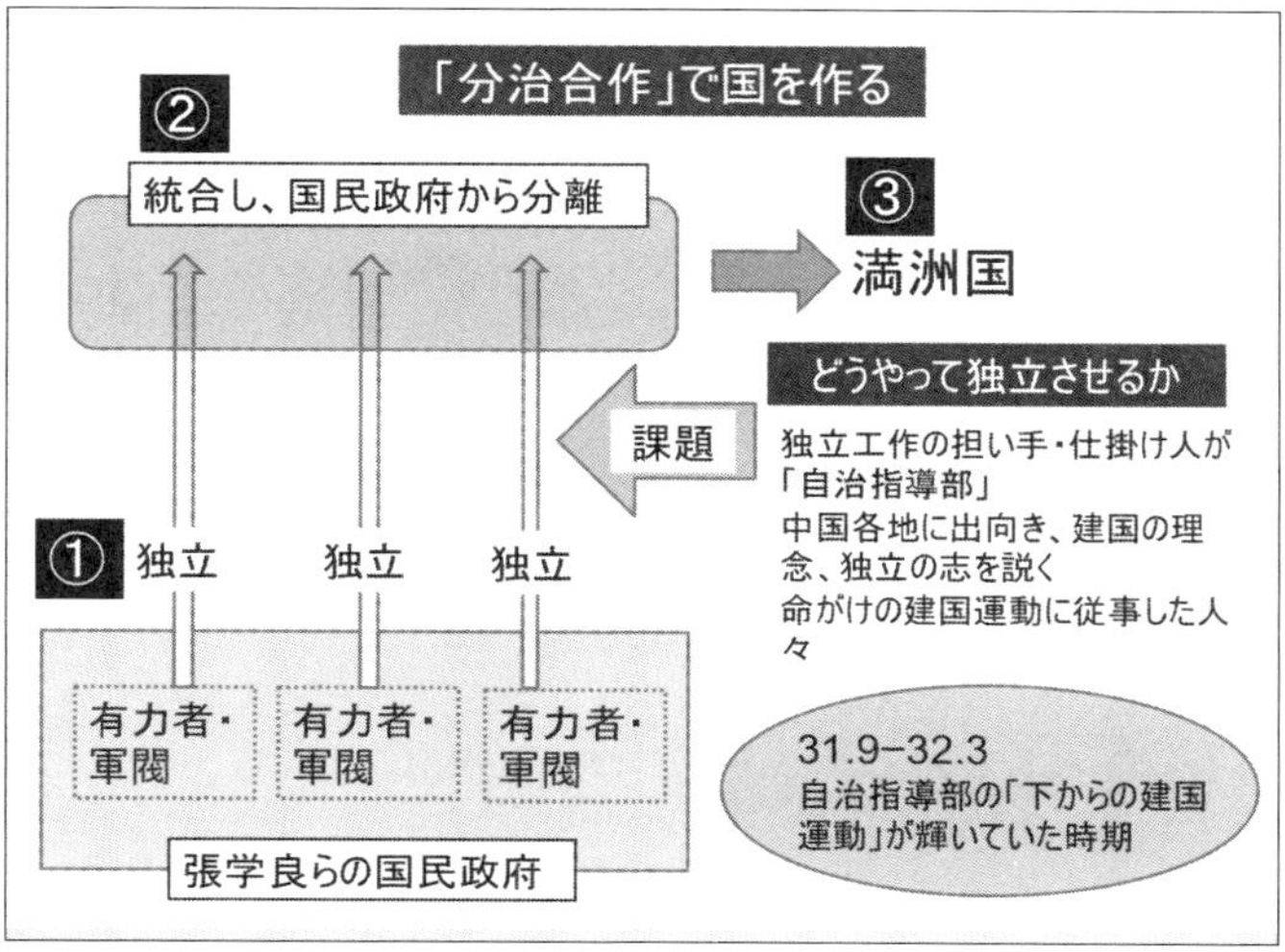

だ、実際は、中国東北部には軍閥の名残みたいなものがまだいくつかいます。形の上では国民政府の中に取り込まれていますが、実際には、不満を持つ実力者も多いわけです。

そこで、日本が国作りの中で考えたのは、まず彼らを独立させることでした①。国民政府という〈海〉の中から彼らを掬い上げていくという形ですね。そして、独立させた彼らを束ねて、国民政府から分離させて②、国を作っていく③。こういう工作を進めて行くわけです。

まず独立、そして統合、分離し、国作りに向かっていく。

結果的にはこれが満洲国になります。

この三段階のプロセスの中で、最大の課題はどこにあるでしょう。皆さんおわかりになるように、いかにして中華民国から彼らを飛び出させていくか。ここです。

つまり、どうやって彼らの心に独立の志を芽生えさせていくか、ということです。

このために組織されたのが、自治指導部です。独立運動の担い手たちを作り出すための組織です。彼らが中国の隅々に散っていって、有力者や軍閥たちを説得し、彼らを魅了するような夢を植え付け、そして独立、国家作りへといざなっていくのです。そのために、命がけで中国の中を歩き、国家建設に向かった人たちが、自治指導部です。三十一年の九月から三十二年三月、満洲事変から満洲国建国までのこの半年間は、自治指導部が「下からの建国運動」を担っていた時期です。彼らが最も輝いていた時期です。
代表的な自治指導部のメンバーの一つが満洲青年連盟。小澤征爾のお父さんたちがここに属しています。
この満洲青年連盟の考え方は、

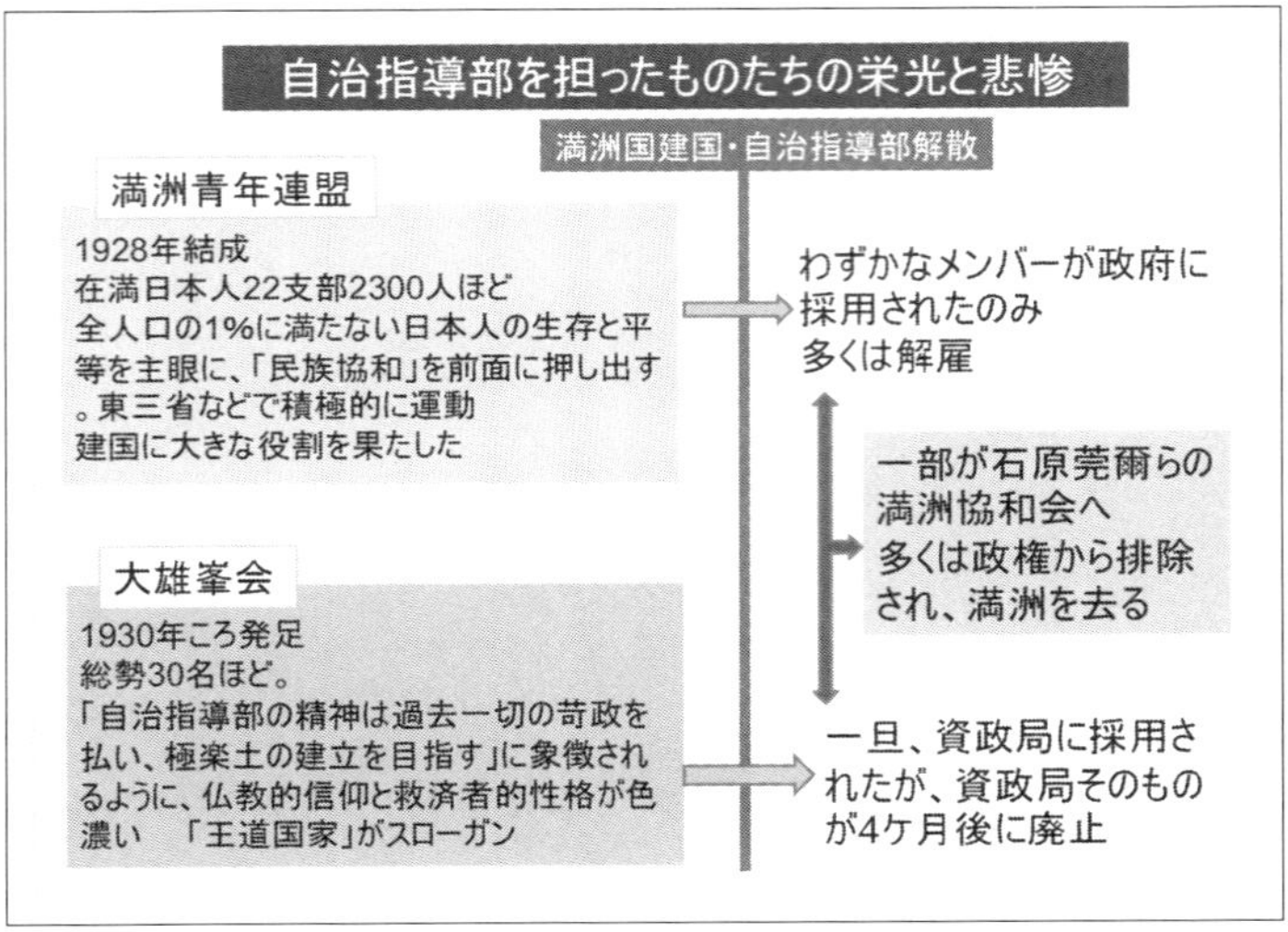

「わずかしかいない日本人が国を作っていく。それは無理だ。どれだけ他の民族と協調していくかということに賭けるしかない」

というものです。だから民族協和が強調されます。それを中心に訴えながら、東三省（満洲地域）に彼らの考えを広げていきました。「布教活動」という言い方はおかしいですが、それに近い性格の活動だったと思います。まさに建国を下から支えた人たちです。たくさんいました。

もう一つは、大雄峯会です。人数は少ないのですが、非常に強い宗教的な力で結びついたグループです。自治指導部の一角を担いました。王道楽土というか、極楽土を満洲に作っていくという信念で活動し始めました。宗教的な色彩の強いリーダーに率いられた組織でした。「満洲から王道を作っていこうじゃないか」という主張は、必然的に、民族協和・王道国家の実現を目指す理想主義になります。

ところが、建国過程で中心的な役割を担ったこの二つの組織は、満洲国ができると同時に切り捨てられていきます。自治指導部自体が、満洲国成立に伴って廃止されました。満洲青年連盟のメンバーは満洲国には登用されず、多くは解雇されてしまいます。「自分たちは建国の中心メンバーだったから、満洲国でも重要なポストに就ける」と考えていたのですが、裏切られてしまいました。

大雄峯会の場合も同様です。彼らは、一旦は満洲国の中の施政部というところに採用されています。そういう意味では青年連盟よりも前途が保障されているように見えましたが、わずか四か月後に施政部も廃止されました。結局、彼らも切り捨てられることになったのです。

というわけで、建国を下から支えた二つの組織とも、満洲国にしかるべきポストを得られませんでした。建国の夢にとりつかれ、実際、そのために生死を賭して中国を歩き回った建国の立役者たちが、次々と歴史の表舞台から消えるのです。

石原莞爾に注目します。彼はかつて満蒙領有論の急先鋒でしたが、自治指導員の活動に感化され、考えを大きく変えました。「日本人の特権を捨てて、五族協和の理想郷を作っていくのだ」という方向にものすごいスピードで転向していきます。自治指導部のメンバーの一部が石原の主張に合流して協和会活動を支えるのですが、民族協和論に傾く石原を軍部や関東軍が煙たがり、排斥しはじめることで、こうした活動も衰退していきます。

王道主義の理想を実践しようとした人たちは、本当にあっという間に歴史の表舞台から消えていきました。

一九三六年に国策となった満洲移民政策では、たくさんの人々が渡満しましたが、移民を促進するために作られたスローガンをご存知ですか。

「五族協和の王道楽土の建設」です。

それは自治指導部に集ったものたちの「建国の夢」でした。実は、満洲移民が本格化するよりもずいぶん前の時点、つまり自治指導部が壊滅した段階（一九三三年）で、夢はとっくに潰え去っていたのです。

満洲国を考える上では、次の三つの文書が重要だと思います。

一つは「建国の宣言」。「この地に、王道に基づく国家を作りたい。中国から分離した東洋の理想郷を作りたい」という宣言です。

ただこれは、表向きの、形ばかりの建国宣言にすぎません。先ほどもお話した「日満議定書」が重要でした。日本政府が満洲国を承認する場面で出した文書です。「満洲国における日本の既得特権を尊重し、同時に日本軍が自由に活動できることを保障する」と書かれています。満洲国が日本の傀儡国家であることを明記した書類です。

一般に、満洲国に関しては、この二つの文書が注目されます。

しかし、私は、満洲国の歴史を振り返ったとき、次の文章こそが、もっとも大きな役割を果たしたのではないかと思っています。一九三二年三月六日（つまり満洲国が建国された五日後）、執政溥儀と本庄繁との間で交わされた協定です。溥儀が関東軍に対して依頼する形式の協定文書です。秘密協定で、このような取り決めはなかったと長く考えられていたのですが、戦後その存在が明らかになりました。実はここに重大なことが書かれています。

「満洲国というのは、国防・治安維持ともに日本がすべて管理していくし、日本が国防上必要と認める施設はすべて自由に使うことができる。そして日本人を満洲国の部署に登用するときには、その任命はすべて関東軍の司令官が行う」

わかりやすく言うと、関東軍が人事権（つまり、誰をどこの部署につけるか）を掌握するということと、満洲全域で関東軍が自由に武力行動できることを約束した文書です。溥儀は、人事権も軍事指揮権も関東軍、

長春・旧満洲国溥儀仮宮殿（偽満皇宮博物館）・
（若槻真治氏撮影）

長春・旧満洲国・溥儀仮宮殿（偽満皇宮博物館）
（若槻真治氏撮影）

長春・旧満洲国執政府・宮内府勤民楼（若槻真治氏撮影）

長春・旧満洲国国務院（若槻真治氏撮影）

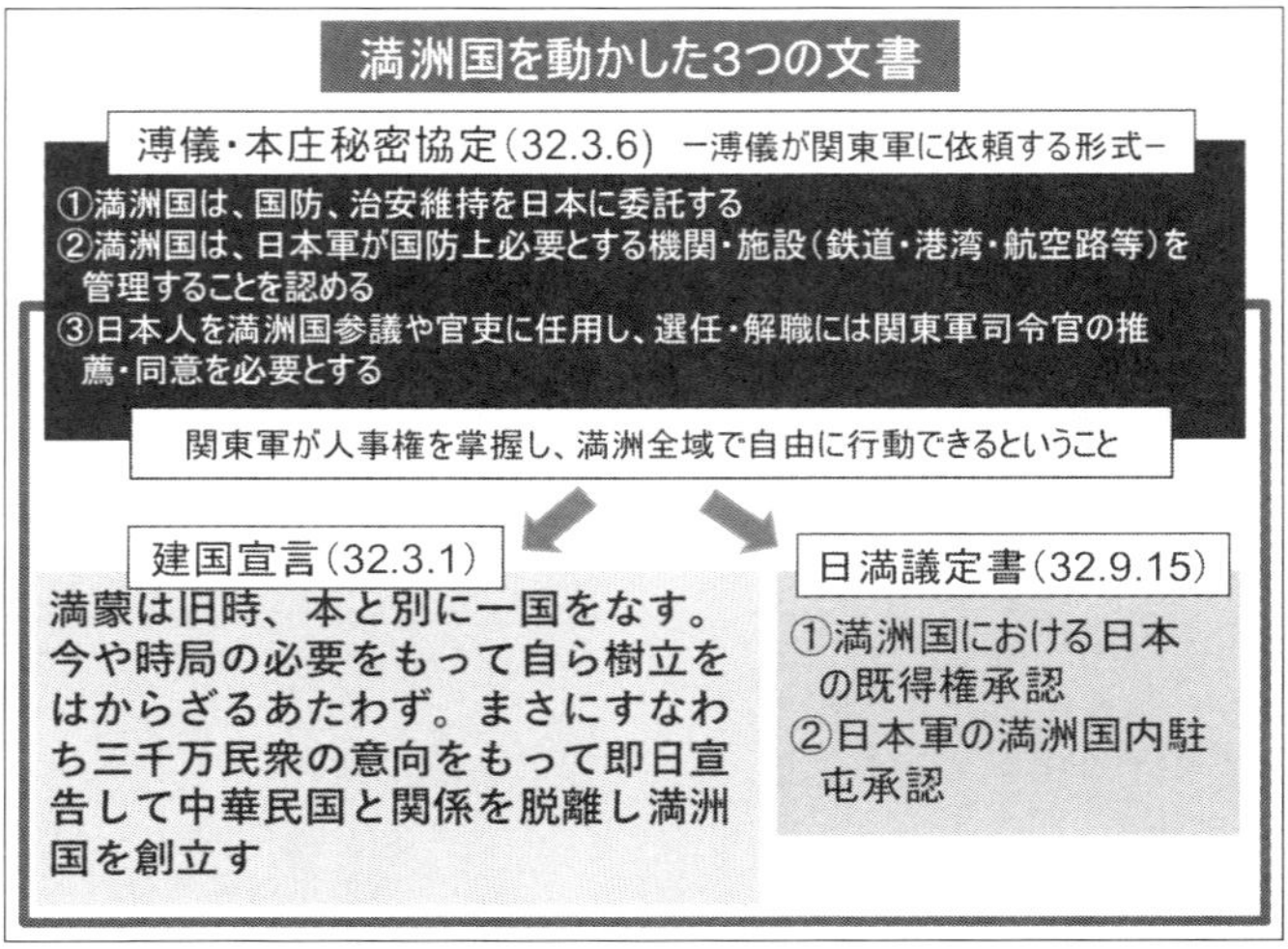
満洲国を動かした3つの文書
溥儀・本庄秘密協定（32.3.6）－溥儀が関東軍に依頼する形式－
①満洲国は、国防、治安維持を日本に委託する
②満洲国は、日本軍が国防上必要とする機関・施設（鉄道・港湾・航空路等）を管理することを認める
③日本人を満洲国参議や官吏に任用し、選任・解職には関東軍司令官の推薦・同意を必要とする
関東軍が人事権を掌握し、満洲全域で自由に行動できるということ
建国宣言（32.3.1）
満蒙は旧時、本と別に一国をなす。今や時局の必要をもって自ら樹立をはからざるあたわず。まさにすなわち三千万民衆の意向をもって即日宣告して中華民国と関係を脱離し満洲国を創立す
日満議定書（32.9.15）
①満洲国における日本の既得権承認
②日本軍の満洲国内駐屯承認

つまり日本に丸投げしたわけです。しかも、それを「日本に依頼する」という形式で、です。

「満洲国＝傀儡」とは言われますけれども、それは国家の核心（とくに人事）の部分を意のままに操られる国家として世界史の舞台に登場したわけです。満洲国は、表には一切出なかったこの秘密協定によって動かされていました。

簡単に言えば、「満洲国とは、日本人が日本人のために作った国だった」ということです。傀儡という言葉よりも、もっと踏み込んで言えば「日本人の国だった」というべきでしょう。

組織図を使って、もう少し明らかにしてみましょう。

これが満洲国の骨格です。溥儀という人物が執政です。ここで重要な問題は、この組織の中に日本人の役人（官僚）がどれだけ入っているかです。その割合が多ければ、日本の息が強くかかった国ということになります。

当初の取り決めでは、二〇《パーセント》が上限とされました。満洲国の役所に日本の官僚が入れる余地は二割と決まっていたのです。ところがそれが一～二年のうちに、三〇《パーセント》から四〇《パーセント》超えていきます。内地からどんどん官僚が満洲国に流れ込みはじめたということです。満洲国が「日本人の国」になってくるのです。

とくに重要な役所が総務庁です。組織図で見ると、満洲国の中の一ポジションに過ぎないように見えま

すが、実はここが満洲国の本当の意味での中枢神経でした。長官以下ほとんどのポストを日本人が独占しています。占有率は八〇パーセントを超えています。

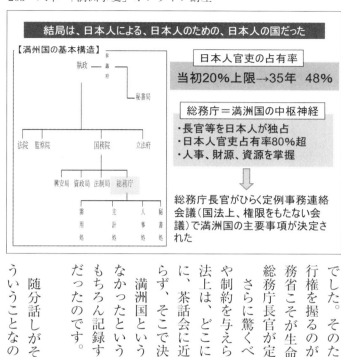

総務庁が管轄している部署を見て下さい。人事、財源部門を握っています。そして資源。まさに日本が満洲に求めているものすべてではないですか。「満洲を総力戦の基地にする」のが日本の満洲支配の目的でした。そのための財源と資源、それを動かす人材すべての執行権を握るのが総務庁だったわけです。満洲国にとっては、総務省こそが生命維持の根幹、つまり心臓でした。政策決定は、総務庁長官が定期的に開いた事務連絡会で行われました。

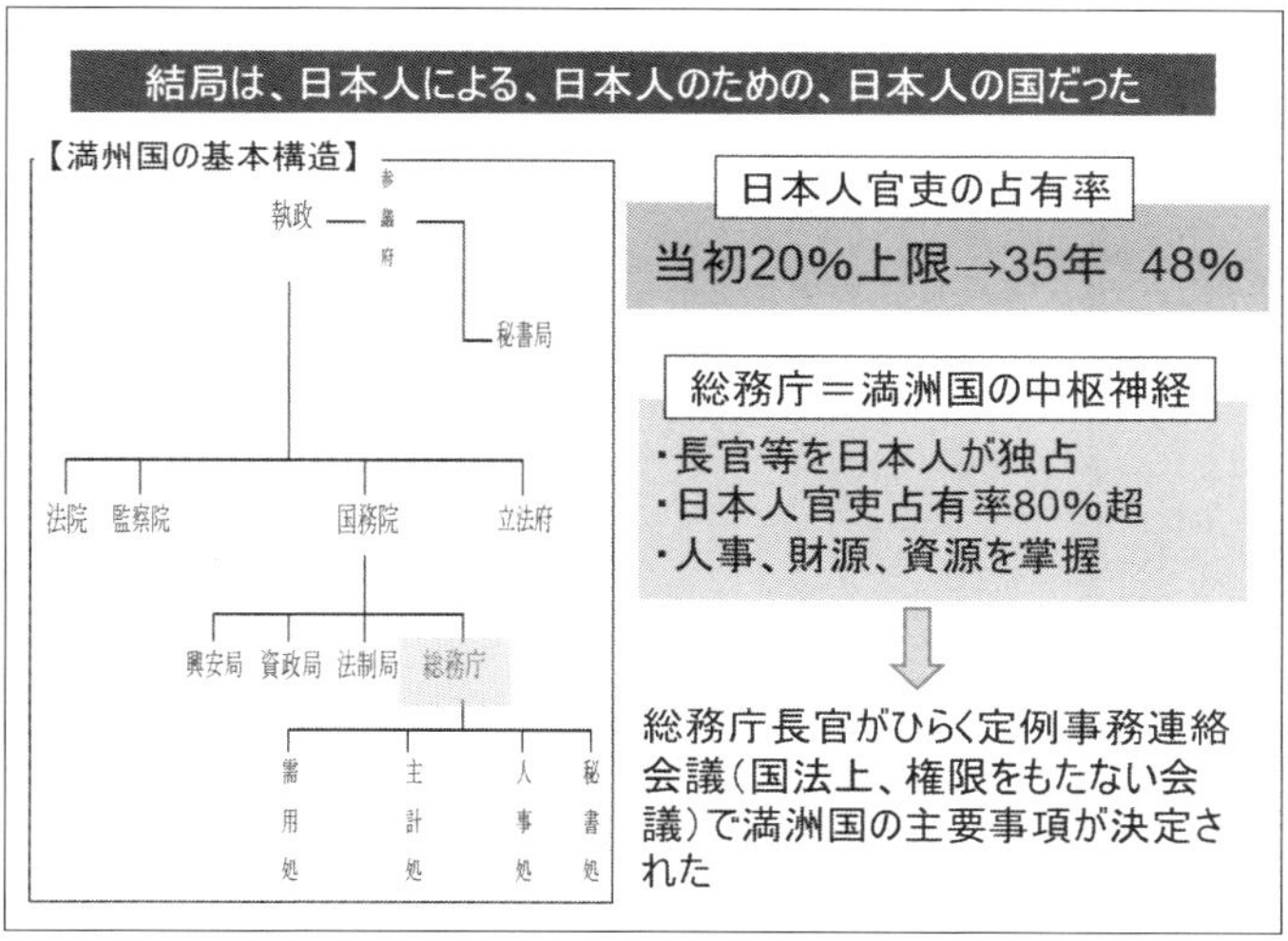

さらに驚くべきことは、この連絡会が、憲法上では何も規定や制約を与えられていない会議だったことです。というか、国法上は、どこにも明記されていない会議だった点です。要するに、茶話会に近いような位置づけの会議なのです。にもかかわらず、そこで決定されたことが満洲国を動かしていく。

満洲国という国家は、極論すれば、公的な意思決定の場所はなかったということになります。誰が責任を取るわけでもない、もちろん記録すらも残されない、そういう会議によって動く国だったのです。

随分話しがそれました。「満洲に国を作る」ということはどういうことなのか、もう一度振り返ってみましょう。日本の歴史を見渡したとき、一九三一年の九月から三二年の三月までの間に日本人が行ったことは何だったのか、問いたいと思います。

こんな見方ができるでしょう。

「日本人が、海の彼方に、多くの民族とともに共存する社会を作り出そうとする試みが進んだ時期」。日本の歴史を想い浮かべてください。日本の歴史の中で日本人が海の向こうに国を作ったことがありますか？

かつては「任那日本府」が教科書に出ていましたが、今ではそれは『日本書紀』の作文で、存在しなかったことがわかっています。とすれば、日本人が海の向こうに、本当の意味で異民族と共存するような国家作りをしたのは、今から九〇年前の満洲国建国が初めてであると同時に、唯一のチャレンジだったということになります。ですから、そのチャレンジを徹底的に検証していけば、日本人とは何か、どういう民族なのかということを明らかにすることができると思います。

これは、絶好のケーススタディです。

もちろん、「日本人とは何なのだろうか」という言葉にこだわること自体、よくないことかもしれません。ただ、満洲へ移住した日本人の姿を追っていくと、その多くが満洲の大地の中で日本人だけのコミュニティを作り、自民族優越意識を振りかざしながら、生きていたように見えます。これはとても重要な教訓だと思います。満洲国という多民族社会の中で、日本人がどう振る舞ったのか、洗い直してみることが必要です。そして、グローバル社会がますます進展する現在、我々はどのようにさまざまな民族と関わればよいのかを考えていくことが必要です。満洲国は、とても学びがいのあるケースです。これこそが、私が満洲国にこだわる点です。満洲事変から九〇年を経て、今なお私たちに突きつけられている宿題が、ここ、つまり満洲国建国にあると思うのです。今回、連続講座をお引き受けしたのは、実は、このことをお話したかったからです。

若い人たちは、あるいはもっと言えば私たちの遠い未来の子どもたちは、日本からとても遠い場所で、多種多様な民族とコミュニティを築くチャンスがきっとあるはずです。あるいは、築かなければ生きていけないような世界になるでしょう。中村哲医師はアフガンの農村でそういった試みをしていました。彼は、武器ではなく、医療器具や用水路を拓く道具だけを使ってコミュニティを作り、誰もが生きられる場所を築きました。尊敬できる日本人です。

若者たちがこれからそんな場面に直面したとき、課題と解決の糸口を探し出すきっかけが〈満洲〉にあるのではないでしょうか。

さて、建国の夢が破れ、満洲熱も急速に冷めると、多くの若者が満洲を去りました。続いて、やってきたのは、建国の夢とは無縁な人々です。名前を見てください。東條英機がいます。それから星野直樹。終戦後A級戦犯として起訴されますが、釈放され、財界で活躍しました。岸信介は戦後総理大臣になりますが、彼は満洲国を自由に動かし、満洲に国家総動員的な体制を作りだす上で重要な役割を果たした有能なテクノクラートです。鮎川義介は実業家。日産を立ち上げます。戦後は参議院議員を勤めました。

それから松岡洋右。何度も出てきましたが、満洲で活躍し、外務大臣として太平洋戦争の時期にさまざまな決定に関わっています。椎名悦三郎は、私には懐かしい人物。物心ついたころ、自民党副総裁だった人です。たくさんの、非常に有能な、しかし、かつての「建国の夢に憑かれた人たち」とは全く別のタイプの軍人や官僚たちが満洲へ流れ込んでいくことがわかります。そして満洲国の官僚機構の中での日系職員の占有率はどんどん上がっていきました。総務省を中核として、建国初期とは全く違うメンバーが国家の舵取りを担うようになったのです。

「建国の人々」が去り、建国の夢と無縁の人々が訪れた

東條英機（陸軍省課長→関東軍参謀長→総理大臣）

岸信介（農商務官僚→総務庁次長→総理大臣）

松岡洋右（外務官僚→満鉄総裁→外務大臣）

椎名悦三郎（農商務官僚→業務部計画課長→自民党副総裁）

満洲国＝優秀な軍人、エリート官僚、実業家の国へ

新しく満洲国に入った彼らの発想には、共通するものがありました。「満洲を、日本統治の実験台にする」という発想です。つまり、「日本がアメリカやヨーロッパとの戦争を仕掛けて遂行していくとすれば、そのためのどんな国に日本を変えていけばよいか。その実験の場が満洲だ」という発想です。当時の日本では、まだまがりなりにも議会政治は存在していましたから、軍部の自由気ままな行動は、多少とも抑止されます。

一方、満洲国では、そういう勢力を気遣う必要はありません。満洲国の中では、国家統制のための法律や、経済統制の制度、つまり思いどおり戦争に打ち込める方途を立案・試行してみることが自由にできるのです。若い国満洲で実験し、それを日本に応用し、日本を、戦争を遂行するための強大な国家に改造する。有能な官僚たちが海を渡ってどんどん満洲に入っていく、その最大の目的は、満洲を実験場に変えていくことでした。

彼らの中には、「民族協和」とか「王道楽土」という夢は、もう存在しなかったと思います。

最後に皆さんにお話したいことがあります。

満洲国は、中国では、偽満（ウェイ・マン）、「偽り」という字を頭につけて語られます。「偽りの満洲国」、「偽りの満」など。この感覚は、中国だけでなく、世界中の多くの人々も抱く感情でしょう。確かに満洲国は傀儡です。ほとんどすべて偽り、嘘でした。ただ、「それは偽りだったのだよ、満洲国なんて傀儡だったのだよ、もう二度と繰り返さないよ」というふうに、簡単に片付けたくないのです。「もう終わったことだよ」と気軽に言われたくないし、言いたくないです。

大変唐突ですが、この講座を作っていくうちに、改めて次の詩を思い出しました。

「マッチ擦るつかのま海に霧ふかし　身捨つるほどの祖国はありや」

寺山修司の作品です。とても好きなので、若い頃からよく口ずさんでいました。

「身を捨てることができるほどの祖国ってあるのだろうか」と、寺山は問います。

言い換えれば、「祖国とは何なのか。人が生きていく上で、それはどんな存在なのか」と問うているのでしょう。

満洲国の歴史をまとめていると、何度も、寺山のこの言葉に行き着きました。満洲は、「祖国って何かということを問う空間」だと思います。九〇年たった今でも。

「人間にとって、国家は当然存在するもの」と考える人は多いと思います。今でも世界中に、「国のために血を流すことは当然だ」という価値観を持つ人たちがたくさんいます。

「祖国のため、あるいは祖国を取り戻すために戦うことは勇敢な潔い行動だ」という人たちもたくさんいます。

ただ、満洲国の歴史をたどってみて、そういう考えが、けっして自明な、正しいことだと思えなくなりました。例えば、私はこの講座の中で、田中正造の話をしました。谷中村、ここは足尾鉱毒事件隠蔽のために水没させられた村です。田中たちが最後まで立ち退きを拒否し、人間の存在をかけて国家と闘った村です。今はほとんど面影が残っていません。渡良瀬遊水池です。訪ねてみましたが、人々がここに生き、鉱毒に苦しみ、戦ったという痕跡はほんのわずかしか残っていません。けれど、その場所を歩きながら感じました。

田中にとって、鉱毒事件を戦った村人にとって、ここは聖地、かけがえのない大切な故郷だと。

満洲を考えることは、私たちの価値観の中にある〈祖国〉を改めて問うことです。その意味で、今日的な問題です。そう遠くない時期に、国も祖国もない場所で、のびのびと生き、活躍する日本の若者が登場するはずです。彼らのために、今私たちができることの一つでしょう。

でも、そのために「日本人」という属性を捨てる必要はありません。ウィー・アー・ジャパニーズでよいはずです。日本人であることを誇りとし、誇りある日本人であることをめざして生き抜いたあの中村哲さんがその見本です。彼は日本国憲法を、「日本人の誇り」だと言いました。

ジョン万次郎、知っていますか。一八二七年、土佐に生まれた漁師です。十四歳のとき難破・漂流し、アメリカ船に助けられ、アメリカで暮らしました。その彼が、幕末、日本に戻ることを希望します。たくさんの人にかわいがられていましたから、アメリカにいれば、安定した楽しい生活ができたのでしょうが、幕末の混乱する日本に自ら望んで帰ろうとします。アメリカで得た体験を活かし、対外経験に乏しい日本で自分の力を役立てたいと考えたのでした。彼が日本に帰ることを決断し、育ての親にそのことを伝えた手紙が残っています。署名は、「ジョンマン・ジャパニーズ」です。手紙を見ましたが、じーんと来ました。この手紙のなかの「ジャパニーズ」こそは、もしかしたら、私たちが永遠に見失ってはいけない心のありようかもしれないですね。

そして、唐突かもしれませんが、ジョン万次郎の生き方は、残留孤児問題にも繋がると思います。国とは何か、祖国とは何かということに、たくさんの残留孤児の皆さんが引き裂かれ、迷いました。そして所属する国を選択していきました。

今回の講座は、満洲移民前史で終わります。満洲移民のことはほとんどなにも話しませんでした。その理由の一つがこれです。皆さんに投げかけたいのは、「国・祖国」、あるいは「理想・夢」という言葉の意味です。何か作り上げていく時、想いが想い通りに実現していくということはめったにありません。ときには暴走し、せっかくの想いをぶち壊していくこともあります。逆に、もっといいものを作り上げる力になることもあります。そういう観点で歴史を見たいと思います。そこに生きた人々を評価したいと想います。

そして、歴史の場面場面に、必ずifがあることを忘れないでいたいと思います。学校の授業のように、歴史を結果として、暗記科目としてだけで見ない観点です。「ここでやり直すことができたはずだ」「ここでこうするべきだった」という問いです。成就しなかった歴史の場面にも、ifという言葉を投げかけてみれば、二度と同じ失敗を繰り返さない教訓を見つけられます。

話がだいぶ先走ってきましたが、最後に。

九回講座をやってようやく、満洲移民二七万人それぞれの、〈終わりのなき旅〉を語る場所に着きました。この講座が終わるところから、満洲移民が始まり、そして満洲逃避行があり、残留孤児の問題が語られていくと思います。

今私は「着きました」と言いました。さてどこに着いたのでしょう。

阿智にある満蒙開拓平和記念館の入口に着いたということです。ここからの物語は、記念館の中で、皆さん自身が資料や証言と対話をしながら、考えてみてください。私はその入口まで皆さんをお連れして、この講座を閉じたいと思います。

「行け満洲、拓け満蒙」。この言葉と一緒に終わりなき旅を始めていった人たちの大きな物語を、日本に一つしかない満蒙開拓に特化したこの記念館の中で、考えていただければと思います。

長い間ご聴講いただきありがとうございました。一方的なお話をさせていただきましたが、皆さん方それぞれが会話しあい、討論しあいながら、自分の考えを作りあげていく営みをぜひ大事にしてください。ご視聴ありがとうございました。皆さんお元気でご活躍ください。

オンライン講座に関する主な参考文献です（入手しやすいもの）。
大杉一雄『日中十五年戦争史　なぜ戦争は長期化したのか』（中公新書　一九九六年）
加藤陽子『戦争の日本近現代史』（講談社現代新書　二〇〇二年）
山室信一『キメラ　満洲国の肖像』（増補版）（中公新書　二〇〇四年）
小林英夫『〈満洲〉の歴史』（講談社現代新書　二〇〇八年）
半藤一利『昭和史　１９２６―１９４５』（平凡社ライブラリー　二〇〇九年）
緒方貞子『満洲事変―政策の形成過程』（岩波現代文庫　二〇一一年）
古川隆久『昭和天皇「理性の君主」の孤独』（中公新書　二〇一一）

（追記１）本稿は、満蒙開拓平和記念館が二〇二一年に企画した「特別展満洲事変」の際に著者が担当したオンライン講座のものである。全九回のうちの七―九回分を収録した。収録にあたっては記念館から快諾をいただいた。また、図版などの利用についても便宜を図っていただいた。この場を借りて感謝申し上げます。

（追記２）二六一頁　長春の写真は、友人若槻真治氏が撮影されたものである。

九章　学び直し昭和史—敗戦から何を学べばよいのか

はじめに

地元の高校に勤務するかたわら、時々一般の方に昭和史のお話をしています。「歴史」、まして「昭和史」ですから、若い世代は今時の言い方をすれば「ひいて」しまいます。講演会も、年配の方が大半という状態です。昭和三十年代生まれの私が、「昭和」という元号とともに生きてこられた方々に「昭和史」を語るというのは、考えてみればとても奇妙で、また恐れ多いことなのですが、どなたも大変熱心にメモをとり、話に耳を傾けてくださいます。

先日は、先の戦争で肉親を亡くされた遺族の皆さんにお話する機会をいただきました。講演の後の質疑の中では、ご自身の軍隊経験や、肉親の命を奪った戦争と、それを遂行した政治家たちに対する憤りをこめた発言などが相次ぎ、「戦争体験は風化していないいんだな」という思いを改めて強くしました。また、平和を考える集いでお話した折りには、自国の歴史に対する若者たちの無関心さを危惧する意見が相次ぎました。

団塊の世代が社会の第一線を退く時期に差しかかりました。ということは、あの戦争を直接体験していない世代が社会の大半を占めるようになったということです。よく指摘されるように、日本では自国の近代史をしっかり学ぶという体制、機会が十分に設けられていません。現在採用されている高校の教育課程では、日本史は選択科目の一つという扱いですから、高校で自国の歴史を一切学習せず社会に出る若者も随分いるわけです。

以前、松本の高校に勤務していた折り、アメリカから留学生が来ました。日本史の授業を結構気に入ってくれて、日本の歴史に関する英語の書籍を一年間一緒に読んでみたのですが、帰国する時、「記念に」といって、彼がアメリカの高校で使っているアメリカ史の教科書をくれました。Ａ４判厚さ七《チセン》ほどの本の中は文字がびっしり。驚きました。アメリカの高校生はこの教科書を使って学ぶそうです。

しかも、日本の学校のように、教師が一方的に話すのではなく、歴史上の重要な場面場面を取り上げ、全員で討論を繰り返しながら、一人ひとりが自分の考えを作り上げていくようです。「この場面でのこの決定は適切だったのか」「もっとほかの政策もありえたのではないか」などなど。

もちろん、本当に自由に多様な意見が交換されているわけではありません。アメリカに留学した女生徒が、帰ってきて話してくれたことは今でも忘れません。「日本への原爆投下は正しかったか、間違いだったか」というテーマで討論が行われたときのこと。「間違いだった」という意見を述べたのは彼女たった一人。全員が「戦争を終わらせるためにはやむを得なかった」という意見に賛成したそうです。彼女が、広島や長崎の悲惨さを一生懸命語っても、想いはまったく伝わらなかったとのこと。その時の悔しさを泣きながら話してくれました。ただ、討論の方向が私たち日本人には到底納得のいくものではないにせよ、アメリカでは、子どもたち若者たちが、自国の歴史と向き合おうとしていることは確かです。日本の学校ではなかなか見られない光景であることは確かです。

一 「生きる目的」を見つけ出せない人々

今の高校生は、近代日本がおこなってきたいくつもの戦争に対してどのような考えを抱いているのでしょうか。興味あるところですが、しっかりとした調査はなされていないようです。

ただ、「今時の若者たちは、自国の歴史や戦争について何も考えていないにきまっている」と頭ごなしに言い切るのもどうでしょうか。戦争に関心を抱く若者たちには、私の経験では二つのタイプがあります。

一つは過去の戦争をテレビゲーム感覚で考えるタイプ。彼らは戦術や武器には異常に詳しいのですが、降り注ぐ砲弾の下に人々が血まみれで倒れているんだという想像力がどこか欠けているように思います。「オタク」という言葉は蔑視的なニュアンスをもっていますが、やはりその言葉が一番ピッタリするタイプです。

一方、自分自身に対してもストイックであることを強く求める学生たちの中に、戦争や平和の問題に関心を抱く者が多い気がします。これが第二のタイプ。周囲に氾濫している軽っぽい若者文化に嫌悪感を抱く人たちです。何事も真剣に考えるタイプだから、戦争や平和についても自分のしっかりした考えを持ちたいということなのだろうと思います。

ただ、私が非常に驚いたのは、こういうタイプの若者の多くが、「あの戦争は侵略戦争ではなかった」「日本は欧米列強によって植民地化されたアジアを解放するために全力で戦った」という考えを支持しているということです。

謎を解くカギは「物語」であり、「公」だと思います。日本人全体に「公意識」が希薄化しているとの指摘は近年盛んです。公共マナーの低下、自己中心的な価値観の横行。自他にストイックであろうと求める一部の若者たちにとってはこうした世相は憎むべき、改革すべき存在と映るわけです。「公の復権が社会を再生する」との論理。ファシズムに心酔していった青年将校とよく似ています。

ただ、本当は、もっともっと深いところに問題の根はあると考えます。例えば東京の街角に一人でぽつんと立ってみたらと考えてみましょう。「自分一人がいなくたって世界はなんの問題もなく動いていくんだ」、そんな無力感に襲われることはありませんか。文明があまりにも発達しすぎて、人間一人ひとりの力がとてもちっぽけに感じられる瞬間はありませんか。

コマーシャルの世界では、「自分らしさ」「あなたらしさ」の連発ですが、現実には「生きている手ごたえ」「生き甲斐」「生きる目的」を見つけ出せない人々がどんどん増えているのだろうと思います。

「こんなちっぽけな俺（私）は、なんのために生まれてきたのか、なんのために生きているのか」

自分を真剣に見つめれば見つめるだけ、不安と絶望感が生まれてくるのです。

「愛する人を守る、愛する人の住む国（故郷）を守る。そのためにあなたは生まれてきたのだ」という言葉は、第二のタイプに代表される若者たちには、不安、「よりどころのなさ」を癒やし、乗り越えるメッセージになったのではないでしょうか。

一九九〇年代、『美少女戦士セーラームーン』というアニメが流行りました。どこにでもいる女子中学生たちが、地球征服をもくろむ宇宙人と戦う物語でした。普通に考えれば、もしそのようなことがあれば、強大な軍事力を持つ国々が力を合わせて戦えばよい話です。「地球のために戦う」は、「公」のミッションであり、なんの保障も、なんの権限もなく一個人（「私」）が、行うことではありません。

だが、彼女たちは、絶対的に孤立無援のなか、実にけなげに戦いを挑みます。「私」を超えた「公」のために命を捧げることに、疑問を抱くことなく戦い続けます。

「ちっぽけな自分を超えて、大きな物語のために命を捧げるのが私の使命」

もちろん、視聴者（とくにこのアニメを熱狂的に支持した少女たち）が、そのようなことを真面目に考えていたとは思いません。ただ、このアニメには、私が出会った第二のタイプの若者と共通する「心性」が感じられます。

オウム真理教の出現と、『風の谷のナウシカ』や『北斗の拳』などのアニメ作品の登場に関連性を見出したのは宮台真司ら気鋭の社会学者でした。「核戦争」、「人類滅亡の危機」からの逆照射として、現代と私たちの「生」を意味づけようとする考え方が特徴でした。小林よしのりの『新ゴーマニズム宣言』では、特攻を志願する若者に「個人を超え、国を守るという悠久の物語に生きる喜び」を語らせました。

昭和三十年代生まれの私たちは、子どもの頃から「三無主義」といわれていました。「無気力・無関心・無責任」です。「自分の事しか考えない」という生き方は、批判的なニュアンスを込めて「ミーイズム」とも言われました。そのような世代が、知った口は利けないのですが、今の若者の中に、軍靴の音とともに迫ってきたあの時代のファシズムとはまったく姿は違うが、随分似通った発想が芽生え、育ちつつある気がします。

大切なのは、まず日常であり、取り替えることのできない「私」です。宮台真司の言葉を引けば、「終わりなき日常を生き」(『終わりなき日常を生きろ　オウム完全克服マニュアル』)きることにつきます。

二　餓死者一万五〇〇〇人の兵士

私の、わずかばかりの体験に過ぎませんが、学校では、「戦争と平和について考えよう」というような、非常に大きなテーマ(主題)を最初から掲げて、授業を進める傾向があります。「平和教育」という分野はとくにその傾向が強く、「戦争は悲惨だ、絶対に許さないぞ!」という感想を生徒たちから引き出すことが、到達目標になっています。また、そのために、加害者よりも被害者の記録を重視する傾向もあります。兵士一人ひとりの死を具体的に取り上げて考える、といった授業は、あまり見たことがありません。

自らフィリピン戦に従事し、捕虜になった経験を持つ大岡昇平は、大著『レイテ戦記』のあとがきで次のように述べています。

「周知のようにここは太平洋戦争中、最も損害の多かった戦場の一つである。多くの作戦上の不手際があって、旧陸海軍人として最も恥多き戦場である。海戦について、ゲームとして興味本位に書かれることがあっても、陸戦については、まとまった戦記はほとんど書かれなかった。あるいは粉飾された物語しかなかった。しかし損害が多ければ、それだけ遺族も多いわけで、自分の父や兄や子が、どういうところで、どういうふうに戦って死んだかを知りたい人は、それだけ多いわけである。著者が昭和二十八年頃この本を書くことを思い立ったのには、旧職業軍人の怠慢と粉飾された物語に対する憤懣も含まれていた」

大岡は大著の大部分を、戦争経過の詳細な記述と、兵士たちの死の状況の列挙に費やしています。一人ひとりの兵士が個人として死んでいく状況を克明にたどることによって、戦争の実相と悲惨さ、無意味さを伝えようとするわけです。

手元に一九三一年～四五年までの、いわゆる「一五年戦争」中の日本人軍人・軍属の戦没者数があります。約二三〇万人。その七割近くが、広い意味での餓死者だったと言われています。戦病死者が戦死者、戦傷死者を上回るのがこの戦争における日本兵の被害の特徴です。こういうことは「持久戦」を念頭に作戦を作り上げなければならない近代戦の場合、通常は起こりません。補給路が確保できない作戦は実行しないという暗黙の了解ができているからです（この点は後述）。

ところが一五年戦争では、アジアの各地で日本兵が餓死しました。例えばガダルカナル戦の場合がよい例です。この作戦に投入された日本軍兵士三万人の内訳は、戦死者五〇〇〇人、餓死者一万五〇〇〇人、救出一万人でした。戦病死者の範疇に入る「餓死者」が死者の四分の三を占めます。

餓死者が七割にも上るということは、「至るところででたらめな作戦が実行されていた」、ということに他なりません。

三　英霊など生まない社会を

一五年戦争、とりわけ一九三七年七月に勃発した蘆溝橋事件から四一年十二月の太平洋戦争勃発までの間の日本の外交政策にはいくつものミスがありました。ヒトラーに振り回されたという感が強いのですが、詳細は省きます。ただ確実なことは、アメリカの一〇分の一の国力しかない国が、泥沼化して解決の方策が見いだせなくなっている中国戦線をそのままにして、北方でソ連、南方で米英と戦う道を選択したということです。

「帝国は大東亜共栄圏を建設し、支那事変処理に邁進し、自存自衛の基礎を確立するため、南方進出の歩をすすめ、また情勢の推移に応じ、北方問題を解決す。本目的達成のため対英米戦を辞せず」(四一年七月第一回御前会議)

ところで、戦争遂行の目的というのは、威勢がいいだけの「開戦の詔勅」を読むより、戦争をどこで終わらせるかを予め示した文書を見た方がよくわかるものです。そこには、「何を手に入れたいのか」、「どのような不利益を排除できればよいのか」が具体的に明記されているはずだからです。日本の場合、それは四一年十一月十五日の御前会議で決定されました。ポイントは四つ。

① 自給の道を確保でき、長期戦の目処がたったとき

② 蒋介石が屈服したとき

③　独ソ戦がドイツの勝利で終わったとき
④　ドイツのイギリス上陸が成功し、イギリスが和を乞うたとき
③④は、「こうなればアメリカは継戦意思を失うだろう」という希望的予測です。①②がなかなか思うように進まず、四〇年末には中国からの撤兵すら考えていたのですから、御前会議の決定は③④にウエートが置かれていたはずです。

それにしてもこの決定、分かりやすく言えば「ドイツががんばってくれたらうまくいく」という他力本願の発想に過ぎません。四一年十二月、ヨーロッパでは、さしものナチスドイツの快進撃にも衰えが見え始めていました。戦況は連合国側有利に傾きつつありました。ストックホルム駐在武官小野寺信はこの情報をいち早く入手、「開戦不可ナリ」の打電を日本に送っていたのですが、ドイツ大使大島浩の情報だけに頼っていた軍部はこの情報を握りつぶしたといいます（ＮＨＫ特集「開戦不可ナリ」）。

つまり、開戦に踏み切るに当たって、それほど確固たる信念や見通しがあったわけではないのです。ヒトラーの快進撃に目を奪われ、「バスに乗り遅れるな」の大合唱が巻き起こったに過ぎないのです。冷静でグローバルな外交戦略があれば、あの戦争は回避できたと私は考えます。「回避できた」ということは、「英霊」など生まれなかったということです。「英霊を賛美するより、英霊を生まない社会の方がずっといい」、私はそう思います。

四　外交は、軍事以上に国家の命運を分ける重要な要素

明治以降の日本の戦争の特色は、戦争方針決定の重要な任務が、作戦担当の中堅幕僚にほぼ独占されていたことです。戦争するかしないかという最高レベルの決定も、中堅幕僚が握っていたといいます（『あ

の戦争になぜ負けたのか』)。

中堅幕僚といっても分かりにくいと思います。具体的には陸軍なら参謀本部、海軍なら軍令部がそれにあたります。ここに勤務する約二〇〇人くらいのエリート軍人が戦争遂行の実質的な主体だったわけです。ただ陸軍の場合はもっとはっきりしていて、参謀本部第一課、一般に「作戦課」とよばれる部署に所属する二〇人ほどの軍人が戦争方針決定の実質的な権限を有していたと言われています。この二〇人は、定員五〇人の陸軍大学校の上位一割、俗に「恩賜の軍刀組」と呼ばれる超エリートたちの集まりでした。陸軍のトップに位置する陸軍大臣や参謀総長には、戦争遂行の具体的な場面ではたいした権限がなく、作戦課の人事も参謀次長が握っていました。ここは、さながら密室状態といってよく、「奥の院」とでも称するべき存在です。

たしかに、戦争のような非常時では、重要な政策決定が少数のリーダーたちに委ねられることはやむを得ないことだと考えます。ただ、私はここで、当時の中堅幕僚たちには、一つの決定的に重要な体験が欠落していたことに注意を向けたいのです。それは、第一次世界大戦という経験です。言い換えれば近代戦争の体験です。

一九一四年に勃発した第一次世界大戦は、ヨーロッパ全土を主な戦場にし、戦闘員戦死者九〇〇万人、非戦闘員死者一〇〇〇万人という途方もない数の犠牲者を生みました。負傷者は二二〇〇万人にのぼります。この大戦が戦争史に新たな一ページを開いたと言われる所以は次の三点です。
①　飛行機、戦車、機関銃、野戦重砲、毒ガス、火炎放射器、潜水艦などの新兵器の登場。これらを総称して「火力」と言います。機関銃や戦車の登場は、歩兵の突撃で雌雄を決する従来の戦術(歩兵万能主義＝白兵第一主義)を無力化しました。機関銃や自動小銃の前に、歩兵は次々になぎ倒されていったからです。

だが、このことはすでに日露戦争でも気付かれていたことです。日本よりはるかに近代的な装備を持つロシアに対して、日本軍は一一〇万人の兵を投入、戦死者八万人、戦傷病者三八万人という莫大な犠牲と引き替えにようやく勝利を手にいれることができたのですが、機関銃や重砲に向かっての、銃剣を装着した突入攻撃で多くの兵士が亡くなったといわれています（『失敗の本質』）。

日露戦争から第一次大戦にいたる二十世紀初頭は、兵器の急速な発達にともない戦術が根本から見直されなければならない時期だったといえるでしょう。あらかじめ結論を述べておくなら、日本軍はこの転換期の重要性を認識せず、日露戦争当時の歩兵突撃主義のまま第二次大戦を迎えることになります。

航空機と潜水艦の出現も戦術を大きく変える要因になります。とくに戦艦大和のような巨砲を搭載した大型艦船中心の戦術（これを大艦巨砲主義といいます）は航空機を搭載した空母の、機動力とスピードをいかした作戦には到底対応できません。「遠からず大艦巨砲時代は終わるだろう」、大方の軍事専門家、軍人がそう考えていました。

しかし日本はそれ以後も武蔵、大和に代表される大艦を建造し続けます。海軍軍縮条約で保有戦艦数に制限があったこともその理由ではありますが、大艦を連ね、北上するバルティック艦隊を粉砕して奇跡の勝利をもたらしたあの日露戦争の日本海海戦の成功体験がいつまでも忘れられなかったからだ、といわれています。

② 総力戦（持久戦）

近代的兵器が登場するまでの戦争では高度に訓練された兵の能力が戦争の結果を左右していました。戦場に赴くのは職業軍人であり、戦闘訓練を受けていない一般人は戦場と距離をおいたところに位置していました。

ところが、過去にないほどの破壊力・殺傷力を生み出す近代的な兵器の登場は、戦闘の様相を一変させました。機関銃や戦車を例にとれば、弾薬や燃料の消費量は飛躍的に増えます。機関銃の場合、数十～数百倍の弾薬が必要になります。燃料は、平時の数か月分の消費量を数日の戦闘で使い果たすということもありえます。破壊力の大きい武器ですから、戦闘員の消耗も飛躍的に増大します。

したがって、近代戦に勝利するためには、国家が国力のすべて、すなわち軍事力のみならず経済力や技術力を平時の体制とは異なる体制で運用しなければならないということになります。戦闘機、戦闘車両、軍艦の製造が最優先課題となり、民間需要は圧迫されます。兵士だけでなく民間人も戦闘に巻き込まれる爆撃による工場や都市、補給路の破壊も実施されます。相手国の国力を下げるために、ことから、「銃後」という言葉も生まれてきたわけです。

戦争は国力を出し尽くして国民全てで継続するものとなったため、敵国が降伏しない限り敵国の国力を殲滅するまで終わることがないという様相を呈することになります。これを、軍事用語で「総力戦」（持久戦）と呼ぶわけです。敗北は国家の存亡そのものと直結するために、戦争を途上で終結させることは難しく、市民生活に壊滅的なダメージを与えます。戦時中の「国家総動員運動」や学徒動員を思い起こせば、ご理解いただけるでしょう。

③　外交の重要性

学校で第一次大戦の勉強をされた時、「三国同盟」「三国協商」という言葉を覚えませんでしたか。同盟する国々の名前を暗記したのですが、実はいくつもの国が同盟関係を結んで軍事グループを形成し、戦火を交えるというケースは第一次大戦以前にはほとんどありませんでした。二国が同盟して他国を侵略するといったケースはありましたが、複数の国が利害関係をすり合わせつつ、あるいは対立させつつ、グループを形成したり破棄したりする、というのは非常に高度な外交戦略です。

近代戦は、②のように国家の総力をあげて遂行しなければならない政策ですから、できるだけたくさんの同盟国の支持を得、戦争を遂行しなければなりません。地理的にも歴史的にも共通する部分が多いヨーロッパでは、こうした外交技術は古くから理解されており、国家をも拘束する規範となる国際法もヨーロッパから生まれたわけですが、東アジアの国々は、日本だけでなく中国や朝鮮も、十九世紀半ばまで鎖国政策を採用していましたから、利害の対立する複数の国家との高度な外交戦略を展開できる人材は大変少なかったというのが実情です。「外交が、軍事以上に国家の命運を分ける重要な領域だ」という認識が、日本ではなかなか育ちませんでした。

五　明治の頭で昭和の戦争を戦う

手元にある高校の日本史の教科書には、第一次大戦と日本との関係について、次のように記されています。

「イギリスがドイツに宣戦すると、第二次大隈内閣は、日英同盟を理由にドイツに参戦し、中国におけるドイツの根拠地青島と山東省のドイツ権益を接収し、さらに赤道以北のドイツ領南洋諸島の一部を占領した」（山川出版社）

「なんだ、日本は立派に第一次大戦に参加しているじゃないか」と思われる方もいるかもしれませんが、日本の兵士は、わずかの者を除いて、近代兵器のオンパレードと言われたヨーロッパの主戦場を見ていません。ドイツは本国が存亡の危機に瀕しているわけですから、アジアの植民地で日本と全力で戦うなどということはできません。「留守宅に押し合って占拠した」といった程度の戦闘だったわけです。

結局日本は、ヨーロッパ各国が辛酸をなめながら、二〇〇〇万の死者、二一〇〇万の負傷者と引き替えに手に入れた近代戦の教訓をまったく手に入れることなく、第一次大戦を経過し、第二次大戦に突入したということになります。この体験の有無は、言葉で言い尽くせないくらい重要なことだと私は考えます。歩兵突撃主義や大鑑巨艦主義の限界を、日本がおびただしい兵士の血と引き換えに体得するのはヨーロッパより三〇年近くも後のことになります。

吉田俊雄は、太平洋戦争開戦時、第四艦隊司令長官だった井上成美大将の言葉を紹介しています（『海軍参謀』）。

「我々は明治の頭で昭和の戦争を戦えると思った」

六　近代戦に対応できない突撃戦術

では、「一九四一年十二月、太平洋戦争開戦とともに、日本は未体験の近代戦に突入した」ということになるのでしょうか。

これは間違っています。

一九三八年から三九年にかけて朝鮮北部に展開していた日本軍は、満州とソ連との国境付近で二度にわたってソ連と戦闘を交え、近代火力の威力を直接体験しているからです。張鼓峰事件であり、ノモンハン事件です。

ノモンハン事件はとてもよく知られた事件で、関連する書物もたくさん出版されています。作家司馬遼太郎は戦車兵としてこの戦争に参加、ソ連戦車にひき殺されそうになる体験を通して、「日本はなんてバカな国になったんだ」と実感、それが歴史小説家を志すきっかけになったと生前語っていたそうです。「ノモンハンのことを考えると頭の血が沸騰し、逆流して、とても平静ではいられなくなる」とも。

名著『失敗の本質』を手がかりに、事件の経緯と問題点を探っていきましょう。

事件の発端は、ソ連と満州国間の国境線が不明確だったことです。日本軍はソ連の火力を甘く見て国境付近で徴発行為を繰り返していたのですが、三九年五月これが大規模な戦闘に発展しました。日本側戦死者七七〇〇人、戦傷者八七〇〇人、これは戦闘に参加した日本兵の三三％にあたります（一般に、三割を越える死傷者を出した場合は「壊滅」と呼びます）。

このおびただしい数の死傷者を生んだ原因は、近代戦に対応できない戦術にありました。日本軍は航空戦では優位にたったものの、ソ連地上戦力の中心をなす砲兵、戦車、装甲車の前に、日露戦争以来の伝統的な歩兵第一主義の戦術がまったく通用しなかったからです。敵戦車に向かって無謀としか言いようのない突撃が繰り返されました。そして生き残った兵が、「生きて虜囚の辱めを受けるな」の命で自決する「日本軍の伝統」もこの戦いで一般化したといわれています。

残念だったのは、軍部がノモンハン戦の体験を徹底的に分析し、その後の戦略作成に活かさなかったことです。第一線で戦った部隊の連隊長の多くが戦死、あるいは自決しました。生き残った部隊長の中には、「無断で後退した責任をとれ」といわれて自決を強要された者もいます。これでは、貴重な近代戦の体験を、組織的に活かす道を自ら閉ざしてしまったのも同然です。

事件後「ノモンハン事件研究委員会」が発足しましたが、そのレポートには、「低水準にある日本軍の火力戦闘能力を飛躍的に向上させる必要あり」との文言ももりこまれてはいましたが、ウエートは、「日本軍伝統の精神威力の向上こそが勝利のカギ」という点にありました。

「戦闘の実相はわが軍の必勝の信念及び旺盛なる攻撃精神と、ソ連軍の優秀なる飛行機、戦車、砲兵、機械化された各機関、補給の潤沢さとの白熱的衝突である。ノモンハン事件最大の教訓は、国軍伝統の精神威力をますます拡充するとともに、低水準にある火力戦能力を速やかに向上せしむるにあり」（研究会報告）

過剰な精神主義の高揚に終始した報告書です。関東軍作戦参謀としてこの作戦を指揮した辻政信はこう言い放ちました。

「戦争は負けたと思った時が負けだ。我々は負けたとは思っていない」（半藤一利『昭和史』）

近代戦全体のイメージを掴むとまではいかなくとも、せめて、「戦闘の最終局面では歩兵の突撃によって雌雄を決するのだ」という伝統的な戦術の限界を真摯に認識するだけでもよかったはずです。日本軍は太平洋戦争末期に至っても三八銃の尖端に銃剣を装着した歩兵が敵陣に突撃を繰り返す戦術をやめようとしませんでした。また、それが兵士としてもっとも勇気ある行動だと賞賛されてもいました。

もし作戦課のエリートたちが、八〇〇〇人近くにのぼるノモンハン戦の「英霊」に向き合い、彼らの血と引き換えにえた教訓を前提にして、戦略をトータルに見直そうと本気で考えたなら、その後の二〇〇万を超す「英霊」は存在しなかった、と私は確信します。

のちに述べますが、師団壊滅という最悪の作戦を遂行した中心人物辻政信は、軽い処分を受けたのち、太平洋戦争開戦時には参謀本部作戦課に復活、ポートモレスビー戦、ガダルカナル戦、ビルマ戦線に関与、ノモンハン戦同様の無謀な作戦で大量の戦死者を生むことになります。

七　圧倒的な火力の前に全滅を繰り返したガダルカナル戦

近代戦の特徴として、「圧倒的な火力」と「総力戦」をあげました。このどちらもが象徴的に現れた戦闘がガダルカナル戦（一九四二年八月～四三年二月）です。

総力戦とは、言い換えれば持久戦ですから、前線で戦う師団に後方からどれだけの補給支援ができるかに勝敗はかかっています。「兵站《へいたん》」とよばれる任務がそれで、欧米の軍隊では兵站部門の発言力が強く、いきおい優秀な人材がこのポストに任命される仕組みになっていました。

ところが日本軍では、「作戦そのものがすべてに優先する」と考えられており、作戦遂行のために不可欠な軍隊や軍事品の輸送、弾丸、資材、食糧の補給はいちじるしく軽視されていました。「食糧は自分で背負うか、現地で調達せよ」が当たり前でした。また、「兵站や輸送部門の担当者は、一般兵科の者より一段階下に位置づけられていた」（藤原彰『餓死した英霊たち』）といいます。

日本の場合、太平洋戦争は、「何を、だれから、どう守りたいのか」、「どこまでは譲歩、どこからは絶対に譲歩できないのか、またそれは何故か」といった確固たる戦争遂行の理念や見通しがあって始まったものではありませんでした。アメリカの巧みな外交戦略によって、「気がついたら引くに引けないところにきていた」というのが真相だろうと思います。したがって、地図上に引かれた大東亜共栄圏ラインも、エリート軍人たちが「こうであったらいいなあ」という希望を多分にこめたものでした。

ガダルカナル島はソロモン諸島の南端、当時の日本軍の最前線基地ラバウルからも一一〇〇キロメートル離れた島。「アメリカとオーストラリアの連携を断ち、大東亜共栄圏を防衛するためにこの島に飛行場を」という海軍の要望にまったく根拠がなかったわけではないでしょうが、前線基地から一〇〇〇キロメートル以上も離れ、しかも制空権も制海権も確保されていない島に、武器をほとんど持たない飛行場設営隊二五〇〇人を送り込んだこと自体、作戦ミスだったと言わざるを得ません。

しかも、海軍はこの島に飛行場を作っていることを陸軍には秘密にしており、米軍が上陸した時、陸軍関係者は「ガダルカナル」という島名を初めて聞いたといいます。

四二年八月、飛行場が完成するのを見計らって、米軍が本格的に上陸作戦を開始しました。大本営はアメリカ兵の数や、これが本格的な上陸作戦であるといった事実を確認することもなく、グァムに滞在中の陸軍一木清直支隊一〇〇〇人に、「飛行場奪還」の命を与え、七日間の食糧のみ、重火器もなしにガダルカナル島に上陸させます。この時、米軍は「小銃、機関銃数挺、七〇《センチ》級山砲四門、弾薬、ガソリン、燃料、使用可能なトラック三五台を含む自動車と電波探知機二台、食糧多数」を用意していたといいます（米軍公式戦記）。一木支隊は一晩持たず全滅。

続けて参謀本部は一五〇〇人、三〇〇〇人と、兵を小出しに派遣しますが、制海権・制空権がありませんから食糧や弾薬の補給は不可能。兵士を載せた船が攻撃されることもしばしばでした。

また、かりに上陸できても、圧倒的な火力の前に全滅を繰り返していくばかり。撤収命令がだされるのは四か月後の十二月。その間大本営は「行った連中が弱いからだ」と責任逃れを繰り返していました（保阪正康『あの戦争は何だったのか』）。

ガダルカナル島。日本本土からは八〇〇〇《キロメートル》、最前線基地ラバウルからも一〇〇〇《キロメートル》を隔てたこの島に、参謀本部は結局三万人の兵を送り込みました。戦死五〇〇〇人、餓死一万五〇〇〇人、救出一万人。二万人におよぶ兵士の命は、陸海軍の緻密な連携と、参謀本部・大本営の冷静な状況分析がなされていれば、失われることはなかったはずです。

八　絶対にやってはならない白兵戦

ガダルカナル戦の五〇〇〇人の戦死者に注目します。一木支隊一〇〇〇名がその代表的存在ですが、彼らの大半が歩兵突撃戦法で全滅していったからです。

歩兵が、銃剣をもって突撃する戦法を「白兵戦」と呼びます。日本陸軍では伝統的に、戦局の最終場面では白兵戦法が用いられました。一木支隊も米軍を発見すると、射撃を禁じ、伝統的な白兵戦に移りました。ここからはやや長くなりますが、大本営陸軍情報参謀として活躍した堀栄三の説明に耳を傾けましょう。この作戦がいかに無謀なものだったのか、本当に納得できます。

「日本軍が最後の突撃を敢行する時の敵味方の距離は、五～六十メートル、相手の顔や表情までわかる近さである。そこから、米軍の射撃の間隙をぬって、「突撃！」と突っ込むのだ。武装して重い三八式歩兵銃に剣をつけて走る速度は、訓練された者でも穴だらけになった土地を一挙には走れないから、途中一、二回は停止するので、一分や二分はかかる。このとき米軍は自動小銃で走っていく日本軍を、右から左、左から右へと銃口をふりまわして掃射する。これは明らかに「弾幕」である。この射撃速度が当時は、一分間三五十発程度と見られていたし、掃射の正面は一挺で三十メートルぐらいとすると、日本軍は敵陣に突入するまでに全員被弾して倒れてしまう計算になる。米海兵師団は当時一個連隊で百六十二挺の自動小銃を持っていたから、一個連隊の防御担当の正面を二キロにすれば、一キロ正面は一個大隊五十四挺でその三分の二が第一線に出ていると考えると、一挺の掃射する幅はちょうど三十メートルになる。米海兵師団は、世界に誇る日本軍の突撃を封止するため、自動小銃で一種の弾幕を作るのに必要な数を、すでに太平洋戦争を見越して装備していたのである」（『大本営参謀の情報戦記』）。

近代戦は総力戦、持久戦です。勝ち抜くためには意味のない消耗を極力避けなければなりません。逆に、たとえ捕虜になっても、捕虜というかたちで相手の陣営内に食い込めば相手の国力を消耗させることが可能です。絶対にやってはならない作戦の最たるものが、白兵戦でした。しかも突撃のさいに兵士が握りしめていた三八銃は大正時代の兵器。日本軍は「明治の頭と、大正の武器で、昭和の戦争を勝ち抜こうとしていた」わけです。

九　驚異的精神力で戦う日本軍

日本軍と米軍の戦争観の違いを一言で表現すれば、「点と面の違い」だったと、堀栄三が指摘しています。大変興味深い意見です。以下、堀の述べるところに耳を傾けてみます。

日本には「一発必中」という言葉があります。戦時中、軍隊ではしばしば「一発必中の信念」という言葉が使われました。敵を点としてとらえ、そこに正確に銃弾を撃ち込むことこそが、日本の戦争の美学だったわけです。ただ、「相手を一発で仕留める」といえば聞こえがいいですが、裏を返せば弾薬が乏しいということにほかなりません。物資の不足を驚異的な精神力でカバーしようとする伝統的な日本軍の発想が、「一発必中」の信念を支えていたわけです。

ところがアメリカにはそんな発想はありません。ガダルカナル戦での自動小銃の使用が象徴するように、米軍は敵を面（つまり広がり）としてとらえ、その前に莫大な量の弾丸で幕（バリアー）を構築し、侵攻を完璧に食い止めようとするわけです。「下手な鉄砲も数撃ちゃ当たる」という表現は不謹慎かもしれませんが、まさにそれです。

と同時に、米軍は敵の潜伏地にも無数の砲弾を撃ち込みます。その、想像を絶する破壊力についても、堀が南太平洋ギルバート諸島のタワラ島の戦闘を取り上げて分かりやすく説明しています。

「島の重要地域の面積は約一平方キロメートル。米軍は艦砲射撃だけで三五〇トンの砲弾を撃ち込んだ。砲弾一発は八〇キロ。したがって砲弾の数は四五〇〇発。米軍の上陸正面は一五〇〇メートルだから、正面一メートルに三発の砲弾が撃ち込まれた計算になる。一発の有効破壊半径は一〇〇メートル。地獄絵そのものという以外ない」

もろい平坦な珊瑚礁の小島は一物残らず破壊されたと考えられます。

「こんな猛撃下で誰が生存していられようか?」(堀)

一九四四年七月のサイパン戦は、米軍が史上最大規模の爆弾を使用した戦いだったといわれています。

総量二万トン。米軍上陸正面は一〇キロほどでしたから、一メートルに二トンの砲撃弾が撃ち込まれたことになります。戦艦の主砲の貫通能力は射程一万メートルで、鉄筋コンクリート三メートル、普通コンクリートなら五メートル。陣地帯の奥行きを考慮しても三メートル正面に二トン。

「サイパン島の海岸に旅順の要塞クラスの準備をしても、抵抗できる保障はなかった」(堀)

戦艦一隻が五個師団に相当するともいわれていました。サイパン戦は米軍戦艦が八隻、さらに三個師団の加勢で、総勢四三個師団規模でした。サイパン守備軍はわずかに一個師団。それでも守備軍は、二日間米軍の侵攻を阻止しました。そして玉砕。

米軍がサイパン島に上陸したとき、大本営作戦課は、サイパン守備軍を率いた井桁敬次少将、斉藤義次師団長を、「何という腰抜けだ！」と罵倒したといいます（堀）。

十　握りつぶされた戦果報告

残念ながら、日本軍は太平洋戦争のさまざまな局面で、重大な作戦ミスを連発しました。「後世の人間の目線で冷静にみればそうだが、戦局が時々刻々変化する場面でパーフェクトな作戦はあり得ない。偉そうに批判するな」と叱られそうですが、信じられないようなミスばかりでなく、デタラメとしかいいようのない作戦も次々に実行され、多くの兵士の貴い命が失われたことは弁明の余地がありません。ミッドウェー海戦、インパール作戦などなど。本稿はこの問題を論じる場ではありませんので、半藤一利の『昭和史』、あるいは『失敗の本質』など比較的入手しやすい本をご覧下さい。

ただ一つ、六一万人中四九万人が死亡したフィリピン戦についてはお話したいと思います。この戦いに従軍した大岡昇平のことは述べましたが、誤報を鵜呑みにした参謀本部の判断ミスが厳しく問われなければならない戦いだったと考えるからです。四九万の死者を「英霊」と讃えるまえに、参謀本部のエリートたちの責任を問うことが先決だと考えるからです。

四四年十月のフィリピン戦は、太平洋戦争中最大の戦闘でしたが、その発端はよく知られているように、その二週間ほど前に起こった台湾沖航空戦でした。日本軍航空部隊はこの戦いで「米軍空母十一隻撃沈、八隻撃破。その他戦艦、巡洋艦、駆逐艦多数を撃沈した」と大本営に報告したわけです。大本営はこの報告の真偽を確かめることなく発表、各方面の司令部も大本営発表を鵜呑みにして作戦の大幅な変更に入りました。具体的には、「ルソン島で、山下奉文率いる部隊が、上陸する米軍を迎え撃ち最後の決戦を行う」というシナリオが突然白紙に戻されました。「米海軍は壊滅的な打撃を受けている。倒すならレイテ決戦がベスト」という選択です。

実は、台湾沖海戦ではアメリカの空母は一隻も沈んでいませんでした。せいぜい巡洋艦二隻ほどがダメージを受けた程度です。当日は雲が低くたれ込めており、雲の切れ間から降下し、艦砲射撃の幕にかからないように上昇しつつ、敵の損害状況を把握するのは極めて困難な状況でした。初めから虚偽の戦果を報告しようとしていたわけではなかったと思いますが、結果としては大変な誤報になってしまったわけです。急遽兵士をレイテ沖に移動させることになったのですが、そこには沈んだはずの米軍の艦隊がほぼ無傷で待ちかまえていました。兵士を乗せた艦艇が次々に撃沈され、辛うじて上陸できた部隊も、すでに上陸していた米軍に瞬く間に撃破されていきました。一つの誤報が、大変な数の兵士の命を奪ったのです。

ただ、ここで一言申し添えておくべきことがあります。レイテ戦前に参謀本部の何人かは誤報であることを知っていたという事実です。『大本営参謀の情報戦記』の著者堀栄三は、この作戦に情報担当として参加しています。堀はマニラにいて、戦果を報告するパイロットの様子を見ながら、直感的に「これは疑ってみるべきだ」と気付き、ただちに大本営第二部長宛に「この報告は信用できない」と打電しています。大本営は電報を受け取っていたはずです。

では堀の電報はどうなったのか。この経緯に関してはどの本もやや曖昧な言い方なのですが、参謀本部の誰かが、この情報を握りつぶしたようです。

「陸軍のある作戦参謀が握りつぶしたともいう」（『あの戦争は何だったのか』）

この参謀は、電報を握りつぶすと、目の前のゴミ箱に投げ込んだといわれています。

この作戦に参加した師団の一つ、第二十六師団は、参加将校の九九％が戦死しました。

十一　作戦ミスをした参謀たちの復活

日本の戦争の特色は、その遂行を少数の超エリート中堅幕僚がほとんど一手に担っていたということです。陸軍でいえば二〇名ほどの作戦課の参謀が「奥の院」状態で戦略の立案を行っていました。これまで見てきた作戦ミスの多くもここで立案されたわけです。

ところで、「奥の院」には信じられないような論理がまかり通っていました。一言で言えば「失敗した者が不死鳥のように復活する」という論理です。

分かりにくいので、例を一つあげます。ノモンハン事件で登場した辻政信です。彼はノモンハンで強硬な作戦を立案、多数の兵士を戦死させたのですが、軽い処分をうけたのち、太平洋戦争開戦時には参謀本部に復活、その後もガダルカナル、ビルマなどで無謀な作戦を実施し、大量の戦死者を出してしまいます。

ノモンハンで辻とパートナーを組んでいたのが服部卓四郎。関東軍参謀本部作戦主任。辻同様に軽い処分を受け、太平洋戦争開戦時には参謀本部作戦課長に就任。ここで辻を登用し、ガダルカナル戦などを遂行しました。戦後はＧＨＱに協力し、戦犯起訴を免れています。

服部の上司が田中新一。日中戦争勃発時、大本営の意向を無視して戦線を拡大した人物です。軽い譴責処分を受けた後、四〇年には参謀本部第一部長に抜擢され、対米強硬論の先頭に立ちました。

兵士には自決を強いながら、それを命じる側はたいした責任もとらずに不死鳥のように復活する陸軍「奥の院」の奇妙な論理。海軍でも同様に、奇妙な人事は横行していました。

十二　正しい戦略であれば戦死者・戦病死者数は減少

連合艦隊参謀長福留繁。

彼はフィリピンの抗日ゲリラの捕虜になったさい、機密文書一切を奪われるのですが、責任を問われることなくフィリピンの第二航空艦隊司令官に就任しました。この機密書類にレイテ海戦の作戦計画が書かれていたといいます。

海軍第一航空艦隊航空参謀として真珠湾攻撃・ミッドウェー海戦等を指揮した源田実。ミッドウェー敗戦の責任は問われず、新編成された新機動部隊第三艦隊に横滑りしました。彼は自身が優秀なパイロットであったため、人命を保護するために戦闘機に防弾装置を装備するなどの対策を極端に嫌ったといいます。パイロット保護提案を「腰抜け」と一蹴、その結果日本の戦闘機は改良が進まず、優秀なパイロットを次々に失う結果になりました。

ミッドウェー海戦当時第一航空艦隊長官であった南雲忠一。この戦いで空母四隻を失うのですが、処罰は軽微でした。翌月源田同様に第三艦隊へ。長官を経て、さらに第一艦隊司令官へ。

南雲は、海軍大学校二番卒業の秀才ですが、「航空戦のなんたるかを理解できていなかったのでは」など、厳しい評価が出されています。例えば、

「中将南雲忠一は、空母あるいは空母部隊勤務の経験がないのに、第一航空艦隊司令官に任命され、機動部隊指揮官としてハワイ奇襲攻撃作戦やミッドウェー海戦などに参加した。しかし、ほとんど参謀まかせで自主的に指揮することはなく、ミッドウェーでは四隻の正規空母を沈没させる大失態をひきおこ

す最高責任者になった。…用兵・作戦・兵器が急速に進歩した米海軍に対して、従来とあまりかわらない用兵・作戦・兵器のまま戦争をつづけた山本司令官と南雲司令官は、その後、部下将兵・飛行機・艦船などの損耗を激増させるばかりで、頽勢を挽回できるほどの勝利は一つも得られず、日本を敗北にみちびくだけだった」（生出寿『海軍人事の失敗の研究』）

堀は言います。「戦略の失敗を戦術や戦闘でカバーすることはできない」。戦略が正しければ戦死者、戦病死者数は大幅に減少したはずです。

十三　志願ではなかった特攻隊員

最後に特攻隊について考えてみましょう。

まず、「面」の話に戻りましょう。特攻機に対して米軍はレーダーを使用し、突入してくる戦闘機に向けて弾幕を作るわけです。一機一機をねらい打ちにしようなどとは最初から考えていません。特攻機の眼前に何万、何十万発の弾丸の幕を作り出すわけです。特攻による戦没者数は諸説ありますが、七〇〇〇人前後と考えられます。一機といえども砲撃の間隙をぬうことは不可能という状況で、それでも体当たりを敢行し、戦果をあげるパイロットがいたのは驚きです。

特攻がいつから始まったのか、誰の発案なのか、出撃は強制だったのか志願だったのか。いずれもはっきりしたことは明らかになっていません。四三年、連合艦隊参謀黒島亀人が軍令部参謀に転出してから、特攻作戦の研究が始まり、四四年春には軍令部の方針として作戦実施が決定していたようです（『あの戦争になぜ負けたのか』）。最終的には、マリアナ沖海戦で完敗した軍令部総長及川古志郎大将が四四年秋、フィリピン・ルソン島に赴任する第一航空艦隊司令長官予定の大西瀧次郎中将に体当たり攻撃決行を指示したといわれています（『海軍人事の失敗の研究』）。

特攻を日本人の精神性と関連づけて、「散華」という言葉が象徴するように、これを日本の美しい自己犠牲の伝統の延長線上で語る識者もいますが、それは正しくないと考えます。山本五十六は、部下が特殊潜航艇で真珠湾に突入したいと申し出たとき、「九死一生」ならともかく「十死零生」ではだめだといって許可しませんでした（『あの戦争になぜ負けたのか』）。少なくとも開戦時には、軍の中枢で、ある程度健全な判断がなされていたということです。

ところが戦局の悪化とともに、四三年秋以降は、こうした「健全な判断」が軍の中枢部で大した議論もなく捨てられていくことになります。戸高一成呉市海事歴史科学館館長は「特攻は、熱意あふれる下士官が自主的に考えついたものではない。軍上層部がしっかり計画して命じた攻撃だ」という視点から特攻作戦の経緯を次のように説明します。

「（軍令部の方針として昭和十九年春には特攻作戦実施決定）まもなく回天、桜花、震洋といった、特攻専用兵器の開発が開始され、昭和十九年の夏の終わり八月二十五日には、陸海軍の人事制度の中に「掌特攻兵」という特修兵を加えている。同時に各地の海軍航空隊では、生還を期し得ない新兵器の搭乗員、つまり特攻要員募集が始まっているのである。この決裁書類には天皇が御璽を押印しているのであるから、この時点で特攻兵の何たるかは、一定の説明を受けていた可能性はある」（「果たされなかった死者との約束」『あの戦争になぜ負けたのか』所収）

戸高が強くこだわるのは、軍の上層部にいた者たちが、戦後、「特攻は兵士の自主的な志願であって命令によるものではない。したがって私たちは彼らの死に対して責任はない」という立場をとったという点です。戸高はこれを「言い逃れ」「責任回避」と厳しく批判します。

生出寿も次のように述べます。

「ただ、生還不可能な必死の戦法なので、特別攻撃隊員の採用は、命令によって指名してはならず、志願した者にかぎれという条件であった。大西は、この人命無視の作戦は「統率の外道」であると認識したが、国家危急存亡のとき、このさいはやむをえないとなっとくした。しかし、特攻（特別攻撃）作戦の作戦責任者、指揮官、参謀らは、及川、大西をふくめ、搭乗員を特攻戦死させることに対する責任は負わないという建前には、わりきれないものが残った。特攻作戦は自殺攻撃を命令するものだからである。…これらの特攻攻撃隊員の多くは、自発的に志願したものではなく、拒否することがきわめて困難な雰囲気のなかで、上官の誘導にしたがって踏み切ったようである」（生出前掲書）。

十四　命を賭けた約束を反故にした指揮官たち

戸高一成の言葉を引用します。長文ですが、私が長いことこだわっていた疑問に解答を与えてくれた気がしたからです。

「この純真で真面目で精強な兵士（特攻隊員のこと―青木）を使った指導者はどうであったか。有能であったか、無能であったかではない、無責任であった。兵士の命を預かる司令官、長官クラスが、おしなべて無責任であった。…無責任な指揮官は、部下の命を無責任に浪費した。この最大の現象を、特攻に見ることができる。自分は死ぬことのない立場で、他人に死を要求することの理不尽さは誰にも分かっていた。だからこそ、多くの指揮官は出撃する特攻隊員に『君たちだけを死なせない、自分も後から必ず行く』と訓辞したのである。殆どの隊員は命令されて特攻隊員になっていたが、『早いか遅いかにすぎない』と諦観し出撃していったのである。私が話を聞いた多くの飛行機搭乗員は、例外なく、『終戦まで生きていられるとは思っていなかった』と思っていた。ところが、最後に行く約束だった指揮官の多くは、終戦と同時に、『死ぬことよりも、戦後の復興に尽くすことの方が重要である』と突然のように気がつき、命を懸けた約束をさっぱりと忘れてしまったのである。…昨日まで、部下に、後から行くと言っていた殆どの指揮官は、戦後一貫して戦死した特攻隊員は自発的に志願したとして、これを顕彰することで約束を破ったことの償いと考えていたようである。自分が死を命じたという事実を忘れようとしていたのであろう。しかし、このような人たちに顕彰されても、戦死した特攻隊員があの世で安堵したとは、とても思えない。…他人に死を命じながら、命を懸けた約束をきれいに忘れ去った人間と、これを許容した社会が作った戦後、命を懸けた約束でも、状況が変われば破っても良いという戦後が、どのようなものになったか、日々眼前に見るとおりである」（「果たされなかった死者との約束」『あの戦争になぜ負けたのか』所収）

特攻立案に深く関わったとされる及川軍司令部総長は、特攻作戦の全貌を明らかにすることなく、また道義的責任についても終始うやむやにしたまま、一九五八年五月に死去しました。

おわりに

最近いくつかの場所で行った講演の内容を文章に起こしてみようと考えました。我田引水に陥らないためと、興味を持たれる方が調べやすいようにとの思いで、文献からの引用を多くしました。その結果、大分の量になってしまいました。

加藤典洋という評論家が『敗戦後論』という本を書きました。毀誉褒貶喧しかった作品なのですが、彼はこの著書の中で、思索の出発点としてこんな言葉を上げています。

「君は悪から善をつくるべきだ。それ以外に方法がないのだから」

歴史を学ぶ人生を志した以上、私もこの方法しかないと信じているだけです。

十章　伊原五郎兵衛と中村哲、「飯田線のバラード」

はじめに

今年（令和五年）は「伊那電飯田駅開業百年」の年ですが、鉄道建設に巨大な功績をあげた飯田出身の伊原五郎兵衛を知る人は少なくなりました。私は喬木生まれで飯田線と縁が薄いこともあり、五郎兵衛については飯田駅前に頌徳碑がある程度しか知りませんでした。

一

飯田駅前に立つ五郎兵衛の頌徳碑　昭和27年建立　建立途中の碑を見た五郎兵衛を長男暲さんは、「父がこんなに喜んだのを見たことがない」と語っている（『気骨の明治人伊原五郎兵衛』）　五郎兵衛は、除幕式を見ることなく逝去した（著者撮影）

伊原五郎兵衛は明治十八（一八八〇）年生まれ。飯田町番匠町（現通り町一丁目）の漆器店近江屋の三男です。本名「恒次」。東京帝国大学法学部仏法科に進み、首席で卒業しましたが、家業を継ぐ次男が日露戦争で戦死したため帰郷、兄嫁と結婚しました。父も急逝したため、父の名「五郎兵衛」を襲名。同時に、父の悲願だった辰野―飯田間鉄道建設事業も継承、二〇年の歳月を経て飯田駅開業にこぎ着けました。昭和二十七年没。と、ここまで書いて、「あれ？」と思われませんか。あまりに孝行息子すぎますね。私にはちょっと理解できません。

二

当時の東京帝国大学は、「神童」が全国から集まる所。まして彼は仏法科を首席で卒業した人物です。同期は吉田茂。「伊原は仏国大使、吉田は英国大使になる」と夢を語った仲でした。後に首相となる広田弘毅も近くにいました。兄の死は重大事ですが、猛勉学の果てに掴んだ外交官の夢を、簡単に諦められるものでしょうか。

日清・日露戦争の頃の日本は、司馬遼太郎が『坂の上の雲』で描いたように、「一等国」へと駆け上がろうとしているさなかです。そのフロントランナーとして、「坂の上の雲」に手の届くところにいた若者が、簡単にその夢を諦められるものでしょうか。

当時、近江屋は飯田一の豪商でした。家業を継がざるを得ない事情も分かりますが、何か大切なものを見逃している気がします。

三

五郎兵衛在学当時の東大法学部卒業生の進路を調べてみました。首席の多くは教授です。過半数が官僚。次いで政治家、外交官、司法関係。民間はほんのわずか。誰もが国家を担う人生を夢見、勉学に励んでいたわけです。

ただ言い換えればそれは、「故郷を捨てる覚悟があって初めて歩むことのできる道」です。漱石は『三四郎』のなかで、東京帝国大学に進学するために九州から上京する若者（三四郎）に、こんなことを言わせます。

「熊本より東京、東京より日本はもっと広い。世界はもっと広い」

上京する五郎兵衛の心中に、三四郎と同じ覚悟はできあがっていたはずです。

研究者は、五郎兵衛が飯田に戻ったことを当然のように、たいした感動も違和感もなく描きますが、それは絶対に違うという感覚を強く抱きました。

四

五郎兵衛には回想録がないようです。彼ほどの人物なら、功成った人生を後世に伝える書物を作るものですが、不思議です。彼のことを調べるには、近くにいた人たちの〈証言〉に頼るしかありません。

五郎兵衛は、事業の進行を阻む者は、誰彼なく罵倒し、自らの方針を貫こうとしたといいます。官僚には「だまれ、コッパ役人！」が口癖でした。

強引な手法に対しては、社員、田んぼを潰される農民、仕事を奪われる輸送業者らからも強い反発が上がりました。彼はそういう場面では、ワンマン、独裁者のように立ちはだかっています。

ただ、私利私欲なく、赤字続きの事業に私財を惜しげもなくつぎ込み、つねに陣頭に立つ姿は、人々を納得させました。でなければ鉄路は一センチたりとも南に延びなかったはずです。飯田駅開業の時の五郎兵衛の言葉が残っています。

「コロンブスのアメリカ発見のような辛酸をなめ尽くした」

執念が人を動かした、と言えるかもしれません。

五

五郎兵衛は生涯和服を着しました。堂々たる体躯、豪放な口調、大胆な仕事ぶりは西郷隆盛を彷彿とさせます。周囲も「伊那の西郷」と呼びました。彼自身も西郷を敬愛し、座右の銘は西郷の「児孫に美田を買わず」でした。五郎兵衛には自らを語った書物はありませんが、西郷の思想を読み解くことで、五郎兵衛に迫ることはできるはずです。手がかりは、昭和三十一年、墓参に訪れた松永安左ヱ門のつぶやきだと思います。

「頑固な奴だった」

そういえば、西郷隆盛は頑固者でした。歴史を学ぶ者としては、征韓論を唱えた西郷に、けっして賛同はしませんが、私利私欲を捨て、信念を貫こうとした生き方には、共感するものがあります。中央に活躍の場所を与えられ、「坂の上の雲」のすぐ近くにいた西郷ですが、しかし結局郷里にこだわりました。巧みな処世術で栄達と名誉を手に入れていく〈同志〉たちに比して、彼は「頑固」すぎ、生きることに不器用でした。最後は自ら退路を断ち、反旗を翻すことになりましたね。強烈な個性で、自分の意志を貫いた豪傑に見えますが、実は人間関係のしがらみにどっぷり引きずられた人生でした。

伊原五郎兵衛（『伊原五郎兵衛―気骨の明治人』銀河書房所収）

そう考えると、西郷の人生が伊原五郎兵衛の人生とどこか重なる気がしませんか。

六

「辛酸をなめ尽く」す事業の中で、五郎兵衛が、「こんな人生じゃなかったはずだ」とか、「俺は家の犠牲になった」とか、「もう一度やり直したい」と愚痴を言ったという話を一つも聞きません。なぜ飯田に戻ったのか、それは本人が沈黙している以上、永遠の謎ですが、彼が再び「東京帝国大学仏法科首席卒業」に戻ろうとしなかったことだけは確かです。このキャリアを捨てたとき、かれは「恒次」という人物にさよならを言ったのだと思います。

退路を断つ。二度と戻らない。「坂の上の雲」に向かって上に上に歩むのではなく、この狭い谷間で、どこまでも地を這うように生きていく。自分がやらなければ何も生まれない、自分が諦めればそこが終点である以上、罵声は、他人にではなく、自分にこそ向けられていたのかもしれません。

誰カ知ル黙黙不言ノ裡　山ハ是レ青青花ハ是レ紅スルヲ

西郷の好んだ言葉です。「黙して心中を語らず」の意。自伝を作らなかった五郎兵衛は、これを範としたのかもしれません。

松永の言葉に戻りましょう。彼は、昭和五年、伊那電経営不振の責任を取らせて五郎兵衛を取締役から解任した人物です。確執を抱え続けた人物でしょうが、五郎兵衛が西郷を敬愛していたことは知っていたはずです。この言葉は、信念を貫き、この地を這い回り、鉄道という光をもたらした五郎兵衛に対する、松永らしい最大の賛辞だったように思えます。

七

私が伊原五郎兵衛について調べるようになったきっかけは、七月のツアー（「近代日本を創った南信州の偉人たち」）の案内役を依頼されたからです。調べ始めてせいぜい一か月。「田中芳男や松尾多勢子も取り上げなければならないので、五郎兵衛は伝記をざっくり読んで」で終わらせるつもりでしたが、気がつけばどんどん引き込まれています。そして、この高揚感をかつて味わったことに気づきました。中村哲医師との出会いです。

アフガニスタン・パキスタン国境に診察所を開設し、井戸を掘る事業を始めた中村さんのもとに、ある日本の若者がワーカーとして参加しました。「人道支援・国際貢献」という言葉に憧れて参加したこの青年が現地でみたものは、ちっぽけな診療所と井戸の手掘り。あまりにお粗末な活動に、「こんなことしていて何になるんですか」と中村さんに詰め寄ったそうです。その時中村さんは「わしゃ、バカじゃけんね」と一言。それだけでした。

中村さんは人生を賭けて、干ばつに苦しむアフガニスタンの農村に用水路を引きました。一万六〇〇〇《ヘクタール》の農地を作り出し、六五万人の命を救いました。けれど、誤解を恐れず言えば、それだけです。中村さんほどの人物です。その知名度や手腕を用いて、国際機関や政府を巧みに利用すれば、もっとたくさんの人々を、しかもアフガンにとどまらない地域で救えたかもしれません。しかし、中村さんはそれを拒みました。退路を断ち、アフガンを這い回り、どこにも逃げず、命を終えました。

伊原五郎兵衛なら中村哲さんをどう見るか。そんなことを考えています。

そういえば、五郎兵衛は晩年、下伊那の水不足を解決する竜西一貫水路建設に尽力しました。鉄道から「水」へ。中村さんは医から「水」へ。

中村さんは「人間の仕事」という言葉を好んで使いました。「人間の仕事とは何か」。五郎兵衛ならなんと答えるでしょうか。

おわりに

唐突ですが、「飯田線のバラード」という曲ご存知ですか。

三〇年ほど前、飯田線を舞台にしたアニメで使われた挿入歌です。やさしく、なつかしいメロディ。ノスタルジックで、ほっとする曲です。飯田線と「言い出せん」をかけ、告白できない男の子の気持ちを、飯田線らしい沿線の風景に重ねた名曲です。鉄道を題材にした歌謡曲はあまたありますが、私はダントツと思っています。ローカル線はどこも多くの難問を抱えています。気軽なことは言えませんが、「この曲ある限り、飯田線は不滅」と言いたいくらいの曲です。「辛酸をなめ尽くし」、何かにつけ「だまれ！」が口癖だった五郎兵衛が聴けば激怒ものの柔（やわ）な歌詞ですが、私は案外、笑いながら「面白いじゃねえか。ありがとや」といってくれそうな気がしています。孫に囲まれ微笑する写真が残っています。「人生に悔いなし」という、いい顔をしています。

十一章　人間の仕事(いのち)って何だろう
——中村哲医師が願ったこと

三五年にわたり、アフガニスタンの復興に尽力した故中村哲医師の話をします。

中村さんは医療活動のために現地に赴いたのですが、食糧不足・栄養失調などで苦しむ多くの幼い命を目の当たりにして、高価な医薬品がなくても、清潔な水があればたいがいの病気は防げることに気づきました。現地では干ばつが続き、井戸は涸れていたのです。汚れた水、水争い。毎日たくさんの命が失われていました。

そして、戦争。

食糧がなく、安心して家族で暮らせない若者たちが米軍の雇われ兵になったり、テロ集団に入り、殺し合っていました。

「食べ物が十分にあり、家族が安心して生活できるなら、誰も好んで人殺しなどしない」が中村さんの口癖でした。白衣を脱ぎ、井戸や用水路の造成に生涯をかけました。「百の診療所より一本の用水路を」が信念でした。砂漠を縦断し、一万六千《ヘクタール》余の農地をよみがえらせた用水路は「マルガリード」と呼ばれます。「宝石」という意味です。これにより、六五万人の命が支えられています。

二〇一九年十二月、中村さんは凶弾に倒れました。現地ではさまざまな勢力が対立しており、外国人の活動を敵視する人々も多くいたのです。しかし、中村さんの遺志を継ぎ、用水路の建設と補修は続いています。村人が自力で維持できる用水路の建築方法（ナカムラメソッド）は、しっかり根付きました。功績を顕彰し、語り継ぐ活動も行われています。

ペシャワール会という団体があります。中村さんの活動を支援する国際医療NGOです。私が入会したのは三十代半ば、一九九〇年代初め頃です。松本の高校に勤務していました。何気なくつけたテレビで、アフガンで井戸を掘る中村さんの信念を聞いたのがきっかけです。「とにかく生きておれ、病気はあとで治す」の言葉が印象に残りました。用水路を掘削するという、医師という肩書も知見も通用しない領域に、「いのち」だけを信じて踏み出す中村さんの姿と言葉が心に沁み、会員になりました。

中村さんは「見捨てられた村と民」から考えました。小さな村、小さな挑戦から希望や人々の繋がりが生まれると信じた人です。こんな言葉で仲間を励ましました。

どんなことがあっても私たちは逃げない。私たちは小さな組織だが、人々を勇気づけることはできる。我々はあらゆる立場を超えて存在する人間の良心を集めて氷河となし、騒々しく現れては地表に消える小川を尻目に、確実に困難を打ち砕き、かつ何かを築いてゆく者でありたいと、心底願っている。

ずっと心の中で中村さんと対話している言葉があります。

「アフガニスタン」は忘れ去られたが、私たちの共有した労苦と喜びの結晶は、人々の命の営みが続く限り記憶されるだろう。

これは人間の仕事である。

「人間の仕事って何だろう」。この言葉をいつも考えています。多分それは、たくましい想像力、諦めない意志に支えられる仕事なのだと思います。

なにもない砂漠でも、花を咲かせることができる。

「種をまく」「待ち続ける」「祈る」「共にある」。

これも中村さんの口癖です。

ただ、人生はいつも良い意味で繋がるとは言えません。

一一年前、米軍の「報復攻撃」で、罪のないアフガン人が大量に死にました。あの頃、散乱した肉親の死体を無表情に集めていた子どもたち、空腹を抱えて硝煙の中を逃げまどい、死んだ両親に取りすがって泣いていた子どもたち、彼らが今、血気盛んな青年です。

中村さんは「戦争以上の努力を続けて平和を守れ」と言いましたが、その原風景です。武は武の連鎖しか生まない。恨み悲しみは再生産される。肉親を殺された子どもらが武器を手に戦場へ。被害者、弱い者が、最後に加害者になる悲劇です。

今、私たちの周りでは、いじめ、虐待、貧困など、社会の矛盾を背負わされた子どもたち若者たちが、居場所を失い、逆に他者を傷つける行為に走る光景を目にします。非正規雇用、派遣といった不安定な労働環境は、将来の自分や家族の姿を思い描くことを難しくしています。子どもや若者が希望を作り出せない社会、簡単に切り捨てられていく社会になっていませんか。

今から八〇年前、長野県は日本一多くの満洲移民を送り出しましたが、大半が恐慌で負債を抱えた農村の人たちでした。経済政策の犠牲となった弱い立場の人たちです。

しかし、彼らは満洲では現地民を支配する加害者の立場になりました。その結果、ソ連侵攻にともなう混乱の中で、襲撃の対象になったのです。三万人超の移民の半数が故郷の土を踏めませんでした。弱者が加害者になり、最後に切り捨てられる。中村さんが見たアフガンの子どもたちや、今の日本の若者に重なります。

生きるとは旅である

私たちは誰も行かないところへ行く。

誰も行かないところでこそ、我々は必要とされる。

中村さんは人生を旅にたとえます。アフガンとの出会いは、ヒマラヤの「珍しい蝶を見たい」だったとか。そして「人間の仕事」を探しつつ、「誰も行かないところ」へ歩んだのです。

弱者が追い込まれ、最後に加害者になる。

そんな社会を絶対に作らない。中村さんから私たちに託された最大の宿題ではないでしょうか。

（註）文中の中村さんの言葉は、以下の著書等から引用しました。

『医者、用水路を拓く　アフガンの大地から世界の虚構に挑む』（石風社）

『辺境で診る　辺境から見る』（石風社）

「ペシャワール会報」

『荒野に希望の灯をともす～医師・中村哲　現地活動35年の軌跡』（ペシャワール会）

十二章　追悼　中村哲医師が遺したもの

はじめに

去る二〇一九年十二月四日、アフガニスタン復興に尽力してきた日本人医師中村哲さんが、何者かに襲撃され命を落とした。七十三歳だった。一九七八年、福岡登高会の一員としてパキスタン遠征に医師として同行したのが、アフガンとの出会いとなった。「珍しい蝶を見たい」というのが、参加の理由だった。あまりにも貧しい医療水準と、治療を待つ人たちを目の当たりにした中村さんは、帰国後、海外医療協力隊を志願、八四年パキスタンのペシャワールに赴任すると、翌年からアフガン難民診療を本格化させた。中村さんとアフガニスタンとのつながりは、以後三五年に及んだ。

一

ペシャワール会とは、中村さんの医療活動を支援するために一九八三年に発足した国際医療ＮＧＯである。中村さんが現地代表を務めた。九八年からは医療団体ＰＭＳ（平和医療団・日本）を立ち上げ、診療活動のかたわら、慢性的な食糧不足と栄養失調を改善するには、砂漠化した農地を回復することが喫緊の課題だとして、井戸・用水路造成事業を推進した。

「一〇〇の診療所よりも一本の水路を」を信念に、一万六五〇〇〇ヘクタールの農地を甦らせ、これによって六五万人の命が支えられている。襲撃は「アフガニスタン・イスラム共和国市民証」を授与された直後だった。「正義とは人の命を守ること」が口癖で、暴力による平和を強く否定して医療・灌漑事業に打ち込んだ中村さんが、よりによってなぜ殺されなければならなかったのか。逝去の報道は、やはりこの点に集中した。

二

私は、ふとしたきっかけでペシャワール会に入会した。はっきりした記憶はないが、二五年以上も前である。以後、毎年三〇〇〇円の年会費を払い、『ペシャワール会通信』を受け取るだけの、なにも具体的な協力をしない会員だったが、なぜか今日まで継続してきた。

通信に同封されている振り込み用紙を見ると、この繋がりを切ってしまうと自分が自分でなくなるような気持ちになった。大げさな言い方かもしれないが、ほぼそれに近い感覚と使命感で郵便局に向かった。もちろん、「ペシャワール会員だ」と自慢する気はまったくなかったし、第一、ペシャワール会というものを知っている人がほとんどいなかった。会費振り込み用紙をもって振込機の前に立つことが、年一度の、自分が自分であることを確認する〈儀式〉のように感じられた。

私は何にこだわっていたのか。

三

私は中村哲さんに直接会ったことはない。一度も肉声に接したことはない。「ふとしたきっかけ」というのは、ある日の夕方、ソファーに寝転がってなにげなくテレビをつけたということである。口ひげを蓄え、目鼻立ちが少し日本人離れした男性が、朴訥とした口調でインタビューに答えていた。「アフガン難民」、

「疫病」、「栄養失調」、「井戸」、「ペシャワール」など、聞き慣れない言葉が次々と飛び出してきた。「とにかく生きておれ、病気はあとで治す」という言葉が印象に残った。

わずか数十分の番組だったが、見終わると、書店に走り、著書を購入した。挟み込まれていた会員申し込みはがきを書いた。

四

私は高校の社会科の教員だから、ペシャワール会や中村哲さんには、その後もきっと授業の中で「出会った」と思う。とくに二〇〇一年の同時多発テロや、ＰＭＳの日本人ワーカー伊藤和也さん殺害事件（〇八年）をきっかけにこの会と中村哲さんに関心をもったであろうことは予想できる。

だが、これまた、大げさな言い方だといわれそうだが、その番組をあの時見なければ、私がこれだけ頑強に、中村哲さんとペシャワール会にこだわることはなかったように思える。

三十代の終わり頃だった。

勤務していた松本ではサリン事件などが起こった時期である。教壇に立つと、目の前に事件で被害を受けた生徒が座っていた。多感で、しかも理屈っぽい高校生たちと接する中で、自分の立ち位置や意見をしっかり持てないもどかしさを感じていた。中村さんは、からっからに乾いたアフガンの大地に井戸を掘り、人々が安心して生活できる村を再建しようとしていた。医師という肩書も知見も簡単には通用しない領域に、「いのち」という言葉だけを信じて踏み出そうとしていた。その言葉が、その時の私には、心に沁みた。

キリスト教徒の中村さんはしばしば「神の思し召し」という言葉を使う。そして、彼を「世界でもっとも危険な国の一つ」と呼ばれるアフガンに最後まで立たせた原動力も信仰だったと思う。私には強い信仰があるわけではないが、中村さんの言葉に初めて接した時、それに近いものを感じた。一つの救い、生きる方向を示唆してくれているように感じた。

五

いつの間にか、年会費と引き換えに届く通信も、封を開けずに書棚に積み上げられるようになった。巻頭はいつも中村さんの現地報告だった。井戸がどうなったとか、用水路がどこまで進んだという話が淡々とつづられていた。中村さんや現地のスタッフを取り巻く情勢が、ますます厳しくなってきたことはわかった。ただ、「また今度読もう、まだまだ続く運動だから」という「当たり前」感覚で受け取っていた。もう、中村さんからのメッセージは届かない。

私は、ふるさとの村の、平和を考える小さな集会で中村さんのことを話そうと決めた。

六

ここまで、どうでもいい個人的な話をしてきたのには理由がある。

中村さん逝去の報道を見ていて気づいたのだが、中村さんの想い出を語る多くの人が、「一度話を聞いただけでその人柄に魅了された」と答えていたことだ。まさに私もその一人だったのである。

風体にしても弁舌にしても、皆さん今回ご覧になったように、中村さんは、けっして華やかで人を惹きつけるという人物ではないのだが、話し方と、考えに考えたうえで絞り出すように発せられる言葉に力があった。今回の集会でも、少しだけれど、でもニュースの報道よりははるかにゆっくり、しっかり、中村さんのそんな姿を紹介したいと思う。そして、これからも語り継がれるだろう中村さんの数々のメッセージを、読んでみたいと思う。

中村さんは「見捨てられた村と民」にこだわった。小さな村の小さな集まり、小さなチャレンジから、平和への願いや希望は芽生え、さまざまな境遇の人々へと繋がる力は生まれてくるというのが中村さんの信念だった。今回の集会が、そんな中村さんの不肖の「教え子」の、ささやかな恩返しになればと思う。

七

中村さんが手記の中でこんなことを言っている。

作業地の上空を米軍のヘリコプターが過ぎていく。
彼らは殺すために空を飛び、我々は生きるために地面を掘る。
彼らはいかめしい重装備、我々は埃だらけのシャツ一枚。
彼らには分からぬ幸せと喜びが、地上にある。

会報ではこんなことも言っている。

一一年前、米軍の「報復攻撃」で、罪のないアフガン人が大量に死にました。あの頃、散乱した肉親の死体を無表情に集めていた子どもたち、空腹を抱えて硝煙の中を逃げまどい、死んだ両親に取りすがって泣いていた子どもたち、彼らが今、血気盛んな青年です。追いつめられた彼らの心情を思えば、非は何れにあるのか、断ずるのに躊躇します。「剣で立つ者は剣で倒される」。真理です。

そして、まるで自分の死を予感したような言葉も。

「マルワリード用水路」は、逃げ場を失った多くの人々に希望を与え続けるだろう。私もその一人である。「アフガニスタン」は忘れ去られたが、私たちの共有した労苦と喜びの結晶は、人々の命の営みが続く限り記憶されるだろう。

これは人間の仕事である（『医者、用水路を拓く』）。

おわりに

中村さんは、さかんに「人間として」という言葉を使う。私は以前、本紙に次のようなことを書いたことがある。

ウルトラマンは救世主かもしれない。

だが、ウルトラマンも町を壊す。

ウルトラマンが去ったあとに、再び町を作りだす仕事は、結局人間がやらなければならない。

私がいま中村さんに聞いてみたいことは、「人間の仕事って何ですか」ということだ。「人間にしかできない仕事って何ですか」と。みなさん、一緒に考えてみませんか。

十三章　博物館の父は飯田からはばたいた
—田中芳男がねがったもの

はじめに

「青木さん、田中芳男は飯田ではあまり知られてないんですね」

昨年（令和四年）当地にいらした東京農業大学の先生の言葉です。町で出会う人たちに、「飯田の有名人は誰」と尋ねたそうですが、「田中芳男」は出てこなかったとのこと。驚きと寂しさが交じった一言でした。

一

田中芳男は、上野公園を作り出した重要な人物です。動物園、自然系博物館、多くの美術館などで賑わうこの場所は、幕末の戦火で灰燼に帰しました。芳男は、パリ万博で見たジャルダン・デ・プラントと呼ばれる総合博物館に驚き、「日本にもこのような博物館を」という夢を抱き、上野で結実させたのです。「日本の博物館の父」です。

「爬虫類」は彼の造語。明治政府では、有能な官僚として、教育や農業・水産業・山林業の振興に尽力しました。シーボルトや渋沢栄一とも交流を持ちました。

これほどの人物がなぜ故郷の飯田で知られていないのか、東京農大の先生は不思議がります。芳男は東京高等農学校（現東京農大）初代校長。大学では今、彼の業績を伝える教材を作成し、全学生に配布しているとのこと。「驚きと寂しさ」は、そんなところから来ています。

英・仏・独・漢・日の五言語を駆使し、在来・舶来の動植物に名前を付ける仕事が芳男最大の業績だと思います。当時の日本は、草花や動物が、各地でさまざまな呼ばれ方をしていました。全国から標本を集め、博物学の知識を用いて名前と特徴を定めていく気の遠くなるような作業に生涯をかけました。そして、図画を付して伝えていく。今いう「知のオープン化」を突き進めた人物です。ノート類を見ると、空恐ろしくなるほどの勉強量。ただただ感動。

「芳男は飯田が好きではなかった」という話があります。飯田生まれですが、飯田藩関係の人ではなかったからでしょう。千村陣屋飯田役所で生まれています。千村は岐阜久々利の旗本。その出張所が飯田役所でした。公使館のような存在。飯田藩からみれば異邦人です。この「よそ者」感が、東西の書物・言語を分け隔てなく吸収するセンスを育てたと思います。十代の頃、早くも洋書を読むための辞書を自作しています。

二

芳男は「りんごの父」でもあります。幕末、供物などとして用いられていた和りんごに西洋りんごを接ぎ木し、改良した人物です。苗は全国に配布され、東北のりんご産地では、芳男を恩人として顕彰する地域も多いといいます。

島崎藤村の「初恋」。キーワードは「林檎」。三回登場します。

まだあげ初めし前髪の　林檎のもとに見えしとき
前にさしたる花櫛の　花ある君と思ひけり（下略）

明治三十年。りんごは、文明、自由、若々しさ、可憐さの象徴として、生活を彩るあこがれの果物になりました。芳男も「りんごは文明の美観、開化の美味」と言っています。

太平洋戦争の後、敗北を抱きしめつつ立ち直ろうとする人々の耳に聞こえた歌を覚えていますか。「リンゴの歌」でした。

赤いリンゴにくちびる寄せて　黙って見ている青い空

『教草（おしえぐさ）』澱粉一覧下（明治初期　飯田市美術博物館）
『教草』は文部省博物局に勤務する田中芳男らが中心になって作製した絵入りの啓蒙書。上図は、澱粉が採取できる植物を図解したもの。「知のオープン化」を先取りする試み。

りんごの姿が、悲しみを乗り越えようとする人々には、「希望」「憧れ」そのものに見えました。藤村が「初恋」にこめた想いと同じです。

そして「飯田大火」。

大火後の町の、がれきを取り除きながら、子どもたちが植えた木がりんごでした。

「真っ赤なりんごが太陽の光を受けて輝いているような町にしたい」（飯田東中学校学友会決議）

私はこの言葉がとても好きです。「りんごの町飯田」とみなさん気軽にいいますが、りんご並木を作ろうとした子どもたちの夢、勇気がなければ「りんごの町飯田」は生まれなかったはずです。そして、子どもたちが夢を託したりんごには、飯田出身の芳男が深く関わっている。故郷に、芳男の想いがちゃんと根付いているのですね。

三

パリで見た総合博物館を日本に、というのが芳男の夢でした。総合博物館というのは、美術品や骨董品をならべる博物館だけでなく、動物園・図書館・植物園がすべて備わった施設です。さまざまな生命の息遣いが感じられる博物館。これは、人間と動植物が共鳴しあう社会が芳男の夢だったことを示します。

二十世紀は、人間中心の世紀でした。その傲慢さが、環境破壊を生み出しました。二十一世紀は「環境の世紀」。今こそ芳男の思想が求められています。「博物館の父」として飯田からはばたいた芳男は、今もはばたき続け、私たちの想像力を、まだ見ぬ未来の子どもたちへと繋いでいきます。

飯田市美術博物館（美博）の近くには図書館、動物園があります。そしてりんごが実る並木。ジャルダン・デ・プラントがここにあります。この町は、やはり芳男の故郷ですね。

おわりに

田中芳男とは誰か。

一言で言えば、有能な官僚であり、総合プロデューサーです。理系も文系も、幕府も新政府も、国学も洋学も関係なく、新しい社会を作り出す力、人材を次々に発掘し、活躍の場所を与え、自由に働かせることのできた人物です。

博覧会・殖産興業の分野で大きな足跡を残した芳男に対し、弟の義廉は兵学研究に打ち込むとともに、『小学読本』『小学日本文典』『万国史略』など多数の教科書の編纂を手がけました。

飯田市美術博物館前に建つ田中芳男胸像
2008 年、多くの市民から寄せられた浄財で２軀作られたうちの一つ。もう１軀は芳男ゆかりの上野の国立科学博物館に設置された。（著者撮影）

そういえば、画家菱田春草の兄弟は理系の研究者として優れた業績を残しましたね。飯田という町は、境界を楽々と越えていく、優れた人材を生み出す土地なのかもしれません。

美博の前庭に、芳男の胸像が建っていることを、ご存知ですか。

傍らを通り過ぎるたび、「やっぱり私の故郷は飯田だよ」と語りかけているように感じます。

付録　田中芳男略年譜

西暦	和暦	年齢	ことがら	日本の動き
1838	天保 9	1	信州飯田千村役所に生まれる。	
1857	安政 4	20	名古屋本草学《ほんぞうがく》伊藤圭介《いとうけいすけ》の門に入り、蘭学・医学・本草学を学ぶ。	
1861	文久 1	24	蕃書調所《ばんしょしらべしょ》に物産学《ぶっさんがく》が設置され、伊藤圭介に従い江戸へ出る。 シーボルトに面会する。	
1863	文久 3	26	洋書調所《ようしょしらべしょ》(開成所《かいせいしょ》)で西洋産の草花・野菜の栽培研究、目録作成に励む。	
1866	慶応 2	29	リンゴの接ぎ木を試みる(日本での西洋リンゴ接ぎ木の初め)。 パリ万博出品用《ばんぱくしゅっぴんよう》の昆虫採集のため「虫捕御用《むしとりごよう》」として、相模《さがみ》・駿河《するが》・下総《しもうさ》などに出張。 パリ万博に出張。	
1867	慶応 3	30	パリでジャルダン・デ・プラント(植物園・動物園・博物館)見学、帰国。	大政奉還 王政復古の大号令
1869	明治 2	32	結婚。	版籍奉還 東京遷都
1870	明治 3	33	大学南校に物産局ができ、勤務。	
1871	明治 4	34	大学南校物産局、物産会を開催(明治の博覧会の初め)。 文部省博物局掛《かかり》となる。	廃藩置県
1872	明治 5	35	文部省博覧会開催。博物館開館(東京国立博物館の創立とされる)。	
1873	明治 6	36	ウィーン万博に一級事務官として出張。	
1874	明治 7	37	内務省勧業寮《ないむしょうかんぎょうりょう》出仕。	
1875	明治 8	38	フィラデルフィア万博に出張。	
1877	明治10	40	第一回内国勧業博覧会審査官。	西南戦争
1879	明治12	42	フランス政府からレジヨン・ドヌール勲章を贈られる。	
1881	明治14	44	農商務省設置。農務局長。 大日本農会創立。	国会開設の勅諭
1882	明治15	45	大日本山林会・大日本水産会創立。 博物館、上野へ移転開館。動物園開園。博物局長(兼任)。	
1883	明治16	46	元老院議官に転任。	
1888	明治21	51	ビワの大型品種(田中枇杷《たなかびわ》)を発見。	
1889	明治22	52		大日本帝国憲法公布
1890	明治23	53	貴族院議員。神苑会《しんえんかい》農業館建設委員長。	第一回帝国議会
1891	明治24	54	神苑会農業館開館。(現存するものとしては日本最古の産業博物館)。	
1894	明治27	57		日清戦争(～95年)
1896	明治29	59	貴族院で「一大完備の国立博物館」設置を建議、可決される。	
1902	明治35	65	東京高等農学校(現東京農業大学)初代校長に就任。	
1904	明治37	67		日露戦争(～05年)
1906	明治39	69	勲一等瑞宝《くんいっとうずいほう》章受章。	
1913	大正2	76	「田中芳男君七六展覧会」開催。来賓前に自己の経歴を語る(「経歴談」)。	
1914	大正3	77		第一次世界大戦(～18年)
1915	大正4	78	飯田訪問。飯田尋常高等小学校(現追手町小学校)で講演。 男爵を授けられる。	
1916	大正5	79	従二位に叙せられる。東京で死去。	

注：年齢は数え年。

十四章　田中芳男―「虫捕御用」の明治維新

はじめに―リンゴをテーブルに並べながら

田中芳男は江戸時代末の天保年間に生まれ、幕府→明治政府に仕え、日本に博物館（ミュージアム）という施設と文化をもたらした人物です。大正五年七十九歳で没し、今年（平成二十九年）は没後一〇一年目にあたります。

ところで、みなさんの中には、東京の上野公園といえば、パンダの赤ちゃんの誕生で話題になっている上野動物園を思い浮かべる方も多いでしょう。東京国立博物館、国立科学博物館など、博物館や美術館が立ち並ぶ日本有数の文化スポットです。明治十五（一八八二）年、戊辰戦争で灰燼に帰した上野の山を整備し、ここに博物館、動物園を開館させたのが、田中芳男でした。「日本における博物館の父」といわれる人物です。ただ、博物館というと私たちの日常生活からはやや縁遠い感じがしませんか。

そこで、今が旬のリンゴを思い浮かべてください。私たちが食べているリンゴは幕末に日本にもたらされた洋リンゴの系統です。平果（アップル）と呼ばれました。在来のリンゴはこれとは異種の小振りな和リンゴです。現在、飯綱町で栽培されている「高坂リンゴ」などがそれです。

和リンゴは食用には適さず、観賞用や供物として用いられていたようです。芳男は幕末の慶応二（一八六六）年、和リンゴの木に洋リンゴの枝を接ぎ木し、洋リンゴの栽培に初めて成功した人物です。苗木は現在の明治神宮の敷地で繁殖し、明治八年各府県に配布されました。飯田下伊那を管轄していた筑摩県には三本だったといわれています。この三本から飯伊のリンゴ栽培の歴史が始まりました。「田中芳男はリンゴ王国伊那谷の礎を築いた人物だ」と紹介すれば、多くの方に親しみを感じていただけると思います。

田中芳男は、果実や農産物を中心に、品種の改良や普及に功績を残した人物でした。少し難しい言葉を使って彼を定義すると、動植物や鉱物などの天然物を収集、研究したという点では博物学者と位置づけることができ、前述したリンゴのように、それらを用いて私たちの生活を豊かにしようと試みたという意味では、物産学者と定義することができます。外国の文物を紹介するという点であれば、翻訳家としても超一流の力を持っていました。「爬虫類」という言葉は田中の造語です。

実に多様な分野で活躍した田中芳男、その人物の生まれ故郷が、実は飯田町です。

いまなぜ田中芳男なのか。そもそも田中芳男とは何者なのでしょうか。

リンゴを頬張りながら、しばしお付き合い下さい。

一　「虫捕御用《むしとりごよう》」

慶応二（一八六六）年二月、魚すくいの網と長持を担いだ奇妙な風体の男たちが、江戸近郊の野山を駆け回っていました。昆虫採集が目的だというのですが、石でも木でも、目につくものはなんでも拾い集めて長持に詰め込んでいきます。温泉を見つければ、ビールの空き瓶に水を詰めます。「虫捕御用」と呼ばれた彼らのリーダーが田中芳男でした。二十九歳。国内外の物産の収集、研究をおこなう幕府の開成所に勤める下級の役人でした。

ところで、彼らは何のために野山を駆け回っていたのでしょう。

二　パリへ

まず、西欧に目を向けてみます。十九世紀半ばのヨーロッパは万国博覧会ブームのなかにありました。クリスタルパレス（水晶宮）が造られた一八五一年のロンドン万博を皮切りに、五三年ニューヨーク、五五年パリ、六二年には再びロンドンで万博が開催されました。六二年のロンドン万博は六二一万人の観客が訪れています。広大な敷地と最新の建造物。そこに世界各地の植民地から珍奇な文物を収集し、展示する万博というイベント・仕掛けは、それ自体がヨーロッパ文明の勝利の象徴だったのです。会場を訪れた人々は驚愕し、快感に酔いしれました。

パリ万博出品昆虫標本（復元）（一般財団法人進化生物学研究所）

フランス政府から幕府に対して、万博への正式な出品依頼が届いたのは慶応二（一八六六）年です。翌年開催されるパリ万国博覧会への招待でした。ただ、出展にあたってフランス政府はひとつの条件をつけました。日本に産する昆虫などの標本の持参です。

当時の日本には昆虫標本はもちろん、虫を捕る道具も、捕獲した虫を箱に固定する虫ピンもありませんでした。のどかに山野を駆け回っているようにみえる芳男たち「虫捕御用」は、実はパリ万博参加のために、今までの日本人が経験したことのない標本作りにチャレンジしていたのです。

相模・伊豆・駿河三国を廻って桐の組箱五〇杯ばかりの標本を作

り、これを船に積み込んで芳男がパリに向けて横浜を発ったのが慶応二年十一月でした。幕府が仕立てた特別の船ではなく、芸子や職人たちと相乗りの船でした。芳男はほんとうに無名の、幕府の下級役人だったのです。

ちなみに、この万博には幕府以外に、薩摩藩、肥前藩も参加しています。のちに明治政府で田中とともに博覧会事業に汗を流す町田久成や佐野常民もいました。ただ、彼らはそれぞれエリート藩士としてパリの土を踏んでいたのです。

三　田中芳男の明治維新

京都に目を向けてみましょう。慶応二年一月、坂本龍馬の斡旋で倒幕のための軍事同盟といわれる薩長同盟が成立しました。七月には第二次長州征伐が始まりますが、翌月将軍家茂が急死、軍征は中止されました。薩長を中心とした志士たちが京都を舞台に倒幕の動きを加速し、それを阻止しようとする新撰組などと衝突、京の巷を血に染めていました。私たち日本人がよく知り、また興味を抱く「幕末・維新の英雄たちの物語」がそこにあります。幕府倒壊まであと一年。時代の転換点の切迫した雰囲気が漂っていたのでしょう。

ところが、その最中に、「虫捕御用」は野山を駆けめぐり、昆虫や石や木を集めていたのです。とても地味で、私たちが知る幕末・明治の英雄たちの物語からは想像もできない姿です。しかし、彼らのチャレンジは、やがて西洋の文物、とくに植物や動物、物産、技術を取り入れ、日本の風土に巧みに当てはめ、育て、人々の生活を豊かにする営みに展開していきます。

先ほど紹介したリンゴ。

慶応二年、芳男は西洋からもたらされた平果（アップル）の樹を和リンゴに接ぎ木しました。日本で初めての試みでした。平安時代に日本に伝来したといわれる和リンゴは、現在私たちが食している洋リンゴとは種がことなり、食用には適さず、鑑賞用あるいは供物などとして作られていたようです。芳男の接ぎ木チャレンジが成功したことで、リンゴは日本において、果物として愛される存在になったと言えます。今、私たちが誇る信濃のリンゴ栽培は田中たちの努力によって生まれたのです。志士たちのような華やかさはありませんが、これは社会を変えるとても大切な試みだったと思います。

芳男は大正五年、七十九歳で亡くなりますが、リンゴ以外にもたくさんの植物の改良普及に努めた人生でした。びわやキャベツ、オリーブやコーヒーの栽培にもチャレンジしています。野山にあるたくさんの産物を見つめ、採集して歩く「虫捕御用」、それが彼の原点であり、彼にとっての明治維新だったといえます。

四　飯田生まれ

田中芳男は天保九（一八三八）年、飯田中荒町（現飯田市中央通り二丁目）に生まれました。医者を営む田中家の三男でした。飯田町ではありますが、飯田藩ではなく、榑木山の支配を任された美濃国久々利《くくり》（現岐阜県可児市）の旗本千村平右衛門が飯田に置いた屋敷（千村役所）でした。

飯田藩の中心地でありながら、飯田藩の人ではないという芳男の経歴は重要だと、私は思います。なぜなら、芳男の人生は、西洋の文物を日本に移植することでした。若い頃には西洋の言葉を日本語に翻訳する仕事に従事しています。今でも使われている「爬虫類」は田中が案出した訳語です。翻訳とは、異なる文化の間に言葉の橋を架けるという作業です。その意味で、飯田藩の中心地にいながら、飯田藩人ではないという彼は、生まれながらに〈境界〉を意識し、境界を乗り越える感性を備えていたのではないでしょうか。

父隆三は長崎に留学、最新の西洋科学書を持ち帰りました。芳男は幼年期に『解体新書』（解剖書）、『解体発蒙』をはじめ、『遠西観象図説』（天文書）、『華夷通商考』（西洋地誌）などを読破しています。

そして芳男の周囲には、日本で初めて彩色のキノコ図鑑や植物図鑑を著した市岡智寛・嶢智父子、世界地図を描き、渾天儀を教材に寺子屋で授業を展開した座光寺の庄屋北原因信、そして国学者松尾多勢子や北原稲雄がいました。芳男はさまざまな学問の息吹を全身に浴びながら育ったのでした。

渾天儀（飯田市美術博物館）

芳男を取り囲む、この文化的な豊かさは、飯田町に起因すると思います。当時の飯田町は、東西南北の街道が交差する交通の要衝でした。二万石に満たない小藩ながら、中馬などの交易で豊かな文化が花開いた町でした。飯田というすぐれた風土が、田中芳男を育むゆりかごの役割をはたしたのです。
もう一つ忘れてならないのが飯田から近い名古屋の存在です。十九歳で名古屋に留学する芳男を待っていたのが、シーボルトに学び、当時もっとも先進的な博物学の知見をもっていた伊藤圭介でした。幕府の近代化にとって西洋の物産の研究が欠かせないと考えた勝海舟が白羽の矢を立てたのが、伊藤圭介。芳男は圭介に従って幕府に出仕することになります。

五　日本に博物館を

話を一八六七年のパリに戻しましょう。昆虫標本を携えてパリ万博に出向いた芳男は、ここで、その後の彼の人生を決定づける出会いを体験します。ジャルダン・デ・プラント。パリ近郊に作られた自然史博物館です。

博物館というと、文化財や美術品を集めて展示しているようなイメージがありますが、芳男が見学したジャルダン・デ・プラントは、そうした博物館のほかに、植物園、動物園、図書館などが併設されたものでした。田中はその見事さに感動すると同時に、本当の博物館とはこれらの施設がすべて整ったものでなければならず、そうした総合的な博物館を日本に作り出すことが自分の使命だと考えたのです。

十月、帰国した芳男を待っていたのは幕府の倒壊です。十月「大政奉還」、十二月「王政復古の大号令」と続き、翌年一月には戊辰戦争が始まります。四月、江戸城無血開城、五月上野戦争、そして六月、芳男が勤務していた開成所が新政府に移管されました。

上野戦争を間近に見た感想を、後日彼はこう述べています。

「世の中はなかなか喧しかったけれども、自分は引き受けた仕事をしておれば宜しいので、矢張り物産所に関係した殖産興業の事を攷究したり、植物の栽培をやったりして、一向世間の事に携わらなかった。その年の五月、上野で戦争が始まった。その時なども、外に出れば危険であるというので、教授先生と共に物見で見ておったようなことであった」（「経歴談」）

大成殿前記念写真　前列向かって右から３人目が田中芳男、田中の右隣が町田久成（飯田市美術博物館　田中五一資料）

芳男は、自分が仕える幕府が倒壊する様を傍観者のように眺めながら、もくもくと植物の移植や改良に打ち込んでいたわけです。「日和見」と非難されるかもしれませんが、命を賭けるものは幕府ではなく、フランスで灯った博物館建設の夢だったのでしょう。

明治三（一八七〇）年、大学南校（東京大学の前身）に出仕すると、翌年大学南校物産会を開催、文部省に移ると明治五年には町田久成らとともに「文部省博物館」の名で湯島聖堂大成殿で博覧会を開催しました。オオサンショウウオや宮内省が保管していた名古屋城の金鯱、志賀島（現福岡県）出土の金印などの古美術品のほか、回廊には遺跡出土品・化石・動植物標本・書画骨董・楽器・調度品・甲冑など約六二〇〇点が展示されました。

当初二〇日間だった会期は、あまりの人気ぶり（一五万人来館）のため五〇日に延長され、閉会後も毎月一と六のつく日に公開されることになりました。これが日本における博物館の始まりとされています。現在の東京国立博物館の起源です。芳男が「日本における博物館の父」と呼ばれるゆえんです。

この時の記念写真が残されています。芳男三十五歳、町田も同年。皆若いです。博物館が若かった頃の熱気を感じる印象的な一枚です。

博物館は、その後、内山下町博物館（現在の帝国ホテル付近）を経て、明治十五年上野に設立されます。上野になぜ動物園があるか、お分かりになりましたか？

六　生命を見つめる

博物館作りの夢に賭けた芳男でしたが、博物館を作ることそれ自体が目的だったわけではありません。果樹や農作物の改良、動物の飼育など、生物の姿を見つめ、そこからさまざまな生命の可能性や有用性を引き出す仕事が彼の原点にあります。農を勧め、産業を拓き物産を富ませる人という意味をこめて「勧農開物翁」と呼ばれました。そして、それらの知見を図画や標本によって多くの人々に分かりやすく伝える努力。はやり言葉で言えば、「知のオープン化」に尽力した人物です。

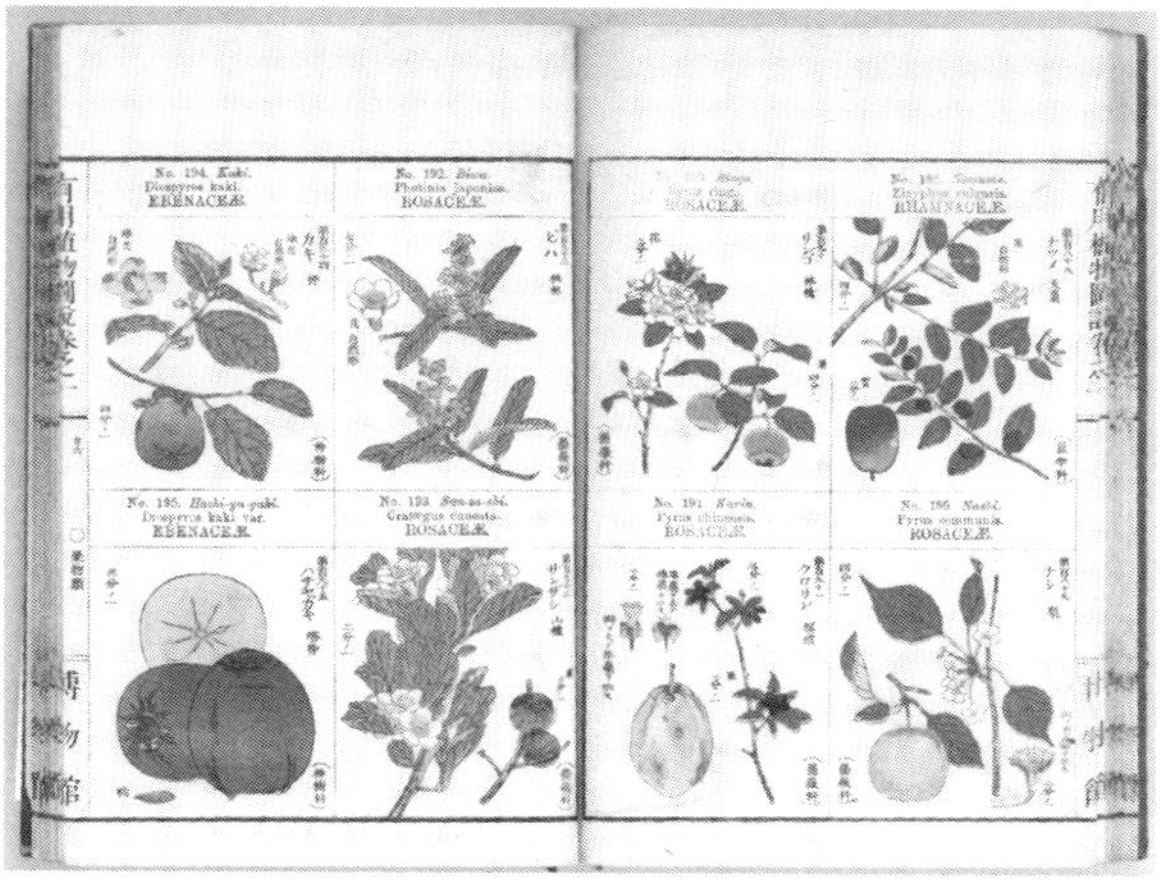
『有用植物図説』（飯田市美術博物館　田中五一資料）

例えば、芳男の代表的な著書『有用植物図説』。全七冊（図画・解説各三冊、目録索引一冊）。明治二十四（一八九一）年に発行されたものですが、有用・有毒植物二五種類一〇一五種について色摺り木版画を載せた見事な著書です。描写は繊細ですが、ただ細かく描いているだけでなく、彩色の美しさが魅力です。それぞれの植物の個性的な表情をしっかり観察し、じつに巧みに描いていています。生命を見つめ、その固有の価値を的確にすくい上げる感性を彼が持っていたことの証です。それは間違いなく、幼少期の、自然に恵まれた飯田での生活と、「虫捕御用」として野山を駆けめぐった幕末の体験に起因しています。

七　言葉の達人

話は変わりますが、芳男は「言葉の達人」だった気がします。彼は小説家や詩人ではありません。有能な国家の官僚でした。けれども、求められて揮毫した書を見ると、誰かの受け売りではない、芳男オリジナルの味わい深い言葉が記されていて、感銘をうけます。例えば、

「天賦之風彩、固有之妙姿、見而不嫌厭、用而無尽期」

「天賦の風彩、固有の妙姿、見て嫌厭ならず、用いて尽くる期無し」と読みます。「天から授かった姿は固有の面白い姿をしているので、見ていて飽きることなく、利用法もかぎりない」という意味です。「人それぞれに、生き物それぞれに、存在する意味、存在する価値がある」という信念が語られていると思います。

鈴虫を讃えた「其形雖細小」も素敵な作品です。

「其形雖細小　音響極澄清　雅客之珍玩　終宵奏楽声」

「その形は細小といえども、音響は澄清を極む。雅客の珍玩にして、終宵に楽声を奏でる」の意。鈴虫の声が今しも耳近くに聞こえてくるような錯覚を覚えます。名文ですね。

八　父の教え＝「三字経」

生き物を見つめ、それぞれに固有の価値と役割があることを説く芳男の考え方は、父隆三から教え込まれたものと思います。隆三は幼い芳男に、繰り返し繰り返し「三字経」と呼ばれる中国の児童用の教科書

の一節を語りました。

「犬守夜　鶏司晨　苟不学　曷為人　蚕吐糸　蜂釀蜜　人不学　不如物　幼而学　壮而行」

「犬は夜を守り、鶏は晨（あした＝朝）を司る。いやしくも学ばざれば、なんぞ人となさん。蚕は糸を吐き、蜂は蜜を醸す。人学ばざれば物にしかず。幼にして学び、壮にして行う」と読みます。父隆三はこれに続けて、「人たる者は、世の中に生まれ出たからには、自分相応な仕事をし、世のためになることをしなければならぬ」と懇々と語りました。芳男は晩年、「これが田中芳男一生の精神だった」と言い切っています。

芳男にとって「人である」ということは、学ぶこと、社会に貢献することだったのです。なんとシンプルな。でも、この確信、信念を一生実践しつづけることは、おそらくほとんど誰にもできません。芳男がそれを実践した希有な一人だったことは確かです。

ただ、芳男を取り上げた書物が、「三字経」と父のこの教えを、彼の人生訓（「学べ」、あるいは「社会に有為な人物になれ」）としてだけ取り上げ、称賛していることには不満があります。芳男が一生を賭けて打ち込んだ仕事は、天産物（動植物や鉱物など）に名前を付け、その一つひとつをさまざまな仲間（例えば爬虫類とか○○科の草木とか）に分類し、その有用性（役割）を見極め、評価し、尊ぶというものでした。そう考えると、「三字経」の一節（「犬は夜を守り、鶏は朝を司どる。蚕は糸を、蜂は蜜を作る」）は、まさに彼の人生の根底を流れ続ける原風景、原体験だったといえます。

九　「環境の世紀」と田中芳男

ところで、芳男が打ち込んだこうした考え方や研究は、広い意味では博物学と呼びます。博物学には、世界を多様な生き物の共存する空間と捉える視点がありました。しかし、芳男が晩年にさしかかる頃には、博物学はすでに時代遅れのものになっていました。博物学から枝分かれした生物学の大きな流れは、細胞や遺伝子レベルの研究となり、地球全体を多様な生命の織りなす一つの共同体と捉える視点は薄れてきました。

もちろん、そうした学問の普及によって、医学も産業も恐ろしいスピードで発達してきたわけですから、否定的な言い方はよくないかもしれません。ただ、私たちは細胞と生活をしているわけではありません。犬がいて猫がいて、桜があり菊があり。

こうしたたくさんの生命とふれ合うことでわたしたちの毎日はかたち作られ、豊かな、意味あるものになっているのです。わたしたちの生活は、気の遠くなるほどのたくさんの生命に支えられているのです。

人間がすべての生き物の頂点に君臨し、人間の幸せという基準で自然を改変しようと考える西洋的な自然観が今見直されつつあります。人間のための自然改造が、最後に人間の生活も脅かすような自然破壊をもたらしたという体験。

二十一世紀は、西洋的な自然観が行き詰まった時代です。「環境の世紀」とも呼ばれる時代です。生命を見つめる田中芳男の思想は価値あるものと思います。

十　稀代のコレクター

ところで、冒頭でご紹介したように、芳男は「博物館の父」と呼ばれています。さぞ、文化財や骨董品の価値を見極める目利きの達人なのだろうとみなさん思われるでしょう。とても高価な骨董品を多数収集していたのだろうと思われるでしょう。

とんでもありません。彼自身の言葉がそれをよく示しています。

「様々な標本をあつめておると、大変に骨董を集めておるように言う。物産のために標本を集めたのが、世間の人から見ると、それは骨董好きに見えた。それはエライ違いであって、私は骨董好きと見らるるのは迷惑であります」（「経歴談」）

芳男は人々の生活を豊かにする上で有用な物産を集め、研究し、そこで得られた知見を広く多くの人に、博物館という手法で伝えようとしたわけです。「博物館は文化財（とくに古美術品）の展示場所」というイメージがどうしても強いですが、「博物館の父」と呼ばれた男は、実はその考えとは随分遠いところに立っていたわけです。田中芳男という男は、本当に面白い人物です。

ただ、とても残念なことがありました。こうした思いで芳男が集めた八万点近いコレクションは、関東大震災によって焼失してしまったからです。今もしこれらの資料が残っていたら、私たちは新しい社会を作りだすためのたくさんのヒントをそこから得られたはずです。

十一　「鳥なき里の蝙蝠《こうもり》」

「私は鳥なき里の蝙蝠だ」。これは芳男が好んで使った言葉でした。

直訳すれば、「優れた人のいないところでは、つまらぬものが幅をきかす」という意味です。もちろんこれは謙遜でしょうが、この言葉は芳男の人生を見事に言い当てていると思います。彼の人生は、誰もやったことのない分野、物事へのチャレンジの連続だったからです。

リンゴの接ぎ木、昆虫標本の作製、翻訳、動植物の分かりやすい図解、ビワやオリーブ、はてはコーヒーの栽培などなど。そして博物館の創設。まさに「鳥なき里」、未開拓の分野へ挑み、道を拓こうとする先駆者、パイオニアでした。

幕末から明治維新期、「武」によって、あるいは政治という手法によって新しい時代を切り拓こうと挑んだ人々はたくさんいました。そして、その中の何人かは英雄的な扱いをされてきました。坂本龍馬や新撰組、伊藤博文や大久保利通。最近では渋沢栄一や五代友厚なども人気です。それにくらべ、田中芳男は、生まれ故郷の飯田ですらほとんど知られていません。

ドラマや小説に取り上げられるような劇的な物語が、彼の人生にはなかったからかもしれません。でも、もう一度、食べかけのリンゴを眺めてみてください。口に含んでみてください。とても幸せな気持ちがしますね。

芳男にはこんな書があります。

「果物之美観文明の姿　果物之美味開化之食餌」

ここでいう「果物」は果物一般を差しているのかもしれませんが、「果物」をリンゴと読み替えてみれば、私たちが抱いている「幸せ感」と同じものを、芳男もリンゴに対して感じていたことが理解できます。芳男にとって、リンゴは文明、豊かさの象徴だったのです。

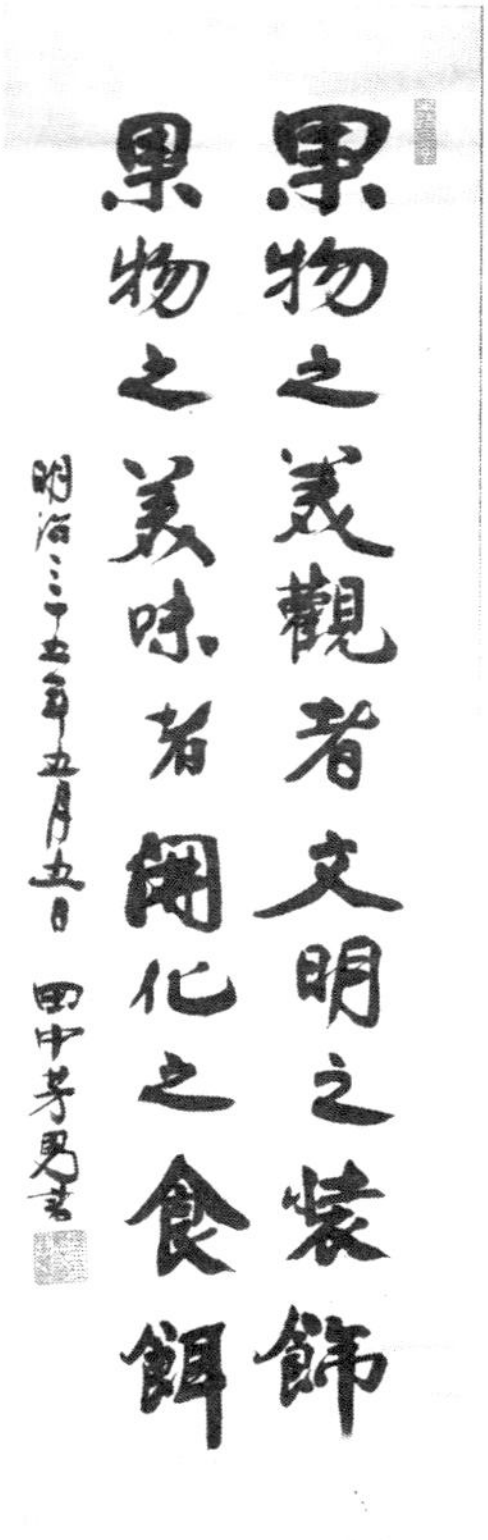
果物之美観者文明之装飾
果物之美味者開化之食餌
明治三十五年五月五日
田中芳男書

「果物之美観者文明之装飾」明治35(1902)年（飯田市美術博物館）

宗教改革で知られているマルチン・ルターがこんなことを言っています。

「たとえ明日、世界が滅亡しようとも今日私はリンゴの木を植える」

芳男がこの言葉を知っていたかどうかはわかりませんが、リンゴの里飯田に住む者にとってはうれしい言葉です。飯田にはリンゴの木を手入れする子どもたちがいます。芳男がこの姿を見たら、どれほどうれしがることか。

「武」ではなく「知」によって、誰もが足を踏み入れたことのない「里」へ分け入っていこうとした芳男。それは、鳥よりももっと高く羽ばたくことができた「蝙蝠」でした。

おわりに―「始まりと継続の象徴」としての銀のスプーン

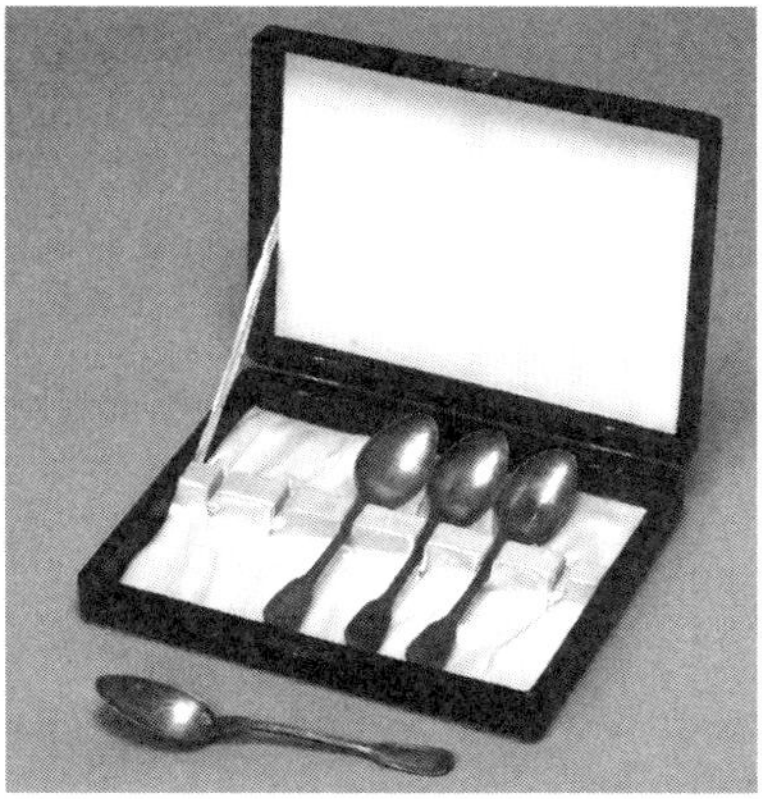
スプーン　慶応3(1867)年　田中芳男購入　(飯田市美術博物館　市岡家資料)

田中芳男にとってパリ万博参加は、決定的な出会い、邂逅でした。博物館作りと殖産事業が芳男の生涯を通して追い求める課題となりました。芳男は帰国にあたって土産に銀のスプーンを購入しました。このスプーンは、その意味で彼の人生の「始まりと継続」を象徴します。

スプーンは、ものを掬い上げる行為の象徴でもありますし、掬った食べ物が食されることで命を養うことの象徴ともなります。幼子はスプーンで運ばれる一杯の離乳食から、自分の人生を歩み出します。田中芳男と〈出会う〉ことで、皆さん一人ひとりが、この世に一つしかないスプーンを見つけるきっかけになれば幸いです。

十五章　田中芳男、朝ドラ「らんまん」デビュー
―牧野富太郎の恩師「里中芳生」のモデル

はじめに

世界的植物学者牧野富太郎の生涯を描くNHK朝ドラ「らんまん」が始まりました。富太郎に大きな影響を与えたのが飯田出身の博物学者田中芳男です。ドラマでは「里中芳生」の名前で登場します。

芳男と富太郎が初めて出会ったのは明治十四（一八八八）年四月、東京の山下町（中央区　帝国ホテル付近）にあった農商務省博物局でした。芳男四四歳、富太郎十九歳。親子ほどの歳の差があります。芳男らが企画した第二回内国勧業博覧会見学のために高知から上京した富太郎が、芳男を訪ねたのでした。

まず、なぜ農商務省博物局だったのか、からお話しましょう。

一

飯田荒町（現中央通り二丁目）の千村陣屋飯田役所に生まれた芳男は、幕府の下級役人としてパリ万博に参加したのですが、そこで動物園・植物園を完備した総合的な博物館を日本に建設する夢を抱き、帰国後明治政府に出仕しました。文部省、内務省と所属部署は変わりましたが、一貫して博物館創設事業に打ち

1881（明治14）年、上野で開催された第二回内国勧業博覧会の様子（「第二回内国勧業博覧会一覧図」飯田市美術博物館）博覧会場内の施設が紹介されている。展示室の設計はお雇い外国人コンドルに依頼。翌年、動物園が開園した。

込みます。富太郎青年が上京した当時は、事業が農商務省に移り、芳男は初代農務局長（初代）兼博物局勤、内国勧業博覧会審査幹事を務めていました。政府の上級官僚です。山下町には植物園もできていました。そこで、「田中芳男に会いたければ山下町の博物局に」ということだったのです。

ただ、富太郎君がなぜ芳男に面会を申し出たのか。これだけではまったく分かりませんね。「はじまりの富太郎」を探して、高知を訪ねてみましょう。

二

牧野富太郎は、幕末の文久二（一八六二）年、土佐国佐川村（現高知県高岡郡佐川町）に生まれました。雑貨業と酒造業を営む裕福な家でした。三歳で父を、五歳で母を、六歳で祖父を亡くし、祖母に育てられました。幼少の時期から植物に興味を抱いていたといいます。

十一歳で郷校に入学。漢学だけでなく西洋の先進的な学問（地理・天文・物理）を学びました。

転機は明治七（一八七四）年です。学制施行で郷校は佐川小学校になり、そこへ入学しましたが、五十音の読み書きから始める授業はあまりに退屈でした。二年で中退します。店は番頭と祖母に任せ、植物採集、写生、観察に明け暮れる生活に突入。欧米の植物学や江戸時代の本草学に触れ、早くも十代で「自分は植物の精（精霊）」で、「日本中の植物を集めた図鑑作りは自分にしかできない」と確信したそうです（『牧野富太郎自叙伝』）。明治十四年の上京は、博覧会や植物園の見学、書籍・顕微鏡購入が目的でした。

ただ、これだけの理由で、富太郎君が同郷でもなければ一面識もない農務局長田中芳男を訪ねるはずはありません。二人を結びつける糸が、上京以前にできあがっていました。

三

植物や動物の姿を描いた小学校用掛図（「文部省博物図」）です。動物・植物各五枚で構成される掛図で、芳男が文部省時代の明治六年から十一年にかけ作成したものです。動物を芳男が、植物を小野職愨《もとよし》が選者となり、有能な絵師が挿画を担当しました。西洋から移植された動植物学の知見を小学校で教えたいという熱意が籠もった作品でした。全国に配布され、佐川小学校にも届きました。そして、レベルの低い、暗記ばかりの授業にうんざりしていた富太郎君の唯一の楽しみが、掛図になったのです。

「小学校生活で唯一楽しかったことは博物図を見ることだった」と回顧しています。

幼少からの植物への興味が、芳男たちが作成した「博物図」との出会いで一気に開花したのでしょう。芳男が「掛図」という形で蒔いた植物学研究の種子は、高知に住む一人の少年の心の中で「発芽」したわけです。

こうしてみると、飯田人にとっては、朝ドラ「らんまん」の楽しみ方が少し違ってきますね。「里中芳生」登場のシーンよりも、小学校で「掛図」に見入る富太郎少年をどう描くかが気になります。二人はもうそこで「出会って」いるのですから。世界的植物学者へ羽ばたこうとする富太郎の背中を芳男がそっと押している、そんなふうに描いてくれたら最高ですね。

明治十四年四月、富太郎君は初めて上京します。たくさんの自作の植物標本を持っての上京でした。博覧会見学や顕微鏡購入のためならこれは不要。上京の本当の目的は、この標本を見てほしい人物がいたからでしょう。それが、田中芳男です。

四

農商務省訪問は、まったくのノーアポではなかったと思います。しかし、上級官僚という立場のうえに多忙な芳男ですから、直々に面会することは普通考えられません。門前払いに近い扱いもできたはずです。ところが、富太郎の自叙伝では、

私は、この田中芳男氏に面会を求めた。田中氏はこころよく会ってくれ、その部下の小野職愨、小森頼信という二人の植物係に命じて私の案内をさせてくれた。・・・私は、植物園なども見学させてもらった。

芳男は、高知からはるばる自分に会いに来てくれたことを喜ぶとともに、独学で作成した標本の出来映えの見事さを賞賛したといいます。その後、富太郎は毎日のように博物局を訪れたようですが、職員はみな彼のことをうるさがらず、標本や文献について貴重な助言を与えています。「高知に戻っても、不明な点があれば連絡をしなさい」とも言われたようです。芳男の心配りでしょう。この言葉が富太郎を奮い立たせ、三年後、植物研究を志して再上京するきっかけになりました。

飯田人として、このエピソードはとても嬉しい。富太郎は生涯、芳男のことを「田中先生」と呼び、自宅へも出入りしていました。明治十四年四月、上京した富太郎青年と芳男の面会がもし実現しなかったとしたら、「世界的植物学者牧野富太郎」は産声を上げなかったはずです。

田中芳男記・中島仰山画「動物之図　ウ」（1875（明治 9）年　飯田市美術博物館）　文部省博物局は、動植物の生態を人々に分かりやすく伝えるために、掛図（「博物図」）やこうした一枚摺りの刊行物を作成した。その多くは田中芳男が編集あるいは校閲している。牧野富太郎は少年期にこうした作品に出会い、博物学者を志した。

富太郎と親交が深かった元高知学園短期大学長上村登は、この出会いを次のように表現しています。

（上京の）最も大きな収穫は——あこがれの東京に出て、博物局で、東京植物園で、新興の科学として目覚ましく発展し研究されつつある植物学の姿を、現実に見て来たことである。田中芳男や小野職愨のような、植物学者として尊敬を禁じ得なかった人たちの知遇を得たことである（「花と恋して　牧野富太郎伝」）。

五

明治十七年、富太郎は再上京します。二十二歳。東京帝国大学理学部矢田部良吉教授の許可を得て、植物学教室に出入りすることができるようになったからです。矢田部は米国コーネル大学に留学した超エリート。日本初の東大植物学教授。彼が主宰する植物学教室は、少数精鋭の研究室でした。ただ、不思議ですね。無名の田舎の青年が、なぜ突然、そのような狭き門を突破できたのか。

芳男が尽力したからです。

当時、芳男の博物学の師匠で名古屋出身の伊藤圭介が、東大理学部員外教授として小石川植物園に勤務していました。芳男は圭介に富太郎を紹介し、圭介が矢田部に富太郎を推挙したと思われます。記録はないのですが、でなければそう簡単に研究室に入ることはできないはずです。初対面の時から、芳男は富太郎を高く評価し、親身になって将来を考えていたのでしょう。ここでもやはり、「芳男なくして富太郎なし」だったのです。芳男のひ孫田中義信さんが、芳男の晩年の様子を紹介しています。その中に、

床の間には、師伊藤圭介の書が一年中かかっていた。……牧野富太郎が来ると、早寝の習慣も忘れ、夜の更けるまで話し合った（『田中芳男十話・経歴談』）。

とあります。親子ほど歳の離れた二人の間にはあたたかい交流が続いていたのでしょう。ただ、師弟という上下関係ではなかったようです。芳男が富太郎に教えを請う手紙も残されています（『牧野富太郎通信』）。師弟から同志へと、いつのまにか関係が変わっていったのでしょう。

六

田中芳男は明治政府の上級官僚として、殖産興業政策や博物館設立事業に多大な貢献をしました。その功績に対し国家は、貴族院議員、勲一等瑞宝章、男爵位をもって報いました。

しかし、私は、芳男は本当は博物学者になりたかったのだろうと思います。二十代、名古屋で伊藤圭介に師事したときから、動物や植物、鉱物など（これらを天産物と総称します）を収集・分類する博物学の世界に没頭したいと思っていたのだろうと思います。「日本にある天産物の総目録を作りたい」が若い頃の夢でした。

ところが、パリ万博で「博物館」に出会い、明治政府では博物館事業や殖産興業政策立案者として、行政畑で八面六臂の働きをすることになります。行政手腕を評価されればされるだけ、逆に、若き日の夢に

田中芳男肖像写真（1873（明治 6）年　飯田市美術博物館）
　芳男 36 歳。ウィーン万博に一級事務官として参加したときのもの。幕府の下級役人としてパリ万博に参加してから 7 年。博物館・殖産興業政策を担う有能な官僚に成長した。しかし、この時期、「博物図」の作成にも労を惜しまなかった。博物学は芳男の原点であり、その情熱は、富太郎らと交わるなかで、生涯失われなかった。

フタをせざるを得ない寂しさに襲われる瞬間も多かったのだろうと思います。

「日本だけでなく世界の植物の分類目録を作りたい」が、明治十四年四月、芳男の前に現れた青年の夢でした。そこに「若き日の自分」を見たからこそ、多忙を顧みず、芳男は富太郎を歓待し、支援を惜しまなかったのだろうと思います。明治二十一（一八八八）年、富太郎が『日本植物志図篇』の刊行を始めた時、芳男は我が事のように歓び、賛辞を伝えたといいます。

朝ドラ「らんまん」が始まりました。田中芳男こと「里中芳生」がどのように描かれるかはわかりませんが、「掛図」をきっかけに、信州飯田・名古屋・高知・東京を結んだ、人と〈夢〉の大きな輪が作られていく様子を楽しみたいですね。

おわりに

そう言えば、富太郎にはもう一つの「飯田」があります。一家庭人としてみれば相当問題の多かった彼を支えた妻壽衛《すえ》さんは、富太郎が九段下の下宿から本郷の東大に通う道すがらにあった雑貨・菓子屋の娘でしたが、この店は飯田町小川小路にありました。現在の飯田橋付近です。恩師も「飯田」なら、一目惚れで結婚した奥さんも「飯田」。飯田人にはじつに縁の深い人物なのです。

十六章　牧野富太郎の手紙　田中芳男の書

はじめに

ＮＨＫ朝ドラ「らんまん」。ドラマは東京編に入りました。万太郎（牧野富太郎）が憧れの里中芳生（田中芳男）、野田基善（小野職愨）に出会い、植物学へのめり込んでいく様子が描かれていきます。芳男と富太郎が、一生続く固い師弟の絆を作る場面です。

一

田中芳男には奇妙な癖がありました。広告や包装紙、領収書やチケット、時刻表などを保存することです。芳男自身、「物を捨てるのが嫌いだ」と言っています。手紙・葉書はもちろん、空封筒や切手まで保存しています。

ただ残念なことに、自宅は関東大震災で被災、多くの収集品が失われました。芳男の喜寿を前に催された「田中芳男君七六展覧会」の出品物の中にも、行方不明のものがあります。パリ万博紀行記もその一つ。これがあれば、「芳男と渋沢栄一のパリ」を描けるのですが。

被災を免れた書籍の多くは、東京大学に寄贈されましたが、書簡類は大半散逸したようです。こうした中、飯田市美術博物館には、牧野富太郎から田中芳男に宛てた手紙が残されています。芳男の次男五一氏

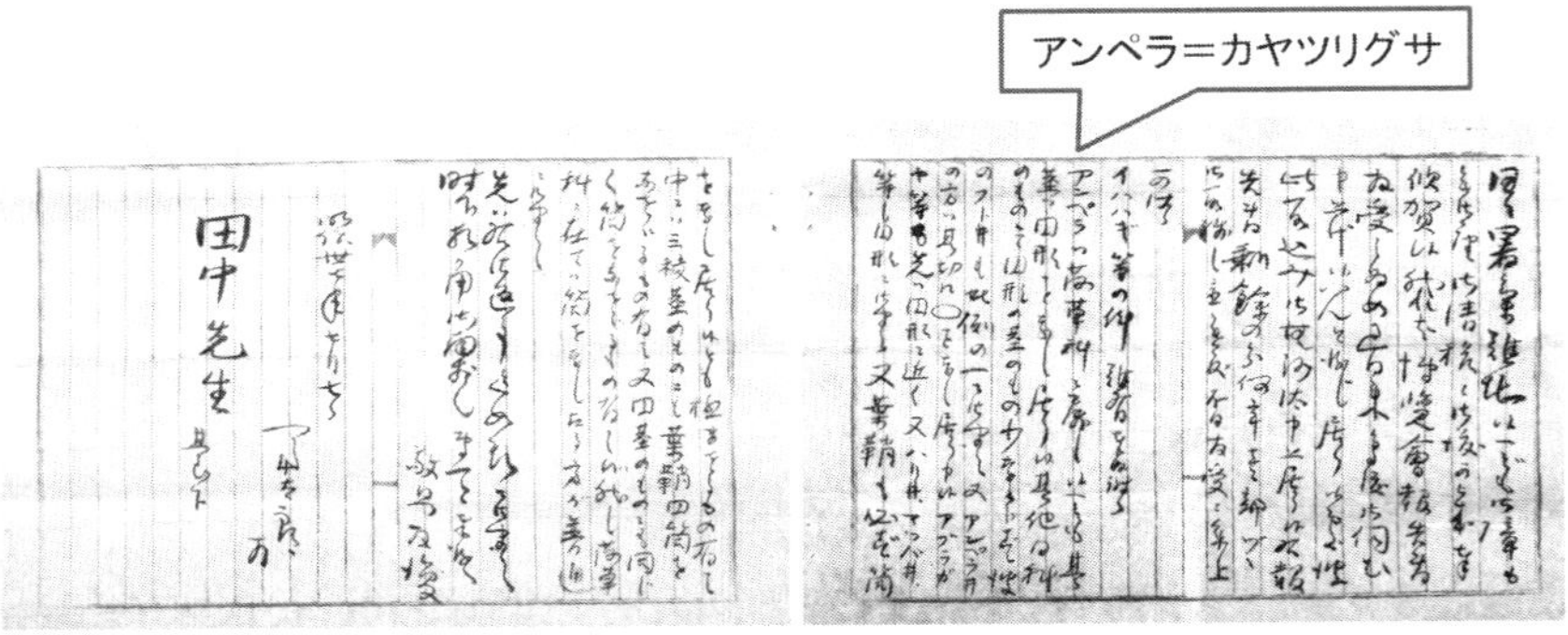

明治37（1904）年　田中芳男宛牧野富太郎書簡（飯田市美術博物館　田中五一資料）

のご遺族から寄贈されたものです。芳男から富太郎に宛てた手紙の写し（①）と、富太郎が芳男に宛てた手紙（②）の二通です。一九〇四年、芳男六十七歳、富太郎四十三歳の時のものです。

二通の関係を簡単に説明しましょう。

富太郎が芳男にアンペラグサについて質問したようです。これに対する回答が①。「アンペラグサはカヤツリグサ科に属する。原産地はインドなどで、砂糖袋などに使用される」ことが記されています。芳男は、本物を富太郎に送り、手紙の写しを手元に置きました。①に対するお礼が②です。①には日付がありません。②の日付は七月七日、宛名は「田中先生」です。

②は、横長便せん二枚。前半は時候の挨拶や書籍の依頼です。後半が、アンペラグサ情報の続きです。草の特徴やカヤツリグサ科のその他の植物の特徴が、茎や葉の形状について記されています。短文ですが、要点を見事に網羅し、簡潔にして十分。

富太郎の研究と彼の植物図の特徴は、その植物のもっとも標準的な姿をとらえているところだといいます。人も物も個性があります。たまたま採集した個体をその植物の代表のように描くことは誤解を生みます。富太郎はそれを嫌いました。徹底的に収集し、比較することでその植物の標準の姿を割り出す。「植物学者牧野富太郎」の、それが原点でした。

②の手紙。短いものですが、「カヤツリグサ科」と一括される植物そ

れぞれの個性と共通点を的確に整理しており、「富太郎がここにいる」という感動が湧きます。

二

牧野富太郎は、「天真爛漫」という印象がありますが、著作を読んでいると、「植物に対して実に恐い人だ」と感じます。いや、「植物に対して」ではなく「植物を扱う人に対して」が正しいでしょう。花の名前一つでも、誤った使い方をしている人に対し、徹底した反論を加えています。容赦ない物言い。「ここまで言わなくても」という気にすらなりますが、植物を愛する故の厳しさなのでしょう。私たちも間違った名前で呼ばれれば立腹しますね。富太郎は「自分は植物の精霊だ」と本気で思っていたので、間違った研究や思い込みは絶対に許せなかったのです。

富太郎のこの厳しさが、彼を孤立させていきます。大学や研究施設で次々と人間関係を悪化させます。世渡り下手というか、曲がったこと、いい加減なことが許せないのです。まして、それが植物のことならなおさら。

三

手紙（②）に戻りましょう。論文やレポートではない、日常的な手紙のなかに、ごく普通に研究で得た知見が述べられています。宛名は「田中先生」ですが、ここには心を許し合って好きなことを語り合う同志の、気の置けない時間が流れています。

晩年の芳男は早寝でしたが、富太郎が来た時だけは遅くまで語り合っていたそうです。二人は、一八八二年東京で出会ってから、生涯お互いをリスペクトしあい、切磋琢磨する同志だったのでしょう。手紙は、年齢は二回りも違う二人が、植物という共通の友人に導かれつつ歩む姿を彷彿とさせます。ではなぜ人間関係の機微に疎く、植物に関して実に気難しい富太郎が、芳男とは気脈を通じ合えたのか。私は、芳男の書に答えがあると思いました。

②の手紙が出される二年前、芳男はこんな作品を書いています。

「天賦の風彩　固有の妙姿　見て嫌厭せず　用いて尽期なし」

そして、余白に伊勢の農業館の庭に散らばった落ち葉のスケッチを加えました。

「生きとし生ける命すべてに、天与の固有の美しさがある。どれもかけがえなく、代替できない」という意味でしょう。命をしっかり見つめる芳男の姿が浮かびます。

ところで、この言葉は、富太郎のあの口癖を思い出させませんか？

「雑草という名の草はない」

「天賦…」と「雑草…」、まったく同じ願いがこもっているではありませんか。

そうです。命に向けるまっすぐで、しかもあたたかくぶれない眼差しが、二人を生涯崩れることのない同志にしたと私は思います。

田中芳男の書と絵「天賦之風彩…」（明治35（1902）年　飯田市美術博物館）

「天賦の風彩」について一言蛇足を。

芳男は「日本の博物館の父」といわれます。博物館と言えば優れた美術工芸品、骨董品の陳列施設というイメージがあります。国宝や重文と聞けば「出かけてみるか」と思いますが、無名な作品や展示には皆さん脚を向けてもらえません。「天賦の風彩・・・」に出会って私が衝撃を受けたのは、「博物館の父」にとって美は、庭に転がっていたということです。無造作に散り積もる落ち葉たち。芳男はそこに「命の美しさ」を見つけた。これは驚きでした。

「私を骨董マニアだと思っている人がいるが、とんでもない誤解だ。なんの興味もない」。芳男の口癖でした。人間は、物事を選別し、それらの間に境界や上下をつけて安心する動物です。人間自身も選別し・選別され、差別し・差別されます。そして、そんなあるかないか分からない〈格差〉を根拠に、世界のあちらこちらで血が流されています。牧野富太郎・田中芳男二人に共通するのは、そういう人間の〈業〉を、生命の多様さ、豊かさ、尊さを見つめることで乗り越えようとしたところでしょう。

おわりに

牧野富太郎の手紙、田中芳男の書。いずれも飯田市美術博物館が所蔵しています。国宝でも重文でもありませんから、「見栄えのしない展示物じゃないか」と思われる方もいるかもしれません。ただ、どんなに「美しい」と言われる作品も、見る者の心を揺さぶらなければ価値はありません。逆に、語る力（メッセージ）を持っているモノは、あるいは私たちにその〈声〉を聴く力があれば、それらは私たちの傍らに寄り添い、人生を彩ってくれます。

飯田は田中芳男の故郷。もっと彼のことを知りたいですね。作家であり博物学に詳しい荒俣宏がこんな表現で田中芳男を讃えています。

「究極の『よくわからないけど偉い』人」

十七章　田中芳男と渋沢栄一──それぞれの「パリ」

はじめに

生涯に五〇〇を越える株式会社を創設し、近代日本の経済基礎を築いた渋沢栄一を主人公にした大河ドラマ「青天を衝け」。ご覧になった方も多いでしょう。ドラマは、一橋慶喜に見いだされて幕臣となった栄一が、慶喜の弟昭武を名代とする使節団の一員としてパリに旅立つ場面を描きました。一八六七年のことです。栄一にとっては、この旅が、本当の意味で人生のスタートになります。

と同時に、私が大いに気になったのは、飯田出身の田中芳男です。芳男も栄一と同じ幕府の役人として、また栄一と同様の目的で、この時パリをめざしたからです。二人は同じ時期に、パリの同じ場所にいました。ドラマの中で芳男と栄一が会話する場面があってもおかしくなかったのですが、実際にはそれはありませんでした。栄一のパリ滞在中の日記にも芳男のことははっきりと書かれていません。両者は同じ幕府の役人ではあっても、立場が違いすぎました。

一方、芳男もパリ滞在中日記をつけていましたが、その多くは関東大震災で焼失したようです。栄一に関する記録があったかもしれませんが、今になってはそれを知ることはできません。せめて紙上でパリの二人の姿を想像してみましょう。

一　一八六七年　パリ

それにしても、芳男と栄一がなぜ一八六七年のパリにいたのか。

パリ万国博覧会参加のためです。

十九世紀半ばのヨーロッパは万国博覧会ブームのなかにありました。クリスタルパレス（水晶宮）が造られた一八五一年のロンドン万博を皮切りに、五三年ニューヨーク、五五年パリ、六二年にはロンドンで万博が開催されました。六二年のロンドン万博は六二一万人の観客が訪れています。広大な敷地と最新の建造物。そこに世界各地の植民地から珍奇な文物を収集し展示する万博というイベント・仕掛けは、それ自体がヨーロッパ文明の勝利の象徴だったのです。会場を訪れた人々は驚愕し、陶酔しました。

六七年は、パリで開催される二回目の万博の年だったのです。

パリ万博の開催期間は四月から十一月までの八か月。セーヌ川沿いに縦四九〇メートル、横三八六メートルの巨大な楕円形のパピリオンが建設され、動力は蒸気でまかなわれました。水力で動くエレベーターも備えられていました。入場者一五〇〇万人。後の万博のモデルとなったイベントでした。

二　それぞれの役割、それぞれの目的

フランス政府から幕府に対して、万博への招待と出品依頼が届いたのは一八六六年。十五代将軍慶喜は弟昭武を名代とする使節の派遣を決定、総勢三三名の使節団が編成され、六七年一月出発しました。使節団の目的は、万博参加と幕府の外交使命の遂行でしたが、同時に当時十五歳だった昭武の留学でもありま

した。パリ万博後はヨーロッパ各地を視察することになっていました。

六四年から一橋家に仕官していた栄一は、経理に秀でている点を買われ随行員に選ばれました。御勘定役陸軍附調役、簡単に言えば庶務・会計担当です。二十七歳。使節団の中には、昭武警護のために攘夷思想にかぶれた血気さかんな水戸藩士たちも加わっていました。海外で問題を起こす危険性のある彼らを制御するにはどうすればよいか。かつて過激な攘夷運動にのめり込んでいた栄一なら彼らの気持ちをくみ取ることができるのではないか。そんな期待もあったようです。

一方、田中芳男はというと、これがなんとも奇妙な仕事に携わっていました。「虫捕御用」です。

芳男は飯田町中荒町（現飯田市中央通り二丁目）の千村代官所に医者の息子として生を受け、名古屋で当時本草学者としては日本一と言われた伊藤圭介に師事し、圭介ともども勝海舟が束ねる幕府の蕃書調所に出仕しました。六一年、二十四歳でした。以後、開国とともに流入する外国の物産の研究、植物の栽培に打ち込んでいました。

そんな田中がなぜパリなのか。謎を解く鍵が「虫捕御用」なのです。

幕府をパリ万博に招待するにあたって、フランス政府はひとつの条件をつけました。日本に産する昆虫などの標本の持参です。

当時の日本には昆虫標本はもちろん、虫を捕る道具も、捕獲した虫を箱に固定する虫ピンもありませんでした。「虫捕御用」とは、実はパリ万博参加のために、今まで誰も経験したことのない標本作りにチャレンジする役職だったのです。さすがに芳男もこの役名は恥ずかしかったらしく、「物産取調御用」と名乗りましたが、実態は、魚すくいの網と長持を担いで江戸近郊の野山を駆け回る下級役人だったのです。

芳男が相模・伊豆・駿河三国を廻って桐の組箱五〇杯ばかりの標本を作り、これを船に積み込んでパリに向けて出立したのが六六年十二月。栄一ら昭武使節団より一か月余早い旅立ちでした。栄一と違い、幕府が仕立てた特別の船ではなく、芸子や職人たちと相乗りの船です。二十九歳。芳男は本当に無名の、幕府の下級役人だったのです。

芳男と栄一の旅には、それぞれの立場、役割、目的がありました。少なくとも六六年の段階で両者にはまったく接点はありません。おそらく、六七年三月七日、使節団パリ到着の日に初めて対面したのでしょう。記録によれば一向の乗る汽車がパリに到着したのは夕刻六時半。博覧会出展準備のために先にパリ入りしていた芳男は、当然駅頭に迎えに出たはずです。

芳男の人生と栄一の人生が交わった瞬間です。

三　渋沢栄一の「パリ」（一）

万博会場はじめ、パリやヨーロッパ各地の近代的な施設に驚嘆した栄一ですが、なかでも銀行や株式会社の制度に感銘を受け、これを日本に移入しようとしたと言われています。まさに「近代日本の経済基礎を築いた男　渋沢栄一の西洋体験」です。

ただ、株式会社という制度は、簡単に言えば一人ひとりの個人の出資をつのり、それを束ねて大きな資本として物事を成し遂げる制度です。その結果得られる利益を出資した一人ひとりに還元し、再び資金を調達して一層大きな事業に拡大し利益を上げる。この絶え間ない循環で社会が豊かになるという発想です。栄一がこの制度に強く心引かれるようになったのは、藍玉の製造や販売を生業とした家に生まれたことによるのでしょうが、直接にはパリ行きの汽車旅の途中、スエズ運河建設現場を見た体験が大きいと思います。

スエズ運河完成以前は、ヨーロッパからアジアに来る船はアフリカの喜望峰を迂回しなければなりませんでした。時間も経費も膨大でした。一八五九年、フランスの会社が運河開削事業に着手し、栄一が車窓から見た時には完成間近でした。全長一六〇キロメートル余、幅二〇〇メートル、深さ八メートルに及ぶ巨大な人工の〈河〉が砂漠の中に出現していました。

栄一はその感動をこう記しています。

「西人の事の興す独一身一介のためにせず、多くは全国全州の鴻益を謀るその規模の遠大にして目途の宏壮なるなお感ずべし」（『航西日記』）。

大きな資金を集めた企業によって遠大なプロジェクトが成し遂げられていく。しかもそれが我が身の損得ではなく、社会のためになるプロジェクトであるところに栄一は衝撃を受けたのでしょう。栄一は後日、この企業が民間会社であることを知ります。こんな巨大事業は株式会社制度（当時は「合本組織」と言いました）でなければなしとげられないという確信。そのためには株式会社に資金という〈血液〉を送り込む〈心臓〉としての銀行が必要だという確信。

私は、スエズのエピソードを栄一のスタートに置きたい気持ちがします。

四　渋沢栄一の「パリ」（二）

しかし、こうしてみると、渋沢栄一は大変賢い人物で、経済センスと先見の明があったということになりますが、そんなに簡単な問題ではなさそうです。私は、栄一がもったこの洞察力は、彼の深い絶望に機縁したと考えています。

それは、幕府というよりも、武士の支配する世に対する絶望です。栄一十七歳。「青天を衝け」でこんな場面がありました。

御用金の納入を当然のように命じる代官所の役人の態度に猛烈に怒るシーンです。回想記ではこう語られています。

（御用金引受を拒んだ末に役人に怒られて）陣屋をでたが、帰ってくる途中で、とくと考えてみると、その時に初めて幕府の政治がよくないという感じがおこりました。

人はその財産をめいめい自分自身で守るべきはもちろん・・・（しかし）いま岡部の領主は、当然の年貢を取りながら、返済もせぬ金銭を用金とか何とか名をつけて取り立てて、そのうえ、人を軽蔑嘲弄して、貸したものでも取り返すように命示するという道理は、・・・徳川政治からそうなったので、もはや弊政の極度に陥ったのである。と思ったので、自分もこの先、今日のように百姓をしていると、彼らのような、いわば虫けら同様の、知恵分別もないものに軽蔑されねばならぬ。さてさて残念千万なことである。これはなんでも百姓はやめたい。あまりといえば馬鹿馬鹿しい話だ（『雨夜譚』）。

武士は農民や商人・職人たちが汗水垂らして作り出した富を搾取しているにすぎないのに、それを申し分けないともおもわず当然のように考え、あまつさえ、彼らを侮蔑しているのは許せないというわけです。江戸時代の武士は、誤解を招く言い方かも知れませんが、極論すれば、人々の生活に役立つ物資を何も作り出さない完全な消費者です。たくさんの生産者に寄生し、収奪するだけの人々と言われてもしかたない存在でした。

私は今、幕末の飯田藩の記録を読み、活字にする仕事をしています。膨大な史料は、いまちょうどペリー来航の年にさしかかったところです。作業が終了するまでにはまだ二〇年近くかかろうかという仕事ですが、読み進めながらつくづく感じるのは、幕府にも藩にも〈将来〉〈未来〉というものがまったく見えないという感覚です。

なんらかの事情で資金が必要になる。例えば異国船の襲来です。すると、幕府から「金をだせ」との要求が藩に下りてくる。藩はそのまま農民や商人・職人に「御用金」という名の臨時の賦課を押しつける。仮に「返済する」との約束はしても、お金がないから、その時になれば脅して借金を踏み倒すか、苗字帯刀のような「特典」をちらつかせて黙らせる。しかも、栄一の言うように、為政者はこのことを申し訳ないとも思わず、悪びれる様子もなく当然のように考えている。

そんな史料ばかりです。自分たちで起業して資金を生み出そうと努力するわけでもなく、乾いたタオルをなお絞るように課税し続ける為政者たち。これでは誰も〈将来〉〈未来〉を描き出せません。「虫けら同様の、知恵分別もない」武士たちに軽蔑される日々。「これはなんでも百姓はやめたい」。栄一のいう通りです。

しかも、藩も幕府も内紛を繰り返すばかり。あるいは建前を言い張っているばかり。異国船に対しても飢饉に対しても、具体的なビジョン・戦略を打ち出せません。藩や幕府を越えた巨大なプロジェクトを構想したり、実現しようとする心意気も資金も生まれて来ません。栄一は慶喜の面前で「幕府はすでに滅びたも同前」と言い切りますが、その心底には、この国では、将来の自分の生きている姿が描けないという絶望感があったと私は考えます。

一人ひとりの志・資金を募り、民間の力で社会や、生活に必要なインフラを整備していく株式会社制度に栄一が強く惹かれていった理由がここにあると思います。

私は何を言いたいのか。

実は、栄一のことを話したいのではありません。国や為政者にたいする絶望、未来の描けない不安感は、幕末だけではなく、今の私たちの感覚でもあるからです。コロナ対策、オリパラ問題などなど。未知のウイルスとの闘いですから、試行錯誤はいたしかたないでしょうが、あまりにも場当たり的で、流行りことばでいうエビデンスのない議論と政策が繰り返されています。一年たっても同じ言葉の繰り返しです。「実は日本は後進国だったのではないか」という言葉さえ聞かれるようになりました。私たちが「安心・安全だ」と信じて暮らしていた社会が、こんなにももろく、俊敏さ・柔軟さを欠いていたのかという感覚。格差の拡大や、社会的弱者がさらに追い込まれていく様子、タテ割行政の弊害などを目の当たりにすると、そこに渋沢栄一の言葉と彼が抱いたであろう絶望感が重なります。ドラマが栄一の「パリ」を、とりわけスエズの光景をどのように描くか楽しみです。

五　田中芳男の「パリ」（一）

自作の昆虫標本など、多数の展示品を積み込んで芳男がパリをめざしたのは六六年十二月。万博会場で早々に展示作業を済ませると、パリの町巡りを楽しんだようです。帰国は六七年十月。栄一たちが、万博終了後一年近くヨーロッパを歴訪したのに比べれば短い西洋体験でしたが、のちに次のように回顧しています。

日本の知識の狭い人がそういう所に出会わしたので、見るもの聞くものに驚くばかりであった。・・・おかげで博覧会はどんなものである、フランス・パリの都はどういう有様ということを知りました。そこで、博覧会の仕事は一時かたつきましたので、暇があれば博覧会場を巡覧し、また、博物館や動物園或いは植物園に行き、市街にも行ってみました。それから、種苗商に就いて種々買入れ、わが邦に持ち帰りて宜しいような植物類を蒐めました（「経歴談」）。

芳男のパリ体験で注目したいことが二つあります。

実は、六七年の第二回パリ万博には、幕府以外にも薩摩藩、肥前藩が独自に参加していました。日本という統一国家は存在せず、観客は日本とはどのような国か、さっぱり分からなかったでしょう。幕府派遣使節団は万博の会場で、あるいはパリの街角で薩摩や肥前の藩士たちとの小競り合いに明け暮れていました。ところが、芳男のような下級役人には、そうした問題はさほど重要ではなかったようです。肥前藩にも芳男同様に展示を担当する人物がいましたが、旅の途中で病死、肥前藩は相当に困ったようです。芳男がこの展示を手伝った形跡があります（佐々木時雄『動物園の歴史』）。

一八七三年のウィーン万博参加では、芳男が企画・展示品の選別・運送などすべての面で重要な役割を果たしますが、チーフは元肥前藩士佐野常民。彼はあのパリ万博会場にいました。パリでの芳男の仕事ぶりに惚れ込んで抜擢したのではないでしょうか。

薩摩藩士との交流も想定されます。例えば町田久成。のちに上野の東京国立博物館初代館長となる人物ですが、薩摩藩のエリート役人の一人としてパリ万博に出向いていました。帰国後、文部省で芳男とともに博覧会業務を担当します。「日本の博物館の父」は実は二人いて、田中芳男と町田久成です。

しかし、帰国した久成がただちに博覧会業務に携わったわけではありません。外務省に勤務していた久成を芳男が文部省に誘ったようです。両者がパリで懇意になっていたからと考えるのが自然です。

もちろん、二人の出会いをパリに求める必要はありません。久成にせよ芳男にせよ、博物館への関心はもともと高かったので、両者は遠からず出会っただろうとは思います。

ただ、戊辰戦争で灰燼に帰した上野を現在見る一大文化エリアに変える仕事は、実はこの二人が明治初期に共同して進めたプロジェクトです。それは並大抵のことではありませんでした。たくさんの抵抗勢力がおり、問題は山積。壁を一つひとつ取り除きながら夢を実現する間、時に対立する場面もあったでしょうが、二人の信頼関係は揺るぎませんでした（佐々木時雄）。ともに支え合わなければ何一つ解決しないという、異国の地で生まれた強い友情があったからこそ、と思います。

そして、二人の強力な後ろ盾が、元薩摩藩士で内務卿大久保利通でした。

六　田中芳男の「パリ」（二）

芳男のパリ体験は、よく知られるように、ジャルダン・デ・プラントとの出会いです。私たちが今日考えるような、文化財を展示する博物館だけでなく、美術館、動物園、植物園、図書館等を完備した総合的な文化施設でした。芳男は、これが本当の博物館であり、自分の生涯の仕事は、ジャルダン・デ・プラントを日本に作り出すことだと決意したのです。

そして、その決意通り、彼は総合的な博物館作りに一生を捧げます。上野公園に博物館、美術館、動物園があることを不思議に思われませんでしたか。それが芳男の願った空間なのです。

ただ、ここで大切なことは、複数の施設が共存しているということではありません。芳男がみたジャルダン・デ・プラントには、人間が作りだす文化財や工業製品だけが特権的に存在するのではなく、動物や植物の命（それは鳴き声や匂いや風にそよぐ木々の音などですが）が息づいていたということなのです。

万博は、西洋近代文明が世界を制覇したことを象徴するイベントでした。言い換えれば、人間の力が自然を制覇したことを象徴するイベントなのです。芳男は、万博会場の、超近代的できらびやかな世界に目を奪われました。それは確かです。でも、その中で、植物の種子を買い求め、育てる意義と使命を見失わない男でした。

そういえば、日本を発つすこし前に芳男が手がけていた仕事の一つがリンゴの改良でした。栄一ら、おおくの日本人留学生が、工業化・商業化がもたらす〈豊かさ〉への憧れや時代閉塞的な絶望感から抜け出す〈光〉を見いだした場所で、芳男は、人間以外の〈命〉に想いを馳せることができた希有な人物でした。

七　それぞれの明治維新

パリから帰国した後の二人の歩みは、ドラマが進むにつれ、追々お話できるかもしれません。渋沢栄一は大蔵省に出仕しますが、政策の対立で七三年に辞職、満を持して銀行設立に向かいます。スエズ運河建設の光景が脳裏をよぎったことでしょう。

「近代日本経済の父」誕生の瞬間です。

田中芳男は文部省に出仕、パリで生まれた博物館建設の夢に向け邁進します。七二年、湯島聖堂大成殿で開催された博覧会が、日本初の博物館だと言われています。

「日本の博物館の父」誕生の瞬間です。

そして、芳男は博覧会一等事務官としてウィーン万博参加事業の中心ともなります。万博出品のために日本全国の物産調査を行いますが、各府県から政府に送付された報告書は詳細を極めたもので、圧巻です。工業製品だけでなく、天産物も重視するところに芳男らしさがあります。そして、そうした辛苦が七七年八月の第一回内国勧業博覧会に結実します。

上野。入場者四五万四〇〇〇人。

パリの土を踏んでから一〇年。ジャルダン・デ・プラントで心にともった「日本に総合博物館を」の夢は、燃え続けていたわけです。

おわりに

一八九〇年四月、上野で第三回内国勧業博覧会が開催されました。貴族院議員となった田中芳男は、この博覧会では第三部（農業、山林及園芸）審査部長でした。五十二歳。

実は、この博覧会から始まった制度があります。民間活力を導入するために、民間人が審査官メンバーに加えられたことです。この建議を行ったのは、ほかでもない渋沢栄一でした。そして栄一は運営委員に着任します。五十一歳。

「天命を知る」頃、二人は同じテーブルについたわけです。

おわりに

本書は、十数年の間、あちらこちらに発表したものをまとめたものである。満洲移民をテーマとしたものが多いが、時事的なものもあれば、人物論もある。テーマによっては重複した記述が多い。また、年代順に配列してもいない。参考までに、各文の初出と執筆年を示す。

一章　高校生に語る満洲移民（南信州新聞　二〇一九年八月）
二章　丸田恒雄　満洲更級郷絵画資料をめぐって（『長野県立歴史館令和３年度夏季企画展図録』所収　二〇二一年）
三章　大正中後期　長野県財政の基本構造（『長野県立歴史館研究紀要』第21号　二〇一五年）
四章　満洲の中の喬木村（『伊那』一〇六二号　二〇一六年）
五章　昭和前期の豊丘地域と満洲移民の概要（『豊丘風土記第24輯　豊丘から満蒙開拓・第二次世界大戦を考える』二〇一七年）
六章　果てしなく黄色い花咲く丘で（『平出博物館紀要』第38集　二〇二一年）
七章　大林作三『終戦の記』原本発見の意義（『信濃』第六五号第一一号　二〇一三年）
八章　「満洲事変」オンライン講座（満蒙開拓平和記念館オンライン講座「満洲事変」二〇二一年）
九章　学び直し昭和史（南信州新聞　二〇〇七年八月）
十章　伊原五郎兵衛と中村哲、「飯田線のバラード」（南信州新聞　二〇二三年六月）
十一章　人間の仕事（いのち）って何だろう—中村哲医師が願ったこと（『社会法人長野いのちの電話』62夏）

十二章　追悼　中村哲医師が遺したもの（南信州新聞　二〇二〇年二月五日）
十三章　博物館の父は飯田からはばたいた―田中芳男がねがったもの（南信州新聞　二〇二三年三月）
十四章　田中芳男―「虫捕御用」の明治維新（南信州新聞　二〇一七年二月）
十五章　田中芳男、朝ドラ「らんまん」デビュー―牧野富太郎の恩師「里中芳生」のモデル（南信州新聞　二〇二三年四月）
十六章　牧野富太郎の手紙　田中芳男の書（南信州新聞　二〇二三年四月）
十七章　田中芳男と渋沢栄一―それぞれの「パリ」（南信州新聞　二〇二一年五月）

書名「満洲は豊かだったか」は、初めて満洲移民をテーマに行った講演の際に付けた演題である。長野県立歴史館に赴任した年だった（二〇一〇年）。この「豊か」が、開拓民の経済的豊かさを示すものでないことは、本書をひもとく皆さんにはご理解いただけると思う。「満洲移民政策と、それが産み出したおびただしい数の犠牲者は、日本近代史の中でどんな意味を持ったのか」「そもそも、それは本当に必要だったのか」を問い続けたいのである。

高校時代の恩師の言葉が忘れられない。

「人生」は英語でＬＩＦＥ。Ｆを取ればＬＩＥ。つまり人生の四分の三は「嘘」だ。

だが、ＬとＥを取ればＩＦ。人生の二分の一は「もしかして」だ。

「ＩＦ」を投げかけながら、歴史を見直してみたい。「こうあったらよかった」「なぜこうならなかったのか」を問い続けたい。成就しなかった夢の形を想い描く気持ちは、著作集1の水戸浪士と同様である。それが本当の意味で、歴史を学ぶことだと思う。

そしてもう一つ。長いこと持ち続けてきた一つの疑問に、答えを見つけたいという気持ちも本書執筆のスタートにあった。

マッチ擦るつかのま海に霧深し　身捨つるほどの祖国はありや（寺山修司）

「祖国とは何か」。若い日に出会った寺山の言葉から、どうしても自由になれない。見渡せば、世界のいたるところで、「祖国」をめぐって人々が殺し合っている。寺山のこの作品も、「祖国のために」殉死した父を詠んだものという。しかし、それは命と引き換えにしてまで愛し、殉じなければならない代物なのか。私が満洲移民に関心を抱いたのは、「身捨つるほどの祖国」や「故郷」に見捨てられた人たちの歩みだったからだ。

偶然かもしれないが、私の故郷喬木村は、たくさんの開拓民を送り出すとともに、帰国を果たした残留孤児たちが、日本で暮らすための教育を受ける場所ともなった。私が学んだ中学校が、その施設として使われた。私の生まれた村は、「祖国」という言葉に翻弄された方々が、もう一度、人生を生きはじめようとする村でもあったのだ。

「祖国」、あるいは「故郷」とは何か。それは人が生きる上でどんな力を与えるのか、あるいは奪うのか。「満洲にもっとも近い村」のひとつに生まれた者として、もう少し、考え続けたい課題なのである。「満洲事変オンライン講座」は、この課題に向かう〈はじめの一歩〉である。

戦後八〇年。戦争体験を語る世代が恐ろしいはやさで消えようとしている。そして、語り継ぐ役割を担うべきはずだった私たちの世代は、その役割を十分果たすことなく、老いていく。もう、語り継ぐ新しい世代を育てなければならないのに。

〈命と祈りの記憶〉のバトンリレーは、どうすれば途切れずに繋がっていくのか。

本書編纂の途上、詩人谷川俊太郎氏の訃報に接した。学生時代手にした彼の詩集の中の言葉にずっと憧れてきた。

信じよう　日常もまた　一つの決意によって実ると
「一つの決意」は、たくさんの「ＩＦ」を想い描く力の中から生まれる気がする。
「もう一度、靴ひもを結んでみたら。もう一度、バトンを握りしめてみたら」
もしかすると、もう一度走り出す勇気が生まれるんじゃないかな。

本書を編むにあたっては、丸田善徳氏、大林博美氏、満蒙開拓平和記念館より、史資料の掲載にご理解ご協力をいただいた。いずれも命の重みがずっしりと伝わる〈歴史の証言〉である。その〈重み〉が、本書を通して、多くの方々の心に届けば、これに勝る喜びはない。

第一集同様、龍鳳書房の酒井春人さんには大変お世話になった。強い信念も、確固とした計画性もなく書きためてきた文章を、一つひとつ丁寧に拾い上げ、新しいリュックサックに収めてくださった。これを背負って、もう少し歩いてみようと考えている。

二〇二五年一月

青木隆幸

著者紹介

青木隆幸（あおき・たかゆき）
1957 年　長野県下伊那郡喬木村生まれ
1980 年　立命館大学文学部史学科日本史学専攻卒業
1982 年　立命館大学大学院文学研究科博士課程前期修了
1983 年　長野県に就職　以後、県内の高校に勤務
2010 年　長野県立歴史館文献史料課長
2015 年　同学芸部長
2019 年～ 2023 年　飯田市美術博物館専門研究員
現在は長野県立歴史館名誉学芸員
著書：『飯田城　その日その日』（2024 年　龍鳳書房）
論文多数

満洲は豊かだったか　青木隆幸著作集 2

二〇二五年一月二十七日　第一刷発行

定　価　本体二四〇〇円＋税
著　者　青　木　隆　幸
発行者　酒　井　春　人
発行所　有限会社龍鳳書房
〒388-8007
長野市篠ノ井布施高田九六〇―一
電話　〇二六（二四七）八二八八
印刷　信毎書籍印刷株式会社
製本

ISBN978-4-947697-86-8
C0021

青木隆幸著作集

江戸時代の武士たちの日常生活を余すところなく活写

1 飯田城 その日その日

A５判／３５８頁／定価２６４０円（税込）

飯田城主堀家の殿様とその家臣たちは、どのような日常生活を送っていたのか。食事・外出・参勤交代・江戸での生活などをテーマに古文献を駆使して、知られざる江戸時代の武士たちの生活を臨場感いっぱいに描き出す。さらに伊那谷における幕末の動向、特に水戸浪士の飯田通行などを巡るこれまでの研究を根底から問い直す貴重な論文も併せて掲載。歴史の真実を真摯に見つめ直す労作。

戦争における被害と加害の実態を満洲開拓移民問題から探る

2 満洲は豊かだったか

A５判／３６８頁／定価２６４０円（税込）

長野県からの送出数三万三〇〇〇人、日本一を誇った長野県満洲開拓移民は、敗戦によってその半数が帰らぬ人となった。満洲国建国による「五族協和」「王道楽土」と謳った移民政策の実態は、日本人による他民族排斥のもとに行った開拓移民であった。そして敗戦により、開拓移民は地獄の逃避行、あるいは自決を余儀なくさせられた。被害と加害の両面から、満洲開拓の問題点をえぐり出す。